破产法
理论前沿研究

主　编　赵万一
副主编　李　燕　吴　洪

RESEARCH ON THE FRONTIER OF
BANKRUPTCY LAW THEORY

法律出版社
LAW PRESS·CHINA
北京

图书在版编目(CIP)数据

破产法理论前沿研究 / 赵万一主编. -- 北京 : 法律出版社, 2023

ISBN 978 -7 -5197 -7443 -1

Ⅰ. ①破… Ⅱ. ①赵… Ⅲ. ①破产法-研究-中国 Ⅳ. ①D922.291.924

中国版本图书馆 CIP 数据核字(2022)第 251470 号

破产法理论前沿研究
POCHANFA LILUN QIANYAN YANJIU

赵万一 主编

策划编辑 沈小英
责任编辑 陈 妮 任 娜
装帧设计 汪奇峰

出版发行 法律出版社
编辑统筹 法治与经济出版分社
责任校对 王 丰
责任印制 吕亚莉
经 销 新华书店

开本 710 毫米×1000 毫米 1/16
印张 27.25 **字数** 477 千
版本 2023 年 6 月第 1 版
印次 2023 年 6 月第 1 次印刷
印刷 固安华明印业有限公司

地址:北京市丰台区莲花池西里 7 号(100073)
网址:www.lawpress.com.cn
投稿邮箱:info@lawpress.com.cn
举报盗版邮箱:jbwq@lawpress.com.cn
销售电话:010-83938349
客服电话:010-83938350
咨询电话:010-63939796

书号:ISBN 978-7-5197-7443-1 **定价**:158.00 元

凡购买本社图书,如有印装错误,我社负责退换。电话:010-83938349

撰稿人

专题一：唐　力　陈唤忠　上官俊峰　胡　彬

专题二：韦忠语　陈秀良　刘　杰　柴世斌

专题三：赵学刚　青　梅

专题四：刘　宁　刘帅彬　彭　芳　余　涛　刘玉琬　徐尔双
柳　翠　张起荣　刘　翾　杨　奕　李非阳　欧阳静
余存江　罗　莎　林　艺　薛晓娟　石凌云　王　杰
江雨菲　韩沁言　王朝辉　江　铮

专题五：秦　鹏　俞旭东　邓成江　吕金伟　何　玉　甘　霖

专题六：李　燕　吴　洪　周　爽　肖雯雯

专题七：赵万一　徐丽霞

专题八：汪青松　胡　彬

专题九：黄超艺　陈秀良　刘　杰　柴世斌

专题十：张　舫　张　涌

专题十一：曹兴权　陈唤忠　上官俊峰　胡　彬

破产法何以不可或缺(代序言)

破产法作为一种非常重要的法律制度,既是现代市场经济法律体系中不可或缺的重要组成部分,同时也是保障市场经济有效运行的最重要基础性法律。如果说公司法律制度的主要价值追求在于通过科学的规则设计为市场主体的营利性活动提供良好的创造性空间,那么破产制度的价值旨趣则在于通过遏制损失扩大和风险蔓延的方式增强交易行为的可预期性,同时固化已创造出来的社会财富,减少经济发展的回撤和震荡。从其作用后果来看,破产制度通过淘汰经营失败者的方式既可以充分优化社会资源的运用主体和运行方式,又可以刚性评价社会资源的利用效果。更为重要的是,通过高悬以消灭主体人格为代价的达摩克利斯之剑,不但能够有效震慑市场经营主体时刻保持风险意识,努力避免自己成为下一个被社会淘汰和出清的主体,同时亦能激发市场主体的竞争意识,督促他们朝乾夕惕,积极进取,通过不断完善公司治理和提高运营效率,抢占竞争高地,从而推动整个社会不断进步和管理(治理)水平逐渐提高。完整的破产制度还包括破产和解与破产重整制度,因此,破产制度的设计并非简单地以消极的财产清算和主体消灭方式保护债权人和债务人,而是更加关注通过优化重组的方式实现困境企业的凤凰涅槃和企业治理水平的提档升级。

从历史嬗变来看,破产制度的起源最早可以追溯到古罗马时期。据考证,早在6世纪中叶的《罗马法典》(Code of Justinian)中就隐入的一种名为“cessio bonorum”的程序。在这种程序中,当一个人无法偿还债务时,其可以主动将自己的所有财产交给债权人,以抵消自己的债务。当然,早期的破产法对陷入破产境地的债务人是非常不友好的,不但全部财产要交付给债权人,民事主体资格也会受到限制,政治权力通常会被剥夺,而且人身自由会受到严格约束,甚至人身安全乃至生命都会受到威胁。由于这种意义上的破产制度不但无法起到合理分散投资风险和有效平衡债权人和债务人之间利益冲突的目的,也不符合现代人类文明的基本要求,因此为现代各国破产制度所摒弃。从严格意义上来说,现代破产制度虽然借鉴了中世纪以来以地中海沿岸诸城邦国家为代表的部分欧洲国家的发展经验,但其主体制度则主要建构在19、20世纪以来以美国破产制度为代表的现代市场经济法律制度之上。具体来说,虽然美国联邦统一破产制度的构建部分沿袭了英国1598年的《破产法》,但我们同时应当看到,美国在构建破产制度时并非简单地对英国的法律制度照搬照抄,而是主要根据自己对市场经济的理解,并结合本国的社会发展需要进行了全方位的创新和改造。正因为美国的破产法律制度充分满足了市场经济的发展需要,因此,不但有力推动了美国经济的发展,而且也影响了其他几乎所有国家破产法律制度的制定。

进入21世纪之后,随着社会关系的剧烈变动和风险社会的来临,社会发展的不确定性更加明显,企业生存所面临的外在环境压力和竞争压力越来越显著,与此相适应,破产程序的应用场景也变得越来越普遍。面对日益复杂的社会经济环境,世界各国纷纷拿出破产法律武器以优化营商环境,并强制进行产业结构的升级和新旧动能的转换,结果是破产法的修法进程在不断提速,破产法的作用范围在不断扩大,破产法的作用目的也逐渐从消极地否定经营失败者的存在价值向积极地干预企业的生存条件以最大限度地发挥社会财富的效用价值,进而推进社会经济的平稳发展。这方面的典型代表是2018年英国通过的《企业赋能法案》,其主要目的是加强企业自救能力和创新能力,其核心内容是将包括债权人和股东在内的利益相关方的注意力由单纯的债务重组转向企业整体的财务优化上。2019年,美国通过了《小企业再生法案》(The Small Business Reorganization Act,SBRA),不但对破产保护机制进行了重大修改,而且其立法目的也明确定位为通过提高小企业破产重组的效率以激发小企业的创新创业热情。2020年,日本对破产法进行了修订,其目的同样是以促使企业快速收回欠款、查明资产、进行破产清算的方式,最大限度地减轻个人破产的负面影响,保持社会经济发展的活力。

伴随社会主义市场经济体制的不断完善,我国的破产法律制度经历了一个从无到有、从有到优的发展阶段,并在短短几十年的时间内,走过了其他发达国家累积数百年的艰辛探索历程。与此同时,我们也应当充分认识到,我国破产法律制度的不断完善,不但有力促进了社会经济的发展,而且极大改善了营商环境,优化了社会财富的利用效益。但另一方面,我们也应当看到,由于破产制度对我国来说完全是一种"舶来品",因此从总体而言,对其在市场经济法律体系中的地位和作用的认识一直不够充分,社会大众对破产制度的接受度并不太高,加之受中国传统文化的影响,时至今日破产制度的污名化境遇并没有得到根本改善。虽然早在1986年12月2日我国就颁布了具有划时代意义的《中华人民共和国企业破产法(试行)》,并在试行近20年后于2006年8月27日正式颁布了《中华人民共和国企业破产法》(以下简称《企业破产法》),但相对于以《中华人民共和国公司法》(以下简称《公司法》)为代表的其他市场经济立法相比,我国的破产法不但其作用范围比较狭窄,不少市场主体并未被纳入破产法适用范围,而且其作用效果也远未达到预期,破产重整制度仍处于初创阶段,许多制度也不适应社会经济发展的需要。鉴于此,为了充分发挥破产制度对市场经济的保驾护航作用,我国《企业破产法》的修订工作被列入十三届全国人大常委会立法规划。2019年,全国人民代表大会财政经济委员会专门成立了《企业破产法》修订草案起草小组,统筹负责破产法的修订工作。起草小组成立后,开展了一系列卓有成效的工作,包括对破产法实施的情况开展法律评估,专题调研,召开专题会议等方式广泛征求各方意见。

2022年党的二十大报告进一步明确提出:"构建高水平社会主义市场经济体制。坚持和完善社会主义基本经济制度,毫不动摇巩固和发展公有制经济,毫不动摇鼓励、支持、引导非公有制经济发展,充分发挥市场在资源配置中的决定性作用,更好发挥政府作用。"这一重要论述,不但指明了社会主义市场经济改革的方向,同时也为作为社会主义市场经济基础性法治保障的《企业破产法》的修订明确了价值指引。在这一背景下,不但对破产法律制度的完善更加迫切,而且深入开展破产法的理论研究也变得越来越重要。因为,任何立法都必须建立在对社会关系的充分认知之上，而这种对社会关系的认知主要是通过理论的借鉴、总结和升华加以完成的。从这个意义上说，没有理论作支撑的立法不但有可能背离其科学性要求，而且也很难完全契合社会发展的实际需要。因此，破产法理论的研究不但对于制定一部能够更好地满足不同利益主体的差异化利益诉求，促进企业和债务人的健康发展的破产法意义重大，而且对于充分发挥法律在保障市场经济稳定健康发展方面的作用同样意义非凡。特别是在党和政府高举保护民营企业和保护企业家大旗的背景下，破产制度的科学设计就显得尤为重要。正是在这一背景下，重庆市破产法学研究会组织部分理论工作者和实务工作者优势互补，劳心勠力，试图以理论与实务相结合的方式为社会贡献一部能够对我国破产制度的完善起到些许推动作用的研究成果。本书的编写主旨乃在于通过总结我国社会主义市场经济现阶段的发展特点，厘清我国现代化破产制度构建的价值取向，回应社会主义市场经济现代化对破产制度的现实需求，为我国破产法律制度的完善提供一些初步设计方案。

值得说明的是，虽然本书的各位作者大多具有较深厚的破产法律理论功底和较为丰富的实务工作经验，且均有投身于中国破产法律事业的良好愿景和极大热情并为此进行了积极的尝试，但由于破产法律制度实在过于繁杂，相关的社会实践和各国立法例也呈纷纭迥异之势，虽经我们反复斟酌，仍难窥其全貌，集腋成裘的部分仍呈只鳞片爪之势，加之本书系数人共同完成之作品，风格体例实难达到完全一致的程度，且舛漏重复甚至纰缪错误之处在所难免，尚祈读者不吝指正。

是为序！

赵万一

2023 年 4 月 23 日于重庆

目　录

专题一:“执转破”的制度构建*

一、问题的提出

2015 年《最高人民法院关于适用〈中华人民共和国民事诉讼法〉的解释》(以下简称《民诉法解释》)第 513 条至第 516 条首次在规范层面建立了“执转破”制度,对“执转破”的相关程序作了原则性的规定。2017 年最高人民法院印发了《关于执行案件移送破产审查若干问题的指导意见》(以下简称《执转破指导意见》)的通知,该《执转破指导意见》对“执转破”制度进行了细化规定,主要包括“执行案件移送破产审查的工作原则、条件与管辖”“执行法院的征询、决定程序”“移送材料及受移送法院的接收义务”“受移送法院破产审查与受理”“受移送法院不予受理或驳回申请的处理”“执行案件移送破产审查的监督”6 部分。嗣后,最高人民法院在 2018 年印发《全国法院破产审判工作会议纪要》(以下简称《破产审判会议纪要》)的通知,《破产审判会议纪要》进一步细化了执行程序与破产程序的衔接操作规则,其内容主要包括“执行法院的审查告知、释明义务和移送职责”“执行转破产案件的移送和接收”“破产案件受理后查封措

---

* 作者简介:唐力,西南政法大学教授、博士生导师;陈唤忠,重庆破产法庭副庭长;上官俊峰,重庆破产法庭法官;胡彬,重庆破产法庭法官助理。

施的解除或查封财产的移送”“破产审判部门与执行部门的信息共享”“强化执行转破产工作的考核与管理”。最高人民法院通过上述3个文件总体上形成了“执行转破产”制度的具体运行机制。各地方法院也出台相应规范文件以落实“执转破”制度。2022年修正的《民诉法解释》对前述“执转破”司法文件部分内容以司法解释的形式进行了相应的吸收。

破产程序具有执行程序所无法替代的价值,因此“执转破”程序的畅通显得格外重要:

首先,破产程序具有公平清偿债务的功能。以执行债务人财产的范围为标准,有一般执行与个别执行之别。一般执行系以债务人的全部财产所为的执行,且仅于债务人之财产不能清偿全体债权时尚有适用的空间,典型如破产程序;个别执行系债权人为满足或保全其个别债权,而对债务人的财产所为的执行,其不以债务人不能清偿债务为适用要件,强制执行程序就是典型的个别执行。[①] 现代强制执行程序除少数国家仍采取债权平等主义,多数国家的强制执行大多以效率为本位,强调“先到先得”,即便后申请执行亦不会在结果上使债权蒙受不利益,因为债务人资能抵债。破产则以债权平等为原则,奉行集体清偿和一般清偿,[②]各普通债权不因哪个获得先执行依据而具有优先受偿地位,而只能按照债权比例清偿。当债务人出现“破产原因”时,其全部财产已经不能清偿所有债权,若此时还是遵从执行程序“先到先得”的原则,势必将造成后申请执行的债权人之利益遭受损害。因此,为避免上述现象发生,并使各债权人利益公平分配,在被执行人具备“破产原因”时,应及时转入破产程序。

其次,破产程序具有优化市场资源的功能。为优化营商环境,实现供给侧结构性改革,必须及时清退有关主体,使之退出市场,“执转破”为实现该目标提供了司法供给保障。2007年施行的《中华人民共和国企业破产法》(以下简称《企业破产法》)对于具备“破产原因”的危机企业,提供了“再生”和“死亡”的两条通道,前者包括破产重整与破产和解制度,后者则是宣告破产。无论是哪条通道,《企业破产法》均界定了相关主体的权利和义务,促使一些企业能在破产案件审理过程中及时整合资源,重新优化经营能力,抑或通过宣告破产及时使之退出市

① 参见杨与龄:《强制执行法论》,中国政法大学出版社2002年版,第10页。

② 参见尚彦卿:《民事执行中参与分配制度研究》,西南政法大学2018年博士学位论文,第32~33页。

场,重置市场资源。

最后,破产程序具有彻底清理纠纷的功能。一旦被执行债务人被宣告破产,即对不能清偿的债务享有豁免权,从而从繁重的债务危机解脱出来。对于尚在诉讼中的债权、未起诉的债权、已经获得执行依据的债权、优先债权等一并清偿,彻底结束相关债权债务关系。相反,案件若长时间停留在执行阶段,将造成执行案件堆积,执行法院需要反复启动对被执行人的财产调查程序,由此将浪费司法资源,同时因债权人权利迟迟不能实现,亦可能会引发司法公信力下降的危机。

然而,司法实务现状表明,“执转破”目前尚有衔接不畅的问题存在。针对实务中面临的种种难题,构建和完善“执转破”制度,厘清执行程序与破产程序的职责与分工,并从中相互借鉴、取长补短,是提升我国国家治理水平现代化、建设法治国家的应有之义与必然要求。

二、“执转破”制度适用的实务现状

(一)“执转破”制度实施的实践样态

当前,执行不能案件主要是通过终本制度的适用终结程序。从全国层面来看,根据《全国法院司法统计公报》,在2018年至2020年的执行案件中,因被执行人无财产可供执行或财产无法处置而终结本次执行的案件达到了6,972,417件,而终本案件占全年度执行结案总数的比重,从2018年的39.69%上升到2019年的46.09%,2020年更是达到了48.46%的水平。[①] 2018年全国共审结公司清算、企业破产等案件1.6万件[②];2019年全国共审结破产重整等案件4626件,涉及债权6788亿元[③];2020年全国共审结破产案件10,132件,涉及债权1.2万亿元。[④] 不难看出,破产案件的数量远小于终本案件的数量,而终本案件中又存在

---

① 参见《司法统计》,载中华人民共和国最高人民法院公报网2022年3月6日,http://gongbao.court.gov.cn/ArticleList.html?serial_no=sftj。

② 参见周强:《最高人民法院工作报告——2018年3月9日在第十三届全国人民代表大会第一次会议上》。

③ 参见周强:《最高人民法院工作报告——2019年3月12日在第十三届全国人民代表大会第二次会议上》。

④ 参见周强:《最高人民法院工作报告——2020年5月25日在第十三届全国人民代表大会第三次会议上》。

大量的被执行人为企业法人的情形,这就意味着应当通过破产程序处理的案件却以终结本次执行的形式沉积在了执行程序中。

从地方层面来看,“执转破”工作发展并不均衡。东部发达地区由于涉及企业法人的执行案件总量较大,因此推行“执转破”制度的时间也更早,在法院内部基本上已形成自上而下比较系统的“执转破”运作机制,走在了全国“执转破”制度实践的前列。例如,广东省、浙江省、福建省、江苏省等省结合本地实际出台了“执转破”的意见和办法,“执转破”的规则体系已经基本形成。与之相反,西部欠发达地区的“执转破”工作往往处于一种比较滞后的状态。

以广东省为例,其不仅是首个出台“执转破”规定的省份,也是首个在高级法院层面成立破产审判庭(执行裁决庭)的省份。广东省高级人民法院破产审判庭(执行裁决庭)自2019年成立以来,“执转破”工作取得扎实成效。全省法院新收破产案件3744件,审结案件1964件,比2013年至2015年分别增长380.6%和170.2%;3年来,通过“执转破”化解执行案件9.7万余件。① 其中,广东省深圳市人民法院的“执转破”工作成效尤为显著,堪称全国法院的典范。2017年,广东省深圳全市人民法院共移送“执转破”案件103件;至2019年,移送“执转破”案件的总数已达到了305件。广东省深圳市人民法院“执转破”工作的稳定发展主要得益于以下几点:一是启动早,深圳市中级人民法院早在2012年就出台了《关于执行不能案件移送破产程序的若干意见》,并在2016年1月进行修订,进一步丰富和明确了“执转破”具体操作规范。二是建立了常态化启动机制,不仅强化法官在终本前向当事人释明以及征询当事人意见的角色,同时还设立了激励机制,将“执转破”移送工作作为执行案件考核的加分项,以此来提高执行法官移送的积极性。三是为破解执破衔接不畅的问题明确了清晰合理的衔接规则,制定“双指引”规则规范法院和管理人的工作事项。② 四是建立了繁简分流机制,对于简单案件的“执转破”案件,通过快审程序在3个月内结案。五是建立了完善的破产管理人制度体系,对管理人进行分级分类管理,实行优胜劣汰,提升管理人的整体水平。六是创设援助资金制度,对于破产费用匮乏的问题,由政府

---

① 参见林晔晗等:《广东的“执转破”探索之路》,载全国法院切实解决执行难信息网2019年8月7日,https://jszx.court.gov.cn/main/ExecuteExperience/232547.jhtml。

② 参见《深圳市中级人民法院关于执行案件移送破产审查的操作指引(试行)》《深圳市中级人民法院关于执行移送破产案件管理人工作指引》。

财政拨款和从管理人报酬中提取一定比例资金组成破产费用援助基金,有效缓解破产援助资金短缺。七是完善考核与案件管辖,设定关于“执转破”案件科学的考核折算办法,改善过去破产案件难以量化考核的局面。除此之外,广东省深圳市中级人民法院探索将简单的“执转破”案件的管辖权下放试点,积极应对案件大幅增长的局面。

福建省高级人民法院为有效缩短“执转破”案件审理周期,提升审判效率,在全省法院推行建立“执破直通”工作机制,创建执破一体的办案团队,通过执行人员“带案进、销案出”的程序运作模式,有力破解了执破程序衔接不畅的难题,彰显出了“1 +1 >2”的叠加效应。据福建省高级人民法院民五庭相关负责人介绍,“执破直通”工作机制以执行和破产团队为核心,以执行破产协同办理为手段,要求全省法院在执行案件移送破产审理程序时,由执行人员和破产法官共同组成执破团队进行审查。在案件受理后,执行人员直接参与其中,发挥其了解企业财产状况的优势,实现执行成果在有效期内与破产程序共享,以此来加速案件审理周期,促进司法资源集约化。

西部地区法院“执转破”工作开展情况总体推进比较缓慢。以 C 市法院“执转破”工作现状为例,J 区基层法院课题组设计了统计表格、调查问卷,要求将“执转破”工作中的做法、成效、问题及建议形成书面材料予以报送。反馈情况的 22 家法院的信息显示:2015 年至 2018 年 4 月,征求当事人移送破产审查意见的案件数为 1395 件,移送破产案件 108 件,涉案数 3371 件。22 家法院仅有 3 家法院有执行案件移送破产的流程规定。在调查问卷统计中,课题组首先对执行人员是否全面了解“执转破”相关法律规定、工作要求及目的意义进行调查。参与调查的 60 名执行人员中,有 25 名选择“了解一点或不了解”。关于在移送破产中是否认真履行了告知和征询申请执行人、被执行人程序,有 10 名执行人员称是处于应付或未履行。调查问卷结果显示:绝大多数当事人并不了解破产制度,对“执转破”心存顾虑。申请执行人主要担心破产程序时间长,被执行人无财产,破产无实际意义,也不愿承担破产管理的有关费用。被执行人的法定代表人或股东则担心破产追责。在同意“执转破”的当事人中,先申请强制执行和财产保全的债权人最少。调查问卷结果和书面材料还显示:执行人员普遍认为“执转破”

目前存在的问题有缺乏可操作性强的实施细则,[①]移送程序烦琐、耗时,当事人积极性不高,破产审判时间长,执行人员不熟悉流程、不积极等。提出的建议有:C市法院出台具有可操作性的指导性文件;建立简易破产程序,降低"执转破"受理门槛;加强内外协调,加强对执行人员的培训;建立科学的"执转破"考核评价机制等。

(二)"执转破"制度的现状总结

1. 执行与破产的界限不明

强制执行程序和破产程序两者间具有共同性和相似性。1992 年的《最高人民法院关于适用〈中华人民共和国民事诉讼法〉若干问题的意见》(以下简称《民诉法适用意见》)首次以司法解释的形式确立了参与分配制度。参与分配与《企业破产法》共同构建起广义上的二元执行格局,即对公民或其他组织的财产不能清偿所有债权的,适用参与分配;对企业法人不能清偿到期债务且出现破产原因的,适用破产制度。但 1998 年发布的《最高人民法院关于人民法院执行工作若干问题的规定(试行)》[以下简称《执行规定(试行)》]第 96 条[②]却将企业法人也纳入了参与分配的适用范畴,这种做法实际上使得参与分配制度在一定程度上具有和破产法相同的性质,突破了执行程序中"个别债权优先"的理念。尽管之后 2015 年《民诉法解释》第 508 条再次重申只有自然人或其他组织才能作为被参与分配的债务人,《执行规定(试行)》亦为配合 2015 年《民诉法解释》第 508 条和第 516 条,将原第 96 条关于未经清理或清算而撤销、注销或歇业的企业法人适用参与分配的规定一并删除。但由于破产程序相较于执行程序来说程序更加烦琐,消耗的成本更高,且债权人的受偿比例相对更小,二者之间的界限并不明晰。因此,从综合考虑的角度,多数债权人不愿意申请"执转破",具备破产原因的企业并未及时退出市场,甚至引发新的纠纷,带来更多执行案件。

2. "执转破"案件启动难且适用率低

最高人民法院在 2014 年 12 月印发的《最高人民法院在部分人民法院开展破产案件审理方式改革试点工作的通知》中明确了"由 21 家试点法院先行开展

---

① 这一问题是文字材料反映最多的,8 份文字材料中有 6 份反映此问题。

② 《执行规定(试行)》第 96 条规定:"被执行人为企业法人,未经清理或清算而撤销、注销或歇业,其财产不足清偿全部债务的,应当参照本规定 90 条至 95 条的规定,对各债权人的债权按比例清偿。"

‘执转破’试点探索”。地方实践开展最早且工作运行较好的包括广东省和浙江省等经济较发达省份。以广东省和浙江省为例,2016 年,深圳市中级人民法院执行转破产的移送案件数量为 39 件,其中,受理破产的案件数量为 20 件,有受理结果(宣告破产或终结或重整)的案件数量为 8 件;化解执行案件 283 件。2017 年,该中级人民法院执行转破产的移送案件数量激增到 101 件,其中,受理破产的案件数量为 65 件,有受理结果(宣告破产或终结或重整)的案件数量为 25 件;化解执行案件 4491 件。2016 年,杭州市中级人民法院执行转破产的移送案件数量为 29 件,其中,受理破产的案件数量为 29 件,有受理结果(宣告破产或终结或重整)的案件数量为 6 件;化解执行案件 293 件。2017 年,该中级人民法院执行转破产的移送案件数量与上一年基本持平,为 28 件,其中,受理破产的案件数量为 17 件,有受理结果(宣告破产或终结或重整)的案件数量为 1 件。[①] 可以看出,即使是在深圳和杭州“执转破”工作开展较好的法院,其案件总量并不高,且破产受理案件和最终得到实质解决的案件更是寥寥无几,这表明“执转破”案件的启动存在障碍,执行程序和破产程序的衔接情况不尽如人意,“执转破”案件的适用率较低。不过,从数据中也可看出,移送破产后可以化解大量的执行案件,凸显了“执转破”制度成效发挥良好。

“执转破”案件启动难且适用率低的一个重要因素在于缺少启动动力。首先,从债权人的角度出发,其申请执行的主要目的是实现自己的债权。基于利己心理,债权人并不关心何种程序更有利于债务人或者社会利益的保护,因此相较于采取“平等主义”的破产程序,其往往更倾向于选择采取“优先主义”的执行程序。在破产程序中,享有优先受偿权的债权人要通过漫长的破产清算程序或重整程序获得清偿,而普通债权人在破产程序中的清偿率往往极低,亦不愿“劳神费力”主动启动破产程序。其次,从债务人的角度出发,尽管在债务人出现资不抵债的情形时,选择自行破产可以使得债权债务关系归于消灭,更好地维护自己权益,但部分债务人往往心存侥幸,基于趋利心理产生继续冒险经营的冲动,试图借此扭转企业的困境。还有部分存在违规问题的经营者,鉴于进入破产程序后其先前出资不实、侵占资产、挪用资金、违规担保等不当行为极有可能被发现,

① 参见廖丽环:《正当程序理念下的执行转破产机制:基于法理视角的反思》,载《法制与社会发展》2018 年第 3 期。

为逃避责任宁愿选择跑路而非破产。[①] 最后，从破产法官的角度出发，法官的绩效评定标准往往比较单一，而破产案件案情复杂，涉及的执行积压案件较多，法律关系和法律主体错综相连，缺少法官适用破产程序的激励机制。综上，无论从哪个主体来看，都存在启动动力失源的问题，因此造成“执转破”案件启动难且适用率低的实践现状。

3. 执行程序与破产程序的资源共享缺乏基础

执行程序与破产程序的交汇之处在于二者都需要对债务人的相关财产进行查控和处理。执行程序可以依托国家强制力为后盾，采用公权力对债务人财产实施强制措施、对债务人实施制裁；破产程序则是在双方平等的基础上，通过衡平债权人和债务人之间的利益关系来激发二者的主观能动性，对债务人进行出资核验、财务审计等工作。执行与破产程序本可以相辅相成，共同保护债权人的合法权益，但由于目前“执转破”具体的程序衔接并不规范，仍有许多需要明晰及完善的地方，从而导致二者之间的资源共享缺乏基础，难以实现优势互补。[②]

早在 2014 年，最高人民法院与原中国银行业监督管理委员会就联合发布《关于人民法院与银行业金融机构开展网络执行查控和联合信用惩戒工作的意见》，明确建立执行中“总对总”网络查询和财产控制系统。时至今日，该系统已经联通了 21 家全国性银行和 3900 多家银行业金融机构，覆盖了包括存款、车辆、房产、船舶、证券息、财付通、支付宝信息等在内的 16 项财产信息，形成了相对完善的财产查控体系。相较而言，破产程序尚未建构起成熟的网络查控体系。由于执行程序与破产程序的资源并不互通，管理人无法使用执行网络查控系统，只能自行向相关机关查询或借助企查查等社会系统来查清债务人的财产，这不仅耗时耗力且效率低下。“执转破”案件往往会涉及不同法院之间中止执行、解除保全、申报债权、确认债权等诸多需要沟通协调的问题，为了提高司法效率，有必要在全国范围内实现执行程序与破产程序中的资源互通。

---

① 参见刘旭东、陆晓燕：《效益法则框架下“执转破”之功能透视及其制度构建》，载《法律适用》2017 年第 11 期。

② 参见白田甜、景晓晶：《“执转破”衔接机制的优化原则与实践完善》，载《法律适用》2019 年第 3 期。

三、执行程序转破产程序的启动

(一)“执转破”启动的申请主义模式

1. 司法解释中的申请主义模式

2022 年,《民诉法解释》第 511 条确立的依申请移送的执行转破产模式,在本质上属于申请主义模式,与职权主义模式明显不同。该条规定,执行法院必须经任一申请执行人或被执行人同意后,才能将案件移送给破产法院审查是否启动破产程序。由此,执行法院不得依职权将案件移送至破产法院。根据 2022 年《民诉法解释》第 514 条,当事人不同意移送破产或者人民法院不受理破产案件时,执行法院只能将涉案财产执行变价所得款项在扣除执行费用及清偿优先债权后,对普通债权进行顺位清偿,即按照采取执行措施的先后顺序确定普通债权的受偿顺序。有观点认为,采取此种模式主要是为了“通过限制参与分配程序对于企业法人的适用来‘倒逼’申请查封在后的债权人去申请破产”。实际上,该条文拟定之初就有建立职权移送破产制度的方案,即经执行法院查明被执行人确实存在“破产原因”时,执行法院依职权将案件移送给破产法院进行审理。但由于现行《企业破产法》实行的是申请主义,①2022 年《民诉法解释》也只能与之保持一致,未采纳相应职权移送破产的方案。

虽然“倒逼”相关利害关系人申请破产是现行法律体系下较务实的一种做法,但实践中依然存在大量应该破产却未破产的企业,其原因来自多方面:(1)债权人缺乏申请破产的动力。破产程序系概括执行程序,②概括执行的显著特征就是禁止在债务人资不抵债时各债权人哄抢债权,进而形成不公平受偿的结果,故破产程序强调债务人出现“破产原因”时对各债权人公平清偿,这势必会驱使债

---

① 《企业破产法》第 7 条规定:“债务人有本法第二条规定的情形,可以向人民法院提出重整、和解或者破产清算申请。债务人不能清偿到期债务,债权人可以向人民法院提出对债务人进行重整或者破产清算的申请。企业法人已解散但未清算或者未清算完毕,资产不足以清偿债务的,依法负有清算责任的人应当向人民法院申请破产清算。”

② 参见杨与龄:《强制执行法论》,中国政法大学出版社 2002 年版,第 10 页。

权人不愿主动申请破产，而更倾向于在强制执行程序中获得更多执行款。① (2)债务人缺乏申请破产的动力。现行《中华人民共和国公司法》(以下简称《公司法》)及《企业破产法》并未规定企业高管在企业资不抵债时有破产清算义务，②就算企业高管不申请破产，也不会面临法律上的制裁，且破产也往往被债务人理解为经营失败的标志而不愿意申请破产，③"债务人总是倾向于保全自己的主体资格"。④ 另外，作为被执行人企业的股东也可能希望利用股东有限责任制度，在因破产而未启动破产的时间里继续从事明知不可能完成的交易活动来攫取经济利益。⑤ (3)其他方面。一些地方政府也同样对《企业破产法》存在认知不足，他们不希望企业破产，因为在传统观念里破产将引发许多社会问题，如破产企业员工的就业问题，进而给当地政府造成不利影响，不过此种担忧显然是对破产制度的误解。有学者早已明确指出，现代企业少有孤身在市场中存活，其往往与交易企业形成某种关联性，一旦某一企业具备破产原因而不及时破产，势必导致债务一再膨胀，波及范围越滚越大，进而拖累更多企业，引发更大的社会(失业)问题。⑥ 因此，最高人民法院虽然在现行制度框架内对"执转破"的机制构建进行了一定程度的有益探索，但并未达到"倒逼"申请破产的预期。⑦

---

① 参见童兆洪、章青山:《破产与执行:功能定位与制度调谐》,载陈光中、江伟主编:《诉讼法论丛》(第10卷),法律出版社2005年版;齐树洁、陈洪杰:《破产程序与执行程序的冲突及其协调》,载《厦门大学学报(哲学社会科学版)》2007年第3期。

② 2021年12月24日公布的《公司法(修订草案)》第228条、第229条新增了董事的清算义务,第228条规定:"公司因本法第二百二十五条第一款第一项、第二项、第四项、第五项规定而解散的,应当清算。董事为公司清算义务人,应当在解散事由出现之日起十五日内组成清算组进行清算。清算组由董事组成,但是公司章程另有规定或者股东会决议另选他人的除外。清算义务人未及时履行清算义务,给公司或者债权人造成损失的,应当承担赔偿责任。"第229条规定:"公司依照前条第一款的规定应当清算,逾期不成立清算组进行清算或者成立清算组后不清算的,利害关系人可以申请人民法院指定有关人员组成清算组进行清算。人民法院应当受理该申请,并及时组织清算组进行清算。公司因本法第二百二十五条第一款第四项的规定而解散的,作出吊销营业执照、责令关闭或者撤销设立登记的决定的部门或者公司登记机关,可以申请人民法院指定有关人员组成清算组进行清算。"

③ 参见赵泽君、林洋:《"执转破"程序启动模式的分解与重塑》,载《政法论丛》2018年第3期。

④ 参见齐树洁、陈洪杰:《破产程序与执行程序的冲突及其协调》,载《厦门大学学报(哲学社会科学版)》2007年第3期。

⑤ 参见李帅:《论执行案件中法院职权主义破产启动程序的构建》,载《法律适用》2015年第11期。

⑥ 参见陈荣宗:《破产法》,台北,三民书局1986年版,第4~5页。

⑦ 参见赵泽君、林洋:《"执转破"程序启动模式的分解与重塑》,载《政法论丛》2018年第3期。

2. 申请主义模式的优劣分析

囿于《企业破产法》规定破产程序应经债务人或债权人申请才能启动，"执转破"的现行模式也遵从这一规定。纵观破产制度发展史，域外多数立法例过去大都认为破产是犯罪行为，故采取职权主义模式；后破产事件大多仅与私权有关，因此国家干预逐渐退出，在程序启动上逐渐采取申请主义模式。[①] 申言之，申请主义模式是私权自治的产物，破产是为了对债权人利益公平分配或债务人因免责而更生设立的制度，原则上只能根据这些利害关系人申请启动程序。[②] 破产事件在性质上虽属于非讼事件，不能广泛适用诉讼事件的法理，但从本质上讲，原则上仍不得依托公权主动启动破产程序，否则将会使公权不当介入私益的现象泛滥。从这一点来讲，申请主义模式体现的是"不告不理"的司法理念。从一定意义上讲，这种模式尊重了当事人的程序选择权与程序利益，然而其弊端也逐渐显露。

破产的私权本质决定了破产程序由职权主义向申请主义的转变。但是，实践中大量应破产而未破产的"僵尸企业"存在，对于这些"僵尸企业"，现行申请主义模式并无有效应对方案。依 2022 年《民诉法解释》第 511 条的规定，债权人或债务人都有拒绝将案件从执行程序转变为破产程序的权利。由此造成的局面就是，先申请执行的债权人因其先于其他债权人采取查封、扣押、冻结这些执行措施而先满足其债权，而其他债权人将无法获得其应有比例的受偿款项。其他债权人可能又因信息不对称而无法申请破产，导致各债权人利益分配不均，最终亦可能在程序处理上使案件流入"终本"库。也就是说，当被执行人具备"破产原因"而又没有进入破产程序的，不仅实体上将严重损害其他债权人利益，程序上也未使执行案件真正完结，因符合法定条件的，申请执行人可再次申请执行。破产法一重要目的就是促使债务人再生，[③]一旦案件落入"终本"库，债务人将持续面临重新执行的困局。一言以蔽之，申请主义模式并不能使具备"破产原因"的债务人及时退出市场，反而会造成利益分配不均、哄抢债权等现象，长此以往，涉

---

① 参见陈荣宗：《破产法》，台北，三民书局 1986 年版，第 14 页；韩长印主编：《破产法学》（第 2 版），中国政法大学出版社 2016 年版，第 11 页。

② 参见［日］伊藤真等：《破产法》，刘荣军、鲍荣振译，中国社会科学出版社 1995 年版，第 43 ~ 44 页。

③ 参见许德风：《破产法论：解释与功能比较的视角》，北京大学出版社 2015 年版，第 33 页。

破产方面的"执行难"问题无法得到有效解决。从债务人不愿意申请破产的角度而言,申请主义模式更有诱发道德风险和信用风险的危机。①

(二)"执转破"启动的职权主义模式

1. 理论探讨中的职权主义模式

职权主义模式下,法院在发现被执行人有"破产原因"时,得依职权宣告其破产。职权主义模式在"执转破"的实施路径又包括执行法院依职权移送案件给破产法院(债务人住所地法院)裁定是否受理破产和执行法院直接依职权宣告,前者为职权移送审查主义,后者为职权宣告破产主义。② 究竟是采取职权宣告主义还是职权移送审查主义,目前学界亦有争论。有论者持破产法中不存在"申请制可以突破而管辖规定就不能突破"的法条效力位阶、债务人住所地法院可能对于债务人财产和负债信息处于弱势地位、债务人住所地法院可能基于地方保护主义拒绝受理案件、同一执行法院之间内部在程序交接上具有天然优势等理由,认为应建立由执行法院依职权宣告破产的职权主义模式。③ 亦有论者认为,建议职权移送审查主义更贴合现行法律规定,并从破产程序公私益混合属性、实现破产审判专业化的角度加以阐述。④

两种方案各有优劣。从便利执行案件和破产案件衔接的角度来看,职权宣告破产主义显然有不可比拟的优势,执行法院在执行阶段已进行大量财产和债务调查工作,卷宗材料在同一法院内部转移又相对容易,如此能在较短周期内完成破产工作。再如,执行法院在审判案件能力上是否一定比破产法院处于弱势地位?赞同职权移送审查主义的观点就以实现破产审判专业化为由否定执行法院的管辖权。然而,破产法院并非专门法院,法条表述为"债务人住所地法院",这与执行法院在本质上并无区别,难以断定执行法院对于破产案件的审理没有债务人住所地法院"专业"。但由于无论是职权宣告破产主义还是职权移送审查主义都无相应的规范基础可循,职权宣告破产主义在很大程度上不仅是对 2022

---

① 参见李帅:《论执行案件中法院职权主义破产启动程序的构建》,载《法律适用》2015 年第 11 期。

② 参见赵泽君、林洋:《"执转破"程序启动模式的分解与重塑》,载《政法论丛》2018 年第 3 期。

③ 参见李帅:《论执行案件中法院职权主义破产启动程序的构建》,载《法律适用》2015 年第 11 期。

④ 参见赵泽君、林洋:《"执转破"程序启动模式的分解与重塑》,载《政法论丛》2018 年第 3 期。

年《民诉法解释》中申请主义的突破,更是对《企业破产法》所确立的债务人住所地法院专属管辖规则的否定。

2. 职权主义模式的优劣分析

职权主义相较于申请主义,肯定了被执行人有“破产原因”时,法院得依职权启动破产程序的权力,其优势在于:(1)及时启动“执转破”程序,节省司法资源。被执行人应当破产时,说明申请执行人已经耗费了大量人、财、物举证证明被执行人不能清偿到期债务,执行法院亦投入大量司法资源认定被执行人财产状况和经营状况。依职权转入破产程序意味着债权人和法院将从财产调查中得以脱身,转交由破产管理人履行法定职责调查财产状况。[①] (2)保护未取得执行依据的债权人的利益。有执行依据始能启动执行程序,其他不知晓债务人诉讼状况的普通债权人因其尚未取得执行依据,不能就债务人财产执行所得价款获得清偿。一旦转入破产程序,这些普通债权人则可通过法院发布的公告而申报债权,从而使自己的债权获得应有的比例清偿。(3)减少执行积案。在对申请主义模式优劣分析的这一部分中,已经提到了申请主义模式可能最终会使执行案件不能及时完结,反而流入“终本”库,在实体和程序上均产生不利后果。相反,法院依职权启动破产程序则可避免“终本”结案不终案,也可以厘清执行与破产的界限。

然而,职权主义模式虽具备上述优势,但仅为一种理论性探讨。在实务中是否真的存在大量需要法院依职权介入而启动破产的案件?职权主义模式是否有公权不当介入私事件之虞?

前者可以通过执行法院积极行使释明权得以解决。最高人民法院印发的《破产审判会议纪要》指出:“执行法院发现作为被执行人的企业法人符合企业破产法第二条规定的,应当及时询问当事人是否同意将案件移送破产审查并释明法律后果。”同时,对“应当征询当事人意见不征询、应当提交移送审查不提交”的,不仅要纳入绩效考核和业绩考评体系,还要公开通报并追究相关人员的责任。[②] 江苏省高级人民法院亦作了类似规定:“在执行过程中和终结本次执行程序之前,执行部门发现被执行人符合本规定第四条规定条件的,应当在执行分配

---

① 《企业破产法》第25条规定:“管理人履行下列职责:(一)接管债务人的财产、印章和账簿、文书等资料;(二)调查债务人财产状况,制作财产状况报告……”

② 参见《破产审判会议纪要》第40条、第44条。

或终结本次执行程序之前及时向申请人、被执行人征询执行案件移送破产审查的意见并释明法律后果。执行法官征询释明时,可邀请本院破产审判部门人员参加。"①最高人民法院强调以积极行使释明权的方式来激活申请主义模式,要求执行法院告知当事人启动破产的法律后果,以释明的方式消除债权人或者债务人的顾虑。由于在此阶段其他未持有执行依据的债权人不知晓被执行人已陷入被强制执行中,故此时应向债务人释明启动破产的必要性,即告知债务人是否考虑利用破产制度以清偿剩余债务,或者告知债务人是否考虑利用重整与和解制度以实现债务状况优化。

而对后者,例如实践中存在大量负债经营的情形,假如执行法院把负债经营错误判断为具备"破产原因",这种情形下采取职权主义模式有滥用权力的可能。因此,应理性看待职权主义模式的利弊,尤其是现行《企业破产法》仍是以申请主义为基调,职权主义模式尚无规范基础可资利用。

四、执行程序与破产程序的衔接

"执转破"制度的核心环节是执行程序与破产程序的转换和衔接。执行案件移送破产审查不仅涉及不同法院之间、同一法院不同部门之间的程序协调,而且关涉"执转破"的文书移转、执行措施对接等一系列操作层面的问题。最高人民法院《执转破指导意见》仅就执行案件移送破产审查作出了原则性规定,而各地法院出台的实施意见尚未形成统一审查模式。为了推动"执转破"制度的高效、规范、有序推进,助力"执转破"制度常态化运行,有必要针对部门衔接、文书衔接、措施衔接三个方面进行分析完善。

(一)"执转破"制度中的部门衔接

1. 移送维度:"执转破"的启动条件厘析

(1)以移送破产清算为原则

从广义上说,《企业破产法》包括破产清算程序、和解程序和重整程序三种程

---

① 参见《江苏省高级人民法院关于规范执行案件移送破产的若干规定》(2018 年修订)第 3 条第 2 款。

序,是针对不能清偿到期债务的债务人进行的一种特别程序。而狭义上的破产法仅指破产清算程序。在“执转破”语境之下,首先需要明晰的前提问题之一就是执行案件移送破产,是否适用破产清算、重整与和解程序。

从实体法角度考察,依据《企业破产法》第 7 条的规定,当企业存在资不抵债、长期亏损等缺乏清偿能力的情形之下,债务人可以向人民法院提出重整、和解或者破产清算申请。但是在程序法规范层面,无论是最高人民法院 2022 年《民诉法解释》还是《执转破指导意见》均未对此明确规定。从地方法院出台的意见来看,2016 年广东省高级人民法院《关于执行案件移送破产审查的若干意见》第 3 条的规定将“执转破”的适用程序限定于破产清算一种程序,排除了适用重整程序与和解程序的可能。但从适用的统一性来看,全国法院就此问题并未达成共识。

尽管我国破产法采用多元主义的立法例,但执行案件移送破产审查具有适用情境的特殊性,原则上应当限于破产清算的审查,理由如下:首先,从“执转破”制度的价值分析,这一制度的目的在于,将执行程序关注的个别清偿转为破产程序的概括清偿,有效化解“僵尸案件”,终局性地清偿债务,实现市场出清。同时,通过“执转破”制度精准化解执行难,将有限的执行司法资源用于有财产可供执行的案件。正因如此,《执转破指导意见》将移送破产审查的启动条件严格限定在《企业破产法》第 2 条第 1 款规定的破产原因,即要求债务人存在不能清偿到期债务,并且其资产不足以清偿全部债务或者明显缺乏清偿能力。这一点显然不同于《破产法》第 2 条第 2 款设定的重整原因。其次,从启动主体来看,和解程序只能依据债务人的申请而开始,其他利害关系人或者法院均不得依职权启动和解程序。而重整程序的直接目的在于挽救企业的生存,程序的启动同样采用申请主义,体现对当事人意思自治的尊重,这与“执转破”启动的职权辅助模式显然不同。最后,从三种程序的关系而言,破产清算、和解、重整程序相互独立,隶属于广义上的破产程序,并且在一定条件下可以相互转换。但这种程序之间的切换属于破产阶段处理的内部问题,无法交由执行法院直接审查判断。一旦肯定执行法院具有移送重整、和解程序的权力,那么将进一步模糊执行程序与破产程序之间的边界,不利于破产法的实施。[①] 因此,原则上执行法院移送破产审查

---

① 参见徐阳光:《执行与破产之功能界分与制度衔接》,载《法律适用》2017 年第 11 期。

的范围应限于破产清算,例外情况下可以根据当事人的意思表示移送重整或者和解程序。

(2)以推定方式判断启动条件

在我国现行法律规范框架之下,“执转破”的启动建立在当事人同意的基础上,同时须具备《企业破产法》第2条第1款规定的事实基础。但问题在于执行法院如何对于这一破产原因进行判断,从而使执行程序与破产程序在实践操作层面真正有效衔接。对此,最高人民法院民二庭负责人就《执转破指导意见》答记者问时曾经指出:“执行法官在适用时,可以结合执行环节所取得的相关证据对债务人是否具备破产原因进行具体判断。一般而言,只要债务人经强制执行,没有财产或财产无法清偿全部债务,即可以认定为明显缺乏清偿能力,就符合破产原因,即具备转出的实质要件。”①

由于执行机构并非破产审判业务部门,在判断案件是否具备移送破产的启动要件时只能进行形式审查,至于破产原因是否存在只能留待破产程序开庭之后才能查清。就执行程序而言,当被执行人经人民法院强制执行,不能清偿或者不能全部清偿法院生效文书所确认的债务之时,即具备执行案件移送破产审查的客观条件。换言之,当被执行人存在特定情形时,即可推定其具备“执转破”的启动条件。例如,执行法院结合被执行人名下的存款、不动产、有价证券等资产状况,与执行标的总额相比,判断其财产不足以清偿全部债务的;被执行人的资产负债表、审计报告或者资产评估报告等材料可以确定其主要资产不足以清偿全部债务的;财产无法变现、法定代表人下落不明且无其他人员管理财产的;被执行人长期亏损且经营扭亏困难,无法清偿债务的;以及导致债务人丧失清偿能力的其他情形。

2. 审查维度:“执转破”案件审查程序的优化

(1)扩大基层法院管辖范围

依据《执转破指导意见》第3条的规定,“执转破”案件在地域管辖上由被执行人住所地人民法院管辖。在级别管辖上,确立了中级人民法院管辖为原则,基层人民法院管辖为例外的管辖制度,同时明确经高级人民法院批准可交由具备

---

① 罗书臻:《大力推进执转破工作开展推动破产工作法治化专业化制度化——最高人民法院民二庭负责人就〈关于执行案件移送破产审查若干问题的指导意见〉答记者问》,载《人民法院报》2017年2月7日,第3版。

审理条件的基层人民法院审理。

实践操作中，多地法院采取"基层人民法院执行部门—中级人民法院执行部门—中级人民法院破产审判部门—请示高级人民法院批准—基层破产审判部门"的"几"字形流程。但这种"几"字形的报批流程往往比较冗长烦琐，在有的案件中流转时间长达8个月之久，到最后破产案件受理时可能该债务人主要财产已被其他法院执行完毕，贬损了"执转破"概括清偿的价值功能。[①] 这种多级别、跨区域的审批流转环节不仅严重浪费了司法资源，而且影响债权人合法权益的及时实现，甚至会激化债权人与法院之间的矛盾。实践中，为了减少审批环节，提高"执转破"案件审查效率，山东省高级人民法院《关于明确执行案件移送破产审查管辖的通知》规定，中级人民法院将"执转破"案件交由具备审理条件的基层法院审理时，无须报省高级人民法院审批，中级人民法院可根据当地两级人民法院破产审判力量，合理分配审判任务，自主决定"执转破"案件是否移送基层人民法院审理。[②] 从实效性而言，赋予破产审判力量较强的基层人民法院"执转破"的审查权具有合理性，建议在执行案件移送破产审查上扩大基层人民法院的管辖范围。首先，当执行法院与破产法院系同一法院时，无须将"执转破"案件移送中级人民法院审查，只需在法院内部从执行部门移送立案部门审查即可，由此提升不同职能部门之间的协调效率，减少程序流转上的时间耗费。其次，当基层人民法院"执转破"案件属于所在中级人民法院其他基层法院管辖时，由执行法院直接移送至该基层人民法院，发生争议的由中级人民法院协调处理。最后，跨中级人民法院辖区移送"执转破"案件的，同样由执行法院直接移送至该基层人民法院，发生争议时由共同的上级人民法院协调处理。

(2)优化"执转破"审查流程

实现"执转破"的前提在于"转"，其难点也在于"转"。实践中，执行程序与破产程序转换衔接不畅的原因有以下两点。一是因为执转破案件实行以中级人民法院管辖为原则，基层人民法院管辖为例外的管辖制度。基层人民法院执行

---

① 参见褚红军主编：《执行转破产司法实务及案例解析》，人民法院出版社2019年版，第36～37页。

② 参见山东省高级人民法院民二庭：《关于明确执行案件移送破产审查管辖的通知》，载山东省高级人民法院网2018年5月7日，http://www.sdcourt.gov.cn/nwglpt/sfgk6317/_2547857/_3973922/_3974075/4710684/index.html。

部门与辖区中级人民法院不同业务部门之间对移送材料的理解不尽一致,容易出现反复补正、补齐材料的情况。二是因为执行法官日常并不承担破产审判业务工作,加之破产审判法官甚少参与审查,使执行部门难以准确把握移送审查的启动要件。在扩大基层人民法院管辖范围的基础上,大量"执转破"案件将直接移送至本院审查。为了规范执行案件移送破产审查的程序,实现"执行—破产"转换的顺利对接,可行的方案就是统筹协调立案、执行和破产审判部门的职责分工,让破产部门提前介入移送审查环节,简化审查流程,从而使"执转破"顺畅衔接。

一方面,由破产法官提前介入拟移送破产案件的审查,可以避免不同部门之间双重审查可能产生的司法冲突。通过破产法官在移送审查上的辅助判断,有助于指导执行法官识别破产原因,并且预估破产工作方向,实现不同部门之间业务知识、专业经验的互补。在司法实务中,根据2018年《江苏省高级人民法院关于"执转破"案件简化审理的指导意见》、2021年《海南省高级人民法院关于"执转破"案件简化审理的裁判指引(试行)》的规定,对于该院移送的执行转破产案件,两地法院均要求"执转破"案件审判团队应提前介入该院执行机构移送破产审查案件的梳理与审查,参与研究需要移送的材料准备及财产变价等前置性工作。这一制度创新,减少了不同部门之间材料补正补齐的流转时间,大大便利了破产审查法官的审查工作,提高了程序转换的效率。以江苏省"执转破"样本——苏州市吴江区人民法院为例,其移送成功率为86.52%,远高于全省法院的平均比例。① 另一方面,在执行部门审查之后,对于移送本院内部破产部门的执行案件,直接由执行部门制作移送决定与移送函,将符合移送条件的案件移送至立案部门。立案部门对移送材料进行形式审查后进行立案登记,再交由破产审判部门进行实质性审查。至于需要移送至其他法院破产部门的案件,则由执行法院的执行部门移送至被执行人企业住所地法院的立案部门,再交由该法院破产部门进行实质性审查。

3. 审理维度:探索"执转破"案件繁简分流

相较于执行程序,破产程序的周期更长、成本更高,这也是当事人更倾向于选择执行程序解决问题,"执转破"启动困难的原因之一。我国《企业破产法》并

① 参见褚红军主编:《执行转破产司法实务及案例解析》,人民法院出版社2019年版,第317页。

未设置简易破产程序,民事诉讼法中的简易程序亦有其适用的局限性,无法直接套用于破产程序。从实践统计的数据来看,自《企业破产法》实施以来,截至2017年6月30日,在南京市全市法院审结的破产案件中,经实体程序审理后以“终结破产程序”方式结案的共80件,平均审理期限约26个月。[①] 破产程序冗长导致破产案件审理效率低,单位时间内办理数量少,制约了“执转破”的适用。

破产案件有“繁案”与“简案”之分,探索建立破产程序的繁简分流机制既是满足当事人不同程序诉求的现实需要,也是提升破产程序整体效能与优化司法资源配置的必然选择。自2018年最高人民法院在《破产审判会议纪要》明确提出建立破产案件审理的繁简分流机制以来,实践中许多法院都已在简化破产案件审理上作出有益探索,并且取得了显著的实践效果。但各地规定、做法尚不统一,简易破产程序究竟该如何设置,仍需进一步探讨。就简易破产程序的制度设计而言,可以从以下方面进行着手。

(1)破产案件简易程序的适用范围

根据繁简分流的要求,适用简易程序的破产案件应当属于事实清楚、债权债务关系明确、争议不大的案件。具体而言,对于符合以下情形之一的案件,可以适用简易程序审理:债务人资产金额和债权人人数较少的;债务人企业财产、账册、重要文件等发生灭失,或者债务人下落不明的案件;债务人财产可能不足以支付所有破产费用的;当事人协商一致同意适用简易程序的;其他适宜采用简易程序审理的情形。[②] 而对于涉及法律关系疑难复杂、对于债务人财产处置存在重大困难的案件,由于此类案件往往牵涉面甚广,需要沟通协调多方主体,因此不符合适用简易程序的初衷。

(2)破产案件简易程序的审理规则

适用简易破产程序的初衷就是提高效率,促使破产程序快速、简便地运行,因而在程序设置上突出“简易”的特点。适用简易破产程序的初衷就是提高效率,在程序设置上应有多处简化。一是缩短债权申报期限,可缩短到15日至30日。二是破产管理人的选定可以更加灵活,并应当降低管理人的报酬。三是控

---

① 参见姚志坚、王静等:《破产案件简易审的具体构建——江苏南京中院关于破产简易审的调研报告》,载《人民法院报》2017年9月28日,第8版。

② 参见最高人民法院研究室编:《最高人民法院司法研究重大课题报告·商事审判卷》,人民法院出版社2019年版,第965页。

制审理期限。四是财产分配次数原则上应一次分配完毕。[①] 五是对于“无产可破”的案件,可参照温州市的做法,“对确无任何财产可供分配且无人垫付相关费用的破产案件,管理人可以不刻制印章和刊登公告,相关的文书可粘贴在债务人的工商注册地、管理人办公地点和受理法院的公告栏,并拍照附卷”。[②]

(二)“执转破”制度中的文书衔接

1.建立“执转破”的衔接平台

执行程序与破产程序本为互相独立的两个司法程序,相应地,两个系统平台在实践中也各自独立,尚未实现融通。在执行程序中,执行法官可以利用最高人民法院“总对总”网络查控系统、网络司法拍卖平台、信用惩戒系统及时查控、变现财产,并且借助于全国四级法院统一网络化办案即关键节点流程管理平台,确保各项执行措施有序推进。与较为完善的执行平台相比,破产程序主要形成了以全国企业破产重整案件信息网、企业破产工作平台、破产管理人工作平台组成的全国企业破产重整案件信息平台。尽管执破结合强调程序的双向互通,但实际上,破产程序对执行查控平台、执行资源和成果的运用十分有限,管理人无法全面了解债务人财产,亦无法实现有效接管。[③] 具体而言:

首先,在“执转破”的文书衔接上,两个平台无法实现线上对接。执行案件移送破产审查的,相关文书材料只能在执行系统平台上下载之后,通过转化为纸质材料再上传至破产受理审查系统,尚未实现线上流转、线上审核模式,一定程度上也影响了“执转破”移送的效率。其次,“执转破”移送审查时,执行法官无法借助平台全面核实被执行企业的债权债务信息。由于破产系统平台与执行系统平台尚未实现资源共享,而被执行企业涉及的案件可能分布于各地法院,在“执转破”启动要件的判断上,执行法官没有条件在移送破产审查前全盘掌握企业的资产情况,往往只能在针对本辖区内的案件进行筛查后判断评估被执行企业是否具备破产条件,进而影响了“执转破”移送成功率。最后,统一化“执转破”平

---

① 参见丘杰:《执行案件移送破产审查司法实务中的问题研究》,“市场化破产高峰论坛”论文集。

② 参见徐建新主编:《破产案件简化审理程序探究》,人民法院出版社2015年版,第191页。

③ 参见徐蓬勇、廖鸿展等:《执行与破产程序衔接的路径优化研究》,载《人民法院报》2020年11月4日,第7版。

台的缺失造成案件流转受理不及时,执破衔接不通畅。从调研结果来看,J区基层法院第一批移送D市中级人民法院立案庭的5件“执转破”案件中,有2件超过30日才作出受理裁定,有1件超两个月仍未作出裁定。[①] 正是由于平台之间的隔阂,导致执行法官无法及时通过信息化系统在线追踪“执转破”案件移送审查的结果,并及时作出补充材料或者继续执行的处理。

为了使“执转破”程序衔接更为顺畅,避免因程序不同、主体不同造成两个部门不必要的重复工作,从而实现资源共享,提高司法效率,执行程序与破产程序不仅在制度上要进行衔接,在技术平台上也要实现全方位对接与配合。建议统合关联当前执行平台与破产平台,在统一化智能平台中嵌入案件流程信息管理、财产查控、财产处置、信息披露等板块。

(1)案件流程信息管理板块。这一板块包括“执转破”案件的所有流程,包括移送审查、破产案件的立案登记、破产案件的办理进度、是否结案以及文书材料的线上流转等。依托于信息化、透明化的案件流程信息管理模块,执行法官可以实时查询“执转破”案件的审查情况,并且根据后续破产案件的审理情况及时中止执行、解除保全措施,减少执行与破产部门之间文书流转的时间成本。

(2)财产查控板块。一直以来,在破产程序中法官并无查控财产的平台可以利用,也无法充分借助执行平台和资源实现对债务人财产的调查。在破产平台嵌入财产查控模块之后,破产法官可以依申请或者依职权通过财产查控系统进行查询、冻结被执行企业的银行账户等资产。

(3)财产处置板块。财产处置板块主要负责执行程序中网络司法拍卖与破产程序中破产财产网络拍卖的对接。尽管两者在性质上存有差异,前者为法院自行拍卖的一种公法行为,后者为管理人通过网络平台进行拍卖的私法行为。[②] 但是,在执行程序中已经形成的仍处于有效期内的评估、审计报告等依然可以作为破产财产网络拍卖的变现依据。

(4)信息披露板块。通过信息披露板块,执行法官或者破产法官可以在平台上公开被执行人的财产情况、已采取的执行措施、查明的债务数额等信息,避免无意的重复劳动,深化执行与破产程序的资源共享。

---

① 另有一件案件在立案30日后裁定准许撤回破产申请。

② 参见章恒筑、王雄飞:《完善执行程序与破产程序衔接协调机制的若干问题——基于浙江法院的实践展开》,载《法律适用》2017年第11期。

2. 简化“执转破”的文书要求

从最高人民法院发布的《执转破指导意见》和各地人民法院制定的相关实施规定来看,执行法院决定执行案件移送破产立案的,需要准备的文书材料名录繁多,有一些材料的准备需要较长时间,挤占了有限的审判资源。就内容而言,需要准备的文书材料大致包括以下几类:执行案件移送破产审查决定书;申请执行人或被执行人同意移送破产审查的书面材料;执行案件移送破产审查报告;执行依据及相关执行文书;执行法院查明的被执行人的财产状况,已查封、扣押、冻结财产清单、不能处置财产清单及相关材料;执行法院已分配财产清单及相关材料;被执行人不能清偿全部债务或明显缺乏清偿能力的相关材料;当事人营业场地、管理机构、管理人员等工商登记信息资料。值得注意的是,有的法院并未区分必备材料与非必备材料,对于移送审查破产的案件统一要求具备上述所有材料,而陕西省高级人民法院则只将移送函、移送决定书、申请执行人或者被执行人的同意书、执行依据以及被执行企业的工商登记材料作为移送审查必备的文书材料。其余材料不完整的,受移送法院可以要求执行部门补齐,但不影响执行案件移送破产审查的进程。实践中,各地法院在文书移送的要求上不尽相同,所需准备的材料也较为烦琐,在构建“执转破”统一衔接平台的基础上,有些文书材料无须执行法院再行重复准备。结合破产受理审查实践需要,应适当将“执转破”移送审查的材料予以简化。具体而言:

首先,基于被执行企业的经营状态是影响执行法院是否移送破产审查的因素之一,在执行程序中,执行法官往往已经通过查询工商登记掌握了该企业的身份信息、经营状态等情况,在案件转为破产程序时附上被执行人的工商登记信息具有便宜性与必要性。其次,依据现行立法和相关司法解释的规定,“执转破”移送审查需要经过被执行人或者申请执行人之一的同意,这也是关涉破产程序能否启动的关键条件之一。为了确保执行法院已经完成对当事人的告知征询,保证后续移送破产程序的安定性,当事人的同意应当限于书面形式的明示同意,因此在当事人的同意以书面形式固定下来后应当一并移送给执行法院。再次,“执转破”审查的另一核心要素在于被执行企业是否处于资不抵债的状态,执行法院需要梳理被执行企业财产情况的相关材料,内容包括财产类型及价值、债权人及债权金额等。最后,作为两种程序的转换衔接,执行法院内部经报批审核作出的移送决定书也应随案件流转至破产法院。除此之外,在搭建好“执转破”智能平台的基础上,原先要求的一些材料,诸如案件执行情况报告、执行法院已经采取的财产保全措施情况(查封、扣押、冻结)或者财产处分情况(评估、拍卖以及资金划拨的材料),均可通过线上平台一键查询获取,无须重复提交此类清单。

综上所述,在“执转破”智能平台实现执行与破产程序信息对接之后,对于执行案件移送破产审查的案件,可以将材料简化为:执行法院作出的移送决定书;执行当事人签署的同意移送声明书;被执行人财产情况的相关材料;执行当事人主体资格信息;需要移送的其他材料。

(三)“执转破”制度中的措施衔接

1. 控制性执行措施的衔接

在“执转破”的衔接过程中,依据《执转破指导意见》第8条的规定,执行法院作出移送决定后,所有已知的执行法院均应中止对被执行人的执行程序。考虑执行程序与破产程序在财产保全、处置等功能上具有重合性,为了实现对司法资源的充分利用,可将在先执行程序完成的控制性执行措施和部分执行成果予以沿用,提高程序衔接的效率。

所谓控制性执行措施,也称保全性执行措施,是指以防止被执行人转移、隐藏、变卖、毁损财产为目的的执行措施,例如查封、冻结、扣留等措施。[①] 就其在“执转破”的衔接而言,在执行法院中止执行后应当续行执行程序中已经采取的财产保全措施,最大限度地保障债权人合法利益的实现。虽然我国《执转破指导意见》第9条规定了受移送法院裁定受理破产案件之前,对被执行人的查封、扣押、冻结措施不解除,且申请执行人可以申请延期,并在第16条中明确要求执行法院在收到破产法院受理裁定后的7日内应当将已经查控的被执行人财产移交给受理破产案件的法院或管理人。但这一规范未能真正实现“执转破”过程中保全性执行措施之间的“无缝”对接。具体而言,囿于立法并未明确执行法院解除执行财产查控措施的期限,如果执行法院先行解除冻结、扣押等查控措施,就有可能造成被执行企业的财产处于“脱保”状态,甚至最终引发财产移转不能的情况。因此,有学者主张可以视具体情况,将控制性执行阶段的程序内容吸收至破产程序。为了实现债务人财产的最大化,对于执行阶段已经采取的财产查控手

① 参见张卫平:《民事诉讼法》,法律出版社2004年版,第430页。

段,包括各项财产控制、保全措施自动延续。在破产法院受理“执转破”案件后,再由破产法院决定是否解除财产查控措施,或者是否直接接收执行法院查控的债务人财产或者续行执行查控措施。[①] 为了确保破产财产的完整性,在执行案件移送破产审查之后,执行法院已采取的控制性措施应继续存续。后续由执行法院根据受理破产案件法院的要求,再行解除对被执行人财产的查控措施,将查封、扣押、冻结财产的处置权交至破产法院。

“破产程序中吸收执行阶段的成果是‘执转破’的核心价值所在。”[②]除了保全性执行措施的延续外,破产部门对于执行程序中已经取得的执行成果也应当予以吸收,避免程序重复进行。具体而言:一是避免重复评估。审理“执转破”案件时,对于执行阶段依法作出的尚在有效期内的财产评估报告,除债权人会议有异议并具有合理依据的之外,破产法官可以继续沿用该评估报告,避免程序反复。如该报告已经过期或者即将过期的,经破产管理人申请,破产法官可以要求原评估机构出具补充报告或者重新委托评估。二是避免重复拍卖、变卖。一般而言,执行部门应当在对财产采取查封、扣押、冻结等执行措施后再移送破产审查。在所有已知执行法院中止执行后,破产部门审理“执转破”案件可以继续沿用执行拍卖、变卖结果。对于拍卖、变卖已经成交但裁定书尚未送达买受人的,不必重复变价手续而直接交由管理人完成交付手续。对于裁定书已经送达买受人的,则由管理人负责保管执行款项。

2. 处分性执行措施的衔接

处分性执行措施是对执行标的进行处置,包括拍卖、变卖、以物抵债等处分措施以清偿债务。“执转破”程序中处分性执行措施与破产程序的衔接,主要需要解决的问题为如何认定执行中已完成的处分性措施在破产程序中的效力,即如何协调破产撤销权与执行清偿之间的冲突。

破产撤销权是破产程序开始后,管理人请求法院对破产债务人在程序开始前法律规定的期限内实施的有害于破产关系人利益的行为予以撤销,并使因此而转让的财产或利益回归破产财产的权利。[③] 依据《企业破产法》第32条的规

---

① 参见范志勇:《论“执转破”的启动与程序衔接》,载《商业研究》2019年第7期。

② 徐根才:《执破衔接案件破产审理中程序归并与成果吸收》,载《人民法院报》2017年7月12日,第8版。

③ 参见李永军:《破产法——理论与规范研究》,中国政法大学出版社2013年版,第258页。

定,管理人有权请求法院予以撤销的是债务人个别清偿债务的行为。那么,执行法院依据生效法律文书,对债务人进行的非自愿个别清偿行为是否属于可撤销的法律行为呢?对此,我国《企业破产法》第33条就撤销的具体情形在立法例上采用列举主义,仅仅明确规定了两种管理人可以申请撤销的行为:一是为逃避债务而隐匿、转移财产的,二是虚构债务或者承认不真实的债务的。如此一来,执行法院主导的债务人个别清偿行为似不属于撤销权的作用范围。此外,结合《执转破指导意见》第17条的内容来看,已经完成交付的拍卖财产、以物抵债财产以及交付完毕的执行款项并不能纳入破产企业的财产范围内以进行后续破产程序的概括清偿。

但是,这一规定忽略了“破产程序开始前的强制执行行为存在不正当的可能性。对于不正当的强制执行,破产撤销权应当予以规制”①。从比较法上考察,德国、日本均将法院的执行行为纳入撤销权的行使范围。如《德国支付不能法》第141条规定:“对法律行为已经取得具有执行力的债务名义,或行为系因强制执行所取得的,不因此而排斥撤销权。”《日本破产法》第75条规定:“就欲否认的行为,虽有有执行力的债务名义,或其行为系基于执行行为者,亦不妨碍否认权的行使。”无论是债务人主动进行的个别清偿行为,还是法院依执行依据所为的个别清偿,从结果而言都意味着被执行企业财产的减损,与破产法债权人公平受偿原则相背,易造成债务人内部的不公。如何平衡债务人公平受偿与法院执行行为的公信力之间的矛盾,直接关系着“执转破”的实施效果。因此,必须强调从撤销权的利益平衡出发考量能否对法院的处分性执行措施进行撤销。基于强制执行是法院作为公权力机关实施的公法行为,具有司法权威性,原则上不能轻易被撤销或者推翻,否则将影响交易安全与经济秩序。但是作为例外,对于发生在法定可撤销期内的清偿行为,可以当事人存在主观恶意为构成要件行使破产撤销权。当债权人明知债务人已经出现了破产原因却依然恶意申请强制执行的,一旦破产管理人依法请求撤销,人民法院应予支持。

---

① 参见房绍坤、崔艳峰:《论破产临界期内强制执行行为的撤销》,载《甘肃社会科学》2013年第5期。

五、执行程序与破产程序的融合

执行程序与破产程序在性质上是个别执行与概括执行之间的关系，执行程序以被执行人个别债务的清偿为特征和目的，在价值上主要追求债权实现的最大化、高效化和正当化；而破产程序是以债务人全部法律关系的彻底清算为特征和目的，在价值上除了保证对全体债权人的公平清偿、对债务人正当权益的公平维护以外，还具有保护社会利益、保障正常市场经济秩序的作用。[①] 因此，执行程序与破产程序在功能定位和具体适用上应当是互补和相得益彰的，而不是重叠或者可替代的。正由于执行程序与破产程序之间的紧密关系，执行程序与破产程序的自身发展必然也将会影响到对方的发展，形成执行程序与破产程序的交相呼应；同时，二者的诸多相似性，为二者相互借鉴学习提供了契机。执行程序与破产程序能够互相从对方的成功经验中汲取营养，进而促进自身的发展。此种相互影响与相互借鉴的状态，便是执行程序与破产程序的融合。

（一）财产调查措施的融合

查找、控制债务人财产，并对财产进行变价、处置、分配是执行与破产的重要功能。采用类似的措施控制和处置财产并进行分配，其最终目的均为实现债权人的合法权益。二者的区别在于，破产是一种概括的执行程序，即为全体债权人的利益而对债务人的全部财产进行的执行程序；普通的民事执行程序则是为个别债权人的利益而进行的个别执行程序。[②] 总体而言，破产程序与执行程序在财产调查方面具有高度的相似性，都是基于发现债务人责任财产这一目标而努力，然而在“大执行、小破产”的环境下，破产程序与执行程序呈现运行状况冷热不均的样态，这种冷热不均的样态又进而影响破产程序与执行程序的发展进度，这特别体现在财产调查措施方面。在执行程序调查措施多样化的当下，执行程序中的新兴调查方式与手段能够为有限的破产管理人财产调查能力提供强有力的补强。

---

① 参见王欣新：《破产法专题研究》，法律出版社2002年版，第4页。

② 参见王欣新：《破产法》，中国人民大学出版社2011年版，第3页。

破产程序中,管理人负责接管债务人的财产、印章和账簿、文书等资料,调查债务人财产状况制作财产状况报告。然而在实践中,由管理人进行财产调查,障碍重重:虽然《企业破产法》规定由管理人调查债务人财产状况,但是一些单位对管理人的认可度不高,拒绝向管理人提供财产状况,客观上使财产查明陷入困境。曾出现过管理人持有法院的民事裁定书、决定书、法院出具的调查令向债务人基本账户所在银行要求调取债务人名下的基本账户或一般存款账户的银行明细,个别银行仍拒绝提供,还要求必须由法院工作人员到场才能予以查询的情况。① 在管理人未全面接管债务人资料的情况下,全部查清破产财产变得十分困难。

在一定程度上,破产程序对财产查明的要求更高。破产程序不仅需要查清债务人现有财产,还需要核查债务人设立以来的全部财产处分行为,如通过审计查明债务人有无抽逃出资、公款私存等行为。如果说持调查令前往财产管理部门调查是普通版,使用网络财产查控系统则属于升级版,破产财产调查则需要升级版基础上的加强版,而实际上管理人仅仅享有普通版的手段。破产案件财产调查的难易程度将直接影响破产程序的推进效率,并且影响债权人的受偿率的高低。过低的受偿率将减损债权人主动向法院申请破产的积极性,而将其希望寄托于财产调查措施更加有力的执行程序中。

正如上文所述,破产程序与执行程序在财产调查方面具有相似的目标与功能,而此种相似性正是破产程序与执行程序相互影响,相互借鉴学习的关键纽带。最高人民法院《破产审判会议纪要》要求,破产审判部门要与执行部门信息共享,破产受理法院可以利用执行查控系统查控债务人财产,提高破产审判工作效率。在一般破产案件中,管理人可适当借助现有执行程序中的新型财产调查措施,以提升发现债务人实际财产状况的能力与效率。借助执行数据平台,管理人能够充分、迅速地查询到债务人作为申请执行人的执行案件情况、债务人作为被执行人的执行案件情况、债务人动产与不动产的查封、扣押、冻结情况。② 同时,对于一部分债权债务关系清晰、债权人数较少、破产财产较少的“执转破”破

---

① 参见章恒筑、王雄飞:《论完善执行程序与破产程序衔接协调机制的若干问题——基于浙江法院的实践展开》,载《法律适用》2017 年第 11 期。

② 参见浙江省温州市瓯海区人民法院课题组等:《从“执转破”到“破涉执”——执破双向互通联动机制之司法探索》,载《法律适用》2019 年第 3 期。

产案件,完全可以在执行阶段先行变价处置债务人财产,减少破产程序中还需要由债权人会议表决通过处置方案的烦琐程序,只要将财产分配环节保留到破产程序中即可。这样,在当前简易破产程序立法缺失的情况下,能够让执行程序部分承担简易破产程序的功能。

(二)强制执行措施的融合

1. 破产程序对执行程序中失信惩戒措施的借鉴

破产程序既代表着"死亡",也蕴含着"新生",相较于偏向债权人保障的执行程序,破产程序在保障债权人利益的同时也为破产债务人提供了更多的关怀。从历史发展的角度观察,破产程序经历了从有罪破产到私权事宜的认知转变。现代英美法系与大陆法系破产法均认为破产是经济生活中的偶然现象,而破产程序是为那些"善良而不幸"的债务人提供救济。① 然而,进入破产程序的债务人并非都是"善良而不幸"的,而对于这部分存在恶意的债务人及其背后的直接相关人员,理应同样需要对其失信的行为予以相应的制裁。从我国目前破产法实施的情况来看,债务人的法定代表人、实际控制人、股东等普遍对向管理人交付债务人财产存在抗拒心理,在破产案件审理过程中,经常出现债务人的法定代表人、实际控制人、股东拒绝或者不配合向管理人移交存货、机器设备、车辆、现金等动产的现象。②

在执行程序中,我国已全面落实失信被执行人名单制度。依据最高人民法院发布的《关于公布失信被执行人名单信息的若干规定》、国家发展改革委、最高人民法院、中国人民银行等 44 个部门联合签署的《关于印发对失信被执行人实施联合惩戒的合作备忘录》,对于违反财产报告制度,或者隐匿、转移财产等方法规避执行的被执行人,人民法院可将其纳入失信被执行人名单,并依法对其进行信用惩戒,限制失信被执行人购买机票、动车、高铁票,限制子女就读高收费私立学校,限制失信人担任企业法定代表人及高级管理人员,限制失信被执行人担任人大代表或政协委员等。并且,随着联合信用惩戒工作的推进,失信被执行人将

---

① 参见齐树浩等:《破产法研究》(第 2 版),厦门大学出版社 2005 年版,第 8 页。

② 参见浙江省温州市瓯海区人民法院课题组等:《从"执转破"到"破涉执"——执破双向互通联动机制之司法探索》,载《法律适用》2019 年第 3 期。

受到行政性、市场性、行业性、社会性多方面的约束和惩戒。[1] 而相较于执行程序，破产程序对于破产清算完成前恶意转移财产的行为，仅赋予破产管理人撤销的权限。《企业破产法》虽然规定了拘传、拘留、罚款等强制措施，以及对于拒不向管理人移交财产、印章和账簿、文书等资料的，或者伪造、销毁有关财产证据材料而使财产状况不明的，人民法院可以对直接责任人员依法处以罚款，但在审判实践中真正采取拘传等强制措施或者追究刑事责任的少之又少，[2]对破产企业在破产程序中发生失信行为的惩处力度明显较低。

执行行为是典型的公法行为，是利用国家强制力保障债权人的利益实现；对于执行过程中失信行为的惩戒，也可以视为当事人违抗公权力所应遭受的处罚。而破产程序则兼具公法和私法性质，由管理人代表债务人企业对破产财产进行管理、处分，其中委托评估、审计、拍卖等财产调查和处置是基于市场竞争关系的私法行为，法院负责监督。与强制执行的实施主体是法院不同，破产的实施主体基于内外关系的不同，法院与管理人有不同的分工。虽然破产程序相较于执行程序，其更多地体现出私权的一面，但是失信惩戒并不仅是对当事人违抗公权力的惩罚，而更多的是将诚实信用这一道德领域的基本要求上升至法律层面，是推进社会信用体系建设的重要手段。《社会信用体系建设规划纲要（2014—2020年）》指出，要通过建立守信激励和失信惩戒机制，营造一种守信者处处收益、失信者寸步难行的良好社会氛围，来提高我们全社会的诚信水平。在破产程序中，破产企业中相关人员隐匿、转移财产的行为，同样属于一种严重违背商业诚信、市场交易秩序的行为。而且，相较于以自然人为主体执行程序而言，对企业法人的执行往往涉及更多的债权人，其背后更可能涉及群体利益与公共利益。因此，基于"举轻以明重"的解释方法，应当让破产程序吸收执行程序中关于失信惩戒的措施，约束相关主体的行为，以确保破产程序诚信、高效地运转。

2. 破产程序对执行程序中网络拍卖的借鉴

我国的执行制度建设把握自身优势，充分利用信息网络、通信工程、人工智能领域的优势地位，提升执行工作的办事效率。在执行程序中，已在全国范围内

---

① 参见《关于进一步完善失信约束制度构建诚信建设长效机制的指导意见》（国办发〔2020〕49号）。

② 参见章恒筑、王雄飞：《完善执行程序与破产程序衔接协调机制的若干问题——基于浙江法院的实践展开》，载《法律适用》2017年第11期。

确认淘宝网等5家网站作为网拍平台,实现拍卖程序的全程、全面、全网络公开。确立网络拍卖优先原则,大力推行网络化司法拍卖,实现了传统司法拍卖模式的重大变革,大幅提高司法拍卖的成交率、溢价率,降低流拍率和拍卖成本。最高人民法院全面推行网络司法拍卖成效显著。从2017年1月1日开始,全国法院全面推行网络司法拍卖,并完善相关配套制度,仅用1年时间,全面实行网拍的法院已达到3260个,法院覆盖率为92.5%,网络拍卖数量占司法拍卖的80%以上。自2017年3月网拍系统上线至2018年9月,全国法院网络拍卖74.7万余次,成交22.1万余件,成交额5030亿元,标的物成交率73%,溢价率66%,为当事人节约佣金153亿元。①

在变价形式上,拍卖以公开竞价的方式将标的卖出,有利于债务人财产价值的最大化。因此,在针对动产的金钱债权执行程序中,出于债权人利益最大化原则的考量,最高人民法院《关于人民法院民事执行中拍卖、变卖财产的规定》确立了拍卖优先原则。我国《企业破产法》同样规定,变价出售破产财产原则上应当通过拍卖进行,但债权人会议另有决议的除外。这是债权人利益最大化原则与债权人自治原则的综合体现。网络拍卖相较于传统线下拍卖模式,具有突破拍卖公告的地域限制、突破拍卖场所的空间限制、增强竞买人身份的保密性、增强拍卖过程公平性、竞价周期长、拍卖成本低等优势,②拍卖的成交率、溢价率较线下拍卖均有所提升。基于管理人对于债权人的勤勉、忠实义务,应当借鉴执行程序中网络司法拍卖优先的成功经验,引导管理人在拟订破产财产变价方案时以网络拍卖为首选方案,同时保留债权人的异议权利。以各地法院对破产清算财产开展网络拍卖的历程为考察对象,破产财产网络拍卖试点中已形成"管理人借用法院网拍账号""在法院母账号下设子账号""开通管理人协会专用账号""破产管理人自主入驻淘宝"4种模式。③

(三)财产分配措施的融合

参与分配制度存在广义与狭义之分。广义参与分配也称执行分配,包括

---

① 参见周强:《最高人民法院关于人民法院解决"执行难"工作情况的报告》(2018年10月24日第十三届全国人民代表大会常务委员会第六次会议)。

② 参见肖建国:《中国强制执行法专题研究》,中国法制出版社2020年版,第165页。

③ 参见黄忠顺:《破产财产网络拍卖的深度透析》,载《法治研究》2022年第2期。

2022 年《民诉法解释》中的狭义参与分配与实践中形成的案款分配。狭义参与分配仅指在以金钱为给付的债权执行开始后,被执行自然人的财产不足以清偿全部债权的,其他已经取得执行名义或享有优先受偿权或担保物权的债权人申请就执行所得财产进行分配的制度。① 2022 年《民诉法解释》所指向的参与分配正是后者。

关于参与分配的分配原则,向来存在优先主义、平等主义、团体优先主义三类模式。优先主义源于日耳曼法,又称为质权主义。在《德国民事诉讼法》中,在债务人财产不能清偿全部债权时,无法定优先权的债权人之间优先申请保全或查封的债权人享有查封质权,进而能够相较于其他无法定优先权的债权人优先受偿。而平等主义源于罗马法,无法定优先权的债权人之间不论申请保全、查封的先后,均按照各债权人数额的比例平等受偿。优先主义与平等主义的立论依据均为公平原则,但二者的理解各不相同。平等主义从实体法的角度考虑公平,认为债权人平等是债法的基本原则,民事执行是实现债权的程序,应尊重实体法的基本原则。而优先主义主张的是程序法上的公平,即机会平等,应该奖励勤勉于信用调查并适时努力收取债权的人。团体优先主义又称折中主义,指申请人与在一定期限内参与分配的债权人依据债权数额比例平等受偿,并相对期限后参与分配的债权人有优先受偿的权利,团体优先主义旨在一定范围内维持债权人的平等,并且使执行程序易于终结。②

我国将申请参与分配的条件限定于债务人为自然人或其他组织,并在分配方案中采用平等主义模式,从而解决在商人破产主义下自然人和其他组织资不抵债的问题,公平保护自然人和其他组织的全体债权人的合法权益。③ 而对于法人型债务人资不抵债的情形,无法定优先权的债权人仅能按照财产保全和执行中查封、扣押、冻结财产的先后顺序进行受偿,进而倒逼顺位在后的债权人申请启动针对法人型债务人的破产程序。可以说,现行参与分配制度是为了弥补破产法适用范围的不足而设立的,即利用个别执行程序来解决非企业法人资不抵债的问题。但是,参与分配制度并不能完全取代破产制度的功能与价值,作为民事执行程序的参与分配制度同样具有强烈的债权人中心主义色彩。依据参与分

① 参见谭秋桂:《民事执行法学》(第 3 版),北京大学出版社 2015 年版,第 232 页。
② 参见杨与龄:《强制执行法论》,中国政法大学 2002 年版,第 21 页。
③ 参见谭秋桂:《民事执行法学》(第 3 版),北京大学出版社 2015 年版,第 234 页。

配程序对债务人的财产分配结束后，债务人对其尚未履行完毕的债务应当继续履行，并不具有如同破产程序一般免除债务、促进债务人再生的功能。

从破产法的发展趋势来看，由有限破产主义走向一般破产主义、由商人破产主义走向商人、非商人破产主义是一种历史的必然。因此，我国现行的参与分配制度必将由破产制度吸收，而代之以一种全新的参与分配制度。当下，个人破产制度已在我国地方法院积极探索并成果颇丰，故有学者乐观断言，我国目前正在制定的《个人破产法》或将个人破产制度纳入现行《企业破产法》之中，制定一部我国的统一《破产法》法典的条件已经基本成熟，制定个人破产制度是完善我国市场经济法律体系的应有之义，能够平等保障市场经济各类主体的需要，并且有助于缓解“执行难”问题，维护社会稳定。[①] 若我国破产法立法转向一般破产主义，则参与分配程序需进行功能调整、制度重构，否则将产生参与分配与个人破产程序的立法构造、制度功能重复的问题。一般破产主义之下，参与分配程序的功能应转化为解决金钱债权终局执行之间的竞合，其分配方案也需从平等主义模式转向优先主义模式，并以债务人是否发生破产原因为界限与破产程序实现分化配合。[②]

---

① 参见汤维建：《制定我国〈个人破产法〉的利弊分析及立法对策》，载《甘肃政法大学学报》2021 年第 6 期。

② 参见肖建国、庄诗岳：《参与分配程序：功能调整与制度重构——以一般破产主义为基点》，载《山东社会科学》2020 年第 3 期。

专题二:破产管理人制度的完善*

破产管理人制度是我国现行破产法新引入的一项破产制度,在现代破产"管理人中心主义"模式下,破产管理人是破产程序的"驱动器"。然而,受立法经验和破产实践历程所限,我国现行破产法对破产管理人的诸多问题并未给予积极和科学的回应。尽管随后最高人民法院的几个司法解释对破产管理人的选任、破产管理人报酬等作出了较有可操作性的规定,从而客观上推动了破产管理人制度的实施,并在十余年的时间里有效地推动了我国现行破产法的施行,但理论上的分歧和立法上的欠缺、模糊,仍然使我国破产管理人在破产实务中面临诸多难题。一方面,在破产管理人的性质和法律地位尚无定论的情况下,破产执业者究竟要具备什么样的条件才可以获得破产管理人资格以及该等资格应当由谁授予,这素来就是一个颇具争议的问题,由此亦形成了全国各地法院不同样态、不同规格的管理人名册,对破产管理人队伍的良性发展极为不利。另一方面,作为破产执业者的破产管理人在个案中究竟该由法院指定还是由破产当事人(主要是债权人)选定,破产管理人的忠实义务究竟是忠实于谁,法院对破产管理人履职的监督和破产管理人

---

* 作者简介:韦忠语,西南政法大学民商法学院副教授,硕士生导师;陈秀良,重庆破产法庭副庭长;刘杰,重庆破产法庭法官;柴世斌,重庆破产法庭法官助理。

报酬裁量的界限何在等问题尚未解决。此外，破产法规定了破产管理人诸多的职权与职责，但立法本身却并未对破产管理人履职提供必要的保障，对破产管理人履职不当或滥权的监督机制和法律责任机制亦并不科学、全面。这些问题的存在，一方面导致了各地管理人代理人队伍素质的良莠不齐，且抹杀了潜在的破产执业者加入破产管理人行业的热情；另一方面，也使进入破产管理人队伍的执业者在破产实务中受到多方掣肘，缺乏推动破产程序、提高破产效率的积极性。更为严重的是，由于法律责任的不明晰，一些破产管理人在个案中严重失职甚至滥用职权，不仅损害了破产当事人的合法权益，亦使破产法的公平公正价值受到损毁。

对于上述问题，现行《企业破产法》有的已经作出规定，如个案管理人指定、管理人报酬等问题。不仅破产法有明文规定，最高人民法院亦通过司法解释予以了细化。但法律的实然性不等于应然性，合法性亦不等于正当性。正因为有些现行规定缺乏正当性基础，才导致管理人制度在破产实务中种种问题的出现。故本专题试图梳理破产管理人的基本理论，并结合我国破产实务，对破产管理人法律地位、执业资格及其授予、个案任命、管理人职责及履职保障、管理人监督、管理及法律责任等进行全面探讨，以为《企业破产法》的修改提出合理建议。

一、破产管理人的法律地位和职能

（一）破产管理人的法律地位

在破产法学界，关于破产管理人在法律上的性质如何，其法律地位应怎样界定向来存在争议。学者们孜孜不倦地探研这一问题，并非仅仅是为了从逻辑上证明一个法律概念；相反，这一问题关乎的是破产法价值实现的路径和方法。正如汤维建教授指出："研究破产管理人的法律性质，有着极其重要的理论意义和实践价值……破产法中其他诸多问题，也动辄牵涉于此，并往往回归于此，寻求'原始'答案。"[①]遗憾的是，我国现行破产法并未对破产管理人的法律地位给予定性。《企业破产法》仅在第 22 条规定了"管理人由人民法院指定""指定管理人和确定管理人报酬的办法，由最高人民法院规定"。此外，该法第 24 条规定了

① 汤维建：《论破产管理人》，载《法商研究（中南政法大学学报）》1994 年第 5 期。

可以担任破产管理人的机构和个人以及任职的消极条件。从历史的视角看,在未对管理人法律地位定性的条件下,授权最高人民法院来制定指定管理人和确定管理人报酬的办法,的确有利于破产法的快速实施。但缺乏对破产管理人的科学定性,必然会导致破产管理人制度整体设计得不科学,并使制度在运行中失去其本身应有的价值。我国十余年的破产实践证明,由法院授予管理人资格并指定个案管理人,不仅极大增加了法院的工作负担、分散了司法资源,而且使法院在破产程序中的中立裁判地位备受质疑,更可能滋生司法腐败的现象。因此,研究破产管理人制度,理应首先厘清破产管理人的法律性质,唯有此,才能设计出科学合理的破产管理人制度。

1. 有关破产管理人法律地位的学说与评析

在破产法学界,人们对破产管理人法律地位的研究不仅历时弥久,而且成果丰硕。学者们基于不同的制度背景和文化习俗,以及在不同的历史和语境下,从不同的视角界定破产管理人的法律地位,其所形成的不同学术观点,应该说都具有一定的合理性,但或多或少仍存在一定的缺憾。长期以来,国内外学者对破产管理人的法律地位主要形成了以下学说:

(1)代理说。又分为债权人代理说、债务人代理说和共同代理说。此说认为,破产管理人在破产程序中处理破产事务,其结果并不归于管理人自己,故破产管理人实际上是破产当事人的代理人。债权人代理说主张,破产管理人主要是为债权人的利益服务(处置债务人财产以清偿债权人),故其是债权人的代理人;①债务人代理说认为,在破产程序中,破产管理人实际上是代表债务人行使对破产企业的管理权,故管理人是债务人的代理人;共同代理说则认为,破产管理人一方面代表债务人管理企业和财产,另一方面又将这种管理的利益归于债权人,故管理人应同时是债权人和债务人的共同代理人。②

代理说是较早的一种学说,支撑该学说的依据在于:其一,破产管理人在破产程序中的一切行为均不是为了自己,其行为后果要么归于债权人,要么归于债务人。其二,破产程序是民事非诉讼程序,具有私权救济的特征。除法院以外,破产程序中其他各主体之间只能形成普通民事关系。既然破产管理人之行为后

① 参见王卫国:《破产法精义》,法律出版社2007年版,第36页。

② 参见汤维建:《论破产管理人》,载《法商研究(中南政法大学学报)》1994年第5期。

果归于债权人或债务人,那么,其地位就符合民事代理人的主要特征。[①] 这一看似合理的阐释,却存在重大缺陷。试析如下:

其一,按照传统民法理论,“代理,是指代理人在代理权限范围内,以被代理人的名义独立与第三人为民事行为,由此产生的法律效果直接属于被代理人的一种法律制度”。[②] 破产程序中管理人的履职行为毫无例外都以自己的名义进行,这与传统的民事代理理论不符。如果说“隐名代理”理论尚可解释破产管理人的名义问题的话,那么,破产管理人既为债权人服务,又为债务人服务的“双重代理”角色则是为“各国或地区立法所禁止”的。[③] 而事实上,破产法多元化的价值取向,必然要求破产管理人保持中立的地位,并综合平衡包括债权人、债务人在内的各方破产当事人之间的利益关系。因此,若要以代理理论来解析破产管理人的法律地位,就很难说清破产管理人是谁的代理人,或者陷入“破产管理人是双重或多重代理人”的理论误区。

其二,传统民事代理以委托代理为常态,法定代理和指定代理为例外,故代理人之代理权限通常受被代理人授权范围之限制。在我国,由于破产管理人由法院指定,“代理说”据此或可解释破产管理人“代理权”之来源(传统民法理论中的“指定代理”),但破产法赋予破产管理人的诸多权力却是“代理说”无法解释的,因为在民事代理关系中,“由于民事主体的法律地位是平等的,当事人之间不可能存在任何权力”[④]。破产管理人履职仅依法律规定为之,而不受债权人和债务人之任意限制,债权人只有在符合法律规定的情况下,享有对破产管理人监督之权利。很显然,破产管理人之权利和权力与民事代理权不可相提并论。

其三,破产管理人一旦被指定,即在破产程序中享有双重之权——既有权利,也有权力,同时也担负双重之责——既有私法上的义务,又有公法上的责任,如破产法规定的“破产管理人没有正当理由不得辞去职务”的规定等。[⑤] 这种公法权力与私法权利、公法责任与私法义务的同时存在,无论如何也无法从传统代理理论中得到合理的解释。

---

① 参见汤维建:《破产程序与破产立法研究》,人民法院出版社2001年版,第286页。

② 参见马俊驹、余延满:《民法原论》,法律出版社2010年版,第221页。

③ 参见马俊驹、余延满:《民法原论》,法律出版社2010年版,第231页。

④ 马俊驹、余延满:《民法原论》,法律出版社2010年版,第227页。

⑤ 参见《破产法》第29条。

(2)职务说。此说发端于德国,至今仍为多数德国学者所认同。德国破产法理论认为,破产管理人是“私人职务承担者”“并作为独立的司法助理的机关为全体各方的利益管理和变价(债务人)财产”。① 但在我国,持“职务说”的学者则是依托破产程序是概括性强制执行程序之理由,认为管理人是代表国家司法机关实施强制执行行为的公务员,故管理人之行为应是一种职务行为。②

“职务说”的依据在于:破产程序是概括执行程序,是法院强制执行的一种。破产法的功能在于为确保各债权人公平受偿,对债务人的全部财产进行总体的概括执行,这种执行是由法律授权在管理人的主持下进行的,因此,破产管理人相当于代表国家执行公务的人。此说存在以下缺陷:

第一,无论从历史上看,还是从现实立法看,管理人以“私法上的主体”为主,是世界各国的破产管理人队伍的主要构成模式。我国《企业破产法》则明确界定了管理人应当是“社会中介机构”、“个人”或者“清算组”。③ 社会中介机构固然不是国家机关,执行公务就无从谈起。清算组成员虽不排除源于国家机关,但即使是公务员进入清算组后,其所履行的职责也仅限于破产法赋予的内容,而与其原任职务无关。同时,《中华人民共和国法官法》《中华人民共和国公务员法》均未将破产管理人列入司法人员或公务员。因此,“职务说”于法无据。

第二,破产管理人履责不当,给债权人、债务人或其他主体造成损失的,得以自己的财产对相关受害人承担民事赔偿责任。④ 如果破产管理人系国家机关或者公务员,或者是受权执行公务的机构,则该等损失应由授权机关承担,方能体现“职务”的本质,但由破产管理人自己承担履责不当的民事责任,表明了其不属于任何国家机关。同时,如果破产管理人的地位属于“公职”,则其严重失职或滥用职权造成严重后果时,理应按照刑法追究刑事责任,但我国刑法并未将破产管理人作为渎职罪或者滥用职权罪的犯罪主体,⑤这反证了破产管理人并非代表国家执行公务的人。此外,从世界范围看,除新加坡的破产管理人为纯粹的官方任

---

① 参见[德]莱茵哈姆·波克:《德国破产法导论》(第6版),王艳柯译,北京大学出版社2014年版,第30~31页。

② 参见陈泽桐:《破产管理人制度研究》,吉林大学2008年博士学位论文,第26页。

③ 《企业破产法》第24条规定:“管理人可以由有关部门、机构的人员组成的清算组或者依法设立的律师事务所、会计师事务所、破产清算事务所等社会中介机构担任。”

④ 参见《企业破产法》第130条。

⑤ 参见《中华人民共和国刑法》(以下简称《刑法》)第九章。

命公务员外,其余国家和地区的管理人均由从事自由职业的自然人或中介机构担任,很难说其与公法上的"职务"有关联。英国和美国虽有官方管理人的设置,但英美的官方管理人并非主要从事破产执业,而是因特殊目的而存在的。

(3)破产财团代表说。此说认为,破产人的财产从破产程序开始时起即成为具有独立人格的主体,担负着清偿债权人的义务,从而成为破产财团,破产管理人即是破产财团之代表机关,代表破产财团行使权力和履行义务。①

"破产财团代表说"的理论基础是,破产债务人的财产本身具备权利主体资格,是独立的民事主体。② 很显然,此说是以"破产财产具有独立的主体资格"为前提的,其逻辑在于,破产程序启动后,债务人的财产就成了"为特定目的存在的财团",破产管理人即为该财团法人的代表。此说因能较好地解决"代理说"与"职务说"两极冲突,而为诸多学者所赞同。但笔者认为,"财团代表说"事实上与传统民法理论、破产法的内在逻辑存在冲突。

破产财产作为"物",其自身不会成为主体,此为民法理论之共识。为解决破产管理人地位的问题而将破产财产视作财团法人,在思路上确有可取之处,但结合民法理论和破产程序的功能,将破产财产作为财团法人,在理论上其实也难以自圆其说,因为"财团法人只能是公益法人"。③ 所谓公益,传统理论认为是社会上不特定多数人的利益,④而破产程序是对债务人财产进行总括执行的程序。换言之,破产财产乃是为破产债权人这一特定群体存在的,其并不具有"公益"的目的和属性,将其视为财团法人显然与财团法人之目的和本质不符。"皮之不存,毛将焉附",既然破产财产不是财团法人,"财团法人代表说"也就失去了其存在的根基。

(4)机构说。又分为"特殊机构说"、"法定机构说"和"独立机构说"。"特殊机构说"着眼于管理人职责、职能的特殊性,认为破产管理人是破产程序开始后,由法院指定的处理债务人财产关系的特殊机关。⑤ 其特殊性在于:在特殊的时

---

① 参见李永军:《破产法律制度》,法律出版社2000年版,第159页。
② 参见付翠英:《论破产费用与共益债务》,载《政治与法律》2010年第9期。
③ 参见马俊驹、余延满:《民法原论》,法律出版社2010年版,第115~116页。
④ 参见王泽鉴:《民法总则》(增订版),中国政法大学出版社2001年版,第159页。
⑤ 参见邹海林:《新企业破产法与管理人中心主义》,载《华东政法学院学报》2006年第6期。

间,为特殊的目的和利益实施特殊的行为,并以特殊的财产承担责任。[①] "法定机构说"则抓住破产管理人身份、地位以及权利、权力的合法性,将破产管理人定位于"法律为解决破产财产的管理和分配而特别设立的法定机构",[②]其职权和职能由法律规定,不受制于任何单位和个人。"独立机构说"从破产管理人履责的独立性出发,认为破产管理人是一个由债权人监督、对法院负责的具备独立地位的机构。[③] 本文将这三种不同的学说统称为"机构说"。

总体上看,"机构说"都是试图将破产管理人描述为一个合法的、具有特殊职能和独立人格的主体。"机构说"的优势在于合理地阐释了管理人权利和权力的来源依据,让破产管理人有依据地独立于其他的破产程序参与主体(包括债权人、债务人和法院),使"破产管理人究竟为谁的代理人或代表人"以及"破产管理人究竟受命于谁"等辩论止于纷争。"机构说"的核心内容、理由及所产生的效果与日本破产法理论上的"管理机构人格说"颇为相似,但近年来日本流行的"管理机构人格说"本身亦存在诸多未能解释的问题,并同样受到来自各方观点的质疑和挑战。[④]

排除其他理论质疑,"机构说"对破产管理人的法律定位本身就存在逻辑缺陷。一方面,"法定机构"、"特殊机构"和"独立机构"等称谓本身就不能反映破产管理人的属性,无法把破产管理人与其他法律主体的属性区分开来。比如,政府、司法机关也是法定机构,在破产程序中担当拍卖职能的拍卖机构也可以视为特殊机构,而这些机构又毫无例外都是独立机构,他们都有合法的、特殊的职能,并且都是独立地履行职能,与破产管理人岂有异乎?另一方面,我国《企业破产法》规定的破产管理人有中介机构、清算组和个人三种形态,[⑤]如果说中介机构、清算组尚可称为"机构"的话,当自然人担任破产管理人时也谓之"机构",则未免牵强附会了。

(5)准司法机构说。"准司法机构说"萌于我国旧破产法时代,但2006年《企业破产法》颁布后,仍有学者持此观点。其核心思想是:破产管理人由法院指定

---

① 参见冯兵、朱俊伟:《论我国破产管理人制度的构建》,载《西南政法大学学报》2004年第5期。

② 参见王卫国:《破产法精义》,法律出版社2007年版,第36页。

③ 参见李燕:《论我国破产法中管理人的法律地位》,载《当代法学》2007年第6期。

④ 参见叶军:《破产管理人制度理论和实务研究》,中国商务出版社2005年版,第97页。

⑤ 参见《企业破产法》第24条。

任命，担当破产程序中的诸多职责，享有高于其他参与主体的权力，并受法院监督、对法院负责，这就等于管理人分担了法院的司法功能。与“职务说”认为管理人的权力来源于法律规定不同，“准司法机构说”认为，法院指定和任命管理人就是将司法权授予管理人，故破产管理人具有法院委任司法的之实质，应为准司法机构。①

“准司法机构说”的致命弱点在于，司法权是由宪法设定和授予的权力，授权机关只有依据宪法才能将权力转授予他人，而我国宪法并未允许法院可以将司法权授予他人行使。并且，司法权统一是各国立法的基本原则，“准司法机构”的概念无论从法理上还是从法律规定上都没有依据。更重要的是，法院指定管理人的行为本身是一种司法决定，而非授权行为。《企业破产法》规定的管理人职责为破产管理人所独有，并非法院的职权范围。既然管理人的职责不是法院的职权范围，法院又何以有权可授？

（6）信托说。此说认为，一旦破产程序启动，破产人就丧失了对其财产的管理和处分权，而由破产管理人直接接管、处分和分配给债权人。清偿债权人成为破产财产存在的唯一目的。在此种情形下，破产财产实际上已经成为为债权人谋利益的信托财产，管理人基于法律规定而成为该信托的受托人，债权人为该信托的信托受益人。② 管理人应以信托受托人之身份，遵循财产价值最大化原则，为信托财产受益人——破产债权人谋取最大利益，并在此过程中对债权人、债务人、法院及其他利益主体保持中立性。③

由于此说能够很好地解释破产管理人在破产程序中管理、处分和分配破产财产的权利，及其妥善保管并尽量使破产财产价值最大化的义务，并能合理地说明破产债务人为何不能支配本来属于自己的财产，因而成为近年来较流行的学说。一些学者对“信托说”甚至推崇备至，并积极建议引入信托制度来解决破产管理人的法律地位问题。④ 但结合信托法的一般原理、公司法的基本理论以及破产法的具体规范，我们不难发现，此说的缺陷也是明显的：

---

① 参见汤维建：《破产程序与破产立法研究》，人民法院出版社2000年版，第290～291页。

② 参见傅穹、王欣：《破产债务人财产制度的法律解释》，载《社会科学研究》2013年第5期。

③ 参见张军：《论破产管理人的法律地位》，载《武汉大学学报（哲学社会科学版）》2012年第4期。

④ 参见张军：《论破产管理人的法律地位》，载《武汉大学学报（哲学社会科学版）》2012年第4期。

首先,按照信托法的一般原理,信托应当具备委托人、受托人和受益人三方当事人,且须由委托人自愿签订信托合同或者书面信托文件,信托方可成立。① 如果将破产管理人视为受托人、将债权人视为受益人,那么,委托人是谁呢?主张"信托说"的学者无人能对此作出解释。按照逻辑推理,委托人就只能是破产债务人了。不过,信托法赋予委托人的诸多重要权利,如解任受托人的权利,②破产债务人在破产程序中并不享有。③ 由此可见,用信托理论解释破产管理人地位在信托法理论上就会遭遇主体不全的难题。尽管信托法理论中有"法定信托"之说,④但破产管理人对破产财产的接管和处分并不属于"法定信托"中的任何一种情形。即便是在以信托理论界定管理人地位的英美法国家,学者亦只能将这种信托解释成一种"特别信托",因为"债权人在破产财产分配中的利益跟一般信托中受益人的权益并不相同"。⑤

其次,用信托关系定位破产管理人与公司法的基本理论及破产法的基本规范相冲突。将破产管理人视为信托的受托人,则信托财产只能是破产财产,信托的目的只能是清偿债权人。但在公司法的范畴内,对公司剩余财产的索取权是公司股东的基本权利,而在破产法律规范内,破产宣告具有不可逆转的效果。因此,在破产清算的过程中,若破产企业清偿全部债务(信托目的实现)后仍有财产剩余,则理应归破产企业的股东所有。⑥ 但依信托法原理,当信托的目的实现后,若为私益信托,则信托财产的最终所有权归于受益人或者受托人,若为公益信托,则信托最终按照"类似原则"继续存在,使信托财产继续使用于与初始信托"尽可能类似"的其他公益目的。⑦ 且不说"信托说"未能解释这种所谓的信托究竟是"公益"还是"私益"性质,但若按信托理论推演,破产企业股东的剩余财产

---

① 参见《中华人民共和国信托法》第二章。

② 参见《中华人民共和国信托法》第23条。

③ 我国《破产法》将更换破产管理人的权利赋予债权人和人民法院。参见《破产法》第22条。

④ 法定信托指通过法律的强制,或者法律根据对当事人意思的解释、推定而强制成立的信托,与委托人的意愿无关。法定信托又分为构成信托和归复信托,前者指因某种事实形成的信托,类似于无因管理;后者则指设定信托无效或信托意愿未达成的情形下,委托人或受益人对信托事实的承认。我国信托法原则上不承认法定信托。

⑤ See Auger J., Bohemier A., *The Status of the Trustee in Bankruptcy*, R. J. T. N. S., 2003 (37), p. 57.

⑥ 法院通常依据对债务人的财务审计报告和资产评估报告作出破产宣告,但破产财产的实际变现值与评估值会出现差距,故实务中时常会出现清偿全部债务后,破产财产仍有剩余的情形。

⑦ 参见李群星:《信托的法律性质与基本理念》,载《法学研究》2000年第3期。

索取权就会被彻底剥夺,这显然与公司法和破产法理论不符。

(7)独立民事主体说。在众多的破产管理人法律地位学说中,“独立民事主体说”可谓是独树一帜,该学说由陈泽桐博士于2008年在其博士学位论文《破产管理人制度研究》中提出。该文以“利益平衡理论”为根据,从利益平衡的视角,在不同的维度上剖析了管理人的本质,并逐一分析了管理人权利和义务的内容及其构造,最后得出了“破产管理人是独立民事主体”的结论,①令人耳目一新。

不过,“独立民事主体说”更多的只是说明了破产管理人在破产程序中作为“民事主体”的属性,并论证了管理人独立性的根源。但是,如果仅仅作为民事主体,管理人为何在破产程序中享有如此多与其他主体不同的“特权”?创此说者也仅以“法律规定”来解说此问题,却未能从理论上说明法律为何要作这样的规定,于是又回到“法律授权”的老路上,为后来的“双重性质说”打开了空间。

(8)双重性质说。“双重性质说”着眼于破产管理人法定的清算职能,认为破产管理人职能法定、权利和权力法定,从这一意义上说,破产管理人应归属于公法性质的职权机构;但是,在执业活动中,破产管理人又同时享有私法上的权利(如报酬权),并独立承担私法上的义务(如赔偿执业不当的损失),由此,破产管理人又是独立的民事主体。故破产管理人具有法定职权机构与独立民事主体的双重性质。② 此说的优点在于:清晰地认识到破产管理人作为破产程序的参与者,是独立的民事主体的属性。但由于该说未能合理解释破产管理人在破产程序中的特别权利和权力,因而又将其定位为“法定职权机构”,并以“双重性质”冠之。其本质上仍是“职务说”或者“机构说”与“独立民事主体说”的折中。

2. 从商法学的视角定位破产管理人

总结上述争论,我们可以发现,各种理论分歧的焦点主要集中在:破产管理人究竟是公法上的主体,还是私法上的主体?“职务说”、“机构说”和“准司法机构说”可归于公法主体阵营,“代理说”、“信托说”、“财团代表说”和“独立民事主体说”则可归于私法主体的阵营,而“双重性质说”则是二者的折中。这些学说从不同的角度对破产管理人的法律地位作了诸多的探析,对于进一步研讨这一问题以最终准确定性破产管理人,无疑具有重要的参考价值。但大陆法系学者特

---

① 参见陈泽桐:《破产管理人制度研究》,吉林大学2008年博士学位论文,第38页。

② 参见魏莉、雷道茂:《论破产管理人的性质和任职条件》,载《海南大学学报(人文社会科学版)》2014年第3期。

别是国内学者对这一问题的争论,始终围绕着“公”与“私”这一对立的二元思维展开,即破产管理人要么是公法上的主体,要么是私法上的主体,或者含糊其词的“特殊主体”,抑或是折中的“双重性质”主体。结果是谁也说服不了谁,于是又有人引来了英美法系的“信托说”。迄今为止,仍是众说纷纭,莫衷一是。

尽管大陆法系对公法、私法的划分有其合理性,将法律主体分为公法主体和私法主体,也的确有利于人们从理论和制度上设定主体的权利(权力)、义务。但对破产管理人的定位仅以“公”和“私”来划定,却未免过于简单化。笔者认为,对破产管理人法律地位的界定,关键的是要有一个科学的立场,立场既是研究问题的出发点,也是解决问题的目的所在。立场决定方法,而正确的结论必以科学的方法为路径。因此,笔者基于如下立场对这一问题进行研究:

第一,研究破产管理人的法律地位,目的在于解决管理人的权利、义务和权力、职责的来源及其权利义务的边界问题。对法律主体地位的定性,本质上是对主体权利和义务的概括限制。因此,对破产管理人法律地位的研究,应跳出传统“公”与“私”的对立性二元思维模式,从破产管理人的组织形态、执业特点以及法律赋予它的职能入手,探寻其权利义务的来源及其权利义务的性质和边界。

第二,管理人制度是破产法的重要组成部分,破产法是商法的主要内容之一。虽然在我国尚未有成文的商法典,但理论上,商法作为一个相对独立的法律体系存在,应已成为商法学界的共识。① 因此,对破产管理人法律地位的研究,应当在传统民法理论的基础上,更多地考虑商法自身的特殊性,从商法的视角去探寻这一特殊法律主体的性质,以求对其法律地位作出更合理的解释。

第三,对理论学说的取舍首先应考虑其是否与成熟的基础理论相匹配;其次应考虑学说本身的适合性,即该学说能否为现实法的适用提供指导性意见,能否合理解释现行立法和实践中存在的问题,能否为将来的立法提供有价值的参考。至于学说本身是否符合现有法律的规定,不应成为理论研究的掣肘。正如陈荣宗先生指出:“正因为法律无明文,破产法上各种难解之法律问题有待合理解释,故有提出学说,利用学理为说明之必要。此际,对学说之取舍,自当以能圆通合理解释各种法律疑难者为最可取。”②对破产管理人法律地位的定性,同样应当依

---

① 参见邹海林、张辉:《商法基础理论研究的新发展》,中国社会科学出版社 2013 年版,第二章。

② 陈荣宗:《破产法》,台北,三民书局 1994 年版,第 168 页。

照这样的思路来进行。

第四,任何制度和学说都有其赖以生存的土壤,对域外法学理论的借鉴,特别是对域外法律制度的引进,应充分考虑该制度和学说存在的现实基础,这种现实基础就是各国文化背景、制度渊源以及司法体制的不同。就破产管理人法律地位而言,在英美法国家极少出现大陆法系这种论争,其原因并不在于其信托制度和信托理念可以解决管理人法律地位问题,而在于这些国家在破产立法中直接将这个问题解决了。① 如果我们也照搬信托理论来定位我国的破产管理人,就失去了制度基础和司法体制的支撑。

本着以上立场,在尊重现有民商法成熟理论的基础上,结合现有法律规定和破产管理人的执业实况,本书认为,在我国,破产管理人宜定位为特殊商事主体。理由是:

其一,从我国破产管理人的来源和组织形态看,破产管理人主要是商事主体。我国《企业破产法》以及最高人民法院《关于审理企业破产案件指定管理人的规定》(以下简称《指定管理人规定》)对破产管理人的范围作出了明确的界定,即合格的社会中介机构、自然人个人以及由有关部门、机构的人员组成的清算组。② 社会中介机构是我国破产管理人的主要构成主体,包括依法设立的律师事务所、会计师事务所和破产清算事务所等;清算组和个人管理人则为少数,且清算组只有在特定情况下才可以使用。③ 这些中介机构(公益性的律师事务所除外)本身就是依法设立的营业组织。尽管在民商合一的理念和立法体例下,商事主体之说常会引起争议,但商主体的营业性特征却与普通民事主体存在显著的差别,④且其承担的法律责任也与普通民事主体有所不同。⑤ 需要注意的是,一些典型的大陆法国家(如德国)并未在立法上将律师事务所、会计师事务所等自由职业者纳入"商人"的范围,其原因并非这些自由职业者不具备营业的特性,而

① 如英国破产法将破产管理人分为官方管理人和私人破产执业者,各自在不同的程序和情形下享有不同的权利和承担不同的职责。因此,就不存在破产管理人是"公法主体"还是"私法主体"的争论。参见[英]费奥娜·托米:《英国公司和个人破产法》,汤维建、刘静译,北京大学出版社2010年版,第十二章。

② 参见《企业破产法》第24条和《指定管理人规定》第2条。

③ 参见《指定管理人规定》第18条。

④ 参见邹海林、张辉:《商法基础理论研究的新发展》,中国社会科学出版社2013年版,第四章。

⑤ 参见邹海林、张辉:《商法基础理论研究的新发展》,中国社会科学出版社2013年版,第八章。

主要是因为历史传统所使然。[①] 从商法的角度看,“营业”才是判断“商人”身份的实质标准。[②] 在我国,律师事务所、会计师事务所和清算事务所,无论是合伙制还是公司制的组织形态,事实上都是按照营业组织缴纳税金,这表明在我国法律体系内,这类中介机构是按照商事主体来对待的。

其二,破产管理人的执业活动是由公权力特别许可的营业活动。在我国,设立律师事务所、会计师事务所均须通过行政许可,只有清算事务所目前尚未需要行政许可。即使如此,这些业已设立的中介机构仍需经过法院的遴选方能取得破产管理人的执业资格。[③] 取得执业资格的中介机构和个人要担任个案管理人,还需由法院来指定。法院的指定行为与其说是“授权”,毋宁说是“许可和命令”。一方面,无论中介机构或个人多么想做某件案件,没有法院的指定(任命),就无法成为该案件的管理人;另一方面,法院一旦指定某中介机构为某一案件的管理人(命令性),该中介机构或个人无正当理由就不得辞任。管理人执业的这一特征与商事法上的“国家干预主义”原则正好契合,体现了破产管理人作为特别商事营业主体的显著特征。

其三,执业的收益和风险的存在,表明将破产管理人定位于“商事主体”符合经济学的正常逻辑。管理人申请破产执业资格,绝不是为了给破产企业提供免费服务,而是为了通过执业活动获取报酬收益。然而,成本和收益构成交易效率的两端。当成本大于收益时,管理人将获得负效益。因此,管理人一方面必须提高工作效率以尽量降低工作和时间成本,另一方面还必须全面履行忠实义务,以避免可能发生的赔偿风险(违法成本)。管理人的收益就是执业报酬,而执业报酬则与最终的可分配财产和破产企业能否重生直接相关。[④] 因此,破产管理人还必须勤勉尽责,使破产财产价值最大化或力图使破产企业获得重生,以尽量提升执业收益。由此可见,经济学原理对管理人的内在约束恰恰就是破产法对破产管理人的执业要求。不幸的是,并非所有的破产企业都有产可破,在缺乏补偿机制和“不得辞任”的双重困境下,若债务人无产可破,破产管理人的所有成本就只

---

① 参见[德]C. W. 卡纳里斯:《德国商法》,杨继译,法律出版社 2006 年版,第 22 页、第 33 页。

② 参见[德]C. W. 卡纳里斯:《德国商法》,杨继译,法律出版社 2006 年版,第一章。

③ 参见《指定管理人规定》第 1 条。

④ 参见最高人民法院《关于审理企业破产案件确定管理人报酬的规定》(以下简称《管理人报酬规定》)第 4 条。

能自己承担。这恰好说明,破产管理人的执业活动须承担与其他商事营业者相同的经营风险。

其四,破产管理人的职责和权力、权利和义务以及法律责任由法律直接规定,且承担的责任与普通民商事主体颇有不同。破产管理人在执业的过程中,不能通过与任何一方当事人的约定来设定权利义务,这正是它与其他商事主体的不同之处,破产管理人在执业过程中,其意思自治受到法律的极大限制,其所承担的法律责任也与普通的民商事主体有别。破产管理人的执业行为不得违反忠实和勤勉义务,否则,除要承担私法上的民事责任(如赔偿损失)外,还须承担行政甚至刑事责任。这种复合的法律责任形态,被一些学者称为商事责任,为商主体实施商事行为时所特有的一种法律责任形态。[①] 从这一意义上说,仅将破产管理人简单地以"独立的民事主体"定位,显然未能反映其性质的全貌。

"特殊的商事主体"不仅可以合理解释管理人在破产程序中的权、责、利的来源,更重要的是可以让我们清楚地看到法律何以赋予管理人如此多重、重要的权力和重大的责任。从商法的视角看,营业许可是营业限制的外在表现,其反映的是破产程序对破产管理人这一特别执业主体的营业资质要求,这种特别要求是破产程序的高效、公正和公平价值所使然。而权责一致、风险与收益匹配,则是商法公平原则在破产法中的具体体现。我们不难发现,以"特别的商事主体"为出发点,破产管理人在破产程序中的特别权利、权力、职责以及利益诉求都可以得到合理的解释。

诚如学者所言,对破产管理人法律地位这个问题的解答"必须慎重"。[②] 然而,从商事法和破产实践的视角出发,破产管理人是特殊商事主体的结论既是商法理论逻辑的应然归属,也是破产审判实践的验证结论。

鉴于此,我国《企业破产法》的修订应当明确规定破产管理人的法律地位,赋予其特殊商事主体的法律性质,并在此基础上重新设计破产管理人的相关制度。基于特殊商事主体这一法律性质,现行破产法对破产管理人资格的赋予和个案指定规则显然不符逻辑。破产管理人资格的授予本质上属于营业许可的范畴,法院不宜行使不属于审判权的行政许可职权。因此,《企业破产法》的修订应当

① 参见邹海林、张辉:《商法基础理论研究的新发展》,中国社会科学出版社2013年版,第八章。
② 参见汤维建:《论破产管理人》,载《法商研究(中南政法大学学报)》1994年第5期。

考虑授权专门的行政主管部门对破产管理人资格实行统一的管理,以消除现时破产管理人市场的乱象。此外,就个案管理人的指定而言,破产法应考虑破产程序本质上是私权自治程序的性质,个案管理人的任命应当充分尊重当事人的意思自治,特别是债权人的意思选择,以最大限度地保持法院作为审判机关的中立、公正地位。

(二)破产管理人的职能

在世界范围内,破产管理人的称谓在各国有所不同,美国称为"破产托管人",英国称为"清算人"或"托管人",德国称为"破产管理人",而日本则称为"破产财团管财人"。尽管称谓不同,但其所指向的对象却是共同的,即在破产程序中依法确定地对破产债务人财产进行接收、管理(包括经营)、清理、估价以及处理和分配的机构或个人。在"管理人中心主义"背景下,破产管理人被誉为破产程序的"推进器"。[①] 破产程序的推动主要依靠破产管理人通过履行职责、行使权力(或权利)和承担义务来完成。因此,破产管理人的职能主要体现在破产法对破产管理人责、权、利的制度安排。

1. 破产管理人的职责和权力

职责与权力法定,且权力为职责而存在,是破产管理人权力和职责的一大特点。各国破产法均对破产管理人的职责和权力作出了相应的规定,且毫无例外地将破产管理人的权力和职责相捆绑,形成了破产管理人"无责即无权,有权即有责"的特殊现象。我国《破产法》对破产管理人职责和权力的规定主要集中在第三章第25条,此外,《破产法》第八章针对重整的特殊情形,对管理人在重整中的职责和权力也作出一些规定。从内容上看,破产管理人的职责和权力主要有以下几大类:

(1)接管类职责和权力。包括:接收债务人的财产、接管债务人的印章和账簿、文书等资料,接管债务人的营业事务等。[②]

(2)收集、调查类职责和权力。包括:收集、调查债务人财产,收集债务人财务资料和营业资料,收集债务人的债权债务凭证等。[③]

---

① 参见王卫国:《破产法精义》,法律出版社2007年版,第36页。

② 参见《企业破产法》第25条第1款第1项、第5项。

③ 参见《企业破产法》第25条第1款第2项。

(3)管理类职责和权力。包括:妥善保管和经营债务人财产,决定破产程序中债务人的内部管理事宜(包括人员去留、财务开支等),以及债务人职工的安置等。①

(4)财产追回类的职责和权力。包括:撤销权和否认权的行使,对债务人对外债权的追收,对股东欠缴出资的追收,对债务人的高级管理人员不当履职所获非法利益的追收等。②

(5)程序类职责和权力。包括:接受债权申报,审查债权的性质和金额,审查别除权、取回权和抵销权申请;拟定或参与拟定重整方案,监督重整方案的执行;提请召开并参加债权人会议;替代债务人参加与债务人有关的诉讼;处置和分配破产财产;注销破产债务人的相关证照等。③

破产法通过对破产管理人权力和职责的有机配置,一方面迫使管理人在执业活动中必须尽职尽责,妥善处理各方当事人的利益平衡,并公平、高效地推进破产进程;另一方面,权力与职责的紧密结合,意味着破产管理人的执业活动仅为破产程序而生,除此之外,法律不承认破产管理人享有任何特权。

2. 作为执业者的破产管理人权利和义务

作为自由职业者的破产管理人,“不可能是志愿者,也不上天派来的天使和救星”。④ 破产管理人在执行破产事务时,须耗费大量的时间和精力,运用自己的专业特长妥善处理各种法律和经营问题,合理平衡各方利害关系人的利益,同时,破产管理人还需承担履职不当的法律风险。因此,破产管理人从事破产业务有权获取执业报酬。对管理人支付执业报酬是国际的通行做法。如联合国国际贸易法委员会(UNCITRAL)为建议和指导各国的破产立法,就在其拟定的《破产法立法指南》中明确指出,破产管理人在破产财产管理过程中发生的适当支出应当得到补偿,除此之外,“破产管理人还有权就其提供的服务得到报酬”。⑤《破产法立法指南》建议各国应建立与破产管理人的资格和所执行的任务相适应的

---

① 参见《企业破产法》第25条第1款第3项、第4项、第6项、第7项。

② 参见《企业破产法》第34~37条。

③ 参见《企业破产法》第25条第1款第5项、第7项、第8项。

④ 参见陈泽桐:《破产管理人制度研究》,吉林大学2008年博士学位论文,第77页。

⑤ 联合国国际贸易法委员会编著:《破产法立法指南》,载联合国国际贸易法委员会官网,https://uncitral.un.org/sites/uncitral.un.org/files/media-documents/uncitral/zh/05 - 80721_ebook.pdf。

报酬机制,以便吸引更多符合资格且称职的专业人员。我国《企业破产法》第22条、第28条以及最高人民法院的《管理人报酬规定》对破产管理人的执业报酬也作了明确规定。

与破产管理人获取报酬的权利相对应,作为专业执业者,破产管理人亦须为其执业活动承担义务。此处的管理人义务与前述的管理人职责既有联系,又有区别。前述的管理人职责指法律规定的管理人应尽的具体责任,其与管理人的具体工作相关。而此处的"管理人义务",是指法律对破产管理人接受指定后实施的具体执业行为的一种规范,或者说是法律对破产管理人履职过程中的具体行为是否具备适当性的一种判断。这些义务包括:

(1)勤勉义务。各国破产法对破产管理人都有"勤勉尽责"的要求,尽管各国立法中对破产管理人之"勤勉义务"有不同的表述,①但总体目的却是同一的。管理人应当"勤勉尽责,忠实执行职务"是我国《企业破产法》的明确要求。② 所谓勤勉尽责,"就是要求管理人要恪尽职责,以一个善良管理人的注意执行职务"。③ 勤勉义务要求管理人不仅不得怠于履行职责,而且还必须尽作为专业职业人员的注意义务。④ 注意义务的核心是破产管理人的执业行为不得存在作为专业人员的基本错误,以确保各方当事人的利益不会因管理人的行为不当而受到损害。若管理人行为不当给相关当事人造成损害,就要承担相应的责任。同时管理人还应当尽最大限度使破产财产价值最大化,以使各方利益得到实质性的公平保护。

(2)忠实义务。忠实义务就是要求破产管理人执行职务时,必须忠实于法律规定的职责,不得弄虚作假,欺诈和损害各方当事人,也不得利用自己的优势地位为某一方当事人或者自己谋取利益。忠实义务作为一种以信赖为基础的严格义务,在英美法系国家大多以信托受托人义务来衡量,谓之"信义义务"。而大陆

---

① 《德国破产法》第60条第1款规定:"……破产管理人应当承担一个正派和认真的破产管理人所应尽的注意义务。"《日本破产法》第85条第1款规定:"破产管理人必须以善良管理人的注意,行使其职务。"在英美法系国家则是以信托受托人义务来要求破产管理人尽勤勉之责。

② 参见《企业破产法》第27条。

③ 参见安建主编:《中华人民共和国企业破产法释义》,法律出版社2006年版,第45~46页。

④ 有学者认为,注意义务应为管理人一项单独的义务,因为勤勉义务只体现注意义务的一个方面,不能完全代表注意义务。但笔者认为,注意义务应是勤勉义务的本来内涵,故无须将注意义务单列。参见李国光主编:《新企业破产法条文释义》(第2版),人民法院出版社2008年版,第203页。

法系国家或地区则极少在破产立法中以法条形式明确表述。不过，即使法条没有明文规定，各国学者亦普遍认为管理人的忠实义务是存在的。英美法系国家以信托义务来界定管理人，其忠实义务自不当言。在大陆法系国家，日本学者也认为，虽然破产法对破产管理人的忠实义务未作明文规定，但从破产法的理论以及其他法律制度可以推知管理人的忠实义务是存在的。"对破产管理人规定受贿罪就是以破产管理人的忠实义务为前提的。"[①]我国《企业破产法》则在第27条明确规定破产管理人应当"忠实执行职务"，从而在立法的层面上确立了管理人的忠实义务。

此外，有学者认为，"不得辞任"也应该是管理人的一项单独义务，[②]但我们认为，尽管《企业破产法》规定"管理人没有正当理由不得辞去职务"[③]，但从理论上归纳，它仍然属于忠实义务的范畴，没有必要单列。

破产法通过对破产管理人责、权、利的紧密安排，将破产程序中的绝大多数事务交由破产管理人来完成；法院只处于中立的地位，依法行使司法裁判权。从这一意义上说，没有破产管理人，破产程序就无法进行；没有破产管理人的忠实、勤勉履责，破产法的功能就不能发挥。因此，在破产程序中，破产管理人的职能可谓至关重要，其对破产法功能的发挥和价值的实现具有不可替代的作用。

二、破产管理人的资格和选任

在我国，无论是学界还是实务界，在论及破产管理人资格时总是把"执业资格"和"任职资格"混为一谈，而论及破产管理人选任时也毫无例外地将管理人的"执业许可"与"个案任命"相混淆。实际上破产管理人的执业资格与任职资格是两个既有联系又有区别的不同概念；破产管理人的获得执业许可与管理人获得个案任职又是两个不同的含义。执业资格指法律规定的主体可以获得破产执业的条件，具有市场准入的性质。而任职资格指法律规定的破产执业者可以担任某一具体案件管理人的条件，它是对已经取得执业资格的主体的某种限制。

---

① ［日］山本克己：《日本的管理人制度》，载王欣新、尹正友主编：《破产法论坛》（第1辑），法律出版社2008年版，第141页。

② 参见李国光主编：《新企业破产法理解与适用》，人民法院出版社2006年版，第171～172页。

③ 参见《企业破产法》第29条。

破产管理人获得执业许可并不意味着他就可以担任任何案件的管理人,且执业许可和个案管理人的任命可能属于不同主体、依照不同程序行使的权力。就制度效用而言,执业许可是对申请主体执业能力的考察,是一个市场准入的问题;而个案任命则是对已获得执业许可的人进行的适合性考察,是一个是否“适任”的判断问题。本专题正是依循这一思路对破产管理人的资格和任命问题进行探讨。

(一)破产管理人的执业条件和执业许可

1. 破产管理人的执业条件

破产管理人的执业条件包括两个方面的问题:第一,什么样的法律主体可以被允许破产执业(主体范围);第二,被允许范围内的主体须具备什么样的条件才能可以获得执业资格(主体能力)。

(1)破产管理人的主体范围。关于什么样的主体可以担任破产管理人,世界各国有不同的立法模式,概括起来主要有三种:一是明确规定破产管理人只能是自然人,如德国和英国。① 二是立法未明确规定破产管理人是否由自然人或是法人、机构担任,但根据相关法条可推知破产个人应为自然人,如加拿大。三是法律明确规定自然人和机构均可以担任管理人,如日本和美国。② 我国现行破产法则采用了个人和机构并存的立法模式。③ 同时,最高人民法院《指定管理人规定》也承认了清算组可以成为破产管理人。④ 至此,我国在事实上形成自然人、中介机构和清算组并存的破产管理人队伍制度。该制度一方面丰富了我国破产管理人队伍的结构,但另一方面却又存在重大的缺陷,特别是承认清算组可以成为破产管理人长期以来颇受业界诟病。其原因在于:其一,清算组作为由多方指派人员组成的临时机构,其自身的主体性质很难界定,缺乏破产管理人应有的独立性。其既无独立意志,又无独立财产,难以独立承担可能产生的民事责任。其二,清算组制度有损破产管理人的中立性,且破坏了破产法律制度体系的协调

---

① 《德国破产法》第56条规定,破产法院任命的破产管理人,应当适合个案情况,尤其是有商业经验,并独立于债权人和债务人的自然人。《英国破产法》则规定,破产从业者必须是个人,公司或其他组织不得成为破产执业者。

② 2004年《日本破产法》在第74条明确规定法人可以担任破产管理人。

③ 参见《企业破产法》第24条。

④ 参见《指定管理人规定》第18条。

性。清算组的成员可以是破产企业的股东或高级管理人员,承认清算组可以做管理人,则意味着破产法禁止的管理人利益冲突规则被破坏。其三,由于成为清算组成员并无资格要求,清算组制度无法保证破产管理人的专业性,有损破产程序的效率价值。可见,承认清算组成为破产管理人不仅没有法律依据,于理论上也难以自圆其说。因此,在将来《企业破产法》的修改中应当明确规定清算组不得为破产管理人。

(2)破产管理人的能力条件。能力条件是破产管理人获得执业许可的基础,是市场准入的门槛。破产管理人的能力条件包括积极条件和消极条件。积极条件是对破产执业申请人能力的考察,是一种肯定性评价。世界各国对破产管理人执业的能力要求各有不同,但大多规定了明确的积极条件。总体来看,主要包括四个方面:一是有一定的专业知识①;二是经过一定的职业培训或者资格考试②;三是有一定的执业经验或者实践经历③;四是良好的品德和职业素养④。消极条件是指对申请人获得执业许可的阻却事项,是一种否定性评价。世界各国都毫无例外地规定了破产管理人执业的消极条件,在内容上大体分为三类:一是反社会行为,包括故意犯罪、严重的过失犯罪和涉及财产的犯罪等⑤;二是失信行为⑥;三是因身份受限而禁止其成为管理人⑦。

---

① 《美国联邦法规汇编》第58条B款对托管人专业知识作了明确规定,它包括四种情形:(1)哥伦比亚地区法院或州最高法院具有较高地位的法律从业人员;(2)注册会计师;(3)在国家承认的大学或学院中获得与商业相关的学士、硕士或博士学位(或同等学力),或修读过不少于20学时的商业相关课程;(4)被法学院主任推荐的高年级法学学生或由商学院院长推荐的攻读工商管理硕士学位者,这些学生需在法学院教师、破产专家组成员或能够提供丰富实践经验的当地法律从业人员且属于项目组成员的监督下工作。

② 欧盟多数国家都实行破产管理人资格考试制度,其中以法国和英国的考试制度最为苛刻。参见种林:《破产管理人选任制度:中欧比较研究》,载《政法论坛》2015年第4期。

③ 《德国破产法》第56条第1款规定,破产管理人应当是"适合个案,尤其是有商业经验的人"。

④ 《美国联邦法规汇编》第58条对托管人职业品德的要求主要包括:(1)具有正直和高尚的品质;(2)具有能够履行破产管理人职责的身体和精神条件;(3)殷勤和礼貌地应对各利益相关方提出的合理要求和意见;(4)不会因为对任何个人、任何团体或对任何一类个人、一类团体具有偏见而妨碍托管人公平履行其职责。

⑤ 《日本破产法》规定,犯重罪者、拒服兵役者,不得作破产管理人。而俄罗斯则规定,在经济领域有犯罪行为或者有其他犯罪行为被判处刑罚者,不得作仲裁管理人。

⑥ 《英国破产法》第390条第4款明确规定了因失信而无资格担任破产执业者的情形。《俄罗斯破产法》第20条第6款也规定了因失信而不得担任仲裁代理人的情形。

⑦ 《美国联邦法规汇编》第58条B款第(5)项即要求破产托管人"与司法部所属的联邦托管人管理办公室或区联邦破产办公室的雇员不存在姻亲和嫡、表、堂以内的血亲关系"。

相比之下,我国《企业破产法》对破产管理人执业条件的规定则十分粗略。我国《企业破产法》仅在第24条第3款规定了破产管理人执业的消极条件,而对于积极条件的规定,则仅见于《企业破产法》第24条第1款和第2款,即“依法设立的律师事务所、会计师事务所和清算事务所”以及这些中介机构中“具备执业资格的人”可以成为破产管理人。[①] 而在《指定管理人规定》中,最高人民法院并没有规定中介机构和个人管理人的具体准入条件,且不恰当地承认清算组可以作为破产管理人。这一立法现状不仅不能满足我国破产实务的需求,也与破产法的公正和效率价值格格不入。其弊端主要体现在:

第一,清算组管理人制度本质上是一种无执业条件要求的资格制度。根据我国《公司法》、《企业破产法》和《指定管理人规定》的精神,清算组由公司股东、董事、股东大会选任的人或者政府有关部门、金融机构指派的人组成,[②]而这些组成人员仅因身份而非因专业知识进入清算组。他们大多数人对破产程序和破产法一窍不通,对担任破产管理人应尽的职责和可能承担的责任知之甚少,根本不能胜任破产管理人的职责。在清算组为管理人的模式下,法律对破产管理人的执业条件的设置完全变为虚无。失去执业条件限制的清算组管理人制度严重影响了破产程序的公正性,并削弱了破产法的效率价值。

第二,立法关于破产管理人执业资格积极条件的缺失,使破产管理人与其他自由职业者(律师、会计师等)完全同质化,不能满足破产程序对破产管理人能力和水平的特殊要求。同质化的本质就是破产管理人的执业准入与其他行业的执业准入完全等同,破产管理人的执业条件归于虚无。然而,很明显的是破产法和破产实务对破产管理人的要求远比普通的律师、会计师业务要高得多。不懂财务和企业管理的律师和对破产法一无所知的会计师显然无法担当破产管理人的重任。

第三,缺乏严谨的破产管理人执业认证标准。我国《企业破产法》仅笼统地规定“管理人由人民法院指定”,并授权最高人民法院制定指定管理人的办法。[③]最高人民法院又通过《指定管理人规定》将该权力转授给各高级人民法院。由于管理人执业资格认定标准缺失,各地高级、中级人民法院只好各自为政,在编制

---

① 参见《企业破产法》第24条。

② 参见《企业破产法》第183条、第24条,最高人民法院《指定管理人规定》第18条。

③ 参见《企业破产法》第22条。

管理人名册时,对授予管理人资格的条件要求很不一致,甚至差距极大。其结果是各地的机构管理人队伍数量悬殊,水平参差不齐。① 一些毫无执业能力和经验的中介机构为争夺破产执业市场,千方百计进入破产管理人队伍,导致我国的破产执业队伍整体水平低下,影响了破产法的顺利实施。

鉴于此,修正我国对破产管理人执业条件的现行规制,已成为当务之急。首先,必须认识到,对破产管理人执业条件的规制,直接关乎一国破产管理人队伍的素质和执业水平,也关乎一国的破产法价值能否正常发挥。基于这一逻辑,对破产管理人实行较其他行业更严格的执业准入,是世界各国破产立法的总体趋势。《破产法立法指南》指出:"鉴于许多破产程序的复杂性,破产管理人应当称职,最好懂得法律(不仅是破产法,还应懂得相关的商法、金融法和商业法)并有商业和金融事务包括会计方面的适当经验。"②因此,简单地将律师、会计师的执业能力与破产管理人的执业能力等同,并将其执业条件移植为破产管理人的执业条件,本身就存在认知上的错误,亦客观上导致了我国破产管理人没有自己特殊的准入条件。虽然世界各主要国家的破产管理人都由律师、会计师等担任,但都附加有较为严格的执业条件要求,甚至有相应的职业资格考试和资格认证制度。即使对破产管理人执业无积极条件要求的国家,法律对破产执业的许可也设立了相应的约束机制,使法院或法官所选任的破产管理人具有不同于一般执业者的水平和能力。③ 我国亦应将破产管理人的执业条件提升到应有的高度。

其次,破产法的修订应当建立起针对破产管理人执业的专门职业资格考试制度和执业资格认证制度。执业许可的同质化使我国的破产管理人资格与律师、会计师并无二致,按照这种方式选出来的管理人未必能胜任破产程序的需求。正如德国法学教授马丁·路德指出,仅仅有律师或公证员资格的人担任管

---

① 在首批公布的管理人名册中,云南省的机构管理人多达 140 家,而四川省则有 100 家,重庆市则仅有 20 家。

② 联合国国际贸易法委员会编著:《破产法立法指南》,载联合国国际贸易法委员会官网,https://uncitral.un.org/sites/uncitral.un.org/files/media-documents/uncitral/zh/05-80721_ebook.pdf

③ 德国虽然未规定破产管理人执业的积极条件,但德国法院编制破产管理人名册时,只从律师、会计师和税务师中选任,且必须审查申请人是否具有适当的商业经验和从业经历。同时,破产法官可能会对其所指定的管理人的不当执业行为负责,从而迫使法官在指定管理人时必须确保其有优良的职业素质和执业能力。参见[德]莱茵哈德·波克:《德国破产法导论》(第 6 版),王艳柯译,北京大学出版社 2014 年版,第 25~26 页。

理人或重整执行人还不够,这些律师或公证员还必须很懂得破产案件中出现的经济问题。[①] 从我国的法律职业资格考试和会计资格考试的情况看,有关破产法的内容在考试中所占分值极低,[②]很难想象取得律师或会计师资格的人就一定掌握了破产法的知识。因此,专门的破产管理人职业资格考试和执业资格认证机制应为解决这一问题的应选之道。职业资格考试应该由特定的机构在全国范围内统一组织,[③]以确保各地的破产管理人水平相当。

2. 破产管理人的执业许可

关于破产管理人的执业资格究竟应该由谁来授予,各国的立法不尽相同,大体上有以下几种立法模式:一是行政授予模式,如美国。[④] 二是行政与专业协会双重授予模式,如英国。[⑤] 三是协会授予模式,如俄罗斯和欧洲大陆一些国家。[⑥] 四是法院授予模式,如日本和德国。[⑦] 应该说,各种不同的立法模式都具有一定的合理性,这主要与一国的司法制度、司法理念以及对破产管理人的认识有关。在司法理念上,英美法系国家较崇尚当事人中心主义,法官处于绝对中立的地位,因此,与处置当事人利益相关的破产管理人的资格就不应当由法院来授予,否则将影响司法的公正和独立。相反,大陆法系国家在司法理念上则是法官中心主义占优,法官不仅要对案件的证据、事实作出审查判断和裁决,还必须引导和掌控程序的进行,因此,与程序相关的诉讼参与人也就理所当然地由法院确

---

① 参见叶军:《破产管理人制度理论和实务研究》,中国商务出版社2005年版,第157页。

② 据统计,我国自2004年实行法律职业资格考试以来,破产法内容在考试中所占分值一般为4~8分,最多不超过10分,即破产法知识仅占司法资格考试总分600分的1%左右。会计资格考试中,破产法所占分值也不足2%。

③ 这个特定的机构可以是官方机构、法院或者协会,后文将专门对此进行论述。

④ 美国破产托管人由美国托管人协会推介并最终由联邦托管人任命,托管人名册须由联邦托管人掌控和监督。

⑤ 英国自然人可以从两个渠道获得破产管理人从业资格,一是向英国破产署提交申请,由国务大臣批准授予;二是由获得法定授权资质的团体授予执业资格。这些协会的授权资格由法律规定。目前,英国有7个团体获得了授予管理人资格的资质,包括英国律师协会、破产执业者联盟、英格兰和威尔士特许会计师协会及英格兰法学会、苏格兰法学会等。

⑥ 《俄罗斯破产法》规定,申请只要符合条件,向仲裁代理人协会申请并加入该协会,即可成为破产管理人。罗马尼亚、意大利等国则是由律师协会或会计师协会从执业律师、执业会计师中选定破产执业人员。

⑦ 德国的破产管理人名册由破产法院编制,凡是愿意从事破产执业的自然人都可以向法院申请,但法院通常只在执业律师、注册会计师或税务师中挑选具有一定商业经验人员入册,申请人只要被法院选入名册,即可以获得破产管理人的执业资格。

定。在对破产管理人的认识上,大陆法系国家也较倾向于管理人是法定机构或者特殊机构,故破产管理人"职务说"在大陆法系国家亦较流行。[①] 基于此,日本、德国等国家的破产管理人资格由法院授予就在情理之中。

我国2006年《企业破产法》采用了法院授予管理人执业许可的模式。《企业破产法》第22条规定"管理人由人民法院指定",最高人民法院发布的《指定管理人规定》,正式确定了我国破产管理人的执业资格由人民法院以编制名册的方式授予。这一管理人执业许可模式在破产法实施之初的确起到了迅速形成我国初步的管理人队伍,顺利推进破产法实施的积极作用。但从我国破产法实施十几年以来的情况看,由法院授予破产执业者资格的制度,不仅有违破产法"遴选优质管理人"的立法初衷,而且在法院授予管理人资格的过程中,耗费了法院大量的人力和精力,浪费了宝贵的司法资源。根据最高人民法院《指定管理人规定》,法院对破产管理人资格的授予实行编制名册的制度,即由人民法院对申请人进行审查并编入本院的破产管理人名册后,申请人就可以获得该法院管辖内的破产执业资格。由于《指定管理人规定》未规定管理人执业的积极条件,在授权各高级人民法院编册的同时,又允许高级人民法院授权各中级人民法院编制管理人名册,由此导致各地、各级法院授予资格的破产管理人水平参差不齐,有的机构和个人即使缺乏破产执业的基本常识,也获得了破产管理人资格,完全违背了遴选优质破产管理人的立法本意。一些省市以方便工作为由,在省高级人民法院编制管理人名册后,又授权各中级人民法院编制自己的管理人名册,[②]部分中级人民法院为了工作需要,又将破产管理人分为一级管理人和二级管理人。[③] 反复的名册编制不仅加重了法院的工作负担,而且使我国破产管理人的资格管理陷入极度混乱的状态。一方面,缺乏执业能力的部分机构和个人进入破产管理人队伍,严重影响了破产案件的审判质量;另一方面,真正具备执业能力的优质

---

① 参见[德]莱茵哈德·波克:《德国破产法导论》(第6版),王艳柯译,北京大学出版社2014年版,第30~31页。

② 目前,在省高级人民法院编制破产管理人名册后,又授权中级人民法院编制管理人名册的有四川、贵州、福建、广东、重庆等省市。

③ 如深圳、浙江、贵州、重庆、四川等都实行破产管理人分级制度,但各地的破产管理人分级标准却出入较大,并不能准确地反映破产管理人的实际执业能力。

管理人(特别是职业破产管理人)受到“属地原则”的约束,①不得不奔波于全国各地设立分支机构,以拓展自己营业的地域范围。这不仅增大了职业破产管理人的营业成本,而且损害了职业破产管理人的营业效率,与商事法效率原则的要求相去甚远。

笔者认为,破产管理人在性质上是特殊的商事主体,破产管理人资格的授予本质上是对商事主体营业资格的许可,而商事营业许可在商事法上属于行政许可的范畴,它是特殊商事主体开展某项特殊营业活动的先决条件。世界上大多数国家的立法都将特殊的商事营业许可权赋予政府行政部门或者行业主管部门,足见营业许可本质上应属于行政许可的范畴。但德国却是一个例外,其原因是德国的商事登记是由法院承担的。不过,德国商法理论并不认为商事登记是司法行为,而是司法辅助行为,因为“登记程序在体系上属于法院的非诉讼案件”,“不是由法官,而是由法院辅助员负责此事项”。② 这也恰好解释了德国破产管理人由法院授予资格的原因——法院授予管理人资格与其他商事许可并无二致,都不是法院的司法行为。而我国在其他商事营业许可统一由行政或行业主管部门授予的前提下,唯独破产管理人资格由法院授予,有失整个商法体系的协调性。

因此,如何确定管理人执业资格授予的主体,重新设计科学实用的资格授予主体制度,乃是完善破产管理人制度的重要环节。为保持破产管理人的本来属性,满足管理人执业的独立和中立要求,对破产管理人资格授予主体的选择应当满足以下条件:第一,它应当独立于法院司法系统,以确保破产管理人资格不受司法行为的控制和影响;第二,它必须具有组织从业申请人就破产执业进行专门资格考试的能力,以确保考试合格者真正具备破产执业的专业水平;第三,它应当拥有特别商事营业许可的权力,以符合商事法营业许可的一般规律。从我国商事营业许可一般由行政机关授予的惯例出发,由特定的行政机关统一授予和管理破产管理人的资格,不失为一个明智而可行的选择。参照法律职业资格考试、会计资格考试的办法,可以考虑由司法部(或联合财政部)组织统一破产执业资格考试,通过资格考试的个人,在满足一定实践经历后,可以授予其破产管理

---

① 属地原则,指法院一般应从本地指定破产管理人的规定。参见最高人民法院《指定管理人规定》第16条。

② 参见[德]C. W. 卡纳里斯:《德国商法》,杨继译,法律出版社2006年版,第75页。

人执业资格。对于中介机构,则由各地司法行政管理部门根据既定的规则授予中介机构破产管理人执业资格(可参照律师事务所或会计师事务所设立办法)。

(二)破产管理人的任职资格和选任方式

如前所述,破产管理人任职资格与破产管理人执业资格是两个不同的概念,破产管理人的任职资格是指已取得执业资格的破产管理人在个案上任职的适合性条件。而选任方式也与执业资格不同,它要解决的是个案中的管理人应由谁、通过何种方式指定的问题。

1. 破产管理人的任职资格

在个案任职资格上,各国大多采取适任原则,即针对不同个案,选取最合适的破产执业者来担任该案的管理人。如《德国破产法》第 56 条第 1 款规定,法院任命破产管理人,必须“适合个案情况”;在英国的破产实务中,即使债权人会议选举了清算人或托管人,但当发现清算人或托管人与案件存在利益冲突,或者“没有以充足的精力履行职责”时,亦可能会被法官罢免。[①] 因此,个案中破产管理人的指定与被指定人是否获得执业许可没有关系(严格实行执业许可制度的国家除外),而只与他是否适合担任本案的管理人有关。

所谓适任原则,是指法院在选任和指定破产管理人,或者债权人会议在选举管理人时,以被选任或被指定对象是否适合担任该案的管理人为标准,确定是否由其担任案件的管理人。“适任”一词在我国立法层面仅见于《中华人民共和国海船船员适任考试和发证规则》,其含义指应试者的能力和素质是否适合担任海船上的相应职位。但管理人适任原则的含义却远非那么简单。适任原则不仅包括对破产管理人能力和素质的考察和评判,同时还包括对破产管理人执业意愿和破产当事人(特别是债权人)选择意愿的衡量。根据这一原则,在个案指定管理人时,首先应尊重破产执业者的意愿,确定其是否愿意承揽某一案件的破产事务;其次,才考察评估破产执业者是否具备担当本案管理人的条件和能力;最后,应尽量尊重破产当事人对破产管理人的选择意愿。通过破产执业者、破产当事人与司法控制的互动与制约,最适合案件的破产管理人得以选出。

---

① 参见[英]费奥娜·托米:《英国公司和个人破产法》,汤维建、刘静译,北京大学出版社 2010 年版,第 210、214 页。

适任原则的核心价值是“选取最合适的管理人”。作为一项科学、合理、高效的指定管理人的原则,其具体适用的关键是如何把握备选对象是否“适任”某一具体案件。根据适任原则的要求并结合我国破产审判实践,在具体运用适任原则时,主要从以下两个方面判断备选对象是否适任。

其一,适法性标准。所谓适法性,是指在指定破产管理人时,首先应考查备选对象是否符合法律规定的个案管理人的任职条件,除必须具备积极条件外,也不能有任何消极条件。① 一般来说,在实行执业许可的制度下,对管理人适法性积极条件的考查不会发生分歧,因为未获得执业许可者显然不属于管理人的备选对象。但对于案件管理人任职的消极条件,无论是学界还是实务界都存在认识上的不同。我国《企业破产法》将破产管理人执业和任职的消极条件混合规定在第24条第3款,②该款共有四项内容,其中,第1项、第2项明显是破产管理人执业许可的消极条件,而第3项则显然是破产管理人任职的消极条件,第4项则是一个兜底条款。《企业破产法》第24条第3款第3项“与本案有利害关系”的规定针对的主要是破产执业者与案件当事人的利益冲突问题,这也是学界和实务界争议的焦点。对此,最高人民法院《指定管理人规定》专门在第23条和第24条对该规定作了解释。③ 其中第23条主要是对中介机构管理人或清算组成员行

① 此处破产管理人的“任职条件”与前文所述的破产管理人的“执业条件”不是同一含义,前文的破产管理人“执业条件”指主体能否成为破产管理人的资格条件,此处则指已成为破产管理人的主体是否符合担任具体案件管理人的“任职条件”。因国内许多学者将此二者混淆,故本专题特使用“执业条件”与“任职条件”加以区分。

② 《企业破产法》第24条第3款规定:“有下列情形之一的,不得担任管理人:(一)因故意犯罪受过刑事处罚;(二)曾被吊销相关专业执业证书;(三)与本案有利害关系;(四)人民法院认为不宜担任管理人的其他情形。”

③ 《指定管理人规定》第23条规定:“社会中介机构、清算组成员有下列情形之一,可能影响其忠实履行管理人职责的,人民法院可以认定为企业破产法第二十四条第三款第三项规定的利害关系:(一)与债务人、债权人有未了结的债权债务关系;(二)在人民法院受理破产申请前三年内,曾为债务人提供相对固定的中介服务;(三)现在是或者在人民法院受理破产申请前三年内曾经是债务人、债权人的控股股东或者实际控制人;(四)现在担任或者在人民法院受理破产申请前三年内曾经担任债务人、债权人的财务顾问、法律顾问;(五)人民法院认为可能影响其忠实履行管理人职责的其他情形。”第24条规定:“清算组成员的派出人员、社会中介机构的派出人员、个人管理人有下列情形之一,可能影响其忠实履行管理人职责的,可以认定为企业破产法第二十四条第三款第三项规定的利害关系:(一)具有本规定第二十三条规定情形;(二)现在担任或者在人民法院受理破产申请前三年内曾经担任债务人、债权人的董事、监事、高级管理人员;(三)与债权人或者债务人的控股股东、董事、监事、高级管理人员存在夫妻、直系血亲、三代以内旁系血亲或者近姻亲关系;(四)人民法院认为可能影响其公正履行管理人职责的其他情形。”

为的规定，第 24 条则是针对个人管理人、机构管理人派出的工作人员、清算组组成人员身份的规定。此外，《指定管理人规定》第 26 条还规定了中介机构管理人或者个人涉嫌失信或违法行为的，不得被指定为管理人。① 因此，《企业破产法》第 24 条第 3 款第 3 项及“指定破产管理人规定”第 23 条、第 24 条和第 26 条，构成了我国破产管理人任职的消极条件，具有其中任一情形的机构或个人都不得担任相关个案的破产管理人（不具有适法性）。

其二，适应性标准。所谓适应性，是指备选的机构管理人的执业人员、专业水准、经验及风险承担等必须与个案的情况相适应。适任原则的核心价值在于选取与个案最相适应的执业者来担当管理人，因此，满足适法性要求的执业者并不意味着有能力承担任何个案。因为，任何行业中的从业人员都会存在专业水准、经验和能力上的差别，即使是在严格实行执业许可制度的行业也不例外（如律师、会计师等）。适应性标准考察的正是备选管理人的执业能力问题。适应性标准要求在指定管理人时，应着重考察备选管理人是否具备可以处理本案相关法律和财务问题的专业水准、是否拥有足够处理本案破产事务的人员储备、是否具有处理过与本案类似案件的执业经历。对备选管理人专业水准的考量，主要应考察其在破产事务方面的专业知识和专业水平，对人员储备的考察则主要看其是否有足够专事破产业务的执业人员。尽管破产事务繁杂多绪，而且破产程序发展也具有较大的不确定性，但是否具有相关经验仍然是衡量备选管理人是否适应的重要标准，因为“经验是知识之父”，对于可操作性很强的破产管理事务尤其如此。

适法性标准与适应性标准是适任原则在指定管理人过程中的具体化，使适任原则在指定管理人过程中成为可操作的规范。在遵循当事人自愿、顾及效益至上的基础上，适任原则可以促使法院或者债权人会议遴选出最适合本案的破产管理人。因此，适法性和适应性标准应成为我国个案管理人任职资格的基本准则，未来《企业破产法》的修改应将其作为任命个案管理人的基本考察标准予以明确规定。

---

① 《指定管理人规定》第 26 条规定：“社会中介机构或者个人有重大债务纠纷或者因涉嫌违法行为正被相关部门调查的，人民法院不应指定该社会中介机构或者个人为本案管理人。”

2. 破产管理人的选任

破产管理人选任的本来含义应是个案中管理人的选取和任命,而不包括破产管理人的执业许可,因为执业许可本质上是一个资格考核的问题,而不是选任的问题。由于我国《企业破产法》第 23 条规定“管理人由人民法院指定”,最高人民法院便依此发布了《指定管理人规定》的司法解释。按照这一司法解释,指定管理人中的“指定”包含了“执业许可”和“任命个案管理人”的双重含义。但在国内学界,却极少有人使用“指定”一词来论述破产管理人的执业许可和任命制度,而通常使用“破产管理人选任”这种表述,其同样包含了“执业许可”和“任命个案管理人”两个意思。笔者认为,“执业许可”和“任命个案管理人”是两种不同的程序,且涉及不同的权力分配,不可混为一谈。故本节所阐述的“破产管理人的任命”仅指个案中管理人的选取(选定)和任命,若涉及使用“指定”一词则仅包含“选取或选定”的意思。

(1)指定个案管理人的主体。个案中的破产管理人究竟由谁选定(指定),各国立法规定有很大不同,总体来看,有四种立法模式。一是法院指定模式。即个案中的破产管理人完全由法院指定和任命,破产当事人(包括债权人)对于由谁来执行破产事务没有任何决定权。法国、意大利和日本采用此模式。[①] 二是债权人会议选定模式。此种选定方式指的是,在具体的破产个案中,其正式管理人完全由债权人会议决定,法院对债权人会议选举的管理人必须予以任命。英国、美国、加拿大等国家即采此种模式。[②] 三是复合指定模式。指具体破产案件中的管理人由破产执业自治组织或相关行业协会向法院推荐执业者名单,破产当事人(债权人和债务人)在推荐的名单中享有排除权,最后由法院确定最终的破产管理人。俄罗斯采用此模式。[③] 四是行政指定模式。即个案中的破产管理人由行政机关或其首脑任命和指定。新加坡采用此法。[④] 各国不同模式立法的背后,其实是对破产程序性质的认识和对破产管理人法律地位定位的差异。从实效上看,各种模式也各有优劣。法院指定模式的好处是,能够在破产程序开始后及时

---

① 《日本破产法》第 157 条规定:“破产财产管理人由法院选任。”

② 《美国破产法》第 702 条规定:“破产受托人由债权人会议选任。”《英国破产法》第 19 条规定:“破产管理人由债权人会议选任。”

③ 参见《俄罗斯破产法》第 45 条。

④ 参见《新加坡破产法》第 75 条。

确定破产管理人,有利于保证破产程序的快速推进,确保破产程序的效率价值。但这种模式会使管理人的业务严重依赖法院,影响其履职的独立性,并可能由此引发司法腐败。债权人会议选定模式的优势在于,由债权人会议选定破产事务执行人能充分体现私权自救和私法自治的精神。债权人会议对其所选任的管理人通常更加信任,有利于破产程序中各种方案的顺利通过,可以实质上提升破产程序的效率。但由债权人会议选任的管理人极易受到债权人的操控,从而有可能丧失破产管理人执业的中立立场,影响破产程序的公正性。复合指定模式看似尊重当事人的选择,实则最终由法院决定,故难以规避法院指定模式的弊端。而行政指定模式虽有高效快速的优势,但却极易引发行政对司法的干预,且若管理人履职不当,行政机关难免会因此担责。

毫无疑义,破产管理人指定主体的确定本质上一个实定法的问题。根据我国《企业破产法》第23条和最高人民法院《指定管理人规定》,我国采用纯粹由法院指定的立法模式。破产法实施十余年来,这种纯粹法院指定模式的弊端日益凸显。一方面,管理人客观上对法院的业务依赖,导致管理人履职的独立性大打折扣,破坏了破产法的公正和效率价值;另一方面,由于对当事人意思自治的忽视,实务中因债权人对法院指定的管理人的反感而使管理人无法开展工作的情形时有发生,导致破产程序无法顺利推进。因此,设计出科学、可行的破产管理人指定主体制度,是《企业破产法》修订必须面对的难题。

笔者认为,破产法是市场经济法,其主要功能是解决私权冲突、平衡私权利益。因此,破产程序本质上是司法控制下的私权自救程序。① 从私法自治的角度出发,当事人对涉及自身利益的事项应当享有充分的选择自由。"对个人意志的尊重和选择自由的尊重既是契约自由的关键,也是保证社会进步的原动力。"②破产事务涉及的利益主要是当事人私权利益,是属于当事人自己的事情。英国19世纪经济学家约翰·密尔在论及私权自由时指出:"每人应当享有实行行动而承担后果的法律上的和社会上的完全自由。"③承认和保护当事人对管理人的自由选择权,不仅是私法自治原则的必然要求,也是"权责一致"理论在破产程序中的具体体现。因此,在个案破产管理人的指定上,充分尊重当事人的选择权尤为

① 参见李永军:《重申破产法的私法精神》,载《政法论坛》2002年第3期。

② 赵万一:《民法的伦理分析》,法律出版社2003年版,第101页。

③ [英]约翰·密尔:《论自由》,许宝骙译,商务印书馆1959年版,第90页。

必要。

然而,破产当事人作为市场经济人并不总是理性的,“因为自利行为决定了在缺少一种约束机制的情况下,任何人都不会为了群体未来的利益而去主动约束自己的行为”。[①] 从经济的视角看,在正常情况下,“按有序的方式来完成债务人资产的处理是符合债权人利益的”,[②]但在破产债务人财产所剩无几且面临相互竞合的多元债权人追索的情况下,各债权人自然会尽其所能而争先恐后地对债务人财产下手,其结果必然会出现所谓的“公共鱼塘”效应,最终导致债权人的整体利益受损。破产法正是为处于利益争夺之中的当事人提供了“标准形式的破产程序”。但作为法律制度的破产程序并不会自动实施,正如马克思指出,“如果法律可以自行运用,那么法院也就是多余的了”。[③] 当“标准形式的破产程序”以法律的形态出现时,司法权介入破产程序也就理所当然了,因为法律的实施归根结底需要得到司法权的保障,“即法律对强力的依赖”。[④] 在破产程序中,一方面,市场经济人的自利本性会导致作为决策机构的债权人会议迟迟难以达成协议、作出决策,或者其所作出的并不是有利于市场资源优化配置的决策——这显然与破产法的效率价值相悖;另一方面,自利的本性还可能会促使债权人会议作出只对自己有利但对他人和社会有害的决策——这将损毁破产法的公平正义价值。此时,司法介入破产程序就成为必要。

因此,我国《企业破产法》对个案管理人指定主体的设计,可遵循“破产程序是司法控制下的当事人自治程序”的理念来进行。对个案破产管理人的指定首先应遵从私法自治的原则,赋予破产当事人应有的选择权,即个案中的破产管理人的指定应以当事人选择为原则,以法院干预选择为例外。考虑破产当事人的复杂性,在不同的破产程序中,根据利益相关者原则,赋予不同的破产当事人以不同的话语权。在破产清算和破产和解程序中,由于破产债权人是利益最相关者,故管理人应由债权人会议选定;而在破产重整程序中,由于利益关系者众多,

---

① 参见韩长印:《破产制度的秩序价值和破产程序的启动机制》,载王新欣主编:《破产法茶座》第1卷,法律出版社2016年版。

② 参见[美]O.哈特:《企业、合同与财务结构》,费方域译,上海三联书店、上海人民出版社1998年版,第198页。

③ 参见中国法学会研究部编:《马克思恩格斯论法》,法律出版社2010年版,第125页。

④ 参见[美]罗斯科·庞德:《通过法律的社会控制》,沈宗灵译,商务印书馆2010年版,第12页。

且重整之价值在于维持企业的持续经营和对整体利益的保护,因此,重整程序的管理人应当由债务人、投资人或者政府推荐,由债权人会议表决选定。基于破产法效率、公平和公正的多元化价值追求,对当事人选取管理人的意思自治应作必要限制,但这种限制只能应当以当事人的选择“不损害他人利益”和“不违反法律规定”为边界,让司法权的行使不致轻易干扰意思自治。结合我国破产实务,本书认为,只有下列情况发生时,法院才可以动用司法权制约当事人的选择权:①当事人在法定时间内无法选出管理人;②当事人选定的人选不具备担任破产管理人的法定资格;③有证据证明当事人选定的管理人与本案当事人有利益关系。其中,情形①出现时,法院可以行使替代权,径直指定管理人;情形②、情形③发生时,法院可以行使否定权并要求当事人在限定的时间内另行选择管理人,当事人在限定的时间内未能选出适格的管理人的,法院也可以直接指定管理人。

此外,为弥补破产案件受理后至第一次债权人会议召开前的“真空期”,设立临时管理人制度实为必要。同时,为提升当事人选择管理人的效率,立法可以要求法院在第一次债权人会议召开时,向相关当事人就管理人选任的规则予以释明,引导当事人理性选择适格的管理人,避免债权人会议因“不当自治”而丧失选择权。这样,既充分保护了破产当事人的私权自由,又能有效确保破产程序的效率与公平。破产管理人指定主体模式以当事人意思自治为原则,以法院的司法控制为保障,这一看似相互冲突的模式设计,在法律划定各自的边界后,其实完全可以达到互相促进、互相制约的平衡状态。

(2)个案管理人的指定方法和任命方式。确定个案管理人指定主体后,指定主体以何种方法来选定个案管理人,在不同的立法模式下也有不同的规定。一般来说,以法院为指定主体的国家,法官通常有较大甚至绝对的指定权。法官只要是从适格的破产执业者中指定管理人,破产当事人就只能接受。只有在破产管理人确实存在违法、不公正行为或不能胜任职务时,债权人会议才有权申请更换管理人。[1] 不过,是否更换管理人仍然由法院最后决定。而在实行债权人指定模式的国家,临时管理人由法院或者特定的行政部门直接任命,正式的管理人则需由债权人会议推举、选定。在《德国破产法》中,“债权人会议选举管理人的规

① 参见《企业破产法》第22条第2款。

则与债权人会议的其他议事规则相同”。[①] 当然,即使债权人会议选任出管理人,最终的任命权也归于法院,“但法院只能因其能力不足而拒绝确认”,“撤销债权人大会的替换决议是不可能的”。[②] 如果在法院规定的时间内,债权人会议无法选出管理人,在英国则是由工商部长指定官方管理人,在美国则是由联邦托管人直接担任。而在实行复合指定模式的俄罗斯,则是由仲裁管理人协会推介 3 名管理人,债务人和债权人代表各自可以排除其中的 1 名,剩下的 1 名即为案件的正式管理人;如果债务人和债权人代表放弃行使排除权,则法官可以在 3 人中任意指定 1 名管理人。在实行行政指定模式的国家,如新加坡,其破产管理人由总统任命。总统任命破产管理人时,无须考虑被任命人执业资格的问题,而是可以直接任命“其认为合适的人为债务人资产的法定受托人”,并可以随时撤销该任命。[③]

我国实行的是法院指定模式,但我国的破产法官却没有其他国家法官那样的直接任命权。根据最高人民法院《指定管理人规定》第 20 条,人民法院指定个案管理人一般应在本地管理人名册中以随机摇号的方式确定;只有重大复杂的案件,在人民法院认为有必要时,才可以采用公开招聘的方式确定管理人。[④] 确定这一规则的理由是:本地管理人可以节约破产成本,而随机摇号的方式有利于所有在册的管理人都有办案的机会,同时能够有效防止法官的个人滥权,避免司法腐败的发生。实务中,法院随机摇号选取管理人都是由法院的鉴定技术部门完成,而非由破产法官或者破产庭主持。而在公开招聘管理人时,通常是由法院的多个部门共同组成评审委员会,承办法官的话语权极低甚至连参加评委会的资格都没有。由此可见,在我国,破产法庭或者破产法官对个案管理人的选取其实根本就没有决定权。因此,我国现行指定管理人的方法长期以来颇受业界诟病的原因在于,根据这个规则选定的个案管理人常常是对个案并不适合的管理人。笔者认为,现行指定管理人的规则不仅与适任原则相去甚远,而且还可能违反市场公平和管理人营业自愿的原则,故有彻底改革之必要。

---

① 参见《德国破产法》第 57 条。

② 参见[德]莱茵哈德·波克:《德国破产法导论》(第 6 版),王艳柯译,北京大学出版社 2014 年版,第 26 页。

③ 参见《新加坡破产法》第 75 条。

④ 参见《指定管理人规定》第 15 条、第 16 条、第 20 条、第 21 条、第 22 条。

无论是通过何种方法确定管理人,个案的管理人确定后必须获得法院的任命。法院对个案破产管理人的任命可以是公告、决定书或者委任证书等。如《德国破产法》第56条要求法院对已选任的破产管理人应发放令其任职的委任证书。日本原破产法则规定,法院必须向财产管理人交付其选任的书面文件。[①] 我国《企业破产法》对破产管理人的任命形式未作明确规定,但根据《指定管理人规定》第27条,人民法院指定管理人应制作决定书,并向被指定人、破产案件申请人、债务人及其企业登记机关送达,并连同受理破产案件的裁定书一并公告。

法院任命个案管理人的意义有三:一是确定委任关系。法院任命一旦下达,表明该案的管理人已经确定,其他破产执业者就再无进入该案的机会,破产当事人也暂时丧失了对管理人的选择权。二是被指定人据此获得行使权力和权利的依据,同时也意味着被指定人作为案件管理人行使职责的开始。三是向不特定第三人宣示:与破产债权人有关的权利、义务自此只能向被指定人行使或履行,对破产事务负有协助义务的主体须配合被指定人开展工作。

3. 破产管理人的拒任、辞任和解任

(1)破产管理人的拒任。所谓破产管理人的拒任,是指破产管理人被法院指定或者被债权人会议选定后,拒绝担任个案管理人职务。

对于被指定人是否必须担任案件的管理人职务,学术上有两种不同的观点。一种观点认为,"破产管理人的选任不单纯是私人的关系,法院等国家权力机关也介入其中,同时考虑破产案件的顺利进行和破产管理人行业的良性发展,应当禁止破产管理人拒绝应选担任破产管理人"。[②] 另一种观点认为,破产管理人毕竟是自由职业者,其破产执业与律师、会计师一样,是否提供服务应遵从其自愿,而不应强制管理人担任案件职务,只有在被指定的人答应后,才能使其就任。[③] 在立法例上,一些国家明确规定任命破产管理人需征得被选任人的书面同意,如《澳大利亚公司法》对清算人或管理人的任命,即要求"必须在作出任命前得到被任命者同意担任管理人的书面文件"。[④] 也有的国家明确规定破产管理人不得拒

---

① 日本早期的破产法无类似规定,但1965年日本修改破产法时,增加了第159条,具体条文为:"法院必须向财产管理人交付其选任的书面文件,财产管理人执行职务时,在利害关系人请求出示时,必须出示书面证书。"2004年日本修改破产法后,又取消了该条规定。转而以公告的形式任命管理人。

② 参见叶军:《破产管理人制度理论和实务研究》,中国商务出版社2005年版,第213页。

③ 参见[日]伊藤真:《破产法》,有斐阁2001年版,第109页。

④ 参见《澳大利亚公司法》第448A条。

任,我国即采用此种模式。①

按照我国《指定管理人规定》第28条,管理人无“正当理由”不得拒绝人民法院的指定;第35条对“正当理由”的认定作了说明,即比照该规定第33条、第34条规定情形来认定。② 细观之,所谓的“正当理由”其实就是管理人任职的消极条件。③ 换言之,破产管理人如不存在任职的消极条件,则拒绝任命是被禁止的。对此,破产业界普遍认为,法院在未经管理人同意的情况下,通过抽签、摇号或轮候等方式直接任命管理人,对被指定主体很不公平。特别是在被指定人不具备处理某案的实际能力时,“强制”其担任管理人职务不仅不利于破产案件的审理,更会增大被指定人的执业风险。实务中,被指定人因自认不能胜任案件情况而拒绝赴任的事件也时有发生。④ 因此,我国现行的“无任职消极条件则一律禁止拒任”的规则值得商榷。一方面,从管理人的性质上看,破产管理人是特别的商事营业者,允许其享有营业选择权是私法自愿原则的应然要求。在没有利益补偿的条件下,“强制”执业者从事特定的营业显然有违市场经济的自由原则和等价有偿原则。另一方面,我国《企业破产法》未设置官方管理人制度,如果不分情况地允许管理人拒任,那么,对法院受理的无产可破案件,管理人就会出于利益的考虑拒绝接受指定。由于无产可破的案件在我国审判实务中占据相当数量,其结果就是大量的破产案件法院将无法找到破产管理人,破产程序无法进行。事实上,各国对特别营业主体的营业自由通常都会作适当限制或附加一定的义务,但限制自由和附加义务应当由法律明确规定,而不应由司法解释来界定。《中华人民共和国律师法》第42条对律师执业义务的附加仅限于“法律援助”事项,⑤而根据《中华人民共和国法律援助条例》,即使律师办理法律援助事务是一种义务,也有财政经费作为法律援助案件的办案补贴。⑥ 破产管理人事务显然不

---

① 《指定管理人规定》第28条规定:“管理人无正当理由不得拒绝人民法院的指定。”

② 《指定管理人规定》第35条规定:“……正当理由的认定,可参照适用本规定第三十三条、第三十四条规定的情形。”

③ 参见《指定管理人规定》第33条、第34条。

④ 2010年,重庆市第五中级人民法院在重庆柴油机厂破产清算一案中,通过摇号方式指定某律师事务所为管理人,但该所认为自己缺乏处理该类型案件的经验和人员,拒绝受任。后经法院警示将采取处罚措施,该所才勉强赴任。但因执业能力的原因,该案至今未能终结。

⑤ 《中华人民共和国律师法》第42条规定:“律师、律师事务所应当按照国家规定履行法律援助义务,为受援人提供符合标准的法律服务,维护受援人的合法权益。”

⑥ 参见《中华人民共和国法律援助条例》第24条第2款、第3款。

属于“法律援助”事项。[①] 故立法和司法解释不能想当然地对破产管理人科以“必须接受法院指定”的义务，毕竟任何一件破产案件的处理都会耗费破产执业者的工作成本和时间成本，并隐含着潜在的执业风险。

笔者认为，对于破产管理人的拒任不宜一概禁止，但适当限制管理人的拒任权却是既有理论根据，也有具体国情的需要。在我国无官方管理人和存在大量无产可破的案件的矛盾环境下，在一定范围内禁止管理人拒任有其合理性。这一禁止范围应限于无人愿意办理的无产可破案件。在无产可破案件的指定方法上，法院应首先以通知或公告的形式遵循所有管理人意见，如有人愿意承办，则指定自愿承办该案的管理人为案件管理人，如无人愿意承办该案，则按照轮候的方式指定案件管理人，被指定者不得拒绝。即使如此，建立相应的利益补贴机制仍为当务之急。

(2)破产管理人的辞任。所谓破产管理人的辞任，是指破产管理人受任后，出于各种原因主动辞去其所担任的个案管理人职务。辞任是管理人受任后的辞职行为，受任，表明管理人已愿意接受任命，并可能已开始接手破产事务。此时，若贸然更换管理人，不仅会增加管理人的选任成本，同时也会产生新旧管理人之间交接事务的成本。因此，为维持破产程序的稳定和连续，各国破产法对破产管理人辞任的审查大多采用管理人维持原则，即对现任管理人的辞职请求以维持就任为原则，以准许辞职为例外。如日本和韩国的破产法均有管理人无正当理由，“不得辞去其职务”的规定。[②] 1986 年《英国破产规则》也规定，清算人可以在规定的情形下通知法院辞去职务，[③]而所谓“规定的情形”与大陆法系国家破产法规定的“正当理由”大体相似，主要指“患病或者存在利害冲突，以及发生了使其不可能再继续履行职责的情况”。[④] 我国《企业破产法》和《指定管理人规定》均规定，管理人无正当理由，不得辞去职务。[⑤] 可见，管理人一旦受任，只有在符合法定条件时，才允许辞去职务。

各国对破产管理人辞任理由的规定有所不同，但主要以“丧失执业资格”“丧

① 参见《中华人民共和国法律援助条例》第 10 条、第 11 条、第 12 条。

② 参见《日本破产法》第 160 条、《韩国破产法》第 150 条。

③ 《英国破产规则》第 4.108 ~ 4.112 条。

④ 参见[英]费奥娜·托米:《英国公司和个人破产法》，汤维建、刘静译，北京大学出版社 2010 年版，第 169 页。

⑤ 参见《企业破产法》第 29 条、《指定管理人规定》第 35 条。

失履职能力”“存在利害冲突”等作为允许辞任的正当理由。“丧失执业资格”是指管理人被任命时具有执业资格,但受任后由于各种原因而丧失执业资格。尽管各国对破产管理人的执业资格管理很不一致,但管理人违法犯罪特别是故意犯罪通常是其丧失执业资格的主要原因。管理人在丧失执业资格的情况下离职是各国的普遍规则,如1986年《英国破产规则》第4.108~4.113条规定,清算人不再具有破产执业者工作的资格时必须离职。我国《指定管理人规定》第35条结合第33条、第34条的规定与此相同。“丧失履职能力”指管理人受任后虽未丧失执业资格,但由于各种原因致使其丧失执行破产事务能力的情形。个人破产管理人丧失履职能力主要是患病或因伤致残等身体健康原因;机构管理人则可能因为全体执业人员的意外死亡、辞职或存有解散、破产等事由。对于前者,法院应当允许其辞职;而对于后者,除非是机构成员全体死亡,否则,法院即使同意其请辞,也可以对其科以责罚。因此,机构管理人理应保持其主体营业的持续稳定,并对其执业人员负有严谨管理的义务。至于与案件当事人“存在利害冲突”,其本来就属于管理人任职的禁止情形。但利害冲突既可以存在于管理人受任之前,也可以发生于其受任之后,例如,管理人受任后与某一方或某个别当事人建立新的业务关系。对存在于受任前的利害冲突,为管理人不受任(拒任)的正当理由,管理人有主动说明回避之义务,且管理人受任后亦负有不得与相关当事人作私下交易之义务。若管理人明知有利害冲突而受任,或受任后私下与相关当事人交易,后又以“利害冲突”为由请辞的,法院得准许其请辞,并应责令其承担相关损失。此等损失并不一定限于更换管理人的成本,还可能包括程序延迟的损失。其原因在于,此种情形下管理人之所为乃是出于恶意,且对破产程序的效率和公正造成损害。

管理人请求辞任应向其任命机关申请。其原因在于,只有任命者解除被任命者的职务方为合理。如前所述,除新加坡等个别国家外,其他国家或地区无论以何种方式选定管理人,最终都是由法院予以任命。因此,管理人如需请求辞去职务,只能向法院申请。如日本和韩国破产法均规定,破产管理人欲辞去其职务,须向法院提出申请。①《英国破产规则》规定,清算人辞去职务必须向法院提

---

① 参见《日本破产法》第160条、《韩国破产法》第150条。

出书面申请。[①] 我国《企业破产法》规定,破产管理人辞职“应当经人民法院许可”;《指定管理人规定》进一步明确对无正当理由的管理人申请辞职的,“人民法院不予许可”。[②] 已受任的管理人申请辞职后,法院对管理人的请辞应进行实质审查,对于由债权人会议选定的管理人,法院还应当听取债权人会议的意见。[③] 经审查后,如果法院认为管理人有理由正当请辞的,应当准许其辞任且一般不要求其承担赔偿责任;如果法院认为管理人的请辞理由不正当,则应当拒绝其辞任请求。在后一种情况下,管理人须继续忠实、勤勉地履行管理人职责。

(3)破产管理人的解任。破产管理人的解任,是指破产管理人受任后,由于各种法定原因而被解除管理人职务。解任管理人的理由一般源于管理人自身的瑕疵。当管理人自身存在瑕疵或其行为存在缺陷时,这些瑕疵和缺陷就会被解任权人所援用,并成为解除管理人职务的理由。不过,为了维持管理人任职的稳定和连续,保证破产程序的连贯性,降低破产成本,各国对解任管理人通常都持慎重的态度。在立法上,除少数国家外(如英国),法律对解除破产管理人职务的理由或没有规定(如美国),或虽有规定但很不明确(如德国和日本)。总体上看,解除管理人职务的理由主要集中在“管理人瑕疵”、“不正当履职”和“利益冲突”等方面。

“管理人瑕疵”包括管理人的身体瑕疵和管理人的资格瑕疵。前者指个人管理人因病、残疾而丧失履职能力,机构管理人因解散、破产而无法履职。后者则指管理人因违法犯罪而被限制执业或吊销执业资格。《英国破产法》将管理人因身体瑕疵不能正常履职作为法定的解任原因,并将清算期间的清算人违法犯罪也作为法定解任理由之一。[④] 我国《指定管理人规定》第 33 条第 1 项和第 2 项是关于机构管理人因资格瑕疵不宜担任管理人的情形,第 34 条第 1 项、第 4 项和第 5 项是关于个人管理人因身体或资格瑕疵不宜担任管理人的条件。同时,按照该规定第 26 条、第 33 条第 5 项、第 34 条第 7 项的规定,管理人执业期间有重大债务纠纷或有违法行为正被有关部门调查的,也不适合担任管理人。此外,根据第

---

① 参见《英国破产规则》第 4 条。

② 参见《企业破产法》第 29 条、《指定管理人规定》第 35 条。

③ 参见[英]费奥娜·托米:《英国公司和个人破产法》,汤维建、刘静译,北京大学出版社 2010 年版,第 169 页。

④ 参见《英国破产法》第 95 条。

34 条第 6 项的规定,个人管理人的执业责任保险失效也被认为不适宜担任管理人。在管理人任职期间,当这些情形出现且管理人又未主动辞任时,相关权利人或法院即可启动解任程序,解除管理人的职务。

“不正当履职”是管理人在任职期间,出现违反忠实义务和勤勉义务的各种不当行为。不正当履职是一个较宽泛的概念,各国破产法对此大多无明确界定,而是赋予法官自由裁量权。从理论上说,不正当履职在主观上既包括过失(如漏记破产财产),也包括故意(如自我交易)。在客观方面,不正当履职主要表现为不履职,不适当的拖延,自我交易或与有利害关系的人交易,未经许可擅自处置重大资产,漏记、丢失或损毁破产财产,违反程序放弃财产或以不公平的价格处置财产以及明显歧视某些债权人等。我国《企业破产法》第 27 条规定:“管理人应当勤勉尽责,忠实执行职务。”但《指定管理人规定》则只把“因故意或者重大过失导致债权人利益受到损害”作为解任管理人的行为要件。① 按此解释,在我国,只有管理人主观上是故意或者重大过失,并且造成了债权人利益损害的,才构成解任的行为要件。然而在实务中,有的破产管理人并非出于故意或重大过失,而是因为执业能力的欠缺,致使简单的案件也久拖不决。其结果既增加了时间成本,又损害所有破产当事人利益,并浪费司法资源。由此,管理人能力欠缺而导致的拖延也应当认为是不当履职的一种情形。事实上,基于破产程序效率的考量,虽然法律没有规定,一些国家也会在司法实践中对不称职的管理人予以更换,如澳大利亚法院在破产实务中就认为,“如果该破产管理人被他人代替,将会管理得更好”或者“该管理人不能做到公平无私”,则撤换该管理人是适当的。②

各国在将管理人的解任权赋予法院的同时,又几乎同时赋予债权人会议或债权人委员会解任管理人的建议(申请)权。解任建议权和解任权是两个不同的概念,债权人会议或债权人委员会虽可以建议并申请解任管理人,但无权直接解除其职务。法院对解任申请进行审查,认为其申请理由充足的,才会同意其申请,并作出解除管理人职务之决定。故管理人的解任权主体仍然是法院而非债权人会议,债权人会议或债权人委员会仅享有解任的建议和申请权。

---

① 参见《指定管理人规定》第 33 条第 4 项和第 34 条第 3 项。

② 王卫国、[澳]罗曼·托马斯克主编:《中国证券法破产法改革》,中国政法大学出版社 1999 年版,第 32 页。

解任管理人的程序可由法院依职权或依债权人会议(或债权人委员会)的申请启动。在由债权人提起申请解任管理人的情况下,各国破产法大都规定仅债权人会议或债权人委员会有权申请解任现任管理人,更换新的管理人,而个体债权人则无此权利。如德国、日本、韩国等国家均规定,法院可以依债权人会议或债权人委员会的申请而免除管理人职务,但并未规定任一债权人都可以行使此权利。我国现行立法也允许债权人会议申请解任破产管理人,但个别债权人无权要求法院更换管理人。① 法院必须对债权人会议的申请进行审查,并应在2日内通知管理人作出书面说明,法院应当在收到管理人书面说明后10日内作出是否更换管理人的决定。② 在大陆法系国家,法院依职权解任管理人一般应听取管理人的意见并允许其辩解。如《德国破产法》规定,法院在免除管理人职务之前,应当听取管理人的意见。③《日本破产法》第167条和《韩国破产法》第157条也有类似规定。我国《企业破产法》未规定法院依职权直接解除管理人职务,但《指定管理人规定》第33条、第34条规定,人民法院可以"依职权径行决定更换管理人",且未对是否应当举行听证程序以及管理人是否可以申辩作出规定。

对于管理人来说,免除其职务是一种职业打击。首先,它会直接损害管理人的营业收益;其次,被免职的经历会对管理人的声誉造成长远的不利影响。对于申请解任管理人的债权人而言,若其申请被法院驳回,则其意思自治就受到了法院的限制和阻挠。笔者认为,从尊重当事人自治和破产执业者的利益出发,立法或司法解释应当赋予相关当事人获得救济的权利。考虑破产程序的效率要求,对于被驳回的债权人会议申请,可以允许债权人会议申请复议,同时也赋予被解任的管理人申请复议的权利。复议期间不宜超过5个工作日,以保证破产程序的效率。

---

① 《企业破产法》第22条第2款规定:"债权人会议认为管理人不能依法、公正执行职务或者有其他不能胜任职务情形的,可以申请人民法院予以更换。"《指定管理人规定》第31条第1款规定,申请更换管理人,必须由债权人会议作出书面决议,并向法院提出书面申请。

② 参见《指定管理人规定》第31条第2款、第32条。

③ 参见《德国破产法》第59条。

三、临时管理人制度

（一）比较法上的临时管理人制度

我国现行法律并没有规定临时管理人制度。《企业破产法》第 13 条规定："人民法院裁定受理破产申请的，应当同时指定管理人。"按照该规定，管理人在人民法院裁定受理破产时产生，且一经指定即为正式的管理人。在破产程序后续进展过程中，有关参与主体对管理人履职能力产生怀疑的，只能依法提起更换。

在比较法上，管理人的介入时间通常较早。例如，在德国破产法中，为防止债务人财产状况发生不利于债权人的变动，法院在收到破产申请后、作出破产开始的裁定前，可指定一名临时管理人，并可根据案件的实际情况，确定是否赋予该临时管理人以处分权。[①] 根据《德国破产法》的规定，破产管理人应当具备业务精通和独立性两个方面的要求。但是对于后者而言，《德国破产法》认为，由债务人和债权人推荐破产管理人候选人并不违背该独立性。法官可以设立临时债权人委员会，通过该委员会，债权人可以对运行中的公司经营尽早施加影响，其中当然也包括对破产管理人的选任施加影响。虽然管理人由破产法官最终确认，但是原则上要给予临时委员会参与的机会。临时委员会可以对管理人的选任提出要求，法官在最终确认管理人时要给予充分的注意并以此为依据。如果临时委员会一致推荐某人为破产管理人，除非推荐的人选不合适，否则法官的指定权应受到约束。如果法官要任命临时破产管理人，上述规则也同样适用。在临时破产管理人人选完成任命之后，临时委员会应当对其履职提供协助并负责监督。[②]

《英国破产法》对官方接管人的法律地位和职能作出了规定。官方接管人行使临时管理人的职责，在管理人缺位时成为正式的管理人，其主要职责是不公开和公开审查债务人，并决定是否有必要向法院作出调查报告。[③] 英国的官方接管

---

① 参见许德风：《破产法论：解释与功能比较的视角》，北京大学出版社 2015 年版，第 264 页。

② 参见［德］乌尔里希·福尔斯特：《德国破产法》（第 7 版），张宇晖译，中国法制出版社 2020 年版，第 32～33 页。

③ 参见《英国破产法》，丁昌业译，法律出版社 2003 年版，第 327 页。

人制度呈现了由债权人主导回归到官方控制的一个过程。受商业社会中管理财产主要是为了债权人利益思想的影响,1869 年《破产法》赋予债权人对破产制度的控制权,但是现实情况却是大部分债权人只能分得破产财产很少的份额,或者由于在破产中毫无所得的参与者极度漠视从而导致破产程序失控。于是 1883 年《破产法》设置了官方接管人这一角色。官方接管人属于公共官员,受到贸易委员会的监控,具体由下设于工商部的破产管理署来履职。他们由工商大臣委任,从严格意义上来讲,属于受雇于王室和政府事务的公仆。在每个破产案件以及强制清算案件中,官方接管人进行的初始调查将确定破产财产的范围。当破产财产足以支付破产费用时,案件将移交给私人破产执业者。根据规定,官方接管人有权担任破产后个人自愿整理的被提名人和监督人。官方接管人的费用最早来自对每项破产申请的收费,一小部分来自追偿的破产财产和存入英格兰银行一个专门账户的所有追偿财产的利息。发展至今,破产管理署的资金则来源于财政拨款。这一点与清算人、破产托管人以及管理人等破产执业者的收费由债权人协商确定是有明显区别的。①

根据美国破产法,破产程序包括:清算、重组、自然人债务调整程序、农场主债务调整程序和市政债务调整程序。其中,在清算程序中,在法院受理破产案件之后、根据法定程序选举或者指定破产托管人之前,美国托管人协会应当为每一个案件任命一名临时托管人。临时托管人一般由法院指定的联邦托管人或私人托管人担任,其职责与权力与破产托管人相同,任期至正式产生破产托管人时止。实践中,由债权人会议选举破产托管人的情况很少发生,临时托管人可以继续履行其职责成为破产托管人。② 需要注意的是,虽然在美国破产法中临时托管人的指定是在法院发出救济令(该救济令可视为破产受理裁定)之后,但是鉴于其破产申请和裁定受理的时间间隔很短,其客观效果与德国破产法上的临时破产管理人制度具有很大的相似性。③

---

① 参见[英]费奥娜·托米:《英国公司和个人破产法》,汤维建、刘静译,北京大学出版社 2010 年版,第 205~207、218~220 页。

② 参见李飞主编:《当代外国破产法》,中国法制出版社 2006 年版,第 595~596 页。

③ 参见许德风:《破产法论:解释与功能比较的视角》,北京大学出版社 2015 年版,第 265 页。

(二)临时管理人的功能

从比较法的角度而言,临时管理人的功能主要体现在以下 3 个方面:

(1)辅助功能。自当事人提出申请至法院裁定受理之前,临时管理人可以通过对债务人的调查和审查,对债务人是否具备破产原因或者是否具备重整可能性进行专业且深入的识别,并在此基础上向法院进行报告,辅助法院作出受理或者不予受理的裁定。此外,临时管理人的提前介入还能弥补法院或者破产法官对债务人商业价值判断能力的不足。临时管理人还负责继续经营企业,以专家身份审查债务人的程序费用偿付能力,并在接受相应委托后在企业日常经营中采取措施为重整做准备。①

(2)保护功能。保护债务人财产不被有关利益主体(包括股东、管理人员、债权人等)藏匿或者私分变现,是破产程序能够取得公平有效结果的前提条件。因此,在债务人财产可能或者事实上处于无主管理的危险境地时,管理人力量的及时介入十分必要。特别是从有关主体提出破产申请开始至法院最终作出受理破产的裁定,往往有一段时间窗口,这个窗口期无疑加重了债务人财产被不当处置的风险。

(3)缓冲功能。在破产法领域,关于管理人的选任主要有两种模式,一种是法院依职权进行,另一种是债权人选任,此两种模式各有利弊。前者追求效率,能够节省债权人选任管理人的时间成本,有效预防可能发生的债权人与管理人利益勾连情形。而且法院依职权选任管理人也可以发挥法院在程序中的主导作用,使管理人处于对法院负责的地位,有利于促使其依法公正地履行职责。② 但是其不利之处在于既无法在程序上保障债权人对管理人产生过程的监督,也无法周全保护债权人的利益。③ 后者充分反映了私法自治的精神,避免了在配套制度不健全的情况下可能发生的司法腐败、权力寻租等情形。④ 但是其不利之处在于债权人选任的管理人会过分强调债权人的利益保护而置债务人和其他利害关

① 参见[德]莱茵哈德·波克:《德国破产法导论》(第 6 版),王艳柯译,北京大学出版社 2014 年版,第 56 页。

② 参见王卫国:《破产法精义》,法律出版社 2007 年版,第 83 页。

③ 参见张磊:《论我国破产管理人制度之完善——以临时管理人制度为视角》,载《暨南学报(哲学社会科学版)》2012 年第 8 期。

④ 参见杨森:《破产法学》,中国政法大学出版社 2008 年版,第 42 页。

系人的利益于不顾,甚至与大债权人之间形成某种利益输送关系。设置临时管理人制度并在程序推进过程中辅之以正式管理人的衔接制度能够较好地解决上述问题,处理好管理人选任过程中的各种矛盾。

(三)临时管理人的指定方法和报酬确定

1. 临时管理人的制度基础

临时管理人概念的引入需要以管理人选任制度的确定作为制度基础。如上所述,在管理人选任方式上,无论是法院主导的职权主义模式,还是债权人或者债权人会议主导的意思自治主义模式,利弊兼有且每一种模式中正反两方面的矛盾均较为突出。在此情况下,从破产法的发展历史来看,各国破产法在破产管理人的选任主体上,普遍寻求一种融法院指定和债权人或者债权人会议选任于一体的方法,绝对由法院指定或绝对由债权人或者债权人会议选任都不是现代破产法的发展趋向,①有学者称之为双轨制。在双轨制模式中,法院和债权人都具有重要的作用,依其主次地位不同,又可分为以法院选任为原则,以债权人会议选任为补充,或者以债权人会议选任为原则,以法院选任为补充。② 但不可否认的是,临时管理人制度在单一的职权主义模式或者意思自治模式下是没有制度空间的,只有在双轨制的选任制度前提下,才存在自身的逻辑自洽性。

当然,具体到双轨制模式本身,笔者认为根据我国目前的司法实践,以债权人会议选任为原则,以法院选任为补充,更加具有制度重构的合理性和可行性。而且在当前营商环境评估的大背景下,应当借力临时管理人制度突破法院选任原则的束缚,在破产程序中引入有关利益主体推荐选任临时管理人。

2. 我国临时管理人制度的具体构想

(1)临时管理人的提出主体。首先,法院仍然可以在作出破产受理裁定时指定管理人,这里的指定是指法院依据随机或者竞争规则在管理人名册中指定。其次,破产程序中的有关权利主体也可以推荐管理人,推荐数量并不是固定不变的,可以设置具体的确定程序、引导当事方协商一致或法院介入确定,甚至被推荐者可以作为联合管理人。但是需要明确的是,有关权利主体推荐的管理人最

---

① 参见汤维建:《破产程序与破产立法研究》,人民法院出版社2001年版,第292页。

② 参见张善斌:《破产法研究综述》,武汉大学出版社2018年版,第412页。

终应当通过法院的指定程序确定,即法院决定指定被推荐主体为管理人。在直接指定和推荐被指定的关系上,适用于推荐优先原则,即无主体推荐的,由法院指定;在法院指定前,相关主体均可以推荐。最后,以上直接指定或者推荐后经有关程序确定最终被指定的管理人,自此为破产案件的临时管理人。

(2)临时管理人的职责范围。根据《企业破产法》第25条,管理人履行下列职责:①接管债务人的财产、印章和账簿、文书等资料;②调查债务人财产状况,制作财产状况报告;③决定债务人的内部管理事务;④决定债务人的日常开支和其他必要开支;⑤在第一次债权人会议召开之前,决定继续或者停止债务人的营业;⑥管理和处分债务人的财产;⑦代表债务人参加诉讼、仲裁或者其他法律程序;⑧提议召开债权人会议;⑨人民法院认为管理人应当履行的其他职责。除第⑥项职责中的变价、分配破产财产工作需要视临时管理人是否转为正式管理人方才可以确定以外,其他职责仍属临时管理人的职责范围。

(3)临时管理人的指定时间。临时管理人的指定时间节点本身也关系到临时管理人的职责范围问题。依德国立法例,临时管理人的指定在破产申请提起时即应确定,而且临时管理人还负担审查调查债务人资产负债以及运营状况的职责,从而辅助法院判断其是否具备破产原因或者判断债务人究竟适于清算抑或重整程序。该项立法经验目前并不适于我国当前的国情。根据国家统计局公布的数据,2021年全国新登记市场主体2887万户,日均新登记企业2.5万户,年末市场主体总数达1.5亿户。[①] 根据最高人民法院公布的数据,2021年全年共审结破产案件1.3万件。[②] 在当前畅通破产申请渠道的要求下,如果在破产申请阶段即指定临时管理人,并赋予临时管理人介入公司正常经营的权力,即使这种介入是有限度的,仍然会对市场主体的正常经营决策产生巨大的影响,而且庞大的案件体量对于法院的审判压力和管理人群体的履职压力都是无法估量的。因此笔者认为,临时管理人的指定时间应当与现行破产法的规定相适应,明确为受理

---

① 参见国家统计局:《中华人民共和国2021年国民经济和社会发展统计公报》,载国家统计局网,http://www.stats.gov.cn/tjsj/zxfb/202202/t20220227_1827960.html。

② 参见周强:《最高人民法院工作报告——2022年3月8日在第十三届全国人民代表大会第五次会议上》,载中华人民共和国最高人民法院网,https://www.court.gov.cn/zixun-xiangqing-351111.html。最高人民法院并未公布2021年度全国法院受理的破产申请审查案件数量,但是根据《重庆破产法庭破产审判白皮书(2021年)》,该庭2021年度共受理破产申请审查案件912件,同比增长19.71%。

裁定作出之时即可。

(4)临时管理人与正式管理人的制度衔接。这个问题实际上还涉及对于指定临时管理人异议的救济程序。具体而言,临时管理人接受指定后,开始正常履行前述的临时管理人职责,并在第一次债权人会议上提交履职情况报告。在该次会议上应专门设置审议并表决确定正式管理人的议程,并参照债权人会议的表决规则,确定临时管理人是否转为正式管理人。对于法院指定的临时管理人,无论是法院直接指定还是依据有关权利主体推荐指定,债权人仅能依据《企业破产法》和《指定管理人规定》中规定的利害关系规则以及是否具备公正履职能力两个方面提出异议或者投出反对票。经过第一次债权人会议审议表决,有两种结果:一种是临时管理人被确定为正式管理人,开始履行前述管理人的全部职责;另一种是临时管理人未能顺利"转正",此时由债权人会议从有关管理人名册中再行选任管理人,最终由法院通过决定书的形式予以确定,临时管理人应当就已经进行的工作成果与正式管理人进行交接。

(5)临时管理人的报酬。如果临时管理人成功"晋升"为正式管理人,其可享有履职全过程的报酬请求权,具体报酬金额依照《企业破产法》和《管理人报酬规定》之规定确定。如果未能"晋升"为正式管理人,其可在上述法律、司法解释确定的管理人报酬标准范围内,以履职内容为依据,与正式管理人协商分成;协商不成的,由法院根据临时管理人前期工作表现依法确定。

四、破产管理人的履职保障和法律责任

(一)破产管理人的履职保障

1. 破产管理人的素质保障

基于职能的重要性以及角色的不可替代性,破产管理人必须具备中立的执业立场、独立的法律地位和专业的执业水准。否则,破产管理人的职能就无法完全发挥,破产法的实际功效就不能体现,破产法的多元价值就难以实现。

(1)中立的执业立场。现代破产法是多元化价值取向的法律制度。在破产程序中包含和解、重整和清算等多个程序,在不同的程序中,破产管理人面临着各方不同的利益诉求,破产管理人自身也存在利益期许(报酬期盼)。破产程序中的债权人、债务人、职工、政府等公共机构、破产企业的出资人和法院等都有自

己的利益考虑,且这些利益诉求通常成反相关的关系。作为破产程序推进者的破产管理人必须依法妥善平衡各方的利益诉求,方能体现出破产法的公平和公正价值。这就要求破产管理人在执业活动中始终保持中立的立场。中立,就是要求管理人不得与破产财产及破产各方当事人有利害关系,也不得盲目听命于任何个人和组织。其执业活动仅以破产财产价值最大化为目标,依据破产法及其他法律的规定,维护各方主体的合法权益。

(2)独立的法律地位。独立的法律地位是管理人全面履行职责、充分发挥职能优势的保证。管理人独立的法律地位体现为:首先,破产管理人的意志独立,即管理人应当有自己独立的意志;其次,破产管理人的责任独立,即管理人应当具备独立承担相关责任的能力。"独立的意志"意味着破产管理人应当以自己的名义开展执业活动,且不受任何个人和机构的干涉,不为任何当事人所左右,其执业活动仅服从法律设置的目的。"独立承担责任"则要求破产管理人对其不当执业行为产生的后果自行负责,以自己的财产独立地向相关主体承担法律责任。破产管理人独立的法律地位是其保持中立立场的前提,没有独立的法律地位,破产管理人就可能成为某些机构或某一方当事人的附庸,从而丧失中立的执业立场。因此,尽管各国对于破产管理人法律地位的认识存在分歧,但破产管理人应当独立执业则是业界普遍的认识。联合国国际贸易法委员会在《破产法立法指南》中指出:"破产法应规定利益冲突或缺乏独立性的后果。"①这反映了破产管理人应具有独立地位的国际立法趋势。

不过,对于管理人的独立性在学界也存在一些争议。有学者主张,所谓管理人的独立性只是相对的独立。"否则,我们无法解释破产管理人在执行职务时为什么要受到如此多的局限。"②还有学者认为:"破产管理人是一个由债权人监督、对法院负责的,具备相对独立地位的机构。"③笔者认为,破产管理人在执业活动中"受债权人会议和债权人委员会的监督""向法院报告工作",某些具体执业行为须经过"债权人会议同意"或者"法院许可",其性质应是法律对破产管理人

① 联合国国际贸易法委员会编著:《破产法立法指南》,载联合国国际贸易法委员会官网,https://uncitral.un.org/sites/uncitral.un.org/files/media-documents/uncitral/zh/05 - 80721 _ ebook.pdf。

② 参见陈泽桐:《破产管理人制度研究》,吉林大学2008年博士学位论文,第44页。

③ 李燕:《论我国破产法中管理人的法律地位》,载《当代法学》2007年第6期。

具体履职行为的一种规范性约束,目的是对破产管理人的履职行为设置某种行为边界,以预防其可能出现的“滥权”行为,其本质并非对破产管理人独立地位的否认。

(3)专业的执业水准。破产程序是一个事务纷杂、充满利益冲突且又强调公平的程序。破产管理人一旦被任命,就必须接手破产债务人的全部事务(重整场合下债务人自行管理除外)。破产管理人除要审慎地处理各种法律纠纷,平衡各种利益冲突外,妥善地管理债务人财产并使其财产价值最大化,是破产管理人在破产程序中的一个重要职责。在破产重整的场合,破产管理人还必须协助或直接管理债务人的营业,并对债务人未来重生的可能性作出专业判断。即使是破产清算,管理人仍应积极管理破产财产甚至经营财产,此乃破产财产管理制度的应有之义。[①] 基于此,破产管理人不仅要具备娴熟的法律技能、丰富的财务知识,还必须拥有一定的经营管理企业的知识和经验,同时还应能准确把握国家的政策导向,以使破产程序在合法的前提下,符合国家经济发展的总策略。管理人的专业水准决定了其完成职能的质量,而能否充分发挥管理人职能,则关乎着破产制度的价值实现,也关乎着破产法本身的权威和信用。因此,国际上对破产管理人的执业素质通常都有较高的要求。对于破产管理人的选任标准,联合国国际贸易法委员会在《破产法立法指南》中强调,各国在确定管理人选任标准时会有不同的条件,但最关键的是管理人要称职,他必须“拥有必要的知识、经验和个人素质”。[②] 破产管理人不但应当能确保程序高效率地进行,还应当通过履职行为,让人们对破产制度更加抱有信心。

中立性、独立性和专业性是破产管理人正确、全面履行职责的基本保证,管理人的执业立场、执业水准和职业素养是破产程序能否公平和高效的关键,也是破产法价值发挥的基础因素。然而,我国现行破产法对破产管理人应当具备的正确履职的基本素质并无特别要求。从立法的层面上看,《企业破产法》第24条仅笼统规定了“管理人可以由有关部门、机构的人员组成的清算组或者依法设立的律师事务所、会计师事务所、破产清算事务所等社会中介机构担任”。不仅将

① 参见韦忠语:《破产财产经营论》,载《法商研究》2016年第2期。

② 联合国国际贸易法委员会编著:《破产法立法指南》,载联合国国际贸易法委员会官网,https://uncitral.un.org/sites/uncitral.un.org/files/media-documents/uncitral/zh/05 - 80721_ebook.pdf。

破产管理人资质与其他中介机构同质化,还把清算组也列入可担任管理人的范围。该条第2款也仅规定了破产管理人的消极条件,而未设定破产管理人资格的积极条件。最高人民法院依据《企业破产法》第22条第2款授权各高级人民法院编制管理人名册时也未设定管理人执业的积极条件,造成全国各地的管理人队伍水平参差不齐,很多入围管理人实际难以担负破产执业者的重任。因此,如何选出能力全面的高素质破产管理人,是破产法律制度设计必须解决的问题。

2. 破产管理人履职的制度保障

如前所述,我国破产法赋予破产管理人在接管、调查、管理和决定等各方面的诸多职责。从逻辑上说,"职责"应当与"职权"对应,但我国现行破产法在立法表述上对破产管理人只赋"责"不赋"权",①致使破产管理人实务中履行职责面临种种难题。一方面,破产管理人在履职时,接管被拒、调查受阻、管理受限、决定受扰的现象屡屡发生。另一方面,破产程序是一个充满各方利益博弈的程序,作为中立者的破产管理人难以满足所有债权人的利益诉求,而《企业破产法》第22条第2款又赋予债权人会议请求法院更换管理人的权利,且该条规定未留给管理人救济的空间。实务中,管理人为确保不被更换而屈从于债权人意志、丧失中立立场的现象也时有出现。此外,审判法官干扰管理人"决定事项"也屡见不鲜。这些客观现象不仅严重影响了管理人履职的效率,而且直接阻却了破产管理人的履职行为,使破产程序难以为继。究其原因,乃现行破产法对管理人法律地位的规定缺失以及对管理人正确履职缺乏制度保障所致。

笔者认为,权力是职责的保障,破产法在赋予管理人职责的同时,应明确与之相对应的职权。由于破产管理人是特殊的商事营业主体,主体的私法属性注定其并不当然具有公法主体的权力。因此,破产法应当从特别法的视角赋予破产管理人这种履职特权,以使管理人的履职对行为对象具有强制力。同时,破产立法应充分重视破产管理人独立性和中立性的特点,就法院对管理人履职的干预设定合理的边界,同时对管理人的履职异议给予救济渠道。对管理人履职的制度保障可以以下思路展开:

(1)确立职责与职权一致的原则,赋予管理人职责的同时亦表明其享有同样的职权,《企业破产法》第25条第1款可表述为:"管理人履行如下职责并享有相

① 《企业破产法》第25条仅规定了管理人应履行的职责,而未规定其权利。

应职权……”不仅如此，为保障管理人职权的实现，破产法还应当为管理人顺利履职提供司法保障，即当管理人依法履职、行使职权受阻时，有权请求人民法院予以协助，人民法院应当根据管理人的申请，依照《企业破产法》和《中华人民共和国民事诉讼法》（以下简称《民事诉讼法》）的有关规定对相关当事人采取适当的强制措施，保障破产管理人顺利履职。

（2）保护破产管理人的中立性。债权人是市场中的“经济人”，自利的天性促使其不可能顾及破产法的多元化价值以及个案破产程序的整体利益。因此，中立的管理人与债权人产生立场冲突是众多破产案件中的常见现象，债权人会议申请更换管理人的事情也会时常发生。由于信息的不对称性，法院审查此类申请有可能出现失误。因此，破产立法应该对法院决定更换管理人的程序予以修改，在增设听证程序的同时，应当允许破产管理人申请复议，以使管理人获得应有的救济。

（3）尊重破产管理人的独立性。破产管理人既是特殊的商事营业者，也是破产程序的推动者；破产程序既是债权债务清理程序，更是财产管理和企业拯救程序。破产程序的效率很大程度上取决于破产管理人的商业判断和营运能力。因此，尽管法院对破产管理人享有监督的权利，但这种监督应仅限于对管理人公正履职的监督，而不应当构成对管理人独立履职的干扰。事实上，应当相信职业管理人的商业判断能力。因此，破产立法应就法官对管理人的干预设定合理的界限。一方面，除法律明确规定的职责外，法官不应轻易指令管理人为法定职责之外的行为，以减轻管理人的执业负担和降低管理人的执业风险。故《企业破产法》第25条第1款第9项有删除之必要。另一方面，法律应明确规定法官可以干预管理人的事项，对于应当由管理人决定的事项应明确规定法官不得干预，以确保管理人的独立商业判断，提高破产效率。

（4）维护破产管理人的营利需求，设定管理人报酬保障制度。破产立法应当高度重视“破产管理人是特殊商事营业者”这一客观事实，法律在要求破产管理人公正履行职责的同时，应当设置对破产管理人的利益保护机制。我国现行《企业破产法》虽然规定了破产管理人可以获得报酬，最高人民法院也就破产管理人执业报酬出台了专门的司法解释，订立了破产管理人的执业收费标准，但该收费标准在实务中并未被严格执行。实务中，法院对破产管理人的报酬“当然打折”已成为常态，一些法院甚至在竞争招聘管理人的过程中，将管理人报酬报价的高低作为主要的评价标准。即便如此,在管理人最终申请执业报酬时仍将面临再打折的窘境。笔者认为,破产管理人不是“白衣天使”,作为具有专业知识的特殊商事营业者,破产管理人一方面须付出重大成本以完成破产法规定的履职要求,另一方面还承担着因执业而可能产生的种种风险,因此,营利是其生存的基础和目的。在立法上承认破产管理人的营利需求,设置破产管理人的报酬保障制度,不仅有利于激发管理人勤勉履职的热情,也有利于遏制法官在管理人报酬上不合理的“自由裁量”。在管理人报酬机制的设置上,一方面应考虑破产管理人作为特殊营业者的性质和在破产程序中的特殊地位,设定管理人报酬的原则规范(《管理人报酬规定》),以遏制管理人的漫天要价;另一方面,也要考虑破产程序的私法性质,充分尊重当事人的意思自治,对于经债权人会议同意的符合报酬原则规范的报酬申请,应禁止法官“作打折”调整。其理由在于:在市场经济条件下,绝大多数破产案件的管理人报酬来源于破产财产,债权人会议同意管理人报酬方案,本质上是债权人对自身利益的放弃(管理人报酬与债权人分配额是此消彼长的关系)。在符合报酬规范的框架内,法官没有理由也没必要对此进行调整。若少数债权人对报酬方案有异议,可以申请法院复议,法官应当在举行听证的基础上再慎重作出是否调整的决定。

(二)破产管理人的法律责任

有职责即有义务,有义务就有责任。破产法在赋予破产管理人诸多职责和义务的同时,理应缜密设定破产管理人履职不当的法律责任。我国《企业破产法》仅在第 130 条规定:“管理人未依照本法勤勉尽责,忠实执行职务的,人民法院可以依法处以罚款;给债权人、债务人或者第三人造成损失的,依法承担赔偿责任。”最高人民法院《指定管理人规定》第 39 条对管理人拒不接受法院指定、无正当理由辞职以及被更换后拒不移交资料的行为,规定了法院可以对其处以罚款、暂停担任管理人(暂停执业)1 ~ 3 年或者除名(取消执业资格)。此外,《企业破产法》第 131 条规定:“违法本法规定,构成犯罪的,依法追究刑事责任。”

由此可见,我国现行法律和司法解释专门针对破产管理人法律责任的规定有两类:一是民事责任,二是司法处罚。至于《企业破产法》第 131 条规定的刑事责任并非专门针对破产管理人,因为:其一,从法条的表述看,它并不针对特定主体;其二,该法条并没有对破产管理人履行职责的特定行为作出规定。因此,我国现行法律对破产管理人法律责任的设置存在重大缺陷。从法律责任的体系上看,完整的法律责任体系应当包含民事责任、行政责任和刑事责任。鉴于破产管理人的特殊地位和职能,只有构建起完整的法律责任体系,方能达到既防止管理人滥用职权,损害相关当事人利益,又促使其积极履职、提升破产效率的效果。

1. 破产管理人的民事责任

根据《企业破产法》第 130 条的规定,破产管理人不依法勤勉尽责,不忠实执行职务,给债权人、债务人或者第三人造成损失的,应当依法承担赔偿责任。据此,法律明确规定了破产管理人的民事责任为损害赔偿责任。根据民法的一般原理,违反合同义务构成违约责任,而违反法定义务则构成侵权责任。由于我国破产管理人是由法院指定,与破产程序中的当事人不存在合同关系,其承担赔偿责任的基础是违反法定的"勤勉和忠实"义务,因此,此种损害赔偿责任当为侵权责任性质。按照侵权法的理论,破产管理人承担赔偿责任须符合以下构成要件:一是管理人须有未勤勉尽责或违反忠实义务的行为;二是管理人须有过错;三是管理人的行为给相关当事人造成了损失;四是相关当事人的损失与管理人的不当行为具有因果关系。实务中,对破产管理人是否应承担民事责任的分歧主要表现在两个方面:一是对勤勉义务和忠实义务的理解;二是对管理人承担民事责任是否须以过错为前提以及如何界定其过错。

违反法律规定的基本义务是破产管理人承担民事责任的基础。《企业破产法》第 27 条规定:"管理人应当勤勉尽责,忠实执行职务。"据此,法律明确规定了破产管理人在执业中应尽勤勉和忠实义务,违反该等义务而给他人造成损失的,就应当承担赔偿责任。不过,对于何为"勤勉尽责"? 何为忠实? 又该忠实于谁? 无论在理论界还是实务界均存在不同看法。有学者认为,我国《企业破产法》对管理人的勤勉和忠实义务规定得过于"宽泛与抽象","使对破产管理人是否正当完全地履行职务缺乏明确一个的判断标准",因此,应当对"勤勉尽责,忠实执行职务"加以明确、细化。[①] 亦有学者认为,管理人之"勤勉义务"乃大陆法系国家通称的"善良管理人的注意义务"。[②]

笔者认为,对破产管理人"勤勉义务"的理解应从破产管理人的性质、地位、

---

① 参见刘国华、钱思彤:《我国破产管理人民事责任探析》,载《行政与法》2010 年第 10 期。

② 参见刘国华、钱思彤:《我国破产管理人民事责任探析》,载《行政与法》2010 年第 10 期;张艳丽:《破产管理人的法律责任》,载《法学杂志》2008 年第 4 期。

职能以及破产法的效率价值追求的角度展开,既不能简单地以“善良管理人”的注意义务为限,也没有必要将勤勉义务具体化。就管理人的性质而言,破产管理人作为特殊的商事营业者,理应具备与一般营业者不同的专业知识与执业技能,其应当以专业人士的知识、意识、经验和技巧处理破产程序中的一切事务。因此,对破产管理人是否勤勉的判断不能仅局限于一般的“善良管理人”的注意义务,而应当提升至“专业人士注意义务”的高度,即常人未能注意之事,专业人士就应当注意到。换言之,有些疏忽行为于常人不算过错,而于破产管理人这样的专业人士而言则可能构成过错。例如,对破产财产的保管,于常人而言,使其不损毁、不失窃即为已尽勤勉之责;但于破产管理人而言,注意义务则为使破产财产不贬值并使其价值最大化。从破产管理人的地位和职能上看,一旦被指定为个案管理人,破产管理人在程序中便具有独立的地位并同时承担了破产法赋予的法定职能。地位的独立性使其在程序推进中仅接受债权人会议和法院的监督,而不接受任何机构和个人的行为指令。就监督机制来说,除少数事项属于事前监督外,大多数事项都是属于事后监督,这就为管理人怠于履职、拖延程序留下了空间。怠于履职、使程序拖延或许并不会给相关当事人造成直接的损失,但毫无疑问会增加破产当事人和破产程序的时间成本,而这又是与破产管理人作为破产程序“推进器”的职能及破产法的效率价值格格不入的。因此,对破产管理人勤勉义务的评判,还应当在“专业人士注意义务标准”上加入“效率标准”。“专业人士注意义务 + 效率”的勤勉标准一方面可以促使破产管理人妥善管理破产财产并使其价值最大化,使破产当事人免受直接损失;另一方面也督促其积极履职、迅捷推进破产程序,节约破产成本。鉴于破产案件类别的多样性、个案情况的复杂性、管理人职责的繁杂性以及不同破产程序的区别,将破产管理人勤勉义务的内容明细化和固定化,在立法上不仅没有必要,也实无可能,即便采取列举式立法也难免挂一漏万,得不偿失。

至于对于管理人何为忠实,忠实于谁,则要从破产管理人的独立地位、中立立场和职责上考量。首先,破产管理人的独立地位和中立性立场决定了其并不存在忠实于谁的问题,如果一定要给管理人安置一个忠实对象,那就只能忠实于法律,按照破产法规定的职责执行职务。与律师必须忠实于当事人的利益不同,破产管理人并不需要为特定的主体谋取其意图获得利益。其次,破产管理人既是破产程序的驱动者,同时又是商事营业者,其天生就有牟利的需求,在法律赋予其广泛的职权特别是破产财产管理和处置权的情况下,破产管理人极可能为谋取自身利益而违反法定职责和违背中立立场。因此,“忠实义务”就成为约束破产管理人滥权和自利的工具。忠实义务原本源于英美法系信托理论,即信托受托人须忠实于委托人的利益,不得利用信托为自己谋利益。由于英美法国家特别是美国以“信托说”定位破产管理人(在美国称为“破产托管人”),因此,在解释上,破产管理人的忠实义务几乎与信托受托人的忠实义务等同。但在司法实践中,则主要体现在禁止利益冲突和自我交易上。大陆法系国家通常是在破产法典中规定禁止利益冲突和自我交易。[①] 由于我国《企业破产法》和最高人民法院《指定管理人规定》明确规定了有利益冲突的人不得作为个案管理人,因此,在我国现有的法律语境下,破产管理人的违反忠实义务便主要体现在执行职务中的滥权和自利行为。滥权可以出于很多的动机,它甚至不一定是自利的,却会给相关当事人造成损失。例如,对于粗暴地剥夺当事人的取回权并处置相关财产,管理人未必因此获利,却会给取回权人造成损失。自利的行为可以表现为多种多样:与债务人、债权人的交易,与第三人串通跟债务人交易以及违法确认债权、抵销权,故意不行使撤销权而从中获利,等等。通常破产管理人的自利行为都与滥权有关,即利用职权获取非法利益。因此,评判破产管理人是否忠实,主要看其是否存在利益冲突和是否在执业中谋取除管理人报酬之外的利益。

管理人承担民事责任是否应当以主观过错为要件,这个问题实际上是破产管理人民事责任的归责原则问题,即破产管理人的侵权责任究竟是适用无过错责任原则还是适用过错责任原则。从法律的规定来看,《企业破产法》第 130 条苛以管理人民事责任的前提是“破产管理人不依法勤勉尽责,不忠实执行职务”,按此规定,若管理人已尽勤勉、忠实之义务,则即使有损失发生,也无须承担责任。据此可知,破产管理人之赔偿责任适用过错责任原则,因为无论管理人是违反勤勉义务还是违反忠实义务,其主观上均存在或故意或过失的过错。不过,也有学人认为,过错责任原则加重了受害人在维权过程中的举证责任,不利于督促破产管理人依法履职,故破产管理人的损害赔偿应适用无过错责任原则为宜。[②] 本书认为,对破产管理人的民事责任采用过错责任原则,不仅与破产管理人的执

① 《日本公司更生法》第 54 条规定:“未经法院许可,不得受让公司的制品或财产或向公司转让自己的制品或财产,以及进行其他自己或第三人与公司的交易。”

② 参见喻玲、扬莉:《论破产管理人对第三人的民事责任》,载《南昌高专学报》2004 年第 1 期。

业特征相符,也与破产管理人的职业身份相适应。从执业特征看,破产管理人从事的是法律规定的特别服务行业,其执业过程中必须也只能依照法律规定的职责和职权处理破产事务,其执业行为必须符合破产法规定的程序和职责。当破产管理人滥用职权、谋取私利或怠于履职时,当属故意无疑,是为过错,相应的也就构成了对忠实义务的违反。从职业身份看,破产事务的专业性和复杂性要求破产管理人具有较高的专业知识、商业经验和综合能力,破产管理人执业实行资格制亦印证了管理人这一职业须以具备适当的专业知识、经验和水平为从业条件。因此,破产管理人之损害赔偿责任应相当于民法理论中的专家责任。尽管《中华人民共和国民法典》(以下简称《民法典》)未就专家责任作专门规定,但专家民事责任适用过错责任原则却已成为业界共识。① 其实,在我国,专家责任适用过错责任原则早有立法先例,只是在立法表述上有的表述为"违反本法规定",如对执业医师、执业会计师,②有的则直接表述为"因故意或重大过错",如对执业律师。③ 此外,我国《民法典》对医疗机构赔偿责任也是适用过错责任原则。④

从立法表述上看,我国《企业破产法》第130条以管理人"未勤勉尽责,不忠实执行职务"作为破产管理人承担赔偿责任的前提,唯一符合逻辑的解释也应是适用过错责任原则。但实务中的问题是,如何界定管理人是否存在过错。破产管理人违反忠实义务通常表现为隐瞒利益冲突、滥用职权、谋取私利或者怠于履职,这些行为一般都是出于故意,较易判断。但管理人是否勤勉尽责,在实务中却是一个不好界定的难题,其所涉及的实际上是破产管理人谨慎和注意义务的标准问题。如前所述,破产管理人之民事责任当以专家责任论之。在侵权法理论上,专家的谨慎和注意义务标准有"专家标准"之说,即"专家技能与注意的程度应以该行业与其处于同一等级且具有相同专长的专家成员通常所具有的技能与注意"。⑤ 笔者认为,以"专家标准"来判断破产管理人是否勤勉尽责是比较合适的选择,这是因为:其一,在管理人实行资格制的框架下,破产执业者须具备特定的专业资质方能成为案件管理人,理论上,同一名册下的同级别管理人应具备

---

① 参见蒋云蔚:《从合同到侵权:专家民事责任的性质》,载《甘肃政法学院学报》2008年第4期。

② 参见《中华人民共和国医师法》第63条、《中华人民共和国注册会计师法》(以下简称《注册会计师法》)第42条。

③ 参见《律师法》第54条。

④ 参见《民法典》第七编第六章。

⑤ 参见唐先锋:《论专家民事责任中专家过错的认定》,载《学术探索》2005年第3期。

大致相同的知识、经验和水平，故管理人不得以"能力和水平不及"作为自己不存在过错的抗辩；其二，"管理人中心主义"的形成是以破产管理人作为中立的专业执业者为基础的，这种"专家"的形象也正是各方当事人赖以信任的基础，若以一般"善良管理人"的注意标准来衡量破产管理人，则会使当事人对管理人失去信赖，破产程序将无法推进；其三，破产程序是破产当事人，特别是债权人的最后救济程序，且该程序具有不可逆转性，破产法在赋予管理人众多职责的同时，也授予了其极大的职权，若管理人不能以"专家"的谨慎和注意来行使这些职权，势必给相关当事人带来无可挽回的损失。以"专家标准"来衡量管理人是否存在过错就意味着：第一，破产管理人不得以"能力、水平和经验不足"为抗辩；第二，管理人行使职权须满足破产法公平和效率的价值取向，任何有损公平或效率的行为都可能违反谨慎和注意义务，甚至会违反忠实义务，从而构成过错。

2. 破产管理人的行政责任

行政责任，是指犯有一般违法行为的单位或个人，依照法律法规的规定应承担的法律责任。根据主体的不同，行政责任分为行政机关及其工作人员的责任和行政相对人的责任。行政责任主要有行政处分和行政处罚两种方式，前者适用于行政机关及其工作人员，后者适用于行政行为相对人。行政处罚，是指行政机关或其他行政主体依法定职权和程序对违反法律和行政法规尚未构成犯罪的行政管理相对人给予行政制裁的具体行政行为。行政处罚措施包括警告、罚款、没收违法所得、没收非法财物、责令停产停业、暂扣许可证件、吊销许可证件、行政拘留等。[①] 破产管理人不是行政机关，也不是其工作人员，故破产管理人只能是行政行为的相对人，其承担的行政责任应适用行政处罚的方式。行政处罚必须遵循"处罚法定原则"，即处罚依据法定、实施处罚的主体法定、实施处罚的职权法定、处罚程序法定。

我国《企业破产法》授权法院实施破产管理人的执业许可，事实上是将管理人的监管纳入法院之下，而人民法院并不具有行政处罚权，法律亦未授权其他行政机关可以对管理人实施行政处罚。因此，严格地说，我国法律并没有明确规定破产管理人的行政责任。有观点认为，《企业破产法》第130条以及最高人民法院《指定管理人规定》第39条关于法院可以对管理人罚款、停止执业或取消资格

① 参见《中华人民共和国行政处罚法》第9条。

的规定,就是有关破产管理人行政责任的规定,但笔者认为,这些规定是法院在执行审判职能的过程中对相关主体采取的司法强制措施,与法律意义上的行政处罚有着实质的不同。二者的区别在于:(1)作为行政责任的行政处罚只能由法律授权的行政机关作出,而司法强制措施由司法机关作出;(2)行政处罚的对象是行政行为的相对人,而司法强制措施的对象是司法活动中的相关当事人;(3)行政处罚作出后,被处罚人可以申请复议,并可提起行政诉讼,从而使行政处罚的实施主体成为被告,而司法强制措施作出后,被处罚人只能申请复议,而无权提起诉讼。根据《指定管理人规定》第40条,管理人不服罚款决定的,可以向上一级人民法院申请复议,说明前述规定是司法强制措施,而不是行政处罚。也有人认为,当律师事务所(或律师)和会计师事务所(或会计师)在破产执业中违规时,相关行政机关可以依《律师法》和《注册会计师法》对其进行处罚,因此,我国破产管理人承担行政责任是有法律依据的。但笔者认为,《律师法》对律师事务所和律师、《注册会计师法》对会计师事务所、会计师进行行政处罚并不是针对破产管理人的专门规定,且对于专业的清算事务所或公司并不适用。

造成我国破产管理人行政责任缺失的主要原因在于我国《企业破产法》未设置特定的行政部门对破产管理人进行统一的管理,将本应由行政机关授予的破产管理人执业许可交由法院行使,造成破产管理人由法院管理的事实。而法院作为司法机关,不能行使行政处罚权,便只能以司法强制措施来约束管理人。这一方面造成我国破产管理人行政责任缺失,另一方面,由于司法强制措施的不可诉性,又使受惩罚的破产管理人失去了应有的救济渠道。在世界范围内,各国对破产管理人的管理有多种立法模式,如英国有专门的破产署对破产事务和破产管理人进行管理,破产署有权对破产执业者进行处罚;也有的国家授权行业协会对破产管理人进行管理,如俄罗斯,其仲裁代理人协会有权对破产管理人进行执业处罚。① 随着破产法的实施和改革的不断深入,我国破产管理人业已成为一个人数众多、业务专一、组织形态多样的新兴行业,统一管理破产管理人并构建完整的法律责任体系已迫在眉睫。因此,破产法的修订宜顺应现实需求,遵循司法与行政分离的原则,将破产管理人的执业许可交由特定的行政机关实施,并授权

① 俄罗斯的破产案件由仲裁法院审理,其破产管理人称为"仲裁代理人",所有从事破产执业的破产管理人必须先加入仲裁代理人协会。

该行政机关对管理人实行统一管理,以完善破产管理人的行政责任。同时,立法应明确建立全国性的破产管理人行业协会,由行业协会对破产管理人的执业行为进行统一规范,协会可以依据协会的章程对破产管理人进行纪律处分,以弥补行政处罚之不足。

3. 破产管理人的刑事责任

传统的大陆法系国家较为注重破产管理人的"善良管理人义务",故一般会在破产法典中明确规定破产管理人的职务犯罪。《日本破产法》第 267 条规定了破产管理人的渎职罪,该法第 273 条还规定破产管理人的受贿罪。[①]《韩国破产法》亦有与《日本破产法》类似的规定。与大陆法系国家不同,英美法系国家将破产管理人定位于信托托管人,故特别注重以勤勉和忠实义务约束破产管理人,在立法上体现为对破产管理人违法管理破产财产、欺诈和自利行为的关注,并对该类性质恶劣的行为予以刑事处罚。这些专门针对破产管理人犯罪的处罚并不一定规定在破产法典中。例如,美国破产法典中并没有破产管理人犯罪的专门规定,但在 1994 年颁布的《美国法典》中却专门规定了破产犯罪,其中涉及破产管理人犯罪的规定主要有 3 种类型:一是侵吞债务人资产罪;二是进行自利交易和拒绝有关人员检查文件罪;三是私分费用罪。[②] 可见,尽管各国对破产管理人犯罪的关注重点和立法模式不同,但在法律体系中都有专门针对破产管理人犯罪的立法,将破产管理人作为一个专门的犯罪主体予以规范。

我国现行《企业破产法》在立法阶段亦有专门针对破产管理人犯罪的设计,如我国 2004 年《中华人民共和国企业破产法(草案)》(以下简称《企业破产法(草案)》)第 157 条和第 161 条就明确规定了破产管理人的受贿罪和玩忽职守罪。从该草案的规定看,我国破产法实际上兼容了大陆法系和英美法系的立法模式,即既注重破产管理人的"善良管理人义务",又注重其勤勉和忠实义务。但遗憾的是,在 2006 年正式通过的《企业破产法》却删除《企业破产法(草案)》第

---

① 《日本破产法》第 267 条规定:"破产管财人、保全管理人(包括其代理人)为自己或第三人利益或者以损害债权人利益为目的,进行渎职行为而损害债权人财产时,处以 10 年以下有期徒刑或者 1000 万日元以下罚金。"第 274 条规定:"破产管财人、保全管理人(包括其代理人)以职务上便利,收受、要求或约定贿赂时,处以 3 年以下有期徒刑或者 300 万日元以下的罚金,或者并处。破产管财人等接受不当请托时,处 5 年以下有期徒刑或者 300 万日元以下的罚金,或者并处。破产管财人或保全管理人为法人的,行使职务的管理层或员工,有以上行为的同样处罚。"

② 参见《美国法典》第九章第 151 ~ 155 条。

157 条和第 161 条两个条款,仅在第 131 条笼统规定“违反本法规定,构成犯罪的,依法追究刑事责任”。这一表述显然适用于所有参与破产程序的主体,而不是专门针对破产管理人,其结果是客观上排除了专门针对破产管理人执业犯罪的法定罪名。出现这种结果的原因在于:第一,我国的刑事政策一直坚持罪刑法定的原则,对某类主体的某一行为是否构成犯罪理应由刑法来规范,其他法律不应轻易设定罪名;第二,在当时的背景下,破产管理人还是一个未知的行业,破产管理人的执业行为会以何种模式出现以及对社会的危害会达到何种程度都不得而知,而刑法只能惩罚严重危害社会的行为。此外,理论上对破产管理人性质、地位的认识分歧,亦导致《企业破产法(草案)》中拟定的破产管理人受贿罪和玩忽职守罪的犯罪构成要件变得模糊。与其含混不清,且与“罪刑法定”不符,就不如删除之。从立法技术上说,以原则性的立法表述来约束所有的破产参与者,也并无大的毛病。

但问题是,由于我国的刑法早于破产法颁布实施,《刑法》中有关破产犯罪的罪名仅有第 162 条规定的妨害清算罪和虚假破产罪,该两项罪名均只适用于公司或企业,而不适用于其他主体。此外,《刑法》第 165 条规定的非法经营同类营业罪、第 166 条规定的为亲友非法牟利罪、第 167 条规定的失职罪、第 168 条规定的滥用职权罪,其犯罪主体都是国有公司、企业或事业单位的工作人员,也不适用于破产管理人。唯有第 163 条第 2 款规定的非国家工作人员受贿罪和第 164 条规定的行贿罪,可适用于破产管理人。换言之,在现有法律体系下,破产管理人仅可因行贿或者受贿入刑,其余违法行为尚无法援引刑法追究其刑事责任,这显然不足以遏制和惩处破产管理人滥用职权、玩忽职守和自利交易等严重的违法行为。笔者认为,鉴于破产管理人享有的广泛职权,立法应当充分关注其作为市场经济人天生的“自利”特性,对破产管理人违反忠实和勤勉义务,侵占资产、滥用职权、自利交易或者玩忽职守等违法行为,给债权人、债务人或者其他利害关系人造成严重损失的,应予以定罪处罚。在立法处理上,可在破产法修改时,明确规定破产管理人禁止行为的类别,当破产管理人违反禁止性行为达到一定程度时,作为犯罪处理。我国刑法亦应当根据破产实务的特点和需要,适时增加专门针对破产管理人的法定罪名,以回应破产立法的需求。

五、破产管理人的监督和管理

(一)破产管理人的监督

由于破产管理人担负着破产程序“驱动器”的功能,为保证管理人能独立、高效地处理破产事务、推进破产程序,赋予管理人在程序中享有广泛的职权和权利成为破产立法之必然选择。然而,权力越大,滥用起来就越危险。破产管理人广泛的职权在保证管理人可以独立处理破产事务的同时,也为管理人滥权埋下了祸根。破产管理人是通过行使法律规定的职权和权利完成破产事务,推进破产程序的,如果对破产管理人的职权和权利行为没有有效的监督,管理人极可能因为各种原因特别是利益的引诱而滥权或渎职,因为“上至一个国家,小到一个企业,如果不能做到权利的监督和制约,权利就会遭致滥用,就会导致腐败”。[①] 故对破产管理人进行有效的监督是防止其权力滥用和渎职的不二选择。

监督的本义是“监察督促”,[②]其含义是一主体通过特定的意思表达和行为对另一主体的行为予以约束。监督应属于“权力”的范畴,含有强制对方的特征,它可使被监督者必须实施、改变或停止某种行为,或导致被监督者权力被限、丧失职权。若主体仅出于维护自身权益而向对方行使某种请求权以使自身的权益得到维护,则属于“权利”,不在监督权的范畴。从监督的内容和监督权的来源角度,破产管理人的监督可以分为广义的监督和狭义的监督。广义的监督是指对破产管理人职业道德、执业行为、执业组织、执业能力和执业绩效等进行全面的监督。狭义的监督则仅指由法定授权的主体对管理人执业的适格性和具体执业行为的监督。本部分所论述的监督为狭义的监督。

1. 破产管理人监督的主体和监督方式

尽管世界各国或地区对破产管理人都设立了监督机制,但各自的监督模式却有所不同。

(1)监督主体。从监督主体来看,各国立法大多肯定了法院、债权人会议对管理人享有监督权,破产债务人对管理人的监督权则仅在少数国家的某些特定

---

① 梅慎实:《现代公司权力机关构造论》,中国政法大学出版社 1996 年版,第 503 页。

② 辞海编辑委员会编:《辞海》(下册),上海辞书出版社 1979 年版,第 3866 页。

程序中存在。此外，有的国家还设立了专门的监督人制度。

法院对管理人享有监督权是各国立法的共识。但在各国的立法中，对法院监督权的表述却各有不同。有的明确表述为“管理人接受法院的监督”，如《日本破产法》规定“破产财产管理人由法院监督”，①《韩国破产法》规定“破产管财人接受法院监督”，②《德国破产法》规定“支付不能管理人受法院监督”。③ 有的则未明确表述为“监督”，而以其他代表监督含义的用语表述，如我国《企业破产法》第23条规定：“管理人依照本法执行职务，向人民法院报告工作，并接受债权人会议和债权人委员会的监督。”还有的国家虽然不直接规定法院对管理人的监督权，但在破产法中却分别赋予法院对管理人广泛的监察督促职权，这些权力的核心集中在两点：一是法院可以罢免管理人；二是法院对管理人的决定和行为有权认可、否认（撤销）或修改，英国即采取这种方式。④

债权人监督亦为多数国家所采纳。不过，对于债权人的监督权，各国的规定存在较大差异。对多数国家而言，一般只允许债权人通过债权人会议或者债权人委员会对管理人进行监督，如我国和韩国。⑤ 也有少数国家允许个体债权人对管理人行使监督权，如英国。⑥

此外，有的国家还设立专门的监督制度。但各国的专门监督制度存在许多差异，不仅称谓不同，而且还随着历史的发展而不断改变。例如，意大利、法国、德国在立法上将专门监督人称为“债权人委员会”；韩国则称监督人为“监察委员”；⑦日本原破产法也设立监察委员，但2004年日本破产法修改后，取消了监察委员制度，而将其监督职能归入债权人委员会。在美国，则是经法院在个案中批准成立的各种“委员会”（例如无担保债权人委员会、持股人委员会等）行使监督权。⑧ 我国现行《企业破产法》对债权人委员会也是采取债权人会议意定设立、

① 参见《日本破产法》第161条。
② 参见《韩国破产法》第151条。
③ 参见《德国破产法》第58条。
④ 《英国破产法》第19条、第45条、第108条、第172条、第298条。
⑤ 参见《韩国破产法》第187条、第188条；我国《企业破产法》第23条。
⑥ 参见上文“破产管理人解任”部分。
⑦ 参见汪世虎：《公司重整：债权人保护的新途径》，载《特区经济》2006年第10期。
⑧ 参见［美］大卫·G. 爱泼斯坦等：《美国破产法》，韩长印等译，中国政法大学出版社2003年版，第748页。

法院批准的原则。[1]

(2)监督方式。从法院行使监督权的角度来看,大陆法系国家侧重于以法院为主导对管理人实施全面监督,法院享有对管理人较多的命令权以及对管理人行为的限制权(如对管理人具体执行职务的某些行为的批准或许可),而且"向法院报告工作"成为管理人的法定义务。一些国家的法院还可以指令管理人实施一些法律并无明确规定的行为,如我国《企业破产法》第25条第1款第9项的规定。[2] 总之,大陆法系国家总体上倾向于尽量由法院对管理人实施较全面的监督。相比之下,英美法系国家更侧重于由当事人对破产管理人实行监管。尽管在立法上法院对破产程序有全面的控制权,但法院通常并不会主动干预破产管理人的执业行为,破产法官只有在接到有关控告后,才会对管理人的具体执业行为进行审查。尽管英美法系国家法院的法官对破产管理人享有"随时罢免"之权,但一般情况下,"法院不愿意干涉破产的管理","除了欺诈和不诚实之外,只有清算人做出了具有正常理性的人不可能做出的、极不理性和荒唐的事情时,法院才会干涉清算人的行为"。[3] 即便如此,法官对管理人的干预也通常以有关当事人的控告为前提,而不会主动为之。

在债权人监督的方式上,绝大多数国家都规定债权人仅可通过债权人会议对管理人进行监督,其监督管理人的方式主要有:要求管理人按照法律规定的期限提交工作报告并提出质询,同意或否决管理人的财产管理、变价和分配方案,同意或否决管理人的重大财产处置方案,同意或否决管理人放弃或追收财产的方案以及管理人报酬方案,申请解任和更换管理人等。不过,英国的个体债权人可以对管理人的不当执业行为提出控告——即使管理人的行为并未直接损害他本人的利益。个体债权人也可以提出罢免管理人的控告。但个体债权人仅可就管理人的不当行为提出控告,而无权要求管理人像对待债权人会议一样向个体债权人解释自己的所有执业行为。

在各国破产法中,专门监督机构为常设机构,其主要任务便是对管理人的执

---

① 参见《企业破产法》第67条。

② 《企业破产法》第25条是关于管理人职责的规定,其中第1款第9项规定,人民法院认为管理人应当履行的其他职责。

③ 参见[英]费奥娜·托米:《英国公司和个人破产法》,汤维建、刘静译,北京大学出版社2010年版,第215页。

业行为进行日常监督,以弥补法院监督和债权人会议监督之空缺。在专门监督机构由债权人会议意定的国家,当破产程序未设立专门监督机构时,该监督职权分别由法院和债权人会议行使。此外,在美国的重整程序中,法院还可以根据情况决定任命重整监察人,监察人在履行部分托管人职责的同时,亦有权对案件的重整进程进行监督,并将监督情况报告法院。①

2. 我国破产管理人监督制度的现状

我国现行的破产管理人监督机制由法律、司法解释和司法意见 3 个部分构成。2006 年颁布的《企业破产法》是破产管理人监督机制的法律依据,最高人民法院 2007 年发布的《指定管理人规定》和 2009 年发布的《关于正确审理企业破产案件为维护市场经济秩序提供司法保障若干问题的意见》(以下简称《破产案件司法保障意见》)是对破产法中管理人监督机制的补充和指导。

我国《企业破产法》是破产管理人监督机制的基本法律,相关内容主要体现在第三章“管理人”和第七章“债权人会议”。第三章主要规定了破产管理人任职的资格、管理人的指定方式和更换条件,包括破产管理人指定(第 22 条第 1 款)、管理人更换(第 22 条第 2 款)、法院对管理人特定执业行为的许可权(第 26 条)、对管理人的命令权(第 25 条第 1 款第 9 项)以及对管理人辞任的批准权(第 29 条)。此外,第 130 条还赋予法院对管理人的处罚权,从而确立了我国管理人由法院和债权人监督的双重监督模式。第七章则主要规定了债权人会议的组成(第 59 条)、债权人委员会的组成和产生程序(第 67 条)、债权人会议的职权范围(第 61 条)、债权人会议的召集方式和表决机制(第 62 ~ 66 条)、债权人委员会的职权和行使职权的方式(第 68 条)以及管理人实施特定执业行为向债权人委员会报告的义务(第 69 条)。其中第 68 条明确规定了债权人委员会对管理人的监督职权(第 1 款)、检查职权(第 2 款)以及行使职权的保障(第 3 款),由此确立了我国债权人委员会的专门监督人地位。

2007 年 4 月,最高人民法院发布了《指定管理人规定》,目的是指导各级法院如何选任、指定破产管理人,但其中的一些规定也对《企业破产法》有关管理人监督的制度进行了完善。其中最大的亮点是法院可以依职权解任管理人(第 33

① 参见[美]大卫·G. 爱泼斯坦等:《美国破产法》,韩长印等译,中国政法大学出版社 2003 年版,第 748 页。

条、第 34 条),弥补了因债权人会议、债权人委员会怠于行使监督职权时,对管理人监督将会缺位的立法缺陷。同时,《指定管理人规定》增加了法院可以对管理人实施停止执业 1~3 年、清除名册(取消管理人执业许可)等处罚措施(第 39 条第 2 款),强化了法院对管理人的监督手段。

2009 年,最高人民法院基于对我国经济形势的判断,并总结了破产法实施以来我国破产案件的审判情况,发布了《破产案件司法保障意见》,该意见第五部分要求各级人民法院要"建立管理人考核机制",并在此基础上"形成激励和淘汰机制,逐步实现管理人队伍的专业化"。[①] 根据该条意见,各级法院获得了对破产管理人的考核权,并可以根据考核结果,取消考核落后的管理人的执业许可,[②]而无论该类管理人是否存违法行为或不当执业行为,这进一步强化了法院对管理人的监督力度。

上述立法、司法解释和司法指导意见构成了我国破产管理人监督制度的基本框架。可以说,我国管理人监督机制已见雏形。但现有监督机制在实际运行中却未达到足以促使管理人公正履职、勤勉尽责的理想效果。究其原因,立法意图不明、私权保护不足是现有监督机制运行不畅的主要症结所在。

(1)破产法对管理人监督的立法意图不明。细观整部《企业破产法》,涉及对管理人监督的用语仅在第 23 条和第 68 条出现。其中,第 23 条第 1 款规定,管理人执行职务应"向人民法院报告工作,并接受债权人会议和债权人委员会的监督"。此规定似乎是对监督主体的分工;第 68 条是对债权人委员会监督权的表述,分别为"监督债务人财产的管理和处分""监督破产财产分配""要求管理人、债务人的有关人员对其职权范围内的事务作出说明或者提供有关文件"等。[③] 这两条规定看似表述清楚,实则存在很大问题,在实务中极易产生分歧并造成执行的混乱。将"管理人向法院报告工作"与"接受债权人会议或债权人委员会的监督"并列,由此产生的问题是:对管理人的监督究竟是以谁为主导,抑或两者有相同的监督权?债权人委员会究竟是何种性质的机构,它与债权人会议是什么关

① 参见《破产案件司法保障意见》第 13 条。

② 业界对于该意见的积极效果颇存争议,主要是该意见发布后未制定出规范的考核标准,一些法院借机调整管理人名册,在缺乏合理的考核机制的情况下,取消了部分管理人的执业许可,引发很大争议。相关争议及笔者的认识见"管理人执业许可"部分。

③ 参见《企业破产法》第 68 条第 1 款第 1 项、第 2 项和第 4 款。

系?债权人会议是一个非常设机构,而债权人委员会并非破产程序中的必设机构,若债权人会议未设立债权人委员会,由谁来对管理人进行日常监督?

(2)私权保护不足。管理人监督机制中的私权保护不足,首先表现为对个体债权人的诉求缺乏直接的保护措施,严重制约和打击了债权人主动监督的积极性。其次,债权人会议的诉求缺乏救济途径。《企业破产法》对债权人会议监督管理人的规定,只有第23条第2款和第61条第1款第2项关于"申请人民法院更换管理人"最具实质意义。遗憾的是,虽然该两条规定都赋予债权人会议申请更换管理人的权利,但是如何保障债权人会议行使此项权利,却缺乏相应机制。在司法实践中,由于缺乏异议救济机制,只要法院认可现任管理人,债权人会议申请更换的管理人的制度就形同虚设。

(3)缺乏合理的债权人委员会成员履职激励机制。《企业破产法》明确规定了债权人委员会对管理人具体执行事务的监督职权(第68条),但却没有授予债权人委员会更换管理人的申请权,这一规定制约了债权人委员会对管理人的监督力度。此外,由于监督管理人日常事务是一件耗时耗力的持续性工作,在缺乏奖惩机制的条件下,债权人委员会成员并不会投入太多的精力去对管理人进行监督。因此,在破产审判实务中,债权人委员会并没有发挥应有的监督作用。

3. 完善我国破产管理人监督机制的设想

美国法学家罗斯科·庞德认为,法律的任务不是创造利益,而是发现那些存在的迫切需要保障的利益,法律应"把它们加以分类并或多或少加以承认"。[①]在以私权保护为核心的破产法领域,任何机制的设置都应该注重对私权利益的呵护。在有关管理人监督的问题上,如果忽视私权利益的保护,势必会挫伤相关监督主体的参与积极性。离开了主体的主动参与,任何监督机制都不可能顺畅运行。因此,我国破产立法应以私权保护为核心,逐步完善债权人对管理人的监督机制。

(1)立法应允许适格的个体债权人对管理人直接实施监督,并在程序上保障其监督权的行使。适格债权人应可以随时了解管理人的工作状况、提出询问,并可以在不具备召开债权人会议条件或者债权人会议无法作出有效决议的情况

① 参见[美]罗斯科·庞德:《通过法律的社会控制》,沈宗灵译,商务印书馆2010年版,第41页。

下，就管理人的不当行为提出控告，包括诉请法院撤销管理人的某些行为以及更换管理人等，该等控告应当准许上诉。为保护破产程序的顺利推进，减少法院的讼累，降低管理人的工作压力，对适格债权人的设定可以考虑为：单独或者合并占债权总额10%以上或者人数达到债权人总数25%以上。[①] 对诉讼程序的设计，可以参照公司法上的股东代表诉讼程序，设置个体债权人提起诉讼的前置条件。基于债权人会议和债权人委员会的主要监督功能，个体债权人提起此类诉讼应以已请求召开债权人会议未获允许，或虽已召开债权人会议但相关决议未获通过，或已向债权人委员会提出申请但被债权人委员会拒绝等为前置条件，防止个别债权人完全出于自己的私利或仅因对管理人情绪上的不满而启动监督之诉。在诉讼事件上，应将个体债权人的可诉事件限定在一定范围，如管理人执行事务的具体不当行为（包括履职懈怠，但不包括直接侵害个体债权人自身利益的行为）、管理人任职的消极条件（利害冲突等）。

（2）在实定法未作修改之前，最高人民法院可以进一步通过司法解释完善现有的管理人监督机制，以使现有机制的运行产生实效。现有的债权人会议监督制度由于缺乏救济措施，很容易沦为一纸空文。因此，最高人民法院可以就《指定管理人规定》中有关管理人监督的内容进行进一步修订完善。管理人的变更既关乎全体债权人的重大利益，也涉及管理人的营业利益，因此，法院应当就更换管理人的申请举行听证，并允许债权人代表与管理人展开辩论。是否同意债权人会议的申请由法院以裁定的方式作出，并允许债权人会议或管理人对此种裁定提起复议。

（3）完善债权人委员会制度。为使对管理人的监督更具实效，应允许并提倡具有相关专业知识的非债权人成为债权人委员会的成员。相关专业人员可以由债权人提名，也可以由法院推荐，经债权人会议表决通过后由法院任命。基于我国债权人委员会成员实行由债权人会议选举、由法院批准设立的制度，[②]法院在批准设立债委会的同时，可以苛以债权人委员会成员一定的履职义务，对违反该义务的成员科以一定的处罚，以督促债权人委员会成员认真履职。与此相对应，基于私权利益的考量，建立债权人委员会的利益激励机制也应成为制度建设不

---

① 之所以这样设计，是因为若达到25%的债权额，则可召开债权人会议；若比例太低或任何债权人都可提起诉讼，则会引发债权人的滥诉，不利于破产管理人正常执行事务。

② 参见《企业破产法》第67条。

可忽略的环节。“利益规律是法律的基础,法律制度实质上是一种利益制度。”①给予债权人委员会成员适当的报酬补偿,不仅有利于提高他们的履职热情,也是义务与权利(力)相对应的必要安排。因此,在立法未作修改之前,最高人民法院应适时制定关于“债权人委员会履职规则”和“债权人委员会成员报酬办法”的文件,使债权人委员会制度在实务中真正发挥出应有的监督价值。

(二)破产管理人的管理

破产管理人的管理,是指由特定的组织或机构对破产执业者职业资格、执业许可、执业组织、执业规范等进行统一的监管,也称为破产管理人的行业监管。其主要内容包括对破产执业者进行职业培训,授予执职业资格和执业许可,对执业者组织进行规范管理,制定执业者的道德标准和执业规范,对破产执业者的职业道德、执业能力和执业成绩进行日常考核和评估等。监督与管理本来一脉相承,故汉语中才会有“监管”一词。前述的“管理人的监督”仅限于对破产管理人执行破产事务行为的监督,但破产管理人作为一个特别执业群体,除了其具体的执业行为应当受到监督之外,日常的规范管理也可以达到监督(广义监督)的效果,并可以使破产管理人的监督更加科学、更具实效。

1. 我国破产管理人管理的现状和特点

尽管我国《企业破产法》和有关法律并没有确定破产管理人的管理部门,但2007年最高人民法院《指定管理人规定》发布后,我国就形成了破产管理人由法院管理的客观现实。2007年,各地高级人民法院制定了第一批破产管理人名册。当时的管理人基本上由各高级人民法院统一管理,并报送最高人民法院备案。②2009年,最高人民法院发布《破产案件司法保障意见》后,一些高级人民法院开始将名册编制权下放至中级人民法院。总体上看,我国目前破产管理人的管理呈现以下特点:

(1)破产管理人名册由法院管理,管理方式不够稳定。早期的管理人名册由各高级人民法院统一管理,报最高人民法院备案,管理方式还相对比较一致。2010年后,则既有由高级人民法院统一管理的,也有由中级人民法院管理,报高

---

① 参见付子堂主编:《法理学进阶》(第3版),法律出版社2010年版,第40页。

② 参见《指定管理人规定》第12条。

级人民法院备案的,还有中级人民法院和高级人民法院各自管理一套名册的。有的对管理人进行分级管理,也有不分级的,且评级标准很不一致。

(2)执业许可标准不够统一,且具有一定的随意性。法院的管理人名册即管理人的执业许可,入册者获准执业,未入册者不得执业。各地各级人民法院的管理人名册入册标准很不统一。有的法院在编制管理人名册前公布了详细入册标准和拟入册的人数,而有的法院则只公布报名条件。而且,有些法院每次编制管理人名册所制定的入册标准又有所不同,具有一定的随意性。

(3)名册管理不够规范,高级人民法院名册与中级人民法院名册的适用效力不清,被许可者执业的地域范围不明。一些高级人民法院在授权中级人民法院编制管理人名册的同时,又保留着自己原来的名册或重新编制自己的名册,由于各个中级人民法院在编制名册后仅使用自己的名册,高级人民法院保留的旧名册是否仍有效没有明确规定,高级人民法院新编的名册是否适用于辖区的所有中级人民法院也不得而知。破产执业者为保住业务领域,既要在各高级人民法院申请执业许可,又要前往各个中级人民法院申请执业许可。

(4)对破产执业者权益救济不够,有些存在地方保护问题。有的人民法院只准许本地机构申请执业许可,排斥外地机构;有的虽允许外地机构的分支机构申请,但以设立时间、评议时只计算分支机构业绩等条件,对外地机构的分支机构实行实质上的执业许可限制。在管理人名册编制过程中,由于标准不断变化,一些原已入册的破产执业者被取消执业许可,而且没有救济途径。

由上述可见,我国现行的破产管理人管理是由法院完全掌控,这种由法院授予执业许可的管理模式,在理论上存在不适法、不协调等弊端,而且现行的管理模式在管理方法上也存在一些缺陷:

其一,不够规范的编册(执业许可)标准扰乱了管理人队伍的稳定。各地、各级人民法院在编制自己的管理人名册时,不仅在时间上具有突然性,而且在入册标准上还具有不确定性甚至隐蔽性,让现有的破产执业者和潜在的申请人没有合理预期。由于重新编制名册时个别条件的变化,一些原已获得执业许可的机构,却因准入条件的改变而丧失执业许可。

其二,名册效力不清,加大了破产管理人的执业成本。各中级人民法院在被授权编制管理人名册后,只认可自己的管理人名册。破产执业者即使在同一省、自治区、直辖市执业,也需分别向各个中级人民法院申请执业许可,机构执业者只好分别在不同中院的辖区设立分支机构。一些高级人民法院虽然保留着单独的管理人名册,但高级人民法院的名册与各中级人民法院的名册在效力上的关系却未明确,破产执业者仍然需向各个中级人民法院分别申请执业。

其三,管理人评级标准和名额限制规则不够明确有违市场公平、公开的原则,容易使破产执业者的执业信心受挫。近年来,一些法院对名册内的破产管理人实行分级管理,并事先确定一级管理人的名额限制。分级管理的目的是将不同复杂程度的案件分由不同级别的管理人办理。通常来说,重大、复杂的案件只能由一级管理人承揽。法院对于这种级别划分未进行严格听证就制定了分级标准。不仅如此,有些实行分级管理的法院在评级时缺乏明确、公开的评级标准。个别法院虽然公布了评级标准,但标准较为模糊。

其四,缺乏对破产管理人的日常考核和管理。各地、各级人民法院对管理人的管理都只停留在执业许可的层面,即只重视管理人入册时审查,忽视管理人入册后的日常管理。一些法院在编制管理人名册时,对申请人条件进行认真审查,但在名册编制后,就再无后续的管理措施,对破产管理人的动态管理几乎完全空白。对于律师事务所和会计师事务所来说,很多情况下,个案管理人的指定是采用摇号的方式产生。其结果是,已入册的一些律师所和会计师事务所仍然将主要精力投入其他业务,极不利于破产管理人队伍整体素质的提高。

2. 我国破产管理人管理制度的合理构建

对破产管理人管理制度的构建应着眼于破产管理人的法律地位和行业属性,尊重市场经济条件下公开、公平和成本效益原则,使破产管理人的管理制度更加透明、公平。管理制度不仅要满足破产管理人的履职需要,也要考虑管理人的利益需求,并应有利于管理人队伍的长期稳定发展。在监管主体的设计上,应注意审判权和行政许可权的划分,避免监管主体职能混淆。由此,我国破产管理人管理制度的设计应遵循以下原则:

(1)独立管理原则。独立管理,是指对破产管理人的管理应由专门的独立机构掌控,该独立机构应独立于任何可能影响管理人独立履职的机关,包括从事破产审判的法院。独立性既是破产管理人的本质特征,也是管理人公正履职的基本保障。基于管理的公信力和监督的强制性要求,独立管理的职权应当由相应的行政机关行使,并应当远离有可能参与商业竞争的行政主管部门(如国有资产监督管理委员会、经济贸易委员会等)。

（2）严格准入、效力统一原则。严格准入，是指对破产管理人的执业许可应采取严格考核、适格入选的制度，以确保破产管理人队伍的专业素质和执业能力。效力统一，是指破产管理人一旦获得执业许可，即取得在任何地区的任何法院执业的资格，审判机关不得对破产管理人的执业设置身份或地域的限制。严格准入是对破产管理人的专业要求，专业性是破产管理人赖以生存的根基，更是破产程序效率实现的基础条件。对破产管理人的管理，一方面，应确保进入管理人队伍的主体具有足够专业水准和执业经验；另一方面，也要使具有同等条件的主体有机会进入管理人队伍中，而不受到地域或身份的限制。在执业许可制度的设计上，应着重区分破产管理人与其他行业的差别，避免破产管理人执业资格与其他行业特别是律师与会计师执业资格的同质化。跟律师、会计师相比，破产管理人执业所需要的知识和技能远比他们多得多。[①] 效力统一则是对破产执业者获得公平营业待遇的基本保障。一方面有利于遏制地方保护主义，防止司法腐败的滋生；另一方面也有利于破产管理人市场的公平竞争和良性发展。

（3）执业权利保障原则。执业权利保障，是指对破产管理人的职业资格和执业许可的取得和取消，以及对管理人的日常考核、评价等，应当公开透明，并公平对待所有的破产执业者；对破产管理人采取任何可能影响执业利益的管理措施（包括但不限于吊销执业许可等），应当为破产管理人提供合适的救济渠道。职业资格和执业许可关乎破产管理人的生死存亡，而对管理人的考核、评价则直接影响管理人的执业声誉，从而对其市场竞争力造成影响。破产管理人是市场经济条件下的特别商事主体，其营业权利应当受到尊重和保障。因此，对破产管理人的管理应建立公开、公平的考核、评价机制，使破产管理人随时获知自己的执业行为是否规范，以及自己在行业中的地位。公开的信息和公平的对待不仅有利于破产执业者随时纠正自己的不当行为，达到将强制监管转化为执业者自律的效果，也有利于破产执业者自愿服从管理，减少因监管处罚而引发的执业权利纠纷，降低管理成本。

（4）公权监管与行业自律相结合的原则。公权监管指前述的独立管理机关对破产管理人实施的强制监管，行业自律则指破产管理人自治组织通过制定行

---

① 参见倪建东：《再议建设具有中国特色的管理人行业协会》，载王新欣、尹正友主编：《破产法论坛》第4辑，法律出版社2010年版，第210页。

业管理规范对管理人进行行业管理。公权机关虽具有公信力和强制效果,但囿于政府职能部门的人员配置有限以及行业信息的不对称,行政监管难免出现盲点,监管效率将大打折扣。况且,在市场经济条件下,政府对市场本来就不宜过度干预,让“政府的归政府,市场的归市场”。在破产管理人市场日益壮大的情况下,行业自律是降低政府监管成本、提升管理效率的有效方法。行政主管部门可以通过对行业协会的管理,指导行业协会制定破产管理人的执业规范和行为标准,让所有的破产执业者一律遵从协会的规范,使破产管理人的日常行为符合执业准则,减少管理人违规风险的发生。

依循以上原则,我国未来破产管理人管理制度可作如下安排:

(1)由行政主管机关对破产管理人实行独立的管理。由行政机关独立管理破产管理人,将破产管理人的管理权从审判机关中分离出来,是确保管理人独立的首要制度条件。这种管理模式在英国、美国等国家有先例可鉴。如英国私人破产执业者的执业许可由英国破产署统一管理,并由英国工商大臣或破产署认可的行业协会颁发;而美国的破产执业者的执业许可则由美国联邦破产办公室管理。在我国破产法起草的过程中,立法专家也有过设立国家破产局,对破产管理人进行统一管理的建议,①但因各种原因未能确立。由专门的行政机关管理破产管理人,不仅符合破产法的目标,也与我国其他行业的管理制度更加协调。现实可行的办法是在司法部下新增破产事务司,作为与律师司同级的单位全权负责对破产管理人的管理。破产事务司的职权为:负责破产管理人的职业资格考试、执业许可证的发放和吊销,管理全国破产管理人行业协会,指导行业协会制定行业规范、执业准则和执业规程,指引行业协会对破产执业者进行日常培训、考核和评价,对破产执业者的违规、违法行为进行调查和处理等。破产事务司应当制定破产执业者资格考试制度和执业许可标准,设定破产执业者报名考试的条件。报名条件的设置要考虑公平、适度,既要凸显破产管理人的执业要求,又要尽可能吸纳更多的自愿从业者有机会加入破产管理人队伍。对于未通过资格考试者,一律不得申请破产执业;对已通过破产执业资格考试的人申请执业的,还应考查其是否具有一定的实践经历,并对其个人信用进行必要的审查。参照《中华人民共和国律师事务所管理办法》第 9 条,对机构申请破产执业的,必须具

① 参见李曙光:《破产法的转型》,法律出版社 2013 年版,第 341 页。

备若干名有执业许可的个人破产管理人,以确保新设立的机构管理人具备执业的基本能力。破产事务司还应同时建立针对破产管理人的惩罚和救济机制,以确保破产管理人队伍的纯洁和稳定。

(2)倡导和支持设立破产管理人自治组织,通过行业自律的方式降低管理成本。2006年《企业破产法》一经实施,业界的一些有识之士即提出应设立专属破产管理人的行业协会,并对行业协会的功能和运作模式作了初步描述。[①] 然而,时至今日,全国各省或者市一级设立的破产管理人协会已达数十家,但全国性的破产管理人协会仍未成功设立。其原因主要有三:第一,于法无据。我国《企业破产法》及相关法律、司法解释均未将破产管理人作为一个单独的行业加以规定,在国家市场监督管理总局的行业分类标准中也没有破产管理人的一席之地。行业协会属于社团法人,根据我国《社会团体登记管理条例》第3条的规定,设立社团法人必须有主管单位。由于法律规定不明,破产管理人究竟由谁管理一直处于不确定状态。[②] 因此,筹备多年的中国破产管理人协会,因无法找到主管部门而不得不处于停滞状态。第二,我国的破产管理人主要是律师事务所和会计师事务所及其执业人员,他们各自有自己的行业主管部门,并各自由律师协会或会计师协会管理,故业界也有人认为没有设立破产管理人协会之必要。第三,多年来,各地、各级法院对破产管理人名册的频繁更换,使一些破产执业者失去成立或加入破产管理人协会的积极性。

笔者认为,破产管理人协会可以代表破产执业者反映自己的诉求,保护破产执业者的合法权益,更重要的是,它可以通过制定行业规范,形成破产执业群体的行业自律机制,降低行政管理的监管成本。破产管理人协会主要承担以下职责:制定破产执业的行业规范和执业流程;对破产执业者进行培训管理和日常考核;为主管部门和法院提供破产执业者的基本信息和执业业绩;反映破产执业者对行业发展的建议和诉求;对违规的破产执业者进行行业惩戒等。破产管理人通过这些活动协助主管部门对破产管理人进行管理。因此,破产法立法应当明确破产管理人协会的法律地位,并授权专门的机关作为其主管部门。基于独立管理原则的考量,管理人协会的主管部门不宜由法院担任,其原因在于:破产管

---

① 参见倪建东:《再议建设具有中国特色的管理人行业协会》,载王新欣、尹正友主编:《破产法论坛》第4辑,法律出版社2010年版,第210页。

② 这也说明,法院管理破产管理人的适法性具有争议。

理人的行业本质是营利性行业,由法院主管营利性机构有损司法公正的形象,也会浪费宝贵的司法资源。正因如此,国外也没有由法院主管破产执业者协会的先例。因此,我国破产管理人协会也应由专门行政部门主管,前述的司法部破产事务司可担此职责。

(3)建立行业主管部门、行业协会与法院之间的信息沟通机制。信息不对称是监管盲区形成的主要原因,因此,有效的监管必须以信息畅通为前提。在主管部门确定、行业协会形成的基础上,应当加强主管部门、行业协会与法院之间的信息沟通,将主管部门对破产执业者的资质管理、行业协会对执业者的日常管理和法院对破产执业者具体行为的监督,构建成一个一体化的破产管理人信息管理系统,形成对破产执业者的全方位监管。这样不仅有利于消除监管盲区,降低成本,而且有利于法院快速地选取合适的个案管理人。

专题三:债务人财产制度完善*

“债务人财产”不仅涵盖了破产债务人被宣告破产后的债务人财产,也将破产和解程序和重整程序中的债务人财产包括在内,包括破产清算、和解与重整三类程序下债务人财产的不同状况,①从而体现出我国破产立法理念的变革。在破产案件受理后,“债务人财产”已经不是一般意义上的债务人控制的财产,而是特定的具有特殊法律地位的财产集合。这种法律地位的特殊性主要表现在四个方面:第一,存在目的的特殊性,即为破产程序的进行和完成而存在。第二,债务人财产权利主体的特殊性,即“债务人财产”事实上的权利主体不再是债务人,而是债权人。第三,财产管理主体的特殊性,即债务人财产由管理人负责接管与管理。第四,存在形式上的集合性,作为一个概括性的财产概念,债务人财产包括在破产受理时以及破产案件受理后至破产程序终结前债务人所有财产和权益的集合。②

《企业破产法》第30条规定:“破产申请受理时属于债务人的全部财产,以及破产申请受理后至破产程序终

---

* 作者简介:赵学刚,西南大学法学院教授、硕士生导师;青梅,重庆市国有资产监督管理委员会企业改革处处长。

① 参见霍敏主编:《破产案件审理精要》,法制出版社2010年版,第67页。

② 参见李曙光:《论新破产法第30条中的债务人财产制度》,载《武汉理工大学学报(社会科学版)》2007年第1期。

结前债务人取得的财产,为债务人财产。”《最高人民法院关于适用〈中华人民共和国企业破产法〉若干问题的规定(二)》(以下简称《企业破产法司法解释二》)第1条、第3条及第4条采用肯定式列举的立法方式明确了债务人财产的一些特征,如该财产必须是归债务人所有、可以依法转让、可以用货币估价;第2条采用否定式列举的立法方式将一些财产排除出债务人财产的范围。但是,“我国破产法应该扮演推动企业财富增值与债权人财产公平分配的经济角色,其中重要一环就是我国债务人财产制度的重新解释与建设”。[①] 在破产法的施行中,债务人财产制度仍需要进一步完善。

一、破产撤销权

为维护债权人整体利益、保证公平清偿,破产撤销权通过撤销债务人无偿转让、非正常交易、偏袒性清偿等债务人具有清偿能力时实施的有效的民事法律行为,在保障破产立法宗旨实现、实现破产财产分配上的正义、维护诚实信用原则、纠正债务人损害债权人利益的行为等方面具有不可替代的重要作用,为各国破产立法所重视。[②]

(一)破产清算程序中撤销权的行使主体

管理人作为全面接管并负责保管、清理、估价、处理和分配债务人财产等事务的专门机构,其主要职责就是行使对债务人财产的管理权和处分权。因此,行使破产撤销权是管理人分内之事,其目的在于增加可供分配的债务人财产,进而维护全体债权人的利益。管理人决定是否行使撤销权时,应该秉承实现债务人财产价值最大化的理念,考虑撤销某项交易是否对维护债务人财产有利以及行使撤销权可能产生的问题和相应的费用。管理人应当勤勉尽责、忠实执行职务,妥善管理和处分债务人财产。

在破产清算程序终结后,一般情况下,管理人随着破产程序的终结而解散,并且终止执行职务。此时,如果发现债务人在破产申请受理前的法定期间内有

---

① 参见傅穹、王欣:《破产债务人财产制度的法律解释》,载《社会科学研究》2013年第5期。

② 参见王欣新:《破产撤销权研究》,载《中国法学》2007年第5期。

欺诈债权人或损害对全体债权人公平清偿的行为,管理人显然无法再行使撤销权。因此,我国《企业破产法》第123条规定,自破产程序终结之日起两年内,债权人可以请求人民法院按照破产财产分配方案对追回的可行使撤销权的财产进行追加分配。如果债权人在破产程序终结之日起两年后才发现债务人作出的不当财产处分行为,由于已经超过了可以依据破产法请求人民法院追回财产的时效,此时债权人如欲主张权利,获得救济,需要符合以下两种情形之一:其一,债务人在破产宣告前已经发生破产原因时所为之行为被认定为无效行为,因为对于破产无效行为的追究原则上不存在除斥期间或消灭时效,无论该行为何时被发现均可认定为无效;其二,符合《民法典》关于撤销权的规定,那么债权人可以据此行使民事撤销权追回财产。需要注意的是,债权人追回的财产不必再按照破产财产分配方案对全体债权人进行追加分配,而是可以直接用来清偿自己的债权。

(二)破产重整程序中撤销权的行使主体

在重整期间,债务人的财产管理和营业事务执行有两种方式。一是债务人负责。《企业破产法》第73条规定,经债务人申请,人民法院批准,债务人可以在管理人的监督下自行管理财产和营业事务。已接管债务人财产和营业事务的管理人应当向债务人移交财产和营业事务,管理人的职权由债务人行使。二是管理人负责。《企业破产法》第74条规定,管理人负责管理财产和营业事务的,可以聘任债务人的经营管理人员负责营业事务。

如果管理人负责重整,那么由管理人行使撤销权。既然法律规定债务人可以在管理人的监督下自行管理财产和营业事务,行使法定的管理人的职权,那么债务人理应有权行使撤销权,这是其履行职责的应有之义。考虑撤销权的行使可能与债务人的利益发生冲突,有必要充分发挥管理人的监督作用,以克服和救济债务人的不作为。换言之,在重整期间,如果债务人怠于或拒绝行使撤销权,那么就应当允许管理人依法行使撤销权。实践中,法院可以根据案件的具体情况决定是否授权管理人行使撤销权。

(三)破产撤销权的行使方式

我国《企业破产法》明确规定管理人有权请求人民法院撤销债务人在破产程

序开始前法定期间内的不当财产处分行为,这意味着管理人主张权利需要经过司法程序,向有管辖权的法院提出撤销请求,法院无权在管理人未申请的情况下主动撤销某一行为。当然,管理人也可以直接向可撤销行为的相对人主张行使撤销权,追回财产;如对方不予认可,则只能以诉讼方式行使撤销权。反之,如果相对人依据可撤销行为向管理人主张行使相应权利,如抵押权等,甚至据此提起诉讼,管理人则可以撤销权加以抗辩,予以拒绝。① 管理人依法提起诉讼,请求撤销涉及债务人财产的相关行为并要求相对人返还债务人财产的,人民法院应予支持;管理人因过错未依法行使撤销权导致债务人财产不当减损,债权人提起诉讼主张管理人对其损失承担相应赔偿责任的,人民法院应予支持。

(四)破产撤销权诉讼的被告主体资格

我国《企业破产法》第4条规定,破产案件审理程序,本法未规定的,适用民事诉讼法的有关规定。这就意味着破产案件审理程序应该符合民事诉讼程序规则。其中,首先要解决的就是破产撤销权诉讼的当事人主体资格问题。②

破产撤销权诉讼应当以债务人可撤销行为的相对人为被告,或以交易相对人和转得人为共同被告,不应以债务人为被告。《企业破产法司法解释二》明确规定,管理人请求撤销涉及债务人财产的相关行为并由相对人返还债务人财产,这意味着破产撤销权诉讼应当以"相对人"为被告。无论可撤销行为是欺诈行为还是偏袒行为,都是发生在债务人与特定相对人之间的法律行为,导致的后果是使债务人责任财产减少,债权人利益受到损害,而可撤销行为的相对人从中获益。既然破产撤销权旨在纠正债务人的不当财产处分行为,恢复其责任财产,那么就要从可撤销行为的相对人处追回其所获得的利益或财产,确保破产财产得以在全体债权人之间进行公平分配。因此,破产撤销权诉讼中,应以行使撤销权所最终指向的可撤销行为的相对人为被告;若所涉及利益或财产已经转手,则以交易相对人和转得人为共同被告。如此一来,不仅判决效力可以直接约束可撤销行为的相对人,方便对其采取执行措施,可撤销行为的相对人作为被告能够享有相应的诉讼权利,而且由于符合民事诉讼程序规则,破产撤销权诉讼在案件处

---

① 参见王欣新:《破产法》(第3版),中国人民大学出版社2011年版,第124页。

② 参见乔博娟:《论破产撤销权之行使——兼析〈最高人民法院关于适用《企业破产法》若干问题的规定(二)〉》,载《法律适用》2014年第5期。

理和文书表述方面也顺理成章。

(五)破产撤销权行使的法律后果

行使撤销权最直接的后果就是使债务人的不当财产处分行为因被撤销而丧失效力,管理人收回被处分的财产或恢复被处分的权利,并在全体债权人之间公平分配。因此,破产撤销权的行使必然影响交易相对人、转得人的切身利益,涉及对善意第三人利益的保护以及对市场交易的安全和秩序的维护问题。

对于债务人所作的无偿转让财产、对没有财产担保的债务提供财产担保以及放弃债权这三种行为的交易相对人而言,不存在恢复原有权利的问题,相对人也未遭受损失,无须特别救济。对于以明显不合理价格进行的交易的相对人所作出的对待给付,包括以非正常低价购买债务人财产时支付的对价或者以非正常高价向债务人出售的资产,则存在相对人权利恢复的问题。人民法院根据管理人的请求撤销涉及债务人财产的以明显不合理价格进行的交易的,买卖双方应当依法返还从对方获取的财产或者价款。因撤销该交易,对于债务人应返还受让人已支付价款所产生的债务,受让人请求作为共益债务清偿的,人民法院应予支持。据此,行使破产撤销权的法律后果不仅与民法中的撤销权之诉保持一致,即恢复到合同订立之前的状态,而且将债务人应返还受让人已支付价款所产生的债务作为共益债务,也保护了相对人的利益。对于债务人提前清偿未到期的债务以及个别清偿行为的交易相对人而言,在其将所受清偿的财产或利益返还之后,相对人因被撤销的债务清偿行为而消灭的债权连同所有的从权利和担保物权均予恢复,可以申报债权参加破产分配。①

二、个别清偿行为撤销及其例外

个别清偿是指在破产程序中,在债务人濒临破产之际,债务人选择性地清偿部分债务。在《企业破产法》第32条规定"人民法院受理破产申请前六个月内,债务人有本法第二条第一款规定的情形,仍对个别债权人进行清偿的,管理人有权请求人民法院予以撤销。但是,个别清偿使债务人财产受益的除外"的基础

---

① 参见王欣新:《破产法》(第3版),中国人民大学出版社2011年版,第128页。

上,《企业破产法司法解释二》第 14 条、第 15 条、第 16 条分别规定不撤销个别清偿的具体情形及其例外,从而基本建构了我国的个别清偿规则。同时,需要特别说明的是,尽管关于个别清偿与偏颇性清偿之间的关系仍有分歧,但是,“个别清偿”是指对已届清偿期的债权予以清偿。在民法中,“债之关系乃以信赖为基础的法律上特别结合关系,债权人依据债之关系得向债务人请求给付。法律赋予债权人实现其债权的机制,法律提供其权威、力量及制度,使债权人得诉请履行,必要时并得强制执行,而债权亦具有保持债务人所为之给付的效力”,[①]只是在破产这一特定场景下,为保证所有债权人获得公平清偿,“个别清偿”才得以构建。因此,“个别清偿”显然不同于“对未到期的债务提前清偿”等典型的偏颇性清偿,我国破产法立法也在不同条文中分别建构了偏颇性清偿规则和个别清偿规则。

(一)个别清偿行为撤销的构成要件

1. 债务人已具有破产原因。破产程序之所以能够对抗民法上“债务人应当履行到期债务”之规定,撤销债务人履行到期债务的行为,原因在于该行为损害了其他债权人的利益,破产法基于保护全体债权人公平受偿这一最终价值而予以撤销。从债务人存在破产原因开始,其财产就随时可能依破产程序为全体债权人公平受偿。债务人处分财产的行为应加入对债权人利益保护的考量,损害全体债权人利益的财产处分行为将在破产程序中被否认。[②]

2. 存在个别清偿行为。清偿的本质和典型特征是消灭当事人之间的债权债务关系。因此只要是消灭了债权人和债务人之间合法、到期债务的行为就应认定为个别清偿行为,而无论债务人主动清偿还是被动清偿。在债务人的债务人(次债务人)替债务人清偿债务的场合,由于次债务人代为清偿的行为导致三方之间对应的债权债务关系消灭,故在实质上构成了破产债务人对债权人的个别清偿。

3. 个别清偿行为发生在破产程序前的法定可撤销期间内。清偿到期债务在非破产实体法律上具有不容置疑的正当性,因此在破产程序中对该清偿予以撤

---

① 王泽鉴:《债法原理》(第 2 册),中国政法大学出版社 2001 年版,第 20 页。

② 参见胡利玲、刘骐宁:《危机期间个别清偿行为撤销构成要件实证研究》,载《湖北社会科学》2019 年第 6 期。

销,客观上会违反非破产实体法。为了平衡二者之间的利益,恰当地满足《企业破产法》对维护全体债权人利益的追求,以期间要件对撤销权进行限制是必要的,以避免过分影响交易安全和债权人的正当利益。

4. 债务人履行债务、债权人接受履行主观上均出于恶意。虽然对于个别清偿行为的撤销具有制约恶意优先清偿之作用,但同时也会使债务人在此期间内所有的自愿或非自愿的清偿行为面临可能全部被撤销的风险,损害善意第三人的权益,从而影响交易的安全和经济秩序的稳定。因此,有观点认为:"若债务清偿期已届至,债务人对该项债务的清偿,即使发生在破产程序开始前法律规定的期间内,亦不得对之行使撤销权。因为债务人对到期债务的清偿,为债务人法律上的义务,债务人或债权人的主观认识并不重要。"①为了最大限度地追求破产财产的价值最大化和最大限度地实现债权人之间的公平受偿,法律也不应保护恶意,对恶意的个别清偿到期债务行为应予以撤销。

(二)个别清偿行为撤销的例外

1. "使债务人财产受益"的清偿除外。行使撤销权的目的是增加债务人的责任财产,追求破产财产的价值最大化,实现各债权人之间的公平清偿。如果债务人实施了使其获益的行为,则不会对债权人造成不公,自然不应在撤销之列。"使债务人财产受益"即未使债务人财产价值发生减损。如果个别清偿行为能够使债务人财产在整体上增加,则各个债权人在破产程序中可以得到更多的清偿利益,其权益在实质上并没有因此而受到损害,此种情形下不予撤销的缘由显而易见。但如果个别清偿行为使债务人财产既没有增加也没有减少,债务人通过清偿获得了同价值的财产利益,且该财产利益上没有担保利益,该行为并没有损害债权人利益,也没有使债务人陷入更糟糕的境地,法律对该对价清偿行为也应当予以保护。

2. "自有财产设定担保物权的债权"的清偿除外。处于破产程序中的债务人本就十分脆弱,在充分保护债权人权益的同时不可完全忽视对债务人权益的保护,只要不损害债权人利益,尊重债务人权益并适当放宽对债务人行为的限制,也有利于维护交易的安全。

---

① 陈荣宗:《破产法》,台北,三民书局1982年版,第263页。

3."经诉讼、仲裁、执行"的清偿除外。债务人依据裁判文书或被执行而进行的清偿,是对司法裁判的尊重和肯定并有助于实现司法权威,该行为在道德、法律等层面上都不具有可责性。当然,该种个别清偿行为仍不得出于"债务人与债权人恶意串通损害其他债权人利益",若债务人与受领清偿的特定债权人恶意串通对其他债权人的权益造成了损害,债务人的行为就具有了可责性,该恶意债权人亦逃不出责难。此时法律规定可对该清偿行为予以撤销,以避免债务人与债权人恶意串通此种不法行为来破坏破产程序的公正性。

4.特殊支付的清偿除外。债务人为维护其存续以进行重整或其他可能避免走向破产清算,或者即便面临清算而维护其"运营价值"以实现最大限度的变现从而支出的必需的水电费等,并非恶意减损破产财产的行为。而且,相较于债务人所负债务,在破产程序中所支付的水电费等也基本不会实质性损害其他债权人利益。"劳动报酬"或者"人身损害赔偿金"类支付则直接关系到劳动者或者受害人的正常生活甚至基本生存,因此,无论是基于立法的利益衡平,还是出于人道主义考虑,该类支付应获得破产撤销的豁免。

三、共益债务和破产费用

1986 年《中华人民共和国企业破产法(试行)》第 34 条第 3 款规定破产费用是"为债权人的共同利益而在破产程序中支付的其他费用",因此并未区分共益债务和破产费用。2006 年《企业破产法》对破产费用与共益债务分别立法,其中,对于破产费用采用了一种封闭式集合的立法模式,明确列举其范围,而对于共益债务则选择了开放式的立法模式。

(一)共益债务和破产费用的界分

在企业破产程序中,破产费用与共益债务都是为了推进破产程序、保障债权人的债权得以实现,而需要随时支付的必要费用。因此,共益债务和破产费用存有共性:都是破产程序开始后、终结前应当支付的费用和产生的请求权;都以全部破产财产作为清偿对象;都是为了全体债权人的利益或者破产程序的进行而发生;都享有优先于优先分配债权、普通债权的受偿权,都可以随时、足额地从破产财产中支付和清偿。①

但是,从债务人财产的角度,共益债务突出破产程序中为全体债权人的共同利益而由债务人财产及管理人产生的债务,②而破产费用则是对债务人财产或破产财产的管理、变价、分配而必须支付的、由债务人财产或破产财产优先拨付的费用。③ 因此,共益债务主要是为了突出破产债权人的共同利益所产生债务的重要性,破产费用则为破产程序运行所发生的费用,具有公费性。因此,共益债务和破产费用也呈现出相应的不同:第一,产生原因不同。共益债务的发生主要是出于请求对方履行合同、继续经营或者法定之债;破产费用是法律规定及管理人的相关管理行为所产生的费用。第二,共益债务的内容相较于破产费用有相当的不确定性。在具体破产案件中,破产费用相对确定并因此一定程度上可以预见或者估算;共益债务则因个案不同甚至案件中相关因素的介入而有差异。第三,共益债务与破产费用虽均享有优先随时清偿的特点,但共益债务的清偿还是在破产费用之后。破产费用多是程序性的必要支出,是为保障程序开展必不可少的支出;而共益债务的支出不是完全必要的,也不影响程序的开展。

此外,需要进一步说明的是,为了推动破产程序的进行并保障企业的退出,结合无产可破案件的破产实践,各地法院积极争取财政部门支持,或采取从其他破产案件管理人报酬中提取一定比例等方式,推动设立破产费用保障资金,建立破产费用保障长效机制,解决因债务人财产不足以支付破产费用而影响破产程序启动的问题,从而推动建立我国的破产费用综合保障制度。

(二)共益债务和破产费用的清偿顺序

1. 随时清偿。破产费用独立于破产分配程序,根据破产案件的需要随时支付。由于随时支付直接影响破产债权的清偿,管理人应当负高度注意义务,随时总结破产财产以及破产费用的支出情况。破产财产一旦不足支付破产费用,管理人应当及时申请人民法院终结破产程序;否则,因为管理人的疏忽未及时提请

---

① 参见付翠英:《论破产费用和共益债务》,载《政治与法律》2010 年第 9 期。

② 参见《中华人民共和国企业破产法》起草组编:《〈中华人民共和国企业破产法〉释义》,人民出版社 2006 年版,第 159 页。

③ 参见李国光主编:《破产案件审理、清算文书样式与制作》,人民法院出版社 2006 年版,第 552 页。

人民法院终结破产程序而使破产费用增加的，管理人应当负连带清偿责任。当管理人不能给予清偿时，共益债务的债权人可以债务人的管理人为被告提起诉讼。

2. 优先清偿。破产费用不纳入破产债权，优先于共益债权、优先分配债权以及普通债权受偿。如果尚未预先支付破产费用，债务人财产不足以清偿所有破产费用和共益债务的，先行清偿破产费用。破产费用的支付是破产程序顺利进行的前提条件，凡是纳入破产程序进行分配的债权，如职工工资、劳动保险费用以及国家税款，都只能劣后于破产费用受偿。共益债务是破产程序运行期间产生的债务，立法赋予共益债务的债权人优先受偿权。但是，共益债务的优先清偿主要指优先于优先分配债权和普通债权，但劣后于破产费用受偿。

3. 比例清偿。债务人财产不足以清偿所有破产费用或者共益债务的，对尚未清偿部分根据破产费用或者共益债务所属范围的数额按比例受偿。比例清偿原则的适用以优先清偿原则为前提，即当破产费用和共益债务同时存在，而破产财产又不足以清偿的，优先清偿破产费用，剩余的破产财产清偿共益债务时，适用比例清偿原则；若破产财产不足以清偿破产费用，则多项破产费用中按比例清偿。

4. 不足清偿的程序终结。债务人财产不足以清偿破产费用的，管理人应当提请人民法院终结破产程序。从立法角度看，当债务人财产不足以清偿共益债务时，可由管理人对共益债务按比例进行清偿，然后即可以无财产可供分配为由提请终结破产程序。这样规定的合理性在于节约资源，因为破产程序的继续进行只会造成浪费，毫无意义。

四、偏颇性清偿撤销制度的完善

偏颇性清偿，即在债务人申请破产前的一定期间内，债务人为了让部分特定债权人的债权能够得到更多更好的实现而实施的提前清偿部分特定债权人未到期债务，或对部分特定债权人本无担保的债权提供担保。① 在破产程序开始前，债务人处理和运用责任财产对个别的债权人进行清偿在同一顺序的债权人之间

① 参见王欣新：《破产法》（第3版），中国人民大学出版社2011年版，第191页。

造成了不公平的结果。因此,偏颇清偿的可撤销确保了同一等级的债权人获得公平的清偿。① 破产撤销权是偏颇性清偿撤销制度得以成立的理论基础,被誉为是"破产法的心脏",而偏颇性清偿撤销制度作为破产撤销行为的一个重要类型,是撤销权在偏颇性清偿撤销制度中的具体体现。

(一)偏颇性清偿撤销的临界期

《企业破产法》第 31 条规定,"人民法院受理破产申请前一年内","对没有财产担保的债务提供财产担保"或者"对未到期的债务提前清偿"等涉及债务人财产的行为,"管理人有权请求人民法院予以撤销"。对临界期间的规定未区分债务人主观恶意程度以及债务人实施偏颇性清偿行为对其他普通债权人的利益造成损失后果而采取"一刀切"的方式进行,且临界期限规定得过于宽泛。同时,考虑我国企业在申请破产时的状况与国外不同,企业可能在申请破产之前很长时间就已经出现破产原因,在企业进入破产程序之时,偏颇性清偿行为早已过了临界期,因而《企业破产法》对临界的规定将形同虚设,这也不利于保护债权人的合法权利。②

因此,可以根据债务人主观恶意的大小以及债务人实施偏颇性清偿行为对其他普通债权人的利益造成损失后果的大小,视情况将临界期间分别规定。对于债务人或行为相对人的主观恶意极大,蓄意损害债权人合法权益的,尤其是债务人与行为相对人之间存在恶意串通,并对其他剩余债权人造成严重损害后果的,可以明确将其临界期间延长为 2 年。而如果偏颇性清偿行为对普通债权人利益影响不大甚至几乎没有影响的,可以将临界期缩短为 3 个月或者 6 个月。临界期的针对性规定,在防范或者惩戒债务人及偏颇性清偿行为相对人恶意侵害其他普通债权人合法权益的同时,也发挥了法律公平公正的价值,维护了市场经济交易的正常秩序。

---

① 参见刘黎明、田鑫:《美国破产法之偏颇清偿制度及对我国的借鉴意义——兼论我国新破产法第 32 条及相关条款》,载《法学评论》2008 年第 3 期。

② 参见董璐、杨遂全:《我国〈破产法〉偏颇性清偿制度的疏漏与完善——基于比较分析的视角》,载《河南师范大学学报(哲学社会科学版)》2018 年第 3 期。

(二)受偿人基于“关系人”与“非关系人”的证明责任分配

所谓“关系人”即与债务人有密切关联关系的特定债权人。对关系人或内部人作了更严格的限制,这是因为依托与债务人的亲近或者其他关系,关系人可以更便捷地获得债务人的信息,更及时地知晓债务人的经营状况,并因此可以在债务人陷入经济困境时快捷地获得债务人的财产,很多时候债权人利用关系人的地位为自己谋取更大的利益,甚至故意掩饰隐藏这种偏颇性转让行为。① 我国应当对于债权人作出关系人和非关系人的区分,以确保债权人利益的实现,进而实现破产法“公平清理债权债务”的立法目的。关系人的范围应当包括债务人的董事、高级管理人员、债务人的控制人以及其他与债务人或者前述人员有超越债权债务关系的人。在举证责任分配方面,对关系人应当实行举证责任倒置,由关系人证明其清偿的正当性,否则,承担举证不能的后果。

(三)偏颇性清偿撤销的同时交易例外

同时交易,即一项交易即使符合破产法规定的撤销条件,只要交易是同时或者基本上同时发生的,并且交易目的能够给债务人增加新价值,那么该交易行为就可免予撤销。同时交易发生时,债务人的财产没有遭受损失,且全体债权人整体的公平受偿权也没有遭受任何侵害时,该即时交易的行为自然就不会存在应当被撤销的事由。偏颇行为的撤销对象仅限于对先前债务的厚此薄彼的清偿行为,如果某项交易系在撤销期间内同时发生,并且该交易给债务人带来了新的“价值”或者“财产利益”,那么即便该清偿是对到期债务的清偿,也应当作为例外对待。在破产撤销的临界期间,债务人的营业活动并未停止,出于维持债务人的正常营业考虑,应当承认那些不涉及对“先前债务”偏颇清偿的“同时交易”行为的效力。当债务人濒临破产边缘时,诸多债权人未必愿意与债务人继续开展商事交往,为鼓励债权人继续交易并留存债务人的营运价值,也应承认“同时交易”的法律效力。

---

① 参见刘黎明、田鑫:《美国破产法之偏颇清偿制度及对我国的借鉴意义——兼论我国新破产法第32条及相关条款》,载《法学评论》2008年第3期。

五、债务人的共有财产

《企业破产法司法解释二》第 4 条规定:“债务人对按份享有所有权的共有财产的相关份额,或者共同享有所有权的共有财产的相应财产权利,以及依法分割共有财产所得部分,人民法院均应认定为债务人财产。人民法院宣告债务人破产清算,属于共有财产分割的法定事由。人民法院裁定债务人重整或者和解的,共有财产的分割应当依据民法典第三百零三条的规定进行;基于重整或者和解的需要必须分割共有财产,管理人请求分割的,人民法院应予准许。因分割共有财产导致其他共有人损害产生的债务,其他共有人请求作为共益债务清偿的,人民法院应予支持。”根据《民法典》第 303 条规定的共有财产分割原则,“共有人约定不得分割共有的不动产或者动产,以维持共有关系的,应当按照约定,但是共有人有重大理由需要分割的,可以请求分割;没有约定或者约定不明确的,按份共有人可以随时请求分割,共同共有人在共有的基础丧失或者有重大理由需要分割时可以请求分割。因分割造成其他共有人损害的,应当给予赔偿”。《企业破产法司法解释二》第 4 条根据共有财产分割原则,解决了破产程序中如何处理债务人享有的共有财产权利、分割共有财产的问题。

在共有财产一方作为债务人破产的情况下,共有财产中属于债务人的份额应作为破产财产清偿债务。《民法典》第 304 条规定了共有财产分割的基本原则:“共有人可以协商确定分割方式。达不成协议,共有的不动产或者动产可以分割且不会因分割减损价值的,应当对实物予以分割;难以分割或者因分割会减损价值的,应当对折价或者拍卖、变卖取得的价款予以分割。共有人分割所得的不动产或者动产有瑕疵的,其他共有人应当分担损失。”在破产程序中,债务人与他人的共有财产的分割及受偿均由管理人向债务人共有财产的其他共有人主张,分出的财产份额并入债务人财产。

在破产重整与和解程序中,原则上应依据《民法典》的规定或者共有人的约定来分割债务人与他人的共有财产。但是如果因为重整或者和解的需要必须分割共有财产且管理人请求分割的,人民法院应予准许,分割所得属于债务人财产。设立重整与和解制度的目的是避免债务人破产。重整计划或者和解协议的制定与执行是避免破产的重要一环,这就需要管理人排除共有财产分割的阻碍,按照破产程序请求分割共有财产，促使债务人重整或者和解成功。

债务人进入破产程序，属于《民法典》第 303 条规定的共有人有“重大理由”应对债务人与他人的共有财产进行分割。债务人与他人共有的所有权以外的其他财产权包括物权、知识产权、债权等，根据《民法典》第 310 条的规定：“两个以上组织、个人共同享有用益物权、担保物权的，参照适用本章的有关规定。”据此，应对债务人与其他人共有的所有权以外的其他财产权包括物权、知识产权、债权等进行分割。

六、债务人对外债权的诉讼时效

（一）破产程序启动前债务人对外债权诉讼时效

《企业破产法》第 31 条规定，人民法院受理破产申请前 1 年内，对债务人放弃债权的行为，管理人有权请求人民法院予以撤销。《企业破产法司法解释二》第 19 条第 2 款规定：“债务人无正当理由未对其到期债权及时行使权利，导致其对外债权在破产申请受理前一年内超过诉讼时效期间的，人民法院受理破产申请之日起重新计算上述债权的诉讼时效期间。”债务人放弃债权的行为可以有积极作为和消极不作为两种形式，前者是指债务人以主动的行为即作为方式表示对债权的放弃，如通知其债务人放弃债权，与其债务人签订免除债务的协议，以及撤销诉讼、放弃诉讼标的等各种主动放弃诉讼权利的行为；后者是指债务人以不作为的方式放弃债权，主要是债务人在其债权诉讼时效届满前有意不采取保全措施，以使债权超过诉讼时效的方式放弃债权，以及对支付令应提出而不提出异议、不提出诉讼抗辩等各种消极放弃诉讼权利的行为。债务人积极放弃债权的行为本属于无偿行为，管理人当然可予以撤销，且不以当事人存在主观恶意为条件。但对债务人消极放弃债权的行为应否撤销，如何确定应撤销的具体行为范围，存在不同的观点。放弃债权中的“放弃”一词，即明确包含有债务人的主观意思表示在内。在实践中，因债权超过诉讼时效而失去胜诉权，有可能是由有意消极放弃债权行为造成的，但也可能是无意的过失行为造成的。如果不加区分一律都可以撤销，则等于宣告进入破产程序之债务人的债权在法定可撤销期间内不受时效制度约束。这不仅将损害善意第三人的正当利益，还会影响整个诉讼时效制度的实施与效力，影响交易安全和社会经济关系的稳定，与其可能保护的利益相比,显然有所失当。但是,如果对于债务人恶意地消极放弃与其存在利害关系等特殊关系者的债权的行为也不可以撤销,则必然会损害其他破产债权人的利益。在破产法司法解释的制定过程中,对如何解决这一问题存在不同主张。《企业破产法司法解释二》的这一规定,本来是要用来解决对债务人消极放弃债权行为的撤销问题,但在文字上却表现为以中断的方式调整了债务人对外债权的诉讼时效。

《企业破产法司法解释二》的规定强调了对债务人财产和破产债权人的保护,实际上是允许撤销债务人消极放弃债权的行为,可以有效地防止债务人的破产欺诈行为。不过,这一规定在保障正常、合理的诉讼时效制度方面还存在不足。该条规定指出,是否应当中断诉讼时效、"重新计算上述债权的诉讼时效期间"的判断标准,是"债务人无正当理由未对其到期债权及时行使权利"。债务人由于过失遗忘了对其到期债权及时行使权利,能否算是正当理由?如果这可以算作正当理由,那么债务人就可以以此为由完全排除这一规定的适用,因为无论是管理人还是破产债权人可能都难以证明债务人未对其到期债权及时行使权利,是由于故意而不是由于过失遗忘造成的;如果这不能算作正当理由,那么对债务人而言,就几乎不存在其他的正当理由了,这就等于宣布在破产申请受理前1年内,诉讼时效制度对进入破产程序的债务人的对外债权完全不适用,而这对交易安全和社会经济关系的稳定将造成极大的不利影响。所以,要使《企业破产法司法解释二》中的这一规定得到正确的实施,就必须明确债务人未对其到期债权及时行使权利的正当理由和非正当理由,指明其主客观构成要件,需要证明的程度,并且对各方当事人相应的举证责任予以明确,以保障立法本意得到正确、合理的实现。

(二)破产程序启动后债务人对外债权的诉讼时效

《企业破产法司法解释二》第19条第1款规定:"债务人对外享有债权的诉讼时效,自人民法院受理破产申请之日起中断。"破产程序启动后,债务人对外债权的诉讼时效需要中断,是因为破产程序启动后,债务人企业的管理权(包括财产与权利处分、诉讼事项等)均由管理人接管,对外主张权利以中断诉讼时效的行为也将由管理人为之。管理人接管破产企业后事务繁忙,难以立即全面了解企业情况,并及时对外主张权利以中断诉讼时效,所以,破产程序启动后,债务人对外债权的诉讼时效自动中断,以保障管理人能够有充裕的时间顺利行使职权,并维护破产企业及其债权人的利益。这时的诉讼时效中断是因为权利行使主体的变更而中断的,而非是当事人主张权利而中断的,不存在权利主张状态持续存续的情况,从理论上讲,不应持续中断时效,而应在时效中断后即开始重新计算。但这是在权利行使人完全发生变更的情况下中断时效,接续行使权利的管理人有可能因为种种原因(如债务人企业资料不全、有关人员故意隐瞒情况、企业事务接管上的时差等)无法及时知道其债权存在、权利被侵害、需要主张权利的事实,所以在制度设计时还必须考虑到的权利行使人信息不对称这一实际因素。确定此种情况下时效中断后的重新起算时点,应适用《民法典》第188条的规定,即"诉讼时效期间自权利人知道或者应当知道权利受到损害以及义务人之日起计算"更为公平,而不能简单地从中断时起重新计算。

如果在破产重整程序中实行的是债务人自行管理制度,则破产程序的启动虽然使诉讼时效中断,但是在债务人经人民法院批准自行管理并从管理人手中接管财产和营业事务后,诉讼时效即应开始恢复计算。因为在债务人自行管理制度下,不再存在权利行使主体的更替,债务人作为原来的权利行使主体,知道或者应当知道其权利被侵害、需要及时行使权利的各种情况,所以中断的诉讼时效应当从此时起恢复重新计算。①

七、破产取回权制度的完善

破产"取回权之性质,并非破产法新承认之权利,而系破产之权利人本来在一般私法上已有之权利。财产权利人在私法上之权利,不能因为破产宣告后,破产管理人将财产误列为破产财团而影响权利人之原有性质。财产受害人之权利人,不仅对于一般之加害人得主张权利,即使对于破产财团,亦得为相同之主张。只因侵害财产之情形发生于破产程序,故特称其为取回权"。②

(一)一般取回权

《企业破产法》第38条规定了一般取回权,即人民法院受理破产申请以后,

① 参见王欣新:《破产程序与诉讼时效问题研究》,载《政治与法律》2015年第2期。

② 参见陈荣宗:《破产法》,台北,三民书局1982年版,第227页。

债务人占有的不属于债务人的财产,该财产权利人可以通过管理人取回。《企业破产法司法解释二》以列举的形式界定了一般取回权的适用范围。破产立法把债务人基于仓储、保管、承揽、借用、寄存、委托交易等法律行为占有、使用的他人财产排除在破产财产的范围之外。

1. 一般取回权的行使主体。基于对财产享有的权利,权利人才可以向破产管理人行使取回权。因此,权利行使主体包括所有权人和他物权人。由所有权的性质决定,所有权成为取回权的最常态。债务人非法占有或者因为租赁、保管、加工承揽等合法原因占有属于他人的财产或者他人享有他物权的财产,所有权人可以行使取回权。当合同双方履行完毕或解除合同,所有权人可以请求取回财物;但是,如果双方都没有履行完合同义务,破产管理人有决定继续履行或解除合同的权利,所有权人能否主张取回权取决于管理人的决定。

2. 一般取回权的行使方式。取回权的行使不依破产清算程序。取回权人应提出请求,并提供权利人对标的物享有基础权利的凭证。取回权人主张权利人取回财产不以诉讼为必要。但如果管理人对权利人的申请存在异议,取回权人可以向受理破产申请的法院提起诉讼,以保障其对物之权利。发生诉讼时,被告人为债务人。

3. 一般取回权的行使时间。《企业破产法》规定法院在受理破产申请后,破产程序终结以前,允许取回权人通过破产管理人主张取回权。但是,在实践中,在法院接受破产请求并且指定管理人、管理人概括地接手债务人的财产后,取回权人才可以向管理人行使取回权。鉴于保障破产程序的顺利进行,取回权人应该在破产财产的变价方案或者和解协议、重整计划草案提交债权人会议表决前提出。因为,若未按照规定的时间行使权利时,管理人将把财产推定为债务人的财产,并为此安排变价方案和重整计划。而当这些方案提交债权人会议表决时,将出现新的权利人行使取回权,这会把原来的方案计划打乱,造成麻烦。为避免因财产被混同为债务人财产经破产财产变价或在和解协议、重整计划执行后再行回转增加不必要的费用,破产财产变价方案或和解协议、重整草案交达债权人会议之前向管理人主张取回为非常关键的时间点。

4. 一般取回权行使的限制。第一,标的物毁损灭失。取回权是以特定物为对象的返还请求权,如果权利人不能取回原物,除可以形成代偿取回权以外,仅仅可依据直接损失额进行清偿。假使财产不是由于双方导致毁损灭失,就会产生风险承担问题。如果债务人非法占有财产,无论是否有过错,可以通过普通债权或者共益债务要求债务人承担赔偿责任;如果债务人占有财产有法律依据,则要根据实体法具体判断风险的承担。第二,标的物转让。债务人在人民法院受理破产申请前转让财产,符合法律上规定的善意第三人的确定标准的,权利人不得行使取回权。善意第三人支付了相应价款后债务人将标的物转让的,权利人自然不能向管理人行使一般取回权;如果买受人未支付价款,那么权利人可以行使破产代偿取回权来保护自己的利益。第三,其他处分行为。善意取得人可以善意取得其他物权,包括抵押权、质权和留置权。债务人在破产申请前转让权利人的财产,第三人获得抵押权的,其权利人可以行使取回权,但不可以使第三人已经设立的抵押权灭失,抵押权人有权对标的享有优先受偿权。但质权以占有为前提,在同样情形下,权利人不能享有取回权,只能按照普通债权申报;若是由于管理人行为所导致,则产生共益债权。留置权同样如此,其处理方式同质权一致。第四,添附等事实行为。发生添附,取回权人并不当然丧失权利,如能分割,取回权人依然享有权利。但如果不可分割,债务人获得物权,取回权就变化为破产债权。

(二)特别取回权之:出卖人取回权

在异地买卖中,由于合同标的不能当面交付,法院受理破产申请时出卖人有可能尚未收到全部价款。假使出卖人货物不被允许取回,出卖人只能将其价款作为破产债权。因此,为了维护交易双方公平和社会秩序,衡平法院于是赋予出卖人停止发运权,[①]后经各国法律发展以及改造,该权利逐步成为如今的出卖人取回权,即法院在受理破产申请前,出卖人已经向买受人发送货物,买受人未支付价款且未收到货物的,出卖人享有取回权。

1. 出卖人取回权发生在动产交易中,货物未到达买受人处。不动产交易一般不存在出卖人取回权的问题。通常情况下,在异地动产交易中才会存在这样的时间差;特殊情况下,同城交易中也可能存在这样的买卖时间差。出卖人取回权存在的时间差是构成出卖人取回权的重要要件。

2. 出卖人取回权发生于买受人未收到货物就宣告破产时。取回权的行使是

---

① 参见陈计男:《破产法论》,台北,三民书局1992年版,第205页。

以财产所有权或者其他物权属于取回权人为依据。买方收到货物的,所有权发生转移。此时,买受人即使收到了货物提单或者其他凭据,也不能认定为收到货物,必须是直接占有货物;即使双方事先约定了相反内容也是无效的。除此之外,买方明知自己即将进入破产程序仍恶意在运途中提前接收货物这种违反约定的行为,不能视为收到货物,否则将会严重影响出卖人权益。

3. 出卖人取回权发生于出卖人已将买卖标的物发运,但尚未收讫买卖价款。破产法设立出卖人取回权的目的是保护交易公平,使出卖人不至于在买受人破产时财物两失。如果买受人支付了全部价款,出卖人取回权自然失去了作用。但买方要求行使取回权,管理人要求付清货款取得货物的,此时管理人履行了合同义务,那么卖方就不得行使取回权。

4. 出卖人取回权发生于出卖人破产宣告前发运标的物为善意。如果出卖人在破产宣告前发运标的物属于善意,则应当受到法律的保护。假使出卖人在发运标的物之前已经知道了买受人破产宣告的事实,那么应视为放弃取回权。如果已知买受人宣告破产,出卖人完全可以根据契约自由原则决定是否签订合同、发运买卖标的物,也可以通过当事人约定的条款保证合同利益,出卖人取回权的问题也不会出现。

(三)特别取回权之:代偿取回权

代偿取回权作为一般取回权的补充,是在取回权标的物遭受到毁损灭失或者被非法转让后取回权人取回不能的情况下,为保证取回权人的权益而采取的一种保障措施。

1. 代偿取回权的确立。《关于审理企业破产案件若干问题的规定》指出,取回权人的财产在破产宣告前已经毁损灭失的,财产权利人仅能以直接损失额为限申报债权;在破产宣告后因清算组的责任毁损灭失的,财产权利人有权获得等值赔偿。债务人转让上述财产获利的,财产权利人有权要求债务人等值赔偿。但是,通过申报破产债权和寻求等值赔偿取回部分财产的权利属于赔偿取回权,其本质属于债权。《企业破产法司法解释二》对代偿取回权制度作出了肯定。行使代偿取回权的情形包括标的物需要及时变现;债务人占有的他人财产毁损、灭失,因此获得的保险金、赔偿金、代偿物尚未交付;债务人占有的他人财产毁损、灭失,因此获得的代偿物已经交付,但能够与破产财产区分。在标的物被违法转让而无法取回时,财产权利人仅能申报普通债权或作为共益债权受偿。司法解释对该行使条件也有比较清晰的指导。在违法转让的情形下,依据转让行为发生的时间不同,权利人享有包括申报普通债权和作为共益债权受偿不同的救济渠道;在财产毁损、灭失的情形下,处分规则较为复杂,共有四种情况:第一种是原财产的保险金、赔偿金和代偿物尚未给付给债务人,则原财产权利人可以请求管理人转让对待给付请求权;第二种是原财产的代偿物已经给付完毕,但是能与债务人的其他财产进行区分,原财产权利人可以直接取回代偿财产;第三种是原财产毁损、灭失发生在债务人破产前,且保险金、赔偿金和代偿物已经给付完毕,代偿物与债务人的其他财产混同,原物财产人只能申报普通债权;第四种是原财产毁损、灭失发生在破产后,且保险金、赔偿金和代偿物已经给付完毕,代偿物与债务人的其他财产混同,由此形成的债务作为共益债务清偿。

2. 债务人财产被违法转让时的代偿取回权适用。依据转让行为发生的时间,标的物权利人可以行使不同的权利:当违法转让发生在破产程序开始前,原物权利人只能就对债务人的债权申报普通破产债权;当违法转让发生在破产程序开始后,因管理人的行为造成原物权利人的损失以共益债务进行处理。但无论是申报普通债权还是作为共益债务随时清偿,都不是对代偿取回权的行使,而且与代偿取回权的保护力度存在一定差距。当第三人通过善意取得制度获取财产的所有权,原物权利人取回权行使受挫,只能通过其他权利来实现救济。由于让与人的无权处分导致原物权利人的所有权受损,权利人可以向法院主张让与人的侵权损害赔偿责任;如果让与人是基于合同法律关系占有权利人的财产,其无权处分行为将导致合同义务履行不能,原物权利人可以请求其承担违约赔偿责任;在第三人善意取得财产以后,让与人获得了相应的给付价款,对于这部分财产,原物权利人可以行使不当得利返还请求权来减少自己的损失。但是不论采取哪种措施,其本质都是物权追及效力被善意取得制度隔断后依法转换为债权请求权的行使。当让与人处于正常的生产经营状态,原物权利人的损失可以得到充分、足额的赔偿;但是一旦让与人进入破产程序以后,原物权利人对让与人的债权只能申报普通债权受到比例清偿,法律所赋予其维护利益的方式在此时大打折扣,而本不属于债务人的财产将被视为破产财产对所有债权人偿还,导致破产程序中的利益平衡被打破。因此,应该扩充代偿取回权的行使范围,增加财产被违法转让的适用情形。

3. 代偿财产“可识别性”的标准确定。在代偿财产无法加以识别、与债务人财产相混同的情况下，因财产无法特定化而不具备取回权的行使条件，且此时的清偿相当于从债务人的整体责任财产中划拨一部分用于代偿取回权人的优先清偿，有违禁止个别清偿的原则。但是，将判断的标准错误引向代偿财产的表现形式而模糊了“可识别性”的根本标准，使代偿取回权制度被实际架空。[①] “可识别性”的标准不应拘泥于对财产形式上的分立管理，而应以破产债务人是否实现对物的完全支配作实质判断。债务人在形式上是否将代偿财产与自身其他财产分立管理只是对其实际支配的一种证明，并不具有决定效力，如有相反证据证明债务人仍未实现所有权的使用、收益权能，财产仍可从债务人整体财产中剥离，则仍应当支持权利人取回。虽然当认定代偿财产是特定物“可识别性”面临的障碍较小，但当取回标的为种类物时，实务中仍仅将分立管理作为判断其是否可识别的标准，导致财产混同的推定情形频发。如以分立管理作为是否可识别的绝对判断标准，不辅以物的性质、使用状态、收益归属、可否特定化等其他考量标准，则存在债务人故意进行混合管理以使自身财产范围不当扩大的可能，这将使权利人因破产程序的启动在合理信赖、自主商业判断之外，承担其自身不可控的风险。

4. 代偿取回权的行使。第一，权利主体。代偿取回权的权利基础包括所有权、占有回复请求权以及返还请求权，这些权利的主体在标的物灭失、取回权行使受阻的情况下，可以通过代偿取回权对代偿财产进行取回。因此，其范围包含共有人的所有权人、占有人以及基于一系列法律关系而享受返还请求权的委托人、出借人、保管人等都可以作为权利主体来行使代偿取回权。第二，行使条件。当破产债务人、破产管理人将他人所有的标的物违法转让或标的物出现毁损、灭失情形，只要存在相应的保险金、赔偿金、应得价款等代偿财产且未对待给付，财产权利人可以直接要求破产债务人或者破产管理人将其对第三人享受的对待给付请求权转让给自己，进而向第三人主张行使取回对待给付的权利。第三，行使时间。对于代偿取回权的行使时间，可以参考一般取回权在破产程序中的相关规定。一般而言，自法院受理破产案件之日起，至财产分配完成、破产程序终结

① 参见纪欣桐：《论破产法上代偿取回权的意义及其制度完善——基于我国代偿取回权的破产立法现状与问题》，载《上海法学研究》集刊(2021 年第 22 卷)。

之日,在破产程序以及和解程序的任何时间段内,权利人都可以行使代偿取回权。破产管理人在收到权利人申请时,应该立即对代偿财产的归属问题进行核实,如若无误,应立即返回相关财产。倘若在破产程序结束后,权利人主张代偿取回权,而破产管理人也对代偿财产的存在并不知情,由于此时破产债务均已清偿完毕,债务人、债权人、管理人不复存在,待偿取回权因缺少行使对象而灭失。倘若有证据表明破产管理人在财产分配过程中明知代偿财产不属于破产财产仍故意将其处分,那么权利人在破产程序结束后虽然不能行使代偿取回权,但是可以通过要求管理人承担侵权损害赔偿责任来弥补自己的损失。如果破产管理人在分配破产财产的工作中注意到代偿财产,应立即通知相关权利人前来领取;如果未能联系到权利人,则可以将代偿财产进行提存,待权利人主张代偿取回权时将财产返还。第四,行使方式。在破产程序中,权利人可以随时向破产管理人主张代偿取回权。如果代偿财产归属明确,权利确实存在,那么管理人应立即将代偿财产返还;倘若权利人在主张权利时,其对债务人仍有未履行完毕的义务,那么在未完成对待给付前,管理人有权拒绝权利人取回代偿财产的要求;如果破产管理人并不认可权利人享有代偿取回权或者对权利行使内容存在质疑,取回权人可以通过向受理该破产案件的法院提起诉讼来维护自己的利益。一般来说,当财产发生意外状况时,责任人应向财产所有权人进行赔付。因此,在取回权标的物灭失且存在赔偿金的情况下,权利人可以直接找到第三人请求赔付;如果双方存在纠纷时,权利可以以第三人为被告、管理人为无独立请求权第三人向法院提起诉讼。当标的物灭失后存在保险金,且保险受益人为原物权利人时,他可以请求保险人直接对自己进行赔付;当保险受益人为破产债务人时,原物权利人只能请求管理人先接受保险金再将其转让给自己。

专题四：债权人保护制度*

债权人保护本位作为现代破产制度的内在目标之一，体现在我国企业破产制度的诸多方面。《企业破产法》通过债权人参与破产程序的制度保障、债权人实体权益的保护、债权人行权机制的构建，多方面保障债权人在破产程序中公平参与分配的权利，从而保障债权人利益最大化。近年来，随着优化营商环境工作不断深入，"办理破产"指标中对债权人的权利保护和延伸也提出了更高的要求，对破产法律的制度性供给需求更加明显。与此同时，由于法律的滞后性、配套机制缺位等因素，个体

---

* 作者简介：刘宁，成都理工大学法学院副教授，成都理工大学破产法与企业保护研究中心主任；刘帅彬，成都理工大学破产法与企业保护研究中心副研究员；彭芳，遂宁市中级人民法院审判委员会专职委员；余涛，成都市温江区人民法院党组书记、院长；刘玉琬，成都市武侯区人民法院审委会专职委员；徐尔双，成都市中级人民法院成都破产法庭三级高级法官；柳翠，成都市中级人民法院成都破产法庭实习法官助理、西南财经大学法学院博士研究生；张起荣，乐山市中级人民法院民三庭法官助理；刘翾，遂宁市船山区人民法院民二庭副庭长；杨奕，成都市武侯区人民法院民一庭庭长；李非阳，成都市武侯区人民法院民三庭庭长；欧阳静，成都市武侯区人民法院民二庭法官；余存江，成都高新技术产业开发区人民法院知识产权审判庭法官；罗莎，成都高新技术产业开发区人民法院知识产权审判庭法官；林艺，成都市温江区人民法院审管办（研究室）主任；薛晓娟，成都市温江区人民法院民二庭庭长；石凌云，成都市温江区人民法院执行局副局长；王杰，成都市温江区人民法院执行局副局长；江雨霏，成都市温江区人民法院民二庭法官；韩沁言，成都市温江区人民法院执行局法官；王朝辉，成都市温江区人民法院审管办（研究室）法官助理；江铮，成都市青白江区人民法院民二庭副庭长。

债权人在破产程序中程序权利无法充分行使、实体权益遭受损害等问题日益凸显。基于此,本专题邀请一线破产审判法官及理论研究人员,结合四川省各地区法院破产实践经验,从债权人程序性权利保护、债权人实体性保护、债权人议事机制完善、破产领域虚假诉讼防范及行权规制研究四方面对债权人保护制度探究。

一、债权人程序性权利保护

(一)债权申报中的实务问题研究

破产程序中的债权申报,是指破产案件受理后,债权人依法定程序向管理人主张并证明其债权,以便参加破产程序的法律行为。债权申报是破产程序中的一项重要的基础制度,是债权人参加破产程序并行使权利的前提。但在司法实践中,因《企业破产法》及相关司法解释规定的债权申报制度尚不完善,在债权申报阶段仍然存在一些难以忽视的问题。

1. 债权人逾期申报问题

《企业破产法》第56条第1款规定,在人民法院确定的债权申报期限内,债权人未申报债权的,可以在破产财产最后分配前补充申报;但是,此前已进行的分配,不再对其补充分配。① 根据该规定,只要在破产程序进行期间,债权人均可进行债权申报,即便在破产财产最终分配完毕后也可以,只是无法获得补充分配。在目前的司法实践中,通常也允许债权人在申报期限届满后向管理人申报债权,其承担的不利后果主要为需按照《企业破产法》第56条第1款的规定缴纳额外的债权审查费用。同时,对于逾期申报的债权人,其在债权人会议上的表决权亦可通过临时表决权制度予以解决。

因此,上述制度导致实践中存在部分大额债权人在破产程序的前期故意不向债权人申报债权,而在债权人会议表决重大事项前才向管理人申报债权,意图通过这种方式影响破产程序的推进,即要求债务人或管理人按照其意愿与条件对即将上会表决的重整计划草案、分配方案等内容进行修改,否则其将在获得临

① 《企业破产法》第56条第1款规定:"在人民法院确定的债权申报期限内,债权人未申报债权的,可以在破产财产最后分配前补充申报;但是,此前已进行的分配,不再对其补充分配。为审查和确认补充申报债权的费用,由补充申报人承担。"

时表决权后对相关议案投反对票。而在此时,债务人或管理人通常与已知债权人已就上述议案进行了充分的磋商与谈判,在该情况下若因不满足逾期申报债权人的要求导致相关议案未通过债权人会议审议,将严重影响破产程序的推进效率。

笔者认为,上述问题系由部分大额债权人恶意利用现行《企业破产法》债权申报制度不完善的漏洞而导致的,可以考虑通过以下几种途径尝试进行规制。

一方面,应完善补充申报制度。前文已述,《企业破产法》规定在破产程序进行期间均可进行债权申报,并无特别的限制性规定。关于逾期申报债权的规定体现了债权人利益最大化原则,但是对债权人逾期申报原因不加区分在实践中的结果则是逾期申报债权现象的普遍存在,造成形式公平之下的实质不公,违反了立法本意。[①] 笔者认为,应当将是否具有正当理由作为审查逾期申报债权的必要条件,并根据是否具有正当理由设定不同的法律后果:债权人逾期申报具有正当理由的,取得与按期申报债权相同的效力,不发生失权的法律后果;不具有正当理由的,其债权转化为自然之债,债权人不得参与重整分配或者对债务人行使权利。[②] 首先,应当明确债权申报通知的送达方式。《企业破产法》第 14 条规定,法院应当在裁定受理破产申请后通知已知债权人并进行公告。通知和公告分别针对已知债权人和未知债权人,对于可以直接或邮寄送达的债权人应当通过直接或邮寄的方式送达;对于通过直接或邮寄方式无法送达的可以公告送达。其次,应当明确公告送达的效力。根据《中华人民共和国民事诉讼法》(以下简称《民事诉讼法》)第 95 条之规定,受送达人下落不明,可以公告送达,公告之日起经过 30 日的,视为送达。笔者认为,破产程序中的未知债权人与该规定中的"受送达人下落不明"具有类似性质,因此公告对未知债权人具有公示效力,未实际获知债权申报公告不宜作为逾期申报债权的正当理由;相反,以未获知债权申报公告为由的逾期申报债权人应当承担其因正当理由无法获知公告的举证责任。最后,应当明确正当理由的定义。笔者认为,《民诉法解释》第 458 条的规定,即当债权人因为意外事件、不可抗力、被限制人身自由及其他客观事由导致无法按期申报债权的,可以认定债权人具有正当理由。债权人逾期申报并以未获知债

---

① 参见郗伟明:《论破产重整中未按期申报债权之处置》,载《法商研究》2012 年第 6 期。

② 参见毛洪凯:《重整程序中逾期申报债权之限制——基于正当理由的考量》,载微信公众号"天同诉讼圈"2018 年 8 月 9 日,https://mp.weixin.qq.com/s/d6hXCG-TCf0faG6N0i6nXQ。

权申报事实为由的,需要对未获知或者无法获知债权申报信息承担举证责任,不能举证的应当承担不利的法律后果。

另一方面,应完善临时表决权制度。《企业破产法》第59条第2款确立了临时表决权制度,即对于债权尚未确定的债权人,法院可为其行使表决权而临时确定债权额。① 然而,《企业破产法》及相关司法解释均未对临时表决权的具体操作内容作进一步的充实和细化。实践中,在确定债权人临时表决权金额时有两种处理方式,即按照其债权申报金额确认或按照管理人初步审查认定的金额确认。笔者认为,即使债权人具有正当理由从而逾期进行债权申报,也应当根据表决事项的性质按照不同标准确认其临时表决权金额,以尽量降低逾期申报债权人对破产程度推进的影响程度。具体为:在债权人会议前对需要表决的事项,管理人与人民法院需对表决事项进行评估,如果该事项是直接涉及债权人利益的,如财产的变价方案、分配方案等,那么给予债权申报人的临时表决权额应取高值,即按照申报数额确定;如果该事项只是一般性的事项,如债务人的经营、管理方案、财产的管理方案等,那么给予债权申报人的临时表决权额应取低值,即按照管理人的审核数额确定。若人民法院最终裁定确认的债权额与临时确认的债权额出现差异,笔者认为可参照四川省高级人民法院《关于审理破产案件若干问题的解答》第5条第4问的规定,针对直接涉及债权人利益的事项,按照其申报金额所对应的份额对偿债资源予以预留;对于一般性事项,在债权确认裁决作出前,债权人依据临时确认的数额行使表决权,已经完成的破产程序不受影响。

如此设定,一是能衡平债权人利益保护与破产程序推进矛盾的问题;二是债权申报人能以申报数额行使权限能够给予其最直观的维护其权益的感受,减少不必要的纠纷②。

2. 代位权人债权申报问题

随着经济社会的不断发展以及公众权利意识、法律意识的提升,代位权人通过行使代位权寻求自身权利救济的情况逐渐增多。以"债权人代位权纠纷"为关键词,透过第三方法律数据库进行检索发现,2013年至2020年,全国债权人代位

---

① 《企业破产法》第59条第2款规定:"债权尚未确定的债权人,除人民法院能够为其行使表决权而临时确定债权额的外,不得行使表决权。"

② 周妮:《债权人临时表决权规则反思与完善建议》,载微信公众号"国浩律师事务所"2019年9月30日,https://mp.weixin.qq.com/s/ccTuk_GqTaGYieocZoTIag。

权纠纷案件的数量逐年上升①。2013 年至 2020 年全国范围内债权人代位纠纷案件数量统计如图 4－1 所示。

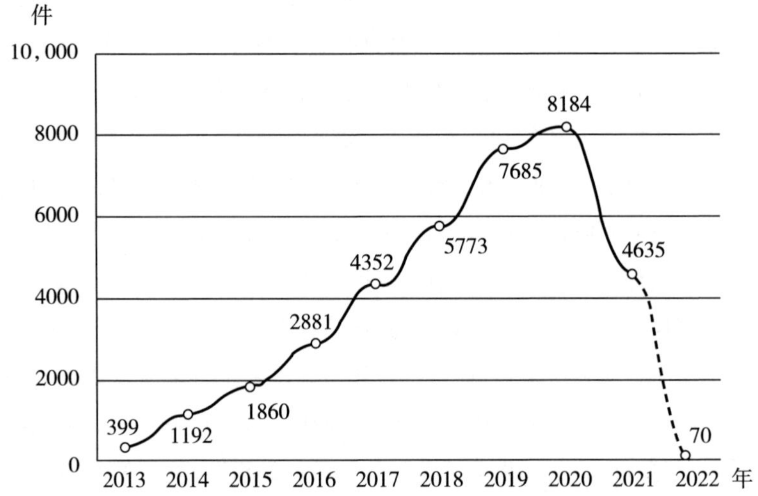

图 4－1　2013 年至 2020 年全国范围内债权人代位纠纷案件数量统计

行使代位权与破产债权申报均为债权人实现债权清偿的途径，两者在一定程度上具有共通性。《民法典》出台前，代位权人往往依据《企业破产法司法解释二》第 22 条的规定②，凭借人民法院出具的代位权成立的生效裁判文书，向管理人进行破产债权申报；《民法典》出台后，一方面，代位权人仍可以依据代位权的一般性规定要求进行债权申报，③另一方面，《民法典》第 536 条④对债权未到期的债权人可以代位向破产管理人进行债权申报予以明确。但因该条规定仅为原则性规定，在实践中代位权人向管理人申报债权仍然存在诸多困难。

以张某诉四川正坤房地产开发有限公司（以下简称正坤公司）债权人代位权

---

①　资料来源：α 数据库，https://alphalawyer.cn/#/app/tool/result/%7B%5B%5D,%7D/list?queryId=567a9852b91811e9bd8a7cd30ae48328。

②　《企业破产法司法解释二》第 22 条规定："破产申请受理前，债权人就债务人财产向人民法院提起本规定第二十一条第一款所列诉讼，人民法院已经作出生效民事判决书或者调解书但尚未执行完毕的，破产申请受理后，相关执行行为应当依据企业破产法第十九条的规定中止，债权人应当依法向管理人申报相关债权。"

③　参见杨巍：《〈民法典〉债权人的代位权解释论研究》，载《江西社会科学》2020 年第 12 期。

④　《民法典》第 536 条规定："债权人的债权到期前，债务人的债权或者与该债权有关的从权利存在诉讼时效期间即将届满或者未及时申报破产债权等情形，影响债权人的债权实现的，债权人可以代位向债务人的相对人请求其向债务人履行、向破产管理人申报或者作出其他必要的行为。"

纠纷案[①]以及破产债权确认纠纷案[②]系列诉讼为例,张某先是以相对人正坤公司为被告、债务人某建公司为第三人向四川省成都市青白江区人民法院(以下简称青白江法院)提起债权人代位权纠纷,要求相对人履行代位清偿义务。青白江法院以"正坤公司已进入破产程序,张某若认为其对正坤公司享有代位债权,应当依法向管理人申报"为由裁定驳回了张某的起诉。后张某组织证据向正坤公司管理人申报了债权,管理人经审查未认可其债权,张某遂提起破产债权确认纠纷诉讼,要求确认其享有的破产债权。青白江法院经审理后认为"张某的诉请缺乏充分事实与法律依据,某建公司对正坤公司不享有到期债权",判决驳回了张某的诉讼请求。

上述案例中,张某先后提起代位权诉讼及破产债权确认诉讼,历经两年时间仍未能成功行使代位权,一定程度上反映出破产程序中代位权人进行债权申报、行使代位权的困境。代位权人向相对人进行债权申报所面临的困境主要包括:

其一,债权申报信息难以获取。根据《企业破产法》第14条"人民法院应当自裁定受理破产申请之日起二十五日内通知已知债权人,并予以公告"之规定,由于代位权人并非相对人的直接债权人,在相对人的破产程序中,人民法院或者相对人的管理人无义务也无法直接通知代位权人,而代位权人通过债权申报公告等方式自行了解债权申报信息的可能性也较低,这就造成了代位权人往往难以及时获取债权申报信息,进而持续关注债务人有无及时进行债权申报、自己能否代位进行债权申报等信息。

其二,债权申报证明材料不充分。债权人申报债权时,应当书面证明债权的数额和有无财产担保,并提交有关证据。由于代位权人并非相对人的直接债权人,通常仅能证明自身享有对债务人的债权,至于债务人对相对人是否享有债权、债权是否到期以及金额多少等问题代位权人往往难以举证。正如张某诉正坤公司债权人代位权纠纷案以及破产债权确认纠纷案,债权人对债务人与相对人之间的权利义务关系并不清楚。

其三,代位权人能否以自己名义进行债权申报不明。通常情况下,代位权人

---

① 参见张某与四川正坤房地产开发有限公司债权人代位权纠纷案,四川省成都市青白江区人民法院(2019)川0113民初913号民事裁定书。

② 参见张某、张某某等与四川正坤房地产开发有限公司破产债权确认纠纷案,四川省成都市青白江区人民法院(2020)川0113民初895号民事判决书。

需以自己的名义实现债权。《民法典》第535条规定,“债权人可以向人民法院请求以自己的名义代位行使债务人对相对人的权利”。但对于相对人在破产程序中代位权人究竟是以自己名义还是债务人名义进行债权申报并没有明确规定。《民法典》第536条的表述与《民法典》第535条之表述略有不同,未直接明确代位权人可以直接以自己的名义向相对人的管理人申报债权,这造成了破产实务中对在《民法典》第536条规定的情形下,债权人究竟是以自身的名义进行债权申报还是以债务人名义进行债权申报的理解得不同。一种观点认为,在债权人的债权到期前,债权人尚不享有对债务人的到期债权,其代位权并未产生,因此债权人此时仅能代表债务人进行债权申报,此情形下债权人必须以债务人的名义进行债权申报;另一种观点则认为,基于代位权行使的一般规定、代位权行使的效果以及后续破产程序中代位权人权利行使的便利性角度,债权人以自己的名义申报债权,更符合名实一致的原则。①

其四,额外的债权申报时间、费用成本。在相对人破产程序中,代位权人代位申报债权要求具备“债务人的债权或者与该债权有关的从权利存在诉讼时效期间即将届满或者未及时申报破产债权等情形”,对于何为所谓未及时申报债权,实务中通常以未能在人民法院确定的债权申报期限内向管理人申报债权为标志。因此,管理人往往拒绝代位权人在债权申报期限内进行代位申报,认为只有在债权申报期间届满且债务人未进行债权申报时,代位权人才得以进行债权申报。

笔者认为,上述做法无疑增加了代位权人进行债权申报的时间成本,导致代位权人保障自身权益的时间滞后。随之而来的是补充债权申报审查费用的问题。在破产程序中,对于“未在人民法院确定的债权申报期限内申报债权的债权人”,管理人有权收取“补充申报债权审查费用”的法律依据为《企业破产法》第56条的相关规定。由于该规定并未对债权人逾期申报债权的具体原因进行区分,亦未明确是否存在补充申报债权审查费用减收、免收的各种情形,因此,在破产实务中,管理人通常一律要求逾期申报债权人交纳补充申报债权费用,代位权人在债权申报期间届满后进行补充债权申报的,需要承担额外的债权申报审查费用成本。

---

① 参见陈晓君、郝振:《破产程序中债权人代位权的行使》,载《人民司法》2021年第7期。

综合在相对人破产程序中代位权人进行债权申报所面临的重重困境,笔者提出如下建议:

其一,进一步细化债权申报通知的要求。获取债权申报通知是通过破产程序实现权利救济的前提和基础。为使代位权人能更大程度地获知债权申报信息,笔者建议各地人民法院或管理人协会通过出台操作指引或规范等方式,进一步细化债权申报通知的要求,明确在无法联系到已知债权人或已知债权人怠于申报债权的情形下,法院或管理人需进一步通过公告的方式通知已知债权人申报债权,并公示已知债权人名单,为代位权人代位申报债权提供信息支持。

其二,进一步拓宽利害关系人查阅权的相关规定。《企业破产法》第57条对利害关系人申请查阅"债权表和债权申报材料"的权利进行了明确,最高人民法院《关于适用〈中华人民共和国企业破产法〉若干问题的规定(三)》(以下简称《企业破产法司法解释三》)对利害关系人的范围予以进一步明确,并明确了单个债权人对债务人财产状况报告、债权人会议决议、债权人委员会决议、管理人监督报告等参与破产程序所必需的债务人财务和经营信息资料的查阅权。破产实务中,由于代位权人进行债权申报时,除证明自身对债务人享有债权外,往往还需要一并证明债务人对相对人享有债权,因此,代位权人的证明责任较重。但由于债务人与相对人之间的债权债务关系资料并非由债权人保管,从举证证明责任的角度,也不应对代位权人予以苛求。笔者认为,在代位权人能够提供其对债务人享有债权的必要材料后,在代位权人代位申报债权前,应当允许其申请查阅能够反映债务人与相对人权利义务关系的证据材料,以便代位权人更好地进行代位申报。①

其三,对代位权人须以自己的名义进行债权申报予以明确。由于现行规定并未明确代位权人以自己名义抑或债务人名义进行债权申报,为避免实务操作中的混乱,笔者建议法院或管理人协会通过出台操作指引或规范等方式,明确代位权人进行债权申报时须以自己的名义进行,并须以自己的名义参与债权人会议、核查债权及行使表决权等。

其四,允许代位权人在债权申报期间内先行申报债权或允许代位权人在债

---

① 参见汪丽清:《破产程序中债权人特别知情权的保护和限制》,载《中国律师》2021年第11期。

权申报期限届满后进行申报。笔者认为，对于代位权人进行债权申报的条件的理解不必过于机械、教条，“人民法院确定的债权申报期限经过”不应成为代位权人有权进行债权申报的前提条件。若如此，一是不利于代位权人权利的有效救济，给代位权人债权申报造成额外的时间、经济成本；二是也不利于破产程序的高效推进。笔者建议，在债权申报期间内，进一步赋予代位权人在债务人进行债权申报前就能进行债权申报的权利，进一步保障代位权人的权益。允许代位权人“提前”进行债权申报系加强对代位债权的保障措施，进行债权申报并不等于提前行使代位权。如果债权申报期间内，债务人及时进行了债权申报，基于“同一笔债权不能进行两次申报的原则”，由于代位权人并非相对人直接的债权人，代位权人先前进行的债权申报应当视为自动撤回，以债务人的债权申报为准；如果债务人未能在债权申报期间内进行债权申报，则视为代位权人正式代位进行申报，并代位参与后续破产程序。

同时，《企业破产法》第 56 条规定的本意即推进破产程序高效进行，避免债权人“躺在权力上睡觉”迟迟不申报债权，而代位权人在债权申报期限届满后进行债权申报则是其行使代位权的条件之一，其主观并非怠于行使权利，代位权人不应额外支付债权审查费用。因此，笔者建议，应当允许代位权人在债权申报期间内先行申报债权或者允许代位权人在申报期限届满后进行债权申报，并免除其补充申报的额外审查费用。

（二）债权人异议权保障问题研究

破产是市场经济中较为常见的一种现象。《企业破产法》第 1 条阐明了企业破产的目的，即“为规范企业破产程序，公平清理债权债务，保护债权人和债务人的合法权益，维护社会主义市场经济秩序”，第 2 条的规定则点明了何为破产，即“企业法人不能清偿到期债务，并且资产不足以清偿全部债务或者明显缺乏清偿能力的”。《企业破产法》实施至今对于保障债权公平有序受偿、实现市场优胜劣汰、优化社会资源配置等方面起到了十分重要的作用，但也存在一些有待完善、解决的问题。因职工对债务人享有的职工权利也是一种债权，且在破产案件审理中占有十分重要的地位，故在本专题的讨论中将职工群体也作为“债权人”一并讨论。

1. 债权人享有异议权的情形

当前，在破产程序中债权人享有的异议权主要有以下几个方面：(1)《企业破产法》第12条规定的债权人对其提出的破产申请经法院裁定不予受理后的上诉权。但从严格意义上讲,此时破产程序尚未启动。(2)《企业破产法》第22条第2款规定的债权人认为管理人有不能胜任职务情形,申请人民法院予以更换的权利。(3)《企业破产法》第58条第3款规定的债权人对债权表记载的有异议债权向人民法院提起诉讼的权利。(4)《企业破产法》第48条第2款规定的职工对管理人所公示的清单提出异议后管理人不予更正情况下提起诉讼的权利。(5)《企业破产法》第61条第1款规定的债权人通过债权人会议对特定事项行使表决的权利。(6)《企业破产法》第64条第2款规定的债权人认为债权人会议决议违反法律规定请求人民法院裁定撤销,责令重新作出决议的权利。(7)《企业破产法》第66条规定的债权人对人民法院就经过债权人会议表决未通过的决议作出裁定不服而申请复议的权利。(8)《企业破产法》第75条第1款规定的担保权人在重整期间,担保物存在足以危害担保权人权利情形时向人民法院请求恢复行使担保权的权利。(9)《企业破产法》第82条规定的特定债权人对重整计划草案进行表决的权利。

2. 保障债权人异议权的路径研究

(1)在宣告破产前就是否重整充分考虑职工群体的意见

在A公司申请破产清算一案中,A公司因严重资不抵债、无力清偿到期债务申请破产清算,人民法院依法受理后根据会计师事务所的审计,以及管理人接收债权申报及审核债权情况,认为该公司已不能清偿到期债务,且资产已不足以清偿全部债务,符合法定破产条件,故宣告A公司破产。该案中的大部分破产财产上设立了抵押权且变现困难;公司有职工200余人,职工权利难以得到有效保障,因此职工一直信访,存在很不稳定因素。职工信访的理由之一是认为在人民法院受理破产清算时,该公司仍具有一定商业价值,具有重新焕发生机的可能,应该进行破产重整,不应进行破产清算。

《企业破产法》第70条规定:"债务人或者债权人可以依照本法规定,直接向人民法院申请对债务人进行重整。债权人申请对债务人进行破产清算的,在人民法院受理破产申请后、宣告债务人破产前,债务人或者出资额占债务人注册资本十分之一以上的出资人,可以向人民法院申请重整"。

现有法律规定并没有赋予职工就破产企业是否进行破产重整发表意见的权利,仅仅是债务人自身、债权人、出资人可以申请重整,但往往这些人并不能客观、公正地代表职工的立场,维护职工的权益。然而,企业对于职工而言,不仅是职工谋生的经济来源,也是其实现自身劳动创造者价值的场所,职工不仅了解企业的基本情况,还对企业拥有难以割舍的感情。企业陷入破产境地,重整是扭转困境的一线生机。作为和企业紧密联系在一起的职工,有权把握这仅有的一线生机。职工意见的参与,不仅能对其他主体进行监督,使决策更加合理,也让职工对涉及自身重大利益事项的决策更有参与感。即使在进入破产清算程序中参与分配时债权无法获得完全支付,职工从心理上也更能接受这一客观情况。

同时,对于赋予职工对重整提出意见的权利也应加以限制。一是规模的限制。对于职工人数少的企业,无论是重整的必要性还是重整的作用都不大,因此,宜以职工人数对于职工对重整提出意见的权利加以区分,针对特定人数以上的企业,应赋予职工在人民法院受理破产申请后、宣告债务人破产前,向人民法院就是否进行重整发表意见的权利。二是形式的限制。应选出职工代表,以所有职工的名义,以书面的形式提出意见,并提交基本的证据材料供管理人评估后报人民法院审查。三是时间的限制。为避免破产程序过长,且保障破产后续程序的正常开展,职工发表重整意见的时间宜确定为人民法院受理破产申请后,召开第一次债权人会议之前。

(2)充分保障债权人对债权表记载债权的异议权

在某陶瓷公司申请破产清算案中,某陶瓷公司以不能清偿到期债务,并且资产不足以清偿全部债务为由向人民法院申请破产清算,人民法院裁定受理并指定管理人。管理人在审查债权过程中,针对个别真实性存疑且债权金额较大的债权未确认,并告知权利人提起诉讼的权利,相关权利人以案件受理费过高,无钱支付为由一直未通过诉讼确认债权,但长期反映其债权真实有效。此外,在进行债权登记,以及召开债权人会议过程中,存在个别债权人质疑其他债权人债权的情况,但未实质性提出异议,更未提起诉讼。《企业破产法司法解释三》第6条第3款规定:“债权表、债权申报登记册及债权申报材料在破产期间由管理人保管,债权人、债务人、债务人职工及其他利害关系人有权查阅。”尽管该条为债权人对他人债权提出异议提供了便利,但第9条规定:“债务人对债权表记载的债权有异议向人民法院提起诉讼的,应将被异议债权人列为被告。债权人对债权表记载的他人债权有异议的,应将被异议债权人列为被告;债权人对债权表记载的本人债权有异议的,应将债务人列为被告。对同一笔债权存在多个异议人,其他异议人申请参加诉讼的,应当列为共同原告。”该条规定对诉讼具体如何进行给出了答案,但这还不够,因为这部分存在异议的人还对诉讼成本存在很大担心。

无论是权利人对自身债权未确认提起诉讼还是债权人对其他债权人的债权存在异议而提起诉讼,客观上都能使债权人和债权更清晰,而债权的准确认定是破产后续程序顺利开展的前提。除了确因债权自身存在问题而无法得到确认外,提起诉讼客观上也确实会给债权人增加新的负担,让原本在破产程序中难以得到清偿的债权人雪上加霜。因此,考虑破产程序的特殊性,涉及此类诉讼,可以从案件受理费的计费标准(有别于一般民商事案件的计费标准)、收取时间(不必然要预缴案件受理费)、收取方式中加以区分,从而降低诉讼成本,便于债权人通过诉讼维护自身权利,在一定程度上也能减少因债权未被确认无法参与分配,但执着于信访情况的发生。

(3)完善债权人申请人民法院对有不能胜任职务情形的管理人予以更换的权利

《企业破产法》第22条第2款规定:“债权人会议认为管理人不能依法、公正执行职务或者有其他不能胜任职务情形的,可以申请人民法院予以更换。”《指定管理人的规定》第33条规定:“社会中介机构管理人有下列情形之一的,人民法院可以根据债权人会议的申请或者依职权迳行决定更换管理人:(一)执业许可证或者营业执照被吊销或者注销;(二)出现解散、破产事由或者丧失承担执业责任风险的能力;(三)与本案有利害关系;(四)履行职务时,因故意或者重大过失导致债权人利益受到损害;(五)有本规定第二十六条规定的情形。清算组成员参照适用前款规定。”

司法实践中,存在各种各样管理人履行职责不到位的情况,有管理人主观态度方面的问题,如责任心不强,办事马虎,大错不犯、小错不断,也有管理人客观能力上的问题。尤其是存在以律师事务所的名义参与管理人的随机抽取,但具体办事人员并非律师,甚至还是毫无法律职业经验的职场新手的问题。破产案件涉及的法律关系复杂,矛盾突出,利益网错综复杂,不专业的管理人不仅使破产案件的顺利推进受到影响,甚至还会给债务人、权利人带来不可逆的损失。

虽然人民法院可以依职权变更管理人,但法律涉及的情形不能解决实践遇到的责任心不强,大错不犯、小错不断等这类问题。很多时候,人民法院的工作有赖于管理人的支持才能得以开展,若能充分发挥债权人的作用,则对管理人工作的开展能进一步予以约束。但通过债权人会议对管理人的履职进行监督缺少灵活性,建议将提起变更管理人的权利赋予债权人委员会以及一定数量比例的债权人,由人民法院审查决定。

(三)破产程序中的债权转让问题研究

1. 破产债权转让之理论基础

债权转让,是指债权人将其债权全部或者部分转移于第三人享有的行为,是以债权为标的在不同主体之间进行转移,故债权转让并不会影响债权金额和性质,即使债权主体的变更。破产程序中的债权转让论理基础亦是民商事法律体系中的债权转让,区别在于破产债权转让即需将债权转让置于破产程序这一特殊情景之中考量,即需要结合破产程序的特点、价值以及目的加以重新审视、认识。一般而言,根据转让双方主体人数上的差异,破产债权转让的类型主要分为两类:一类是一个债权人将其债权转让给一个或多个主体,即“一转一”或“一转多”。“一转一”仅系受让主体发生变更,转让标的并不发生分裂或聚合。在“一转多”的情况下,又根据多个受让人之间对受让债权的共有关系,再区分为分割式转让和概括式转让。分割式转让,是指原债权人将其债权进行分割后转让给多个主体,各个受让人分别独立享有其受让金额的债权;概括式转让,是指各个受让人之间不区分份额,为共同共有关系,由一个主体共同享有受让债权。另一类则是多个债权人将其债权转让给一个受让人,即“多转一”。此种情形下,债权转让标的并未发生实质性分裂或聚合。

2. 限制破产债权转让的原因

破产程序系实现债权人概括性、公平受偿的程序,本质上系一种特殊的执行程序,同时涉及己方债权人以及其他债权人利益。因此,虽然破产债权人享有可按其自由意志依法转让债权的合法权利,但同时亦应遵循我国《民法典》第132条的规定不得滥用民事权利。破产程序中的债权性质多样、主体众多,破产制度作出了债权人的利益实现基本依靠债权人会议之上表决权的行使这一基础性设定,以寻求相对公平的实现。从债权人会议表决制度的设计来看,表决权的行使包括金额、票数以及表决意思三方面的内容,而破产债权转让后因债权主体发生变更,表决权以上三方面内容亦可能发生变动。同时,基于表决权系主要依靠集体决策机制发挥作用,表决权的行使后果除处分己方利益外,还涉及对其他债权人利益的影响,破产债权转让必然对表决事项以及破产程序的推进产生相应影响。但归根结底,这是对债权人清偿利益产生影响,包括概括清偿、公平清偿、及时清偿等利益。为平衡保护破产程序中债权人权益,应根据具体情况对破产债权转让进行一定的限制。

3. 破产债权转让的限制

破产程序中的债权转让主要涉及两个方面的考量,一是债权转让行为本身(效力),二是对表决权的影响。因对表决权的影响系以债权转让的有效评价为前提,故笔者认为,对债权行为本身(效力)的限制系一种真正的限制,对表决权的限制则不是一种真正的限制。但不论如何应当注意,允许破产程序中的债权转让应系基本原则,对其限制应系例外。

真正的限制即对债权转让行为的限制。根据民商事法律的相关规定,除依照债权性质、当事人约定或法律规定不得转让三种除外情形外,其他债权转让行为均受法律认可和保护。虽然我国法律尚未对法定限制作出进一步规定,然而,职工债权与职工身份紧密相连,系依附于人身权之上的债权;税收等公法债权涉及国家利益、社会公共利益,系基于行政法取得的债权;上述以及其他具有或能类推为"人身属性"的债权均属于"根据债权性质不得转让"的情形,此类债权在破产程序中转让仍然不受准许。对于建设工程价款优先受偿权、购房户债权转让的效果如何,值得讨论。笔者认为,建设工程价款优先受偿权系一种法定优先权,系附着于物化劳动提供者,属于特殊群体利益保护,具有较强的身份属性,因此建设工程价款优先受偿权不能转让,但建设工程债权可以转让;购房户债权同理。

不真正的限制,即对表决权的限制。其并非对债权转让行为本身效力的限制,而是在不否认转让行为有效的前提下,对债权所依附的表决权作出限制性评价。此种限制系破产债权转让的主要限制形式。破产债权转让后,基于表决权与债权之间的衍生或依附关系,并为保持破产表决的稳定性,应尽力消除债权转让带来的表决震荡,表决权的行使效果亦应予以承继:一是继受原表决效果,主要针对已作表决事项;二是不影响原表决权的行使,即保持原表决权所代表的金额和票数。此系原则性限制,但破产实践中,还有以下值得讨论关注的几类情况。

（1）一般限制（金额和票数的限制）

“是或否”的表决意思变动对表决结果的影响，主要通过其所代表的金额和票数予以体现。换言之，对表决金额和票数的限制即能完成对表决意思的限制，进而保证表决结果的公平、公正。因此，按照债权转让类型不同，对表决权的行使限制规则分析如下：

第一，在分割式“一转多”的债权转让中，就原同一笔债权所对应的债权人数将会增多，则会提高同一笔债权在表决中所占债权人数的权重，从而影响债权人会议的表决结果。尤其是在转让的债权金额权重较大的破产案件中，可能导致原债权对债权人会议表决结果影响权重实现从金额到票数上的扩张。若受让人牟取私利，不当行使表决权，极有可能损害其他债权人的合法权益。此外，在重整程序中，现行《企业破产法》还准许单设小额普通债权组。为妥善处置大量小额债权人问题，亦存在单独提高小额债权清偿比例的实务操作。分割式“一转多”还会产生该笔债权的实际清偿高于转让前其可获得清偿的情况，有违全体债权人公平受偿的破产程序基本价值。因此，在分割式“一转多”中，参照《四川省高级人民法院关于审理破产案件若干问题的解答》等各地指导性文件体现的司法理念，各受让人的表决金额一般应按其受让债权金额分别统计，但表决票数应合计按1票统计，各受让人的表决票数为其受让债权金额占分割转让前债权金额的比例。固然，分割式转让必然带来原债权金额表决的分散，表决金额分别统计并不能完全避免债权转让给表决权行使所带来的影响。尤其是在原债权权重较大的情况下，分割式转让甚至可能因继受债权人之间的意志分离而阻碍表决，但基于债权转让的合法性，金额独立但票数合计的方式能够体现尊重债权人的意思自治与维护表决公正之间的协调平衡。

第二，对于概括式“一转多”，由于多个受让人之间基于共有关系属同一个主体，故共同享有一个表决权，从程序主体的层面并不会增加债权人数量，可以理解为广泛意义上的“一转一”。

第三，在“多转一”式的债权转让中，也涉及受让人表决权数量的认定。若坚持金额和票数继受原则，则受让人同时享有数个表决权，与我国《企业破产法》效率精神相违背。因为在破产程序中，无论同一债权人享有债权的金额和性质是否不同，是否对债务人享有多笔债权，该债权人均只享有一个表决权，即使在重整程序中，也只是在不同的表决组分别享有一个表决权。故此种情况下，受让人以其受让的债权总额行使表决权,原则上仅享有一个表决权。在分组表决时,如受让人受让的债权类型存在于多个表决组,则在各表决组分别享有一个表决权。

(2)对债权转让对象的限制

根据是否与破产程序具有利害关系,破产债权的转让对象分为利害关系人和无利害关系人,利害关系人则主要包括债权人、债务人、出资人、投资人等。一般而言,向无利害关系人转让债权并不影响其他相关主体利益,亦不影响破产程序进行,应予准许;但向利害关系人转让债权时,则应在影响其他主体破产程序利益时,予以必要限制。一般而言,不存在债务人处于破产之中,无力收购破产债权的情况,因此债务人收购债权的情况微乎其微;对于债权人、出资人收购的情况,应当适用前述的一般限制规则予以适当规制。投资人收购债权的情形,则属于一种需要特别关注的情况。对此,部分地方法院的司法实践鼓励重整投资人收购多笔或关键债权,认为该种方式既满足了投资人收购动因,又维护了稳定并确保重整计划草案通过,对这种方式予以正面宣传。但笔者认为,应当区分不同情况予以不同处理。一种情况是,破产程序中,若仅有一个投资人,应当适用"多转一"的一般限制,对债权人清偿利益影响不大。但是对于投资人是否适用"回避表决"的规则存在争议。笔者认为,不应适用"回避表决"的规则,理由是投资人为收购债权实则已经提前支付了部分重整报价,再行对其施以"回避表决",与其收购目的相悖,客观上形成目的落空,不利于债权人利益实现。另一种情况是,存在两名以上的投资人,则债权人会议的表决关乎"一或二"的问题,若对各投资人的债权收购行为不加限制,则会从金额票上分散表决权,形成几方对峙的局面,反而阻碍破产程序的推进,与破产债权转让的预期目的相悖。因此,此种情形下的债权转让事先应予以封闭转让限制,在债权人自由行使对投资人选择的表决权后方可受让。

(3)对债权转让时间的限制

从实践来看,破产程序比较冗长缓慢,故从何时起转让债权的表决权应受到限制也应进行明确。由于债权人之间极易信息不对称,加之我国采取的是破产申请立案审查制度,为防止部分债权人依仗信息优势在破产申请受理前转让债权,提前规避对破产债权受让人的表决权限制,以求影响债权人会议的表决结果获取不当利益,应将债权转让表决权不受影响的时间提前至受理破产前的合理期间,并且应当覆盖破产申请立案审查期间,即"冻结期间"。"冻结期间"前转让的债权在破产程序中的表决权不受影响,此后及破产程序期间的转让债权表决权均应受到限制,从而保障全体债权人平等行使表决权。

综上所述,鉴于我国现行《企业破产法》对于破产债权的转让没有进行规定,对此应当及时予以明确,并借助《民法典》等其他法律规定,综合考虑破产程序的特殊性和债权人保护的基本原则,予以补充、发展和完善。

(四)破产程序中债权人知情权相关问题研究

1. 债权人知情权主要问题探析

(1)知情权的范畴

知情权作为破产程序中债权人重要的程序性权利,是债权人行使各类法定职权的前提。我国现有立法对债权人知情权也有相对明确清晰的规定,旨在解决破产程序中信息不对称的问题。针对债权人的知情权保护,《企业破产法》第23条第2款“管理人应当列席债权人会议,向债权人会议报告职务执行情况,并回答询问”、第57条第2款“债权表和债权申报材料由管理人保存,供利害关系人查阅”、第68条第2款“债权人委员会执行职务时,有权要求管理人、债务人的有关人员对其职权范围内的事务作出说明或者提供有关文件”均作出了规定。《企业破产法司法解释三》第10条规定单个债权人有权查阅债务人财产状况报告、债权人会议决议、债权人委员会决议、管理人监督报告等参与破产程序所必需的债务人财务和经营信息资料。

根据上述法律规定,债权人不仅可以通过债权人会议、债权人委员会这样的议事机制集体行使知情权,还可以作为债权人个体单独行使知情权。《企业破产法司法解释三》第10条,通过具体列举和开放性列举相结合的方式,对单个债权人行使知情权做了具体的规定。但是,在列举债权人可以申请查阅的具体资料后,对于上述司法解释中“等参与破产程序所必需的债务人财务和经营信息资料”,应如何理解和认定,债务人公司的原始财务凭证、单据是否属于上述司法解释规定的债权人参与破产程序所必需的资料?

针对上述问题,实践中存在不同的认识。有观点认为,《企业破产法司法解释三》第10条明确规定了单个债权人的知情权,从保护债权人知情权的角度出发,应当满足债权人查阅相关资料的要求;同时,也有观点认为,债权人参与破产程序的权利,更多地体现在债权人会议、债权人委员会和管理人的履职要求。在破产程序中,债权人通过债权人会议,通过管理人执行职务的工作报告、债务人财产状况报告、提请债权人会议核查的债权表,其知情权客观上已具备了保障,《企业破产法司法解释三》第10条列明的"债务人财产状况报告、债权人会议决议、债权人委员会决议、管理人监督报告"亦是对债权人知情权的概括和释明。因此,从保护破产程序效率的角度,对于破产程序中债权人的知情权应当作限缩解释,仅限于上述参与破产程序所涉及的资料和文件。

关于债权人知情权的范畴,笔者认为,应当回归到破产法的宗旨,及其相关法律条文内涵的解读。从文义解释规则来看,《企业破产法司法解释三》第10条中的"等"字包含的内容应与法条所列举的事物具有同一性。本条具体列举的"债务人财产状况报告、债权人会议决议、债权人委员会决议、管理人监督报告"都是经过整理、加工、归纳形成的工作成果。因此,"等参与破产程序所必需的债务人财务和经营信息资料"的内涵应当是指管理人、债权人会议、债权人委员会经过整理、加工、归纳形成的工作成果,而非未经整理的原始资料。此外,回归到破产程序的制度设计,破产管理人作为专业的中介机构,受人民法院指定,根据破产法赋予的职权依法履行职务。针对债务人原始的财务凭证,管理人或由其委托的会计师事务所进行调查核实,并制作债务人财产状况报告向债权人通报。因此,从必要性角度来讲,债权人的知情权已通过债权人会议、管理人履职报告等文件获得保障,债权人已无查阅原始资料的必要性。

(2)知情权行使主体和披露义务主体

知情权,是指相关权利人享有的对关系其切身利益的信息有知晓的权利,而相关义务人有及时通知及披露的义务。实践中,由于债权人通常缺乏会计、法律专业背景,在行使知情权时会出现委托会计师、律师等专业技术人员辅助查阅相关资料的情况。针对债权人是否可以委托专业第三人辅助行使知情权,《企业破产法》及其司法解释并未进行明确的规定。笔者认为,知情权行权主体的认定应回归到《企业破产法》及其司法解释对知情权保护的目的和内涵。

对债权人知情权的保护,旨在解决破产程序中债权人与利益相关方的信息不对称问题。在进入破产程序后,债务人的剩余资产价值利益完全归属于债权人①,公司的控制权由股东转移给全体债权人,债权人通过债权人会议行使权利。

---

① 参见徐阳光、韩玥:《破产重整程序中的信息披露》,载《人民司法》2019年第34期。

保障债权人知情权的根本目的在于使债权人全面了解债务人基本情况、管理人履职情况、投资人投资方案情况，为债权人在破产程序中行使表决权提供支撑。基于此，债权人知情权的保护应以满足债权人合理行使表决权为前提。实践中，债权人通过委托专业第三方辅助行使知情权，有助于保障债权人更加准确高效地掌握相关信息，有助于知情权行使目的的实现。同时，作为辅助行使知情权的第三方，通常是指具备专业资质的律师、会计师，《中华人民共和国会计法》《中华人民共和国审计法》《律师法》等相关法律法规均对从业人员履职要求有严格规定，从制度层面杜绝专业第三方辅助行使知情权时泄露商业秘密和国家秘密。

针对为保障债权人知情权的披露义务主体，实践中存在管理人、债务人、重整投资人等不同主体。首先，破产管理人是信息披露义务的法定主体。《企业破产法》第23条第2款、第57条第2款明确规定了管理人的信息披露义务；同时，《企业破产法司法解释三》第10条明确规定了管理人不履行披露义务时，债权人保障知情权的救济措施。破产程序中管理人的法定职责决定了管理人履行相关信息披露的法定义务。其次，在自行管理模式下，债务人及其相关管理人员是信息披露的当然主体。破产法规定了债务人及其管理人员对管理人和法院的披露义务，并未规定对债权人的披露义务。但在重整程序中，在债务人自行管理的情况下，管理人并未接管债务人企业，在这种情况下，债务人及其管理人员当然承担起相应信息的披露义务。此时，管理人和债务人的信息披露义务应根据其职责划分进行区分。此外，重整投资人在特定的阶段也是信息披露的义务主体。在重整计划执行期间，重整计划由债务人（重整投资人）负责执行，管理人负责监督。根据《企业破产法》第89条第2款之规定，人民法院裁定批准重整计划后，已接管财产和营业事务的管理人应当向债务人移交财产和营业事务。当管理人移交上述资料后，相应信息披露的义务主体即转移给债务人（重整投资人）。

（3）查阅方式和涉密信息处理

破产法及其司法解释对债权人知情权行权的方式表述为“查阅”。实践中，针对查阅有不同的理解：第一种观点认为，“查阅”仅指“查看”和“阅读”，不包括摘录、复制等；第二种观点认为，从立法目的来看，“查阅”应采用扩大解释，即各种能让债权人了解相关文件、资料以实现知情权的手段，具体方式包括查看、摘抄、复印、扫描、拍照、摄像、记录等。

笔者倾向于第二种观点。就本质而言，知情权是一种积极的、兼具公权与私权双重性质的权利。债权人知情权的实现既需充分保障债权人权利的实现,又应当便于破产程序中管理人、债务人等义务主体履行义务。在知情权实现方式的选择上应坚持公开原则、全面原则和简便原则。债权人的知情权主要表现为债权人的查阅权。法律既然赋予债权人查阅相关文件、资料的权利,为了有效行使查阅权,债权人享有利用摄像、录影或者其他技术手段进行修复这些文件、资料的权利。此外,债权人在查阅过程中,还可以聘请律师、会计师或者其他专业代理人予以协助。在查阅过程中,相关义务主体负有协助义务,以更好地实现债权人的知情权。总之,复制在实质上是查阅的另一种表现形式,在不影响破产程序进行的情况下,对"查阅"的方式应当采取扩大解释,即包含复制在内的多维手段和形式。否则,所谓的"查阅"就不具有实质上的意义,这也有悖立法的本意。

在债权人查阅过程中,对于涉及商业秘密的内容,债权人应当依法承担保密义务或者签署保密协议;涉及国家秘密的应当依照相关法律规定处理。

2. 债权人知情权的保障和必要限制

对债权人知情权进行充分的保障有利于解决破产程序中债权人的信息不对称问题,便于债权人在充分了解相关情况后,高效参与破产程序,理性行使表决权。但是,任何权利都是有边界的。在保护债权人知情权的同时,也要防止因知情权滥用损害其他债权人合法权益,影响破产案件办理效率。一方面,应注意债权人行使知情权目的的正当性。根据现有破产立法体系,债权人除通过债权人会议、债权人委员会这样的集体机制行使权利,还可以作为个体债权人行使知情权,保护自身的正当权利。[①] 结合破产法的制度设计,在债权人知情权的保护体系中,应以债权人集体行权为主,个体债权人行权为辅。《企业破产法司法解释三》第 10 条规定了单个债权人可查阅参与破产程序所必需的财产和经营信息资料,非必需的信息资料管理人可不提供,单个债权人知情权的行使不得损害其他人的合法权益。另一方面,应把握知情权保障和破产效率的平衡。债权人行使知情权要兼顾管理人工作效率,针对债权人通过债权人会议等集体途径可以行使知情权的情况,不再满足其单独知情权的行使。

---

① 参见池伟宏:《困境企业拯救的破产重整路径效率优化》,载《中国政法大学学报》2021 年第 4 期。

二、债权人实体性权利保护

(一)人身损害赔偿债权优先的必要性和可行性

人身损害赔偿债权从法律特征来看,具有单一性或者同源性。现代企业都是批量生产产品,大部分受害人人身受到损害的主要原因在于产品质量出现问题、大型事故等,即众多侵权行为都源于产品质量。由于破产主体即破产公司扮演的基本是产品生产者的角色,针对的交易主体都是不特定的第三人,所以一旦有因产品质量问题或大型事故等导致人身损害事件,便会出现受害人人数众多、分散且不确定的情况。破产债权,是指在破产宣告前成立的,对破产人发生的,依法申报确认并得由破产财产中获得公平清偿的财产请求权。在破产程序中,破产主体“扮演”的是债务人的角色。破产债权要具有可执行性,才有现实意义。根据《企业破产法》的有关规定,在企业进入破产程序时,人身损害赔偿债权作为普通债权,被列于最后清偿。相较于破产清算程序中的其他债权而言,人身损害赔偿债权具有非自愿性、不可调整性、侵权结果的滞后性等特征,但由于在破产清偿时却没有给予特殊考虑,常常导致人身损害债权难以得到清偿。

1. 人身损害赔偿债权人优先保护的必要性

人身损害赔偿债权人优先保护具有现实必要性。以“三鹿奶粉事件”为例,这是一个经典的大规模侵权事故,约30万名婴儿在本次事件中遭受到不同程度的伤害,超过1300名婴儿被查出患有肾结石。三鹿集团的侵权行为使很多婴儿身体权、健康权、生命权遭受到不同程度的、无法挽回的损害,更让一个个家庭遭受重创。2011年,中国乳制品工业协会(以下简称中国乳协)对“三鹿奶粉事件”的赔偿情况进行通报,中国乳协协调有关责任企业众筹了11.1亿元,其中2亿元用于设立医疗赔偿基金,报销患儿急性治疗终结后,18岁之前可能出现的相关疾病治疗费用,9.1亿元用于发放患儿一次性赔偿金及急性治疗期的医疗费。而作为侵权主体的三鹿集团却因资不抵债于2009年2月12日宣告破产。因人身损害赔偿债权系普通破产债权,在第一、第二顺位债权都无法足额支付的情况下,作为普通债权的人身损害赔偿款更是无法得到清偿,受害婴儿在本次破产程序中,并未获得任何有效的赔偿。因此,我国《企业破产法》应更加重视人身损害赔偿优先权的问题,以保障大规模侵权事件中受害人的基本权利。

人身损害赔偿债权人优先保护具有理论必要性。尊重和保障基本人权是中国现代法治的基本理念。在人身损害赔偿之债中,受损的是人的健康权、生命权,是自然人的最高人格利益。故对因产品质量问题导致的人身损害侵权之债应给予更多的重视。《民法典》对未成年人、老人等弱势群体给予更多的法律保护,可见,我国立法也倾向于给予弱势群体尽可能多的保护。在破产程序中,基于信息的不对称,相对于破产公司和合议债权人而言,非合意债权人即人身损害赔偿债权人一直处于被支配的弱势地位,因此立法也应对其利益予以更多的重视和保护,以改善非合意债权人被动和处于劣势的社会地位,使人身损害赔偿债权人得到充分的救济和保护。

从现代司法的"人文关怀"特点来看,在法律允许的可调整范围内,应当尽可能地给予人身损害债权人以最优先的受偿地位和最优受偿比例。人身损害不同于经济财物损失的主要特征是,人身损害具有不可逆性,当受害人损失程度太深又无法完全获得赔付时,人身损害受害者将会受到更大、更直接的痛苦。因此,从社会公正的视角来看,在人身损害赔偿和财物损失赔偿发生冲突的情况下,应该优先保障人身损害赔偿债权人的利益。

针对人身损害赔偿债权的法律属性,需要明确人身损害赔偿的基础法律关系。在破产程序中,人身损害赔偿之债产生的原因大多是由于破产企业所生产的产品在使用过程中,因产品质量问题等造成人身损害。人身损害赔偿之债是典型的侵权之债。在破产法程序中,人身损害赔偿债权属于何种破产债权是解决债权清偿问题的关键因素。我国《企业破产法》对于破产债权的清偿顺序大致规定如下:首先是劳动者工资及社会保障债权,如破产企业所欠职工的工资和医疗、伤残补助、抚恤费用,所欠的应当划入职工个人账户的基本养老保险、基本医疗保险费用,以及法律、行政法规规定应当支付给职工的补偿金;其次是破产人欠缴的除前项规定以外的社会保险费用和破产人所欠税款;最后是普通破产债权,如无抵押担保的违约之债、人身损害侵权之债等。由此,可以看出我国《企业破产法》中对于破产债权的清偿顺序有其明显特征。劳动者工资及社会保障债权具有社会保障功能,税收债权带有明显的强制性、无偿性、固定性,但人身损害赔偿债权在现行破产法中被定义为普通债权作为最后顺序清偿,即普通债权只有在第一顺位和第二顺位债权人受到清偿后,如果还有剩余资产,才能实现清偿。而大多数进入破产程序的企业连第一顺位和第二顺位的债权都无法足额清偿,更谈不上清偿最后顺序的普通债权。人身损害赔偿债权人在生命、健康遭受如此巨大伤害的情况下,其权利却往往得不到根本救济,这对人身损害赔偿债权人来说是不公平的。

2. 人身损害赔偿优先权保护的可行性

(1)我国立法对人身损害赔偿范围的现行规定

在立法制度层面上,国家出台了众多关于人身损害赔偿范围的法律法规,其中《民法典》、《中华人民共和国消费者权益保护法》、《中华人民共和国产品质量法》及最高人民法院《关于审理人身损害赔偿案件适用法律若干问题的解释》都对人身损害的赔偿范围作了明确规定。《民法典》第1179条规定:"侵害他人造成人身损害的,应当赔偿医疗费、护理费、交通费、营养费、住院伙食补助费等为治疗和康复支出的合理费用,以及因误工减少的收入。造成残疾的,还应当赔偿辅助器具费和残疾赔偿金;造成死亡的,还应当赔偿丧葬费和死亡赔偿金。"《中华人民共和国消费者权益保护法》第49条及《中华人民共和国产品质量法》第44条对因产品质量问题造成人身损害的赔偿范围进行了明确规定。最高人民法院《关于审理人身损害赔偿案件适用法律若干问题的解释》根据受害者死亡、残疾、人身伤害的不同情形对赔偿范围进行了详细的梳理,主要为三种情形:第一种为一般身体伤害,赔偿范围为所支付的医药费、误工费、护理费、交通费;第二种为造成残疾的,赔偿范围为残疾赔偿金、伤残辅助器具费用、护理费、继续治疗产生的或即将产生的必要费用、被扶养人生活费;第三种为致人死亡的,赔偿范围为丧葬费、死亡赔偿金、被扶养人生活费等。

(2)人身损害赔偿债权优先权的立法基础分析

从合理和公平的视角,优先权立法基础在于公平与合理,而人身损害赔偿债权优先权的提出正是建立在公平与合理基础之上的。人身损害赔偿债权具有非自愿性、广泛性、不确定性。同时,与物权担保债权相比,人身损害赔偿债权人明显居于劣势地位。人身损害与财产损失的最大不同在于,对于遭受严重身体损害的受害者及受害者家庭来说,其损失程度无法完全用金钱来进行衡量和弥补。尽管人身损害赔偿债权人所维护的债权利益与其自身存在和发展的状况紧密相连,但一旦企业启动破产程序,目前并无相关法律规定能让人身损害赔偿债权人的债权得以优先实现,其获得赔偿的概率微乎其微。如果不能及时得到赔偿,损害的便是人身损害赔偿债权人的生命权和健康权,这不仅会加重其家庭经济负担,而且会对其心理造成重创,这对人身损害赔偿债权人来说无疑是不公平的。甚至还会有过激的受害者上访闹事,造成大规模的群体事件。因此,从社会公正的角度出发,如果可以将人身损害赔偿债权列于优先赔偿顺位,则是对弱者最大的保护,也体现了法律对人权的重视和保障。

从人身损害赔偿债权法律属性视角分析。人身损害多表现为对人生命权和健康权的侵害。人身损害赔偿,是指公民因生命、健康、身体遭受他人侵害,则有权要求侵权行为实施人承担民事赔偿义务。这种赔偿的主体是应当履行赔偿义务的侵权行为实施者,侵犯的客体是公民的生命、健康权。而生存权、生命健康权是人最基本也是最重要的权利之一,赋予人身侵权损害债权优先保护权利符合公平正义原则并可维护特定群体利益的诉求。人身损害赔偿债权的法律属性为侵权之债,但我国现行法律法规却将人身损害赔偿债权归属于以合同之债为特征的普通破产债权范围内。虽然在债的种类上主要分为违约之债与侵权之债,但在实践中,这两种债有着本质的区别。人身损害赔偿之债的形成,是因侵权行为造成的生命权、健康权等权利的损害,并不属于债权人违约导致的,也不属于债务人因履行了义务,而不能获得相应权益而导致的,所以其与违约之债存在着明显的差别。违约之债基本上可以通过赔偿财产损失弥补,债务人取得了一定的损失赔偿后,其所签订契约的目的也就视为直接或间接地得到实现。而在侵权之债中,受到侵害的是受害人生命健康权,即使通过金钱赔偿的方式得到了救济,往往也无法完全挽回受害者的损失,更难以恢复原状。因此,从侵权之债的救济方式和侵权后果的特殊性上不难看出,侵权之债实现的迫切程度高于违约之债。

(二)人身损害赔偿债权优先性顺位重构

根据《企业破产法》第 113 条的规定,我国确立了普通破产债权平等分配的受偿规则,至于普通破产债权究竟是人身损害赔偿侵权之债,还是违约损害赔偿合同之债,则并无区别。在债务人破产、财产不足以覆盖全部债权之际,一味坚持普通债权平等受偿,毫不关注人身损害赔偿债权与其余普通债权的巨大差异,必然导致分配结果上的不合理、不公平。

1. 检视:人身损害赔偿债权的特殊机制

相同情况同样处理,不同情况区分处理,这是法律平等原则的应有之义和基本要求;将不同情况同等待之,显然与此相悖。无论是《民法典》中分编的规定,还是在归责原则、举证责任、赔偿范围等方面存在的诸多差异,都足以表明人身损害赔偿债权与其他普通债权,尤其是合同债权存在根本性的区别。概括而言,主要存在如下不同:

(1)发生原因不同

《民法典》第464条规定,合同是民事主体之间设立、变更、终止民事法律关系的协议。由此可见,合同本质上是一种合意,是当事人利益交换的产物,在当前市场经济环境下,更是商品交换关系的典型法权模式。基于此发生的债权,性质上具有自愿性和可预期性。自愿性,是因合同的根本性特征是当事人意思自治而来,自不待言。可预期性,是指当事人在缔结合同时基于对相对方履行能力的考察、市场行情的把握,已对合同风险有了合理预见,这一点在《民法典》第584条关于违约损害赔偿的可预见性规则中得到了充分体现。相对于合同债权,人身损害赔偿债权并非因债权人自己的自由意愿而来,而是侵权人的加害行为使其迫不得已取得损害赔偿请求权,具有明显的非自愿性;而且很多时候债权人受到的损害是一种意外之灾,正如"人在家中坐,祸从天上来",这就完全无法预见,具有不可控性。

(2)预防措施不同

由于债权发生原因有别,债权人可以采取的预防措施截然不同。合同债权的产生通常有一个过程,前期需要双方当事人磋商谈判,在达成合意之前,一方当事人可以通过调查对交易对手的履行能力进行考察,从而筛选出更优的交易对手;在达成合意时,还可以通过约定违约责任、要求提供担保等多种方式,合理降低自己的风险;在合同签订后,又可以视不同情况,择机行使同时履行抗辩权、先履行抗辩权和不安抗辩权以保全债权,必要时还可以要求解除合同以从合同关系的束缚中抽身而退。但在人身损害赔偿债权中,因其发生原因具有突发性、不可预见性,债权人没有选择侵权人的自由,也不可能事先对侵权人的赔偿能力进行考察筛选,只能被动接招,侵权人是否具有赔偿能力,完全凭债权人自己的运气,由此导致债权不能受偿的可能性更大;加之当今社会风险多发,债权人更不可能采取有效的事先预防措施。

(3)救济的需求不同

合同作为交易的法律形式,内容多与财产流转有关,财产性是其显著标签,由此决定合同债权的救济方式主要为金钱赔偿。这也能在很大程度上实现恢复原状的理想状态,故为当事人主动选择或乐于接受。就人身损害而言,受害人遭受的是切肤之痛,有时甚至是终身残疾或失去生命,其损失无论通过何种手段都难以回到当初,金钱赔偿仅仅是一种不得以退而求其次的替代方式,并不能真正满足债权人的救济需求。侵权的救济方式一旦沦落到以金钱赔偿来消弭侵权受害人的损害,赔偿本身便意味着受害人救济目标的落空;①采取单纯的赔偿损失以保护人格,很容易使人误解为如此会导致对人格权侵害的赎买。② 由此可见,因救济需求不同,人身损害赔偿债权的救济方式具有先天不足,如此只能通过后天的调整才能得以矫正。

2. 析理:人身损害赔偿债权的利益衡量

人身损害赔偿债权与其他普通债权相比,是两种性质截然不同的债权。债权性质不同,说明有必要且应当施以差别化对待。人身损害赔偿债权是否应优于其他普通债权受偿,关键在于其所代表的法益位阶是否更高以及当下环境是否需要。

(1)价值追求:人身利益优于财产利益

《法国民法典》起草人波塔利斯说过:"法为人所用,非人为法而生。"③又如康德所言:"不论是谁在任何时候都不应把自己和他人仅仅当作工具,而应该永远视为自身就是目的。"④因此,人是一切法益的主体和基础。按照马斯洛"需求层次理论",人的第一需要是生存的需要,而人身权就是人的生存需要的法律表现,没有人身权的保护,所有法益也就失去主体这一要素,自然也就失去了保护的价值和必要。

各种利益冲突是客观存在的,当需要取舍和选择的时候,应当根据不同利益的位阶确定其保护顺序。就每个人而言,其同时享有人身权、财产权等各种利益,在这些利益之中,毫无疑问,最重要的是生命、健康和人格尊严等人身权,它决定着人之所以为人。财产固然重要,但其是手段,不是目的;如果人身权得不

---

① 参见韩长印、韩永强:《债权受偿顺位省思——基于破产法的考量》,载《中国社会科学》2010年第4期。

② 参见王利明:《人格尊严:民法典人格权编的首要价值》,载《当代法学》2021年第1期。

③ 参见王利明:《民法上的利益位阶及其考量》,载《法学家》2014年第1期。

④ [德]伊曼努尔·康德:《道德形而上学原理》,苗力田译,上海人民出版社2012年版,第52页。

到应有的保护,即使富可敌国,对其自身而言也毫无意义。因此,人身利益处于一种更高的位阶,当与财产利益发生冲突时,应当优先保护人身利益。

(2)客观需要:大规模侵权事件不断出现

随着经济全球化的深入发展以及互联网经济的加持,人类社会已经步入规模生产和消费时代,产品地域化标签逐渐褪去,全球不同区域使用同一商品或服务早已司空见惯。由此带来极大便利的同时,一旦发生产品质量事故,极易引发受害人数众多、赔偿数额巨大的"大规模侵权事件"。大规模侵权事件发生后,涉事企业往往不堪重负,被迫进入破产程序,其中人身损害债权受偿情况尤其值得关注。

多年来,大规模侵权事件在我国层出不穷。近年发生的长春长生疫苗事件,较远发生的有逐渐淡出人们视线的"三鹿奶粉事件"。以"三鹿奶粉事件"为例,全国约有30万婴幼儿遭受损害,若不是政府干预,使婴幼儿患者提前获得赔付,依照破产清算程序其将与其他普通破产债权人一样,无法获得任何清偿。如此这般,一方面,凡事由政府大包大揽,不符合法治社会的行事逻辑;另一方面,人身损害赔偿债权在此类案件中无法获得受偿也与社会大众朴素的法感情相左。因此,解决以大规模侵权事件为典型的这一现实难题,需要在破产债权受偿制度中对人身损害赔偿债权的顺位予以恰当安排,确保其获得合乎情理的清偿数额。

3. 顺位重构:基于与担保债权、优先债权的比较分析

将人身损害赔偿债权从普通债权中剥离给予优先保护,从技术层面上,可以与现行清偿顺位中的某一个层级并列,或者将人身损害赔偿债权设定为一个独立的优先层级。赞成人身损害赔偿债权优先保护的观点主要有以下几种:一是设立超级优先权即人身损害赔偿债权优先于担保债权;二是人身损害赔偿债权优先于劳动债权;三是人身损害赔偿债权介于劳动债权和税收债权之间顺位;四是人身损害赔偿债权与劳动债权并列保护。以下综合各类债权性质,重点对人身损害赔偿债权与担保债权、税收债权、劳动债权的排位进行比较分析。

(1)人身损害赔偿债权与担保债权

这种观点从人身损害赔偿债权的全面保护出发,认为应将人身损害赔偿债权设立在担保债权之前予以保护,或者对担保债权的优先受偿范围、受偿比例进行限制。比如,将优先受偿范围限于债权本金,对违约赔偿部分进行裁减。以债权形成时间为界,在担保物权设立前产生的人身损害赔偿债权优先于担保债权

受偿,在担保物权设立后产生的人身损害赔偿债权后于担保债权受偿。对此,意思自治原则作为私法领域尤其是合同法赖以建立的最重要的一块基石,担保债权的设立是当事人基于物权法定原则为保证债权实现而自由协商的议定之债,充分体现了当事人的信赖利益。在破产程序中撼动担保债权的优先受偿地位,既对现行物权法律体系造成巨大冲击,也会严重损害商事交易中的合理信赖,最终将反噬企业的交易机会。以银行为代表的担保债权人将提高资金融通门槛,要求企业提供更大价值的担保物或提高贷款利率,甚至干脆将存在高人身损害风险的企业拒之门外。从长远来看,如此将偏离社会经济良性发展的正常轨道。

(2)人身损害赔偿债权与税收债权

税收债权代表公共利益,与人身损害赔偿债权同属非合意之债。基于优先保护人身权利的价值理念,税收债权人代表的是国家利益,属于公法债权、财产性债权;人身损害赔偿债权的背后是公民个人,具有人身属性,关系生存权这一基本人权。税收债权人无疑具有更强的风险预测和承受能力,将人身损害赔偿债权置于优先于税收债权的位置,也更能体现破产法尊重保障人权、公共利益优先的价值取向。

(3)人身损害赔偿债权与劳动债权

在人身损害赔偿债权的顺位构建上,讨论最多的就是其与劳动债权的顺位比较。支持人身损害赔偿债权优先于劳动债权的理由主要有:首先,从债权形成的非自愿性来看,劳动关系的建立体现了劳动者与企业的合意,劳动者更了解企业状况从而预测风险能力更强,既具有是否建立劳动关系的主动权,也可以在企业陷入经营困境后第一时间察觉并作出反应。而人身损害赔偿债权的债权人并没有建立债权债务关系的主动权和选择权,大多是被动陷入风险之中,其应对风险能力较之劳动者更弱。将人身损害赔偿债权优先于劳动债权更能促使劳动者关注自身权益,及时主动追索劳动债权。其次,现有社会保障体系及社会保障制度对劳动者的保护已经较为完善,而人身损害的受偿程度完全取决于作为债务人的企业的偿债能力,人身损害赔偿债权人的保护需求更强。最后,劳动债权最终指向的是财产利益,是对劳动者劳动力的对价给付,而人身侵权涉及被侵权人的生命权、健康权、身体完整权,可能直接导致被侵权人劳动能力的丧失。劳动者可以通过再就业重新获得生存和发展空间,但人身侵权的损害后果可能无法逆转。因此,人身损害赔偿债权的实现更具有紧迫性和依附性。

上述理由虽有一定道理,但劳动债权与人身损害赔偿债权具有高度相似性,二者都属于非合意之债,都具有强烈的人身性质,都事关权利人的生存发展和社会稳定。劳动者虽然具有洞察企业经营异常的天然优势,但劳动者对于企业具有较强的依附性,越是处于劳动关系链条底层的劳动者,由于工作能力或经验的限制,即使在察觉异常后也未必能够主动作出选择或切实地维护自身权益。劳动者相较企业作为弱势一方,虽有较为完善的社会保障制度予以保护,但企业是劳动债权的负担者,劳动债权的实现仍然高度依赖企业自身的偿债能力。只有劳动者预先付出的劳动已转化为价值,使企业资产得以维持或增加,才使其他债权的实现变得可能。破产程序中,众多利益诉求之间形成复杂尖锐的对立冲突,而法律的抽象性不可能具化到对不同程度的人身损害赔偿债权和劳动债权都予以甄别对待,二者都担负着保障权利人基本生存和生活权益的重大价值。在没有充分性、压倒性理由论证何者绝对优先于另一方的情况下,按照同类权利同等对待,在破产企业财产有限的情况下,将人身损害赔偿债权与劳动债权列于同一顺位,更有利于权利人在平等的机会下实现相对公平的法律效果。

(三)房地产企业重整中权利冲突及债权人权利保护问题研究

自2009年开始,国家密集出台房地产产业的调控政策,调控力度空前严厉;加之在供给侧结构性改革持续推动的大背景下,经济增速调低换挡,房地产企业融资难、融资贵导致开发资金链日益紧绷,因债务清偿压力进入破产程序的可能性加大,房地产企业破产案件亦呈现逐年上升的趋势。笔者在办理破产及破产衍生案件的司法实践中,发现房地产企业破产程序中,期待实现物权的购房户、参与建设的项目施工方、房地产企业抵押权人以及其他债权人等众多主体诉求各异,权利冲突纷呈,利益难以平衡。特别是对于在建工程即俗称“烂尾楼”的处置以及该类重整程序中各位阶债权主体权利的依法维护、利益平衡,成为办理房地产破产重整案件的难点。

1.房地产企业破产案件中债权人权利保护面临的问题

(1)资产价值变现面临较大障碍

破产房地产企业尤其是开发商主要因为资金链断裂,既不能清偿已有债务也无力继续完成工程建设,但其资产实际价值或期待价值并不一定不足以清偿全部债务。但如资金压力不能缓解,则不能解决不动产变现的实际障碍。房地产企业资产变现能力受市场因素和房地产调控政策影响较大,经济趋势、房市变化、区域环境及政策因素均可能导致地产企业资产变现价值难以确定,不利于实现不动产价值的最大化,从而影响债权人权利受偿比例。

(2)无财产担保债权人受偿比例较低

由于房地产企业的惯常开发模式是以开发项目及所占土地使用权向银行抵押贷款取得部分建设资金,所以一旦开发商破产,银行在清算程序中往往可以通过抵押财产优先受偿,导致无财产担保的其他债权人的债权受偿比例明显低于享有别除权的债权人。

(3)关联项目及行业债权人受到冲击

由于房地产企业在项目建设过程中与建筑材料供应方、建筑设备出租方、房屋设施安装方、装饰工程承揽方等形成了较为复杂的债权债务关系,其破产会造成关联产业的债权人经营困难,进而破坏整个房地产开发、建设及经营链条的商业秩序。

(4)购房者债权人利益受损易引发社会稳定风险

房地产企业破产必然会涉及对广大的购房者群体利益的损害,这不仅在案件审理中会涉及权利冲突的复杂法律问题,还可能引发群体性事件,对社会稳定产生不利影响。

2. 房地产企业破产重整的现实意义和价值分析

现代破产法的立法宗旨以及破产重整的制度价值取向对于破产重整制度的适用具有重要影响。破产重整制度体现了破产法立法宗旨从注重对债权人保护到破产债权人与债务利益平衡以及社会利益最大化的变化过程。即需从债权人利益、债务人利益以及企业存续与否对社会经济秩序的影响等多方面价值衡量。而对债权人或者债务人权益以及相关案外人权益的适度限制也是以所维护的社会利益为重要的考量因素。实践中,对房地产企业是否适宜以及能否顺利实施重整,应重点考虑企业有无挽救价值及希望,以及企业项目对债权人、债务人尤其是社会利益的影响。

首先,从房地产企业破产案件的特点看,在建工程,即“烂尾楼”的项目价值确定、变现能力以及购房者利益保护等方面存在许多复杂利益诉求,房地产企业如进入清算程序,往往难以让债权人的正当利益得到充分保护,同时在维护房地产市场、社会稳定方面也存在诸多负面影响。因此,房地产企业破产程序中的重整适用则在解决上述问题方面更具优势。

其次,从重整程序适用的考量因素看,破产重整更符合房地产企业破产对社会利益本位价值的要求。在符合法律规定的情况下,依照法定程序进行的重整,虽然可能在一定范围内限制了债权人权利的行使,但能够充分发挥破产法的社会调整作用,体现破产法的立法宗旨,同时取得更佳的社会效果。

最后,从司法实践看,在法定的破产程序中,对不动产的处分更具有灵活性和有效性,对于在建工程或已竣工单位取得权利证书的建筑,其重整程序中的价值能够得到显著提升,从而能够更好保护债权人的权益实现。

综上所述,重整程序更有利于房地产企业破产案件相关问题的妥善解决。在今后的破产立法中,也希望能够对破产企业顺利引入重整程序给予更全面、细化的立法保障。

3. 房地产企业重整程序中取回权与债权人权利的冲突及解决路径初探

(1)取回权概述

《企业破产法》第 38 条规定,法院受理破产申请后,财产权利人可以通过管理人取回债务人占有的不属于债务人的财产。该法条所定义的破产取回权,一般为在破产程序中所有权人行使的实体请求权,并将其构成要件表述为破产标的物存在;行为人对标的物享有所有权、用益物权或其他法律所赋予应予保护的基础性权利;债务人占有该标的物,但其进入破产程序后,债务人失去继续占有、适用的依据。上述定义能够作为概述的破产取回权的行使条件,在司法实务中也能够解决大部分破产取回权请求权的形式问题,但仍然存在一些问题。如上述构成要件要求财产权利人必须对破产标的物享有类似所有权、用益物权的基础性权利,但是由于在我国权属的相关规定中,物权的效力具有各种情形,一般取回权的行使要求难以涵盖物权效力的全部情形。在实务中,也存在诸多各方对物权归属存在争议,管理人据此对抗一般取回权,拒绝取回的情形。在房地产企业破产程序中,取回权涉及在建工程、土地经营权等与房地产开发相关联的不动产权益。由于取回权主要是针对物权行使,是权利人不依破产程序取回其财产的权利。通常认为,取回权是返还所有物的物权请求权在破产程序中的名称。《企业破产法》第 76 条规定,重整期间行使取回权应符合实现约定的条件。除限制外,权利人可依据该法第 38 条规定从管理人处取回财产。笔者认为,《企业破产法》对取回权是从民法对物权主体实体权利保护的角度而给予的程序路径的规定,但没有对在破产程序尤其是重整程序中行使取回权的特殊性作更为具体的规定。在破产房地产企业的在建工程重整程序的继续建设直至竣工验收的过程中,权利冲突更为明显。

(2)取回权与债权人权利之冲突

如前所述,在破产程序中,取回权主张方与管理人所代表的债务人及债权人存在复杂的利益冲突。房地产企业破产程序不动产物权类别比较复杂,甚至存在多重权利属性的情况。特别是在重整程序中,由于不动产建设是房地产企业的主要经营项目,其项目通过重整形式继续建设,就让现实中涉及项目不动产的取回权行使变得更为复杂。笔者在司法实践中曾遇到这样的案例:

一家房地产开发企业因商品房项目建设资金链断裂,楼盘尚未修建完成烂尾,企业因资不抵债进入破产重整程序。重整期间,债务人成功招募重整投资人并顺利通过重整计划案,项目得以继续修建。而此时,在企业进入重整程序前预售房屋购买人因另案诉讼债务导致其所购买的期房在建工程被执行保全,后续其所购买的预售房屋进入司法拍卖,权利人经法拍程序取得该房屋在建工程权益。而在该企业重整成功、房屋即将竣工办理不动产权初始登记之时,法拍权利人向企业破产管理人主张行使其经司法拍卖取得的在建工程后续竣工房屋的取回权,并主张对取得该房屋的权属登记。

在上述案例中,主张取回权的一方依据经司法拍卖获得的房地产企业的预售房屋在在建工程阶段的权利,认为其应当享有企业重整成功房屋建成竣工后的房屋所有权。而重整投资人则认为,原房地产企业已进行重整,债权人在重整中引入资金对烂尾在建工程进行了继续修建并竣工验收取得相应权证,之前购房者所取得的仅为预售房屋的期待物权,实际也是属于债权,对于后续司法拍卖中因拍卖取得权属的案外人,其权利位阶不应高于购房者的债权位阶,故不能直接取得建成房屋的物权,其对竣工房屋主张取回权,既损害重整投资人的合法权益,也会影响企业其他债权人后续债权得以清偿的权益和比例,二者之间存在权利冲突和矛盾对立。

(3)解决路径初探

笔者认为,在对房地产企业在重整程序中,解决取回权主张方与企业债权人、投资人之间的利益冲突,应当立足于破产重整的价值理念和对各方权利人的公平保护综合作出判断。取回权是一种法定权利。但前述案例中因司法拍卖所取得的在建工程权益是否等同于房地产企业重整成功后的竣工房屋的认定,应当充分考虑房地产企业重整过程中,因重整方案投资人注资而让烂尾工程向竣工房屋转变从而给房产带来的增值和添附,而不能简单从物权请求权的角度作出判断。

笔者进一步认为,现行《企业破产法》对企业进入破产程序后进行重整的相关机制进行了专章规定,但从现有条文及司法实践看,现行破产法对案外人行使取回权主要将破产企业设定为走向清算路径,即倾向于支持取回权人拿回标的物以避免进入清算程序。但从前文分析来看,通过破产重整程序挽救房地产企业、盘活烂尾楼项目,更能满足各方主体的利益诉求,也更有利于维护和谐稳定,实现更好的社会效果。因此,在鼓励重整、支持重整的考虑下,笔者建议对企业重整程序中取回权的行使进行更有利于兼顾各方利益、更为公平合理的考量和规定。如前文中提及的取回权行使与债权人利益冲突的问题,单从传统民法思维中关于物权至上的价值判断角度考虑,会造成企业重整投资人及债权人的利益失衡,绝对的物权保护会与破产重整中的多个利益主体和社会利益本位理念发生冲突。笔者认为,破产法律规定应当体现与传统民法不尽相同的特殊价值,体现对复杂法律关系下多方主体权益的公平维护。司法实践中,对取回权纠纷的法律适用既要考虑对取回权人合法权益的保护,又不能过度适用。特别是基于房地产开发项目的复杂性,房地产企业的破产、重整需综合考虑取回权在房地产企业破产重整程序中的特殊性。如果不能严格界定取回权的适用,将直接导致房地产企业在重整过程中最具有重整增值价值的在建工程等资产被另行分配,破产债权人的权利无从保护,企业重整将毫无意义。

(四)刑事追缴与退赔款在破产程序中的受偿顺位问题研究

1. 背景:一则案例引发的思考

2021 年 4 月 29 日,S 省 C 市 Q 区人民法院裁定受理 A 公司破产重整案,并指定了管理人。同日,S 省 C 市 Q 区人民检察院向 S 省 C 市 Q 区人民法院提交公诉书,指控 A 公司涉嫌非法采矿罪。公诉机关指控,A 公司在未取得采矿许可证的情况下,商议决定采挖位于 S 省 C 市 Q 区某地块内的连砂石,擅自开采连砂石共计 1,527,259 立方米,价值 1.5 亿元以上。该公司非法采矿所得赃款主要用于支付员工工资报酬、偿还债务、生产经营以及股东个人耗用。

在上述案例中,破产法院面临的问题是 A 公司因非法采矿而承担的刑事追缴或退赔款在 A 公司破产程序中的受偿顺位如何安排，能否优先于普通债权？

2. 争议：刑事追缴与退赔能否优先于普通债权受偿

对于刑事追缴与退赔款在破产程序中的受偿顺位问题，《刑法》《企业破产法》等相关法律没有明确规定，在理论界、实务界主要存在以下两种观点。

（1）刑事追缴与退赔款优先于普通民事债权受偿

该观点认为，根据最高人民法院《关于刑事裁判涉财产部分执行的若干规定》（以下简称《涉刑财产执行规定》）第 13 条规定，退赔被害人的损失优先于其他民事债务。其主要理由是：刑法已经界定赃款赃物不属于合法财产，不应纳入破产财产范围。《企业破产法》第 30 条规定的债务人财产是指债务人合法取得的财产，而《刑法》第 64 条规定犯罪分子从被害人处取得的财产为“违法所得”，并非债务人的合法财产。2019 年，最高人民法院、最高人民检察院、公安部《关于办理非法集资刑事案件若干问题的意见》指出：“退赔集资参与人的损失一般优先于其他民事债务以及罚金、没收财产的执行。”因此，犯罪分子从被害人处获得的财产或因此形成的投资、置业，不属于《企业破产法》第 30 条规定的债务人享有合法所有权的财产，退赔被害人的损失在性质上有别于普通民事债权，应当按照《涉刑财产执行规定》第 13 条的规定，优先于普通债权受偿。

（2）刑事追缴与退赔款不能优先普通民事债权受偿

该观点认为，关于刑事受害人的债权具有优先性的认定不符合《企业破产法》对各类债权性质的分类，因此应当严格适用《企业破产法》的清偿顺序。①《涉刑财产执行规定》第 13 条所规定的顺位与破产清偿顺位有所区别：一是破产法未对人身损害赔偿优先作出规定；二是“退赔被害人损失”优先于其他民事债务，在破产法上并无相应依据。这两个债权优先在破产程序中不是当然的。从利益正当性角度出发，“人身损害赔偿优先”具备正当性，但需立法完善，而退赔优先不具备正当性，刑事标准应不适用于破产程序。

3. 辨析：刑事追缴与退赔款不能当然优先普通债权受偿

（1）《涉刑财产执行规定》第 13 条不是破产程序中判断刑事追缴与退赔款是否具有优先受偿顺位的依据

对于《涉刑财产执行规定》第 13 条，最高人民法院执行局在其编著的《最高

---

① 参见浙江省杭州市中级人民法院民事判决书，(2020)浙 01 民终 4958 号。

人民法院关于刑事裁判涉财产部分执行的若干规定理解与适用》一书中明确指出："本条司法解释没有提及追缴赃款赃物上缴国库和没收供犯罪所用本人财物在与被执行人刑事责任、民事责任并存情况下，居于何种执行顺位的问题……对于追缴和责令退赔的适用，理论上和司法实践中则较为混乱……本条司法解释第一款第（二）项仅规定了应当退赔被害人的情况，对于应当上缴国库的违法所得及其收益，则未明确提及其执行顺位。"该书还明确指出："被执行人为企业法人的，如果进入破产程序，其资产显然已不足以清偿全部民事债务，根据相关法律规定及本条司法解释确定的责任顺序，财产刑基本已无执行的可能。虽然符合财产不足以支付的条件，但案件已经进入破产程序，如何确定责任顺序，应由破产程序解决。"①

（2）依据"先刑后民"原则，刑事追缴与退赔款具有优先受偿顺位在"刑破交叉"案件中不具有充分的合理性

"先刑后民"或"民刑并行"，是长期以来处理"刑民交叉"案件过程中存在的主要争议，破产程序作为民事诉讼程序的一种亦涉及其中。按照《全国法院民商事审判工作会议纪要》（法〔2019〕254 号）第 128 条、第 129 条的规定，"刑民交叉"案件的处理原则是"同一事实，先刑后民；不同事实，刑民并行"。这一规定似乎为解决"刑破交叉"案件提供了明确的指引，即考察破产事实与犯罪事实是否为同一事实，如果是同一事实，则应"先刑后民"，否则应"刑民并行"。但问题的关键在于，什么叫"同一事实"？如果将破产企业与犯罪嫌疑人为同一主体称为"同一事实"，那么所有"刑破交叉"案件都会落入"先刑后民"的框架。但这种理解未免太过狭隘，难以得到支持。将破产企业陷入资不抵债的破产原因事实与破产企业涉嫌犯罪的事实称为"同一事实"虽然较为合理，但在实务中很难发生这种事实竞合。如上述案例中，A 公司资不抵债的原因是其长期经营不善、盲目举债，与其非法采矿并非同一事实。从某种程度上来说，"先刑后民"原则在"刑破交叉"案件中缺乏足够的理论支撑。

实际上，在破产程序下，由于破产债权的申报、确认和清偿规则能充分保障刑事法律关系和民事法律关系中受害人的权利，"先刑后民"原则并无适用的空

---

① 最高人民法院执行局编著：《最高人民法院关于刑事裁判涉财产部分执行的若干规定理解与适用》，中国法制出版社 2017 年版，第 57～63 页。

间和必要。[①] 按照《中华人民共和国刑事诉讼法》第99条的规定,被害人在刑事诉讼中通过追缴或退赔所能获得的款项即是其遭受的物质损失。而物质损失在加害行为发生时即已固定。债务人进入破产程序后,如果刑事程序已经终结,受害人可以其损失额为限申报债权;如果刑事程序尚未终结,受害人亦可以其损失额为限申报债权。这就意味着,刑事程序终结与否对受害人申报债权无任何影响,只要债务人实施的加害行为已经完成,受害人在破产程序下能够得到的填补和救济就已经固定。一旦债务人进入破产程序,刑事法律关系和民事法律关系可以同时处理,"先刑后民"没有必要。因此,在"刑破交叉"案件中,依据"先刑后民"原则认为刑事追缴与退赔款具有优先受偿顺位不具有充分的合理性。

(3)判断刑事追缴与退赔款是否可以优先普通债权受偿,关键在于能否实现赃款、赃物特定化,进而别除违法所得

刑事退赔优先于普通债权受偿的原理在于,退赔的这部分财产属于犯罪人违法所得,在刑法上仍将应当退赔的财产视为被害人财产,不属于被执行人在民法上的责任财产,应当通过追缴退赔发还受害人。原物存在的,直接返还;原物已毁损灭失的,责令退赔。因此,在"刑破并行"的情况下,如果赃款、赃物能够在刑事程序中实现特定化时,基于破产法的取回权制度理应将其分离于破产财产,被害人可以行使取回权从破产管理人处取回该部分的财产;但如果无法使赃款、赃物特定化,致使赃款赃物与企业合法财产无法区分,则应纳入破产程序统一处理。当前一些法院的实务观点也是如此,即"对于应返还给刑事案件被害人的特定财产,不属于破产财产,应通过在刑事程序中退赔等方式返还给受害人;对于已无法区分或者无区分必要的财产,则应当纳入破产财产在破产程序中一并处理"。[②]

(4)在赃款赃物无法实现特定化的情况下,认定刑事追缴与退赔款作为普通债权统一受偿符合公平受偿理念

首先,就法律依据而言,我国《企业破产法》及其司法解释并未赋予刑事追缴与退赔款具有优先民事债权受偿的顺位。但最高人民法院于2009年5月发布的《关于依法审理和执行被风险处置证券公司相关案件的通知》第5条规定,证券

① 参见唐旭超:《"先刑后民"在破产程序下的审视与重构》,载《人民司法》2014年第7期。

② 参见四川省高级人民法院民事裁定书,(2021)川民申494号。

公司进入破产程序后,人民法院作出的刑事附带民事赔偿或者涉及追缴赃款赃物的判决应当中止执行,由相关权利人在破产程序中以申报债权等方式行使权利;刑事判决中罚金、没收财产等处罚,应当在破产程序债权人获得全额清偿后的剩余财产中执行。这是最高人民法院唯一以司法解释的形式,规定了证券公司在破产程序中刑民交叉问题的处理方式。虽然该司法解释颁布距今已过10年,但其中蕴含的法律导向仍具有积极的借鉴意义,从中可以得出启示:刑事判决中的追缴赃款赃物可以与其他民事债权一样,统一纳入破产程序受偿。

其次,就法理依据而言,将刑事追缴与退赔款作为普通债权具有一定的合理性。视破产企业为刑事涉案财物的占有者并负有返还退赔的义务,由此形成的债权债务关系本质上是一种侵权责任法上的债权,只不过由于破产企业的侵权行为已经达到了涉嫌犯罪的严重程度,需受到《刑法》的规制和惩罚,并借由国家司法机关具体负责追缴和保障实施。从这个角度来分析,刑事被害人同时也是民事被侵权人,具备民法上的债权人地位。在破产财产与犯罪所得高度混同、无法相互剥离的情况下,刑事受害人与破产债权人一起向破产管理人申报债权,共同参与债务人财产的分配,适用《企业破产法》分配顺序符合法律规定,并有其合理性。

最后,就社会效果而言,认定刑事追缴或退赔款作为普通债权在破产程序中统一受偿,符合《企业破产法》的公平受偿原则。破产程序的实施宗旨是要“保证对债权人的公平清偿和对债务人正当权益的合理保护,并进而实现对社会整体利益的维护”。破产程序所要解决的首要问题,是在债务人发生破产原因后,如何平等地保护全体债权人权利。如果说诚实信用原则是民法最基本的原则,债权人公平受偿原则就是破产法的第一原则。债务人进入破产程序前,一般会负担两类债务:一类是因从事民事活动应向特定主体所为的给付,如职工工资、银行贷款,在债务人进入破产程序后转化为破产债权受偿。另一类是因行政管理法律关系和刑事法律关系应为的给付,如罚款、罚金,在债务人进入破产程序后,应转化为劣后债权受偿。这也就意味着,权利人在债务人进入破产程序前对其所享有的权利通过破产程序这一特殊民事程序设定的清偿规则都能得到充分保护。

三、债权人议事机制完善

(一)关于高效召开债权人会议的若干思考

债权人会议召开的效率关乎债务人财产价值最大化、债权回收率、破产程序成本等多方效益，是影响破产程序高效性目标实现与否的关键因素，是需要破产法律制度变迁中的行动者予以认真对待的现实问题。

1. 问题的提出

"高效性"目标是各国破产法立法过程中普遍接受且共同追求的根本目标之一。[①] 联合国国际贸易法委员会《破产法立法指南》将"及时、高效并公正地解决破产事务"确立为有效力和高效率的破产法的关键目标之一。世界银行营商环境评价指标体系的"办理破产"指标与我国发展和改革委员会对我国城市的营商环境评价指标体系中的"办理破产"指标，都将"时间"作为"成本"要素并作重要考察，耗时越短，效率越高，成本越低，则评价越好。

但不论从制度本身表述还是司法实务来看，对如何实现"高效"的方法、措施等相关指导仍有不足。实践中，债权人会议审议事项久拖不议、议而不决或决而不过的问题长期且普遍存在。"久拖不议"主要表现为管理人在接管债务人经营和财务事项后，由于债务人资产构成复杂、资产归集受阻、管理人履职能力不足或风险偏好等原因，长期未就债务人财产管理和处置等问题形成有效方案，导致债权人会议无法及时召开。"议而不决"主要表现为债权人会议召开过程中，由于管理人未能事先及时与债权人充分沟通审议事项，导致债权人无法对相关事项进行现场表决，从而需要另行召开债权人会议或者另行表决。"决而不过"主要表现为管理人提交债权人会议审议的事项，尤其是债务人财产处置、分配等方案存在合法性或合理性问题，导致债权人会议虽经表决但最终未予通过。

债权人会议审议事项久拖不议、议而不决或决而不过情形的发生，会导致破产程序无法有效、无争议地进入下一个流程，启动下一项措施，又势必会产生议题被迫搁置、破产审理期间变长等后果的出现，而法官在无法形成决议时对程序

---

① 参见[美]杰伊·劳伦斯·韦斯特布鲁克等：《商事破产：全球视野下的比较分析》，王之洲译，中国政法大学出版社2018年版，第1~2页。

进行强制通过的补位裁判要顶着巨大压力。这样的破产事务处理过程是低效益的,大大减损了债权人会议制度所蕴含的效率价值,也无法实现破产法律制度追求的高效性目标。在最高人民法院《关于推进破产案件依法高效审理的意见》(以下简称《破产案件高效审理意见》)等司法文件不断强调"提高破产审判效率""提升债权人会议召开和表决效率"的背景下,如何高效召开债权人会议不仅是破产审判工作需要面对的现实问题,也是债权人会议制度理论研究和立法完善需要重点关注的内容。

2. 高效召开债权人会议的实践应对

为有效防范和应对债权人会议审议事项久拖不议、议而不决或决而不过问题,针对影响债权人会议高效召开的关键方面,笔者及笔者所在的成都市中级人民法院破产法庭协同管理人队伍,在提高债权人会议召开效率方面进行了一系列探索,并形成了以下经验做法。

(1)处理好高效性目标与其他目标之间的关系

"追求效率"与"讲求公平"目标并非天然对立。当我们在讨论债权人会议召开的高效性目标时,绝不意味着置"公平清理债权债务"目标于不顾,而是讨论"如何更有效率地实现特定社会公平目标"的现实问题,即在有一个明确的公平目标或公平系数时,我们仍需要去构想那些能够更有效率地实现该目标的制度方案。[①] 由此,高效召开债权人会议不仅要关注与效率适配的程序和要求,还须处理好与其他目标和终极目标之间的关系。其中值得关注的是,现行破产法律制度关于债权人会议召开的合法性、透明性、可预期性目标。

合法性是债权人会议高效召开的前提条件,触碰合法性底线必然导致欲速不达局面;透明性是债权人会议高效召开的重要保障,旨在保障债权人等利害关系人的知情权与程序参与权,促进各方在信息对称情况下实现有效谈判,尽快达成债权债务清理和经营投资交易共识;可预期性是债权人会议高效召开的衡量标准,债权人会议召开前,管理人和债权人会议主持人对影响债权人会议召开效果的因素预判越准确,债权人会议召开的效率就越高。因此,提高债权人会议召开效率要以解决问题为导向,坚守程序与实体上的合法性,增强程序的透明性与利益相关方的信息对称,精准研判影响债权人会议效果的各个因素,及时防范化

① 参见熊丙万:《中国民法学的效率意识》,载《中国法学》2018 年第 5 期。

解可能发生的风险。

(2)明确会议参与各方职责定位,促进有效且广泛合作

实践中,在债权人会议这场结构化的行动里,最主要的参与者是债权人、管理人和人民法院。这些主体围绕最大化清偿债权目标(即便是困境企业拯救行动中,提高债权回收率依然是最基础的目标)行使《企业破产法》赋予的职权,成为推动破产程序前进的核心力量。为高效召开债权人会议,需要关注和发挥这些角色之间的联动性。

管理人应当在债权人会议召开前及时向法院和债权人报告、披露、沟通债务人经营管理和财产调查处置等情况;债权人应当依法有序参与破产程序,认真对待自己的权利,积极审议相关事项并及时表达意见;法院应当及时指导、监督、激励管理人履职,保障、引导债权人依法有效行使知情权、表决权、异议权,合法、审慎行使自由裁量权。力图使各方主体通过明确分工和充分沟通,使分散的债权人拧成一团,从单独参与变成广泛合作,从而高效推进破产程序。

(3)会前充分沟通,增进信息披露效果

实现透明性目标的核心在于沟通,这是高效召开债权人会议的基础工作。我们常说的是管理人的信息披露工作。披露的具体内容可比照《企业破产法》第25条的规定,如报告接管、债务人财产调查(评估、审计等)、债务人经营、日常开支、参与诉讼等情况。但对于有表决事项的债权人会议而言,只有信息披露是远远不够的,管理人还需更进一步做好充分沟通。

与沟通相比,信息披露仅仅是管理人单方面对外传递信息,沟通则是在信息披露基础上更高的要求。首先,沟通中,管理人输出的信息大于信息披露,除了前述具体内容外,还涉及形成报告内容背后的方式、方法等,这对管理人履职提出更高的要求。其次,沟通涉及管理人提出方案的具体考量,如通过何种方式处置应收账款,管理人判断的依据以及不同处置方式之间的成本比较等。最后,沟通需要管理人充分征求、听取债权人意见。这时,管理人成为信息的接收和处理方,该种处理不仅涉及对单个债权人具体诉求和问题的回应,还涉及整体债权人呈现利益诉求的综合与平衡。

在沟通的具体操作上,以清算案件为例,围绕债权人会议所要议决和监督的事项,会前的沟通主要包括管理人与人民法院、债权人的沟通。就管理人与人民法院的充分沟通而言,在形式上可以表现为相关的沟通机制,比如,在管理人与

承办人在第一次债权人会议召开前至少两次现场沟通、常态化的管理人工作周报或月报制度、个别或突发性重要问题的及时沟通解决。就管理人与债权人的充分沟通而言,重点在于保障债权人的知情权、异议权与程序参与权,提高信息传递的准确度、接收度、接受度。

(4)有针对性选择会议召开方式

《破产案件高效审理意见》明确了以非现场方式召开债权人会议的基本规则。信息化的应用确实为债权人会议的召开带来了极大便利,但不能仅仅因为追求迅速、便捷而选择非现场召开方式。除不可抗力情形需要以非现场方式召开债权人会议外,会议召开方式的选择应充分衡量会议召开的成本与收益,保障债权人程序性权利与实体性权利。

高效的会议召开方式取决于管理人与债权人事先就议决事项的沟通效果和对表决情况的预判。一般而言,针对债权债务关系较为复杂、存在需现场调整的事项或经管理人会前沟通可能无法表决通过的事项等情形,以现场方式召开债权人会议是更好的选择。这不但有利于充分保障债权人的知情权和程序参与权,而且有利于人民法院和管理人充分了解债权人的意思表示和异议事由,还有利于有效搭建债权人与债务人的谈判协商平台,及时调整相关方案和决议规则。非现场方式更适用于经之前债权人会议决议通过可采用非现场方式,事先已明确同意议决事项的债权人或议决事项于会前已获相应有表决权债权人数及债权额通过等情形。

(5)高效制定债务人资产处置方案

债务人资产处置方案通常是债权人会议最难以表决通过的事项。债务人资产处置方案载有财产变价的方式和程序,能够反映财产变价效益,决定破产财产分配基数,预期债权人受偿情况,是债权人会议审议事项中最受关注、最具弹性、最易发生争议的内容之一。目前,立法关于债务人资产处置方式的规定还比较单薄,对于管理人在处置债务人资产方面的赋权不够。实践中,具有可操作性的做法是比照正常经营公司治理中股东会对董事会的授权,通过债权人会议授权管理人灵活处置债务人的资产。

而一份成熟的债务人资产处置方案,需要管理人通过多种途径获得债务人资产的可参考价值,需要管理人与债权人事先就资产处置方案进行充分沟通,需要人民法院积极探索更为有效的债务人财产处置方式和渠道。为最大限度促进债务人财产价值最大化,成都市中级人民法院《关于破产案件简化审理的指导意见(试行)》第10条、第11条探索了资产评估报告与审计报告的径直使用情形,以及对于资产组成复杂、变现困难、无法变价或无法追索追收等不同类型债务人财产的高效处置方式。此外,根据《企业破产法》第112条的规定,变价出售破产财产应当通过拍卖进行,债权人会议另有决议的除外,但《企业破产法》及其司法解释未进一步明确破产程序中债务人财产拍卖的具体规则。实践中,管理人可在合法性范围内参照适用最高人民法院《关于人民法院民事执行中拍卖、变卖财产的规定》《关于人民法院网络司法拍卖若干问题的规定》,提出债务人财产拍卖具体方案,并及时向债权人释明。

为避免屡次召开债权人会议带来的程序拖延和成本增加等低效问题,管理人对债权人的相关通知、信息披露和沟通工作有必要前置,即管理人要在债权人会议召开前、债务人资产处置方案制定过程中,及时、充分、全面、准确向债权人披露相关信息,并做好债务人资产情况的介绍、释明工作,就各类资产的处置思路与债权人充分沟通磋商,以征得有表决权债权人以及利益相关人的同意和支持。

综上所述,一个高效的债权人会议,是前期大量调查核实与沟通协商工作的浓缩呈现,是对前期所有工作开展精准性的衡量,要求管理人忠实履职、以勤勉与智慧化解矛盾和问题,要求会议主持人具备丰富的实务经验与成熟的主持技艺,对已开展各项工作了然于胸,对会议召开合法性的坚守、对透明性与可预期性的充分把握。同时,一个高效的债权人会议需要具备效率意识的制度支撑与指向合作主义的权力构造。关于依法高效推进债权人会议的召开,地方性知识是有限的,地方经验探索也是远远不够的,仍需要从立法层面对实践予以制度保障和引导。

3. 提高债权人会议召开效率的立法完善建议

会要开得好,功夫在场外。在债权人会议运行过程中,管理人、债权人、债务人、会议主持人等主体的能动性,会议召开方式的选择,债务人资产处置效率等,都是影响债权人会议效率目标实现与否的重要因素。正值《企业破产法》修订之际,与高效召开债权人会议息息相关的破产法立法宗旨中关于高效性目标的规定,管理人信息披露义务规则,债权人会议主持制度尤其是债权人会议主席的任职标准、专业化履职机制,网络债权人会议召开及表决规则等都是现行破产法律制度的薄弱环节,需要通过立法尽快建立健全。本书暂无法面面俱到,仅先试图结合前文分析及笔者所关注的高效召开债权人会议所必要的管理人履职沟通协商机制和债务人资产处置规则两个方面,浅谈一些立法完善建议。

(1)以信息披露为底线,加强管理人履职沟通机制

长期以来,我们主要关注管理人信息披露过程中的合法性、及时性、真实性、充分性、全面性、准确性等问题,对信息披露对象的接收和接受程度缺乏应有的关注,而这恰恰成为影响管理人履职效果的重要因素。在以保障债权人知情权、程序参与权、异议权等为核心,服务债权人决策和监督为宗旨,具有议事性质的债权人会议活动中,管理人的通知和信息披露义务仅仅是法律的底线要求。法律不仅具有底线规则和评价功能,还有指引功能;立法也不仅有规制型立法,还有促进型立法。应用于高效召开债权人会议这一情境下,在明确管理人信息披露义务之外,增加管理人履职的沟通规则,就是通过立法形式对促进债权人会议高效性目标实现的沟通机制予以肯定和倡导,有利于债权人会议开展中的行动者对加强履职沟通、促进广泛合作达成共识,引导各方充分发挥主观能动性实现债权人会议的终极目标。

在具体立法完善建议方面,比较重要的规则有:其一,完善《企业破产法》第63条关于债权人会议召开前管理人通知义务的规定。在债权人会议召开前,管理人应当加强与人民法院、债权人等相关方的协作配合,对提交债权人会议审议的事项,应当提前与债权人充分沟通,听取债权人意见并及时予以答复和协商,努力增进共识;债权人可以提前就债权人会议审议事项进行投票表决、发表意见,管理人应当做好记录,债权人应当在会议笔录上签名或者盖章。其二,完善《企业破产法》第111条关于管理人拟定破产财产变价方案的规定。在破产财产变价方案拟定过程中,破产财产变价方案提交债权人会议审议表决前,管理人应当加强与相关债权人或者债权人委员会的沟通协商,实现破产财产价值最大化;管理人应当通过多种途径获得债务人资产的可参考价值,并主动引导债权人会议就资产处置价格进行协商,努力达成共识。

(2)完善债务人资产处置规则,重视债务人资产处置效率

债务人财产管理是破产程序的核心内容,债务人资产处置方案涉及债权人切身利益,是债权人会议最关注的事项。在具体立法完善建议方面,比较重要的内容有:

其一,明确规定债务人资产处置坚持债务人财产价值最大化原则,提高债务人资产处置效率,保护债权人和债务人合法权益。

其二,明确债务人资产评估报告与审计报告的径直使用情形。比如,执行程序中已作出的评估、鉴定或审计报告在有效期之内的,不再重新委托评估、鉴定或审计。在"执转破"案件中,所涉财产在执行程序中流拍后移送破产审查再行拍卖的,不受评估、鉴定及审计报告有效期的影响。债务人自行委托相关机构作出的评估、鉴定或审计报告在有效期之内的,以及已有评估、鉴定或审计报告虽超过有效期,但如该财产或其财产性权利的市场价值未发生明显变化,或未对债权人、债务人或其他破产参与人权利造成明显影响的,除债权人或利害关系人在债权人会议对相关事项进行表决前已自愿承担相关费用以及管理人认为确有必要外,管理人可不再重新委托评估、鉴定或审计,径直以现有相关报告结论制作有关方案、报告,并提请债权人会议决议。

其三,细化不同类型债务人资产处置规则。例如,资产组成复杂、变现困难的,可以由债权人会议概括授权管理人进行该部分资产处置;涉股权、无形资产的,由管理人在股权充分尽调基础上形成议价与判断,提请债权人会议决议;财产价值过低但管理人难以作出放弃的,可以一元起拍卖;财产无法变价的,经债权人会议决议通过,管理人可以放弃对破产财产的变价;无法追索、追收的财产,或追索、追收成本高于追索、追收所得的,经债权人会议决议通过,管理人不再追索、追收,债权人可以通过自行垫付资金请求管理人追收;在第一次债权人会议前不宜保管的债务人财产,管理人应当及时报告人民法院,经人民法院同意,可以及时采取变价措施处置该资产;针对不真实的应收账款,管理人在做好调查、报告基础上予以核销;有对外投资的,出售或者转让债务人持有的有限责任公司股权的,管理人应当依法通知该有限责任公司及全体股东,出售或者转让债务人投资的股份有限公司股权的,管理人应当依法通知该股份有限公司;①有未缴出资、抽逃出资情形的,管理人应当追缴出资,代表公司提起相关诉讼,并充分适用《企业破产法》第123条的规定追加分配程序。

其四,完善破产程序中财产网络拍卖规则。例如,采用拍卖方式进行处置,

---

① 参见《北京破产法庭破产案件管理人工作指引(试行)》第131条,《重庆破产法庭、重庆市破产管理人协会破产案件管理人工作指引(试行)》第122条。

拍卖所得预计不足以支付评估拍卖费用,或者拍卖不成的,经债权人会议决议,可以采取作价变卖或实物分配方式。经债权人会议通过,管理人可以将债务人财产以债权人内部竞价、协议转让、以物抵债等方式进行变价或分配,但法律法规禁止通过上述方式处置的除外。此外,立法还需要进一步明确破产程序中财产网络拍卖基本流程、管理人的职责职权、网络拍卖平台的选择、网络拍卖方案的制定及其主要内容、网络拍卖过程中的监督机制、拍卖资产相关债权人的权利保障等具体规则。①

(二)完善债权人会议决议制度若干问题研究

破产债权从本质上仍属于民事债权,具有民事权利的自治性。债权人会议作为临时性议事机构,也是债权人自治机构,核查债权、通过破产财产分配方案等一系列重大事项,都需要通过债权人会议决议的方式进行。从这个意义上来讲,可以说债权人会议是整个破产程序进程中非常关键和必不可少的核心环节。然而,《企业破产法》仅仅用了8个条文来对债权人会议进行规范,显然无法应对司法实践中层出不穷的问题。本书结合破产审判实践思考,对完善债权人会议决议制度提出几点建议意见。

1. 召开方式的变革——从现场到网络

依照《企业破产法》第62条的规定,第一次债权人会议由人民法院召集召开,其后的债权人会议的召开则需要由管理人、债权人委员会、占债权总额1/4以上的债权人向债权人会议主席提议后召开,或是在人民法院认为必要时召开。但在司法实践中,受到债权人人数的影响,加之近几年新冠疫情的全球化暴发,采用传统的现场聚集方式召集一次债权人会议,可谓难上加难。然而破产程序中的很多重大事项又必须要通过债权人会议的方式决议,这样的矛盾导致在一些案件中后续工作难以进行。

面对这样的问题,司法实践中,部分法院采取了非传统的方式召开债权人会议。2019年,北京市石景山区人民法院在召开某科技(北京)有限公司破产清算案件第一次债权人会议时,首次在北京市法院系统以网络直播、网络签到、网上

① 参见北京市高级人民法院《关于破产程序中财产网络拍卖的实施办法(试行)》,重庆市高级人民法院《关于破产程序中财产网络拍卖的实施办法(试行)》。

答复的方式组织召开债权人会议。2020 年,山东省日照市东港区人民法院在审理日照市某知名集团公司破产案件时,考虑该案关联企业 21 个,涉案债权 63 亿余元,申报债权人 111 户 125 笔,覆盖 9 个省市,社会关注度高,采用“云端”方式召开了一次特殊的债权人会议,高效推进了案件进展。①

那么,采用这样的网络方式召开债权人会议,是否具有法律依据呢?答案是肯定的。首先,《企业破产法》第 26 条在规定债权人会议的召开时,并没有规定必须为现场召开的方式。其次,最高人民法院《关于企业破产案件信息公开的规定(试行)》第 11 条第 1 款规定:“人民法院、破产管理人可以在破产重整案件信息网召集债权人会议并表决有关事项。网上投票形成的表决结果与现场投票形成的表决结果具有同等法律效力。”这一规定为网络方式召开债权人会议的合法性提供了法律依据。

采取网络会议的方式召开债权人会议,其优点是显而易见的。其一,有利于提高债权人会议出席率。网络会议突破了地域和场所的限制,节约了债权人参会时间与资金成本,也能够最大限度地覆盖广大债权人,使更多的债权人便捷地参与到会议中来。其二,有利于减少会议成本支出。债权人会议的组织成本、会务场地租赁成本等都属于破产费用,最终还需从债务人财产中清偿,进而影响全体债权人的利益;而采用网络方式开会则免去了上述一系列的成本支出,避免了对债权人利益的减损。其三,有利于提高会议的效率。以现有的网络技术为支撑,远程协作、文件共享、媒体文件播放、通告板等多种功能在网络债权人会议中是完全可以实现的。在传统的会议模式下,会议签到、发表意见、统票计票等环节均要耗费大量时间和人力;而在网络会议中,只需要手指轻轻一点即可完成表决投票,表决结果全程留痕,更加透明和高效。

那么,以网络方式召开债权人会议需要注意哪些问题呢?第一,参会人员身份的甄别。由于网络具有虚拟性的特点,因此在召开债权人会议前须核验进入网络会议中的参会人员身份,以确保会议的有效召开。在技术上可采用向债权人发放账号密码、要求债权人申报债权时提供其 IP 地址备案,在规定时间内登录

① 参见樊艳潮等:《东港法院“云端”召开 75 名债权人会议》,载《山东人大工作》2020 年第 4 期。

管理人专门设置的表决网站(界面)进行表决等方式。[①] 第二,会议资料的保存。由于网络具有即时性的特点,因此在召开网络会议的时候应做好相关资料的保存和备份,有条件的还可进行会议直播上传,做到整个会议全程留痕,公开透明。第三,技术的保障。网络会议方式对电脑和网络技术条件都有一定的要求,单由人民法院或管理人团队不一定能达到条件,必要时应聘请专门的技术机构或人员进行辅助支持,确保会议的顺利进行。

2. 统计方式的修正——从区分有无财产担保到区分有无表决权

在统计债权人会议决议是否通过时,《企业破产法》采取了双过半的统计方式。《企业破产法》第 64 条第 1 款规定:“债权人会议的决议,由出席会议的有表决权的债权人过半数通过,并且其所代表的债权额占无财产担保债权总额的二分之一以上。”对于除通过和解协议、破产财产分配方案以外的事项的表决,有无财产担保的债权人均是有表决权的。那么,此处的“其”,究竟是指所有同意该决议的有表决权的债权人(包括有财产担保的债权人),还是应该排除有财产担保的债权人? 这一点在理论界及实务界都存在争议。按照该法条的字面意思理解,此处的“其”应该是指代前半句,即“出席会议的有表决权的债权人”,当然就包括有财产担保的债权人。但若这样理解又会出现逻辑悖论。一方面,在分子计算通过的债权额时计算了有财产担保债权人的债权额,另一方面,在分母计算总债权额时又排除了有财产担保债权人的债权额,是极有可能出现债权额所占无财产担保债权总额的比例超过 100% 的情形,从逻辑上来看显然存在矛盾。但若将此处的“其”理解为除有财产担保的债权人以外的有表决权的债权人,从语境来看显然没有指代的出处。并且从人数过半来看,并未排除有财产担保的债权人,而债权额过半又将有财产担保的债权人排除在外,显然也前后不一致。

笔者认为,依照《企业破产法》第 59 条和第 61 条之规定,有财产担保的债权人仅对通过和解协议和通过破产财产分配方案不享有表决权,换言之,对于大部分决议,其是享有表决权的。在这些事项上,法律既然赋予了其表决权,就应确认其表决结果的效力,否则,该表决权就是毫无意义的。因此,笔者建议对债权人会议决议的统计方法予以修正,明确在统计表决结果时,分子为表决同意的有

---

① 参见莫挺:《破产债权人会议制度研究——以完善表决机制为视角》,载《南方论刊》2015 年第 12 期。

表决权的债权人所代表的债权额(包括有财产担保债权和无财产担保债权),分母为所有的有表决权的债权人所代表的债权额。此处不宜表述为所有债权人所代表的债权额,也不宜以有无财产担保来做区分,而仅以有无表决权来做区分,逻辑上更为自洽。一方面,如果设定为所有债权人所代表的债权额,就有可能出现极端情况下某项决议无法通过的情形。如在表决和解协议以及破产财产分配方案这两项事项时,有财产担保的债权人无表决权,但其所代表的债权额已经占到所有债权额的1/2以上,因其无法参加表决,所以在统计时,分子永远无法占分母的1/2以上。另一方面,分子分母均以是否有表决权来区分,在逻辑上更为自洽,表述上也更为统一,不论是进行何种事项的表决,均能区分情形进行对号入座,不会产生混淆。

因此,对于该条规定,建议修改为"债权人会议的决议,由出席会议的有表决权的债权人过半数通过,并且其所代表的债权额占有表决权的债权人所代表的债权总额的二分之一以上"。

3. 表决规则的规范——从意思自治到限制重大事项被"视为同意"

我国《企业破产法》采取出席债权人会议的债权人的多数同意与同意决议的债权人所代表的债权额在债权总额中占简单多数或者绝对多数两种标准结合适用的立法模式。即无论是对一般事项的表决,还是对重整计划、和解方案等重大事项的表决,均对出席会议的债权人所代表的债权额占比有所要求。若出席债权人会议的债权人所代表的债权额达不到决议所需的最低法定化比例数额,则无法通过任何有效决议。当债务人缺乏有价值财产时,债权人现场参与债权人会议的积极性极低,虽然采取书面表决方式可以保证参与度并降低债权人会议决议成本,但也存在债权人不寄回表决票从而无法作出有效决议的风险。这在一定程度上阻碍了破产程序的有序推进。

实践中为应对这一问题,破产管理人出于程序效率、工作便捷等考量,往往会设置"视为同意"的表决规则,较为常见的有:不投票即视为同意、不明确反对即视为同意、未说明反对理由即视为同意等。不可否认,"视为同意"这一表决规则有其存在的程序价值,能够保障破产程序的高效推进。与此同时,我们也注意到,部分破产管理人在草拟债权人会议议事规则时并未预料到因表决票不能回收可能导致无法作出有效决议的困境,或是考虑债权人会议不能通过此类表决规则而"故意"含糊其词,为了通过个别议案而单独设置表决规则,表决规则完全由破产管理人设计且并未得到债权人的认可同意,使表决中被“视为同意”的债权人占优,愿意表达意见的债权人权利得不到保障。尤其是在重整计划、和解方案等重大事项上,持反对意见的债权人缺乏救济途径。

笔者认为,为了防止出现“视为同意”表决规则被滥用而架空债权人会议制度的司法套利行为,有必要对该规则加以规范适用。在程序规范上,应将表决规则事先写入债权人议事规则中,表决时保证每位债权人清楚知悉待表决的事项、反对意见的操作程序、表决期限和弃权的后果,有效保障债权人知情权。若债权人充分了解需表决的事项仍不参加投票并知晓被“视为同意”的后果,是债权人对自己权利的处置。在效果规范上,视同认可机制在程序事项表决方面最能发挥其优势,但对于重大事项的表决事项有其弊端。重大事项的表决往往直接涉及债权人的权利,应当在对重大事项的表决事项上慎重适用“视为同意”规则。若不得不适用此种规则,也需限制被“视为同意”的票数占比,以保证投票结果是债权人的真实意思表示。“视为同意”表决规则在重大事项上仅运用于少数债权人,既能克服议案多次表决未通过、案件推进停滞、法院不得不运用强裁的困境,又能对债权人的利益起到实质性的保护作用。

4. 债权核查的完善——从明确功能定位到细化程序设置

债权人会议核查债权,实际是由同为平等主体的各债权人对包括自身在内的所有债权进行核查。但现行法律对于债权人会议核查债权的性质和具体核查制度并无明确具体的规定。

从功能定位上看,法律虽规定由管理人审查,债权人会议核查,人民法院裁定确认,但在我国司法资源紧缺的现状下,人民法院大多也只能对管理人提供的债权表作程序性审查。尤其面对一些债权结构庞杂的大型破产案件,若由人民法院逐一作实质性审查,也与破产程序追求的效率价值不符。在此情况下,如果处于中间环节的债权人会议核查也仅作程序性审查,那实际上对破产债权的实质性审查权就仅由破产管理人在行使。如果管理人在初步审查中不进行细致的实质审查,仅对债权进行简单的登记造册,极可能出现债权人会议无法发现的错误。现行债权审查机制既缺乏对管理人实质审查债权的监督,也使债权人会议核查和法院裁定确认两个环节存在功能重复的尴尬。

从程序设置上看:(1)第一次债权人会议在债权申报期限届满之日起 15 日内召开,意味着管理人在申报期届满后的 15 日内必须完成全部债权审查并制作债权表,以提交债权人会议核查。而参加债权人会议的大量债权人在此之前,对债务人的整体负债情况可能并不了解,对除自己以外的其他债权人的债权情况更无从知晓。因此,要让债权人会议在极短的会议时间内对登记造册的所有债权进行核查既不现实,也不合理,现实中债权人会议核查债权环节难免流于形式。(2)债权人会议制度系通过表决形成决议,而根据《企业破产法》规定,参与投票的人员所享有的表决权又来源于确认的债权,个别尚未确认的债权由人民法院给予临时表决权的除外。由尚未经债权人会议核查环节确认的债权人来投票表决债权,明显存在逻辑悖论。(3)破产程序的目的是让所有债权人在有限的破产财产范围内得到公平清偿。对债权人来说,受偿比例直接关系自身权益的保障,因此,各债权人之间的权利存在一定意义上的竞争和冲突。债权人难免会出于使自己利益得到最大化实现的目的,通过对他人债权或者债权比例提出异议来增大自己债权的清偿额度。如果放任这样的行为出现,则必然出现债权人之间互相否认对方的债权,致使出现债权始终无法确定的僵局,最终难以形成有效、公平的表决结果。(4)破产债权的种类和成因存在多样性,通过债权人会议对某些较为专业的债权进行核查,难免让人对核查结果的准确性存疑。

债权人会议的核查权并不等于管理人的审查权,也不等于人民法院的确认权,而更多的是一种知情权、监督权与异议权的集合。

笔者认为,在功能定位方面,应将债权人会议核查债权与管理人审查债权进行明确区分,将债权人会议核查债权与人民法院裁定确认债权进行区分。管理人对破产债权进行实质性审查,并对审查结果负责。管理人在债权人会议上提交债权表的目的是通过债权人会议平台,让所有债权人了解债务人目前的债权债务情况,对存疑的债权债务可提出异议,是债权人行使知情权和监督权的重要途径。债权人核查债权时,有权对所有登记的债权提出异议,管理人必须作出书面回复。对债权无异议的,须提交人民法院来裁定确认;而对债权有异议的,并不当然启动债权确认诉讼,异议人仍需通过单独提起诉讼方式来对异议债权进行审查,否则不会对该债权造成任何实质影响。由于最终的异议结果仍需要得到法院确认,因此债权人会议核查债权更多的是对债权的一种调查,为法院的确认提供辅助。

在程序设置方面,建议做如下调整:(1)取消将债权核查作为第一次债权人会议的表决内容。在债权核查程序中,对没有异议的债权推定为对该债权的确认,故无须表决来形成任何决议即可向法院提交确认。对有异议的债权,由异议债权人根据法律规定提出异议即可,也无须在会议上通过表决方式发表意见。因此,直接取消对债权核查的表决,既不会阻碍债权人会议的进程,也不影响核查监督的功能发挥。(2)细化债权核查的方式、时限和后果。债权人会议核查内容既包括各债权人自己的债权额度、担保情况等是否正确,也包括对其他债权人的债权额度、担保情况等结果的监督。①一般来说,第一次债权人会议上管理人提交的债权表载明的内容仅为审查结果,并未附录佐证材料。因此,债权人会议仅能对该审查结果作出初步判断。债权人有异议的,允许异议人行使知情权,了解和查看管理人审查异议债权的相关证据材料。为督促管理人积极行使职权,应当规定管理人对异议必须作出书面回复,以防止大量破产债权诉讼涌入法院,增大法院对债权进行实质审查的负担。②核查债权的时限应当与对债权审查结果提出异议的时限一致。具体时限可参考债权申报期限的规定方式,在法律中作时间范围的规定,由债权人会议根据个案债权结构的复杂程度来具体确定,管理人收到异议后在一定时限内作出书面回复。由于管理人此前已经进行实质审查,因此回复异议的时限不宜过长,建议在 15 天至 1 个月以内。异议时限届满后,则不允许债权人再就破产债权确认结果提出异议,以此提醒权利人积极行使监督权。③如果无异议提出,或者异议未被采纳后异议人未提起债权确认诉讼,则债权予以确定,提交人民法院确认。如果异议成立,根据私权自治的原则,若各方均同意管理人直接对债权结果作出调整,管理人应当将调整变更后的债权表提交债权人会议再次核查,并提交人民法院进行确认。如果异议未被采纳,异议债权人作为利害关系人则有权向人民法院提起债权确认诉讼。

(三)债权人委员会职权研究

1. 债权人委员会制度运行过程的现状与不足

(1)设立程序不合理

根据《企业破产法》第 67 条的规定,债权人委员会采取任意设立模式,立法并未明确应当设立债权人委员会的情形。虽然债权人会议可以决定设立债权人委员会,但是实践中债权人委员会一般由管理人提出议案设立,债权人会议决议,再报送法院确认。这种债权人委员会的设立方式,意味着由作为被监督者的管理人发起动议设立作为监督者的债权人委员会,本就存在天然的矛盾,极大地影响了实践中债权人委员会的设立频率。同时,对于债权人委员会的具体身份,现行立法未作出规定或指引。实践中,债权人会议在选任债权人委员会成员时,管理人会提供候选人名单供债权人会议表决,管理人所提供的候选人无疑会对债权人委员会的最后组成产生直接的影响。由此,即便设立了债权人委员会,其往往与管理人意见保持高度一致。

(2)法律地位不明确

对于债权人委员会的法律地位,我国《企业破产法》没有作出明确的定位。依据《企业破产法》第61条、第67条中关于债权人会议有权对债权人委员会成员进行选任和更换、有权就是否设立债权人委员会进行决定的规定,债权人委员会应系债权人会议的下级机构。而根据《企业破产法》第69条的规定,在破产财产的处分问题上破产管理人须履行向债权人委员会报告的义务,未设立债权人委员会的则应向人民法院进行报告。故根据该条规定,在破产管理人的报告义务上,债权人委员会又享有和人民法院同等的法律地位,存在互相矛盾的情形。

(3)监督职权受限

依据《企业破产法》第68条,债权人委员会的职权范围由法定权利和债权人会议意定授权两方面组成,其法定权利包括监督处分债务人财产、监督破产财产分配和提议召开债权人会议;在意定授权方面,《企业破产法司法解释三》对债权人会议的意定授权作出了明确限制,债权人会议不得作出概括性授权,其仅可作出决议授权债权人委员会申请法院更换管理人、审查管理人的费用和报酬、监督管理人与决定债务人营业。此外,《企业破产法》第69条规定的管理人报告义务,未就"报告"的性质和具体方式作出说明,从而导致实践中把握的标准不统一,其异议权最终仍需由法院作出决定。故现行立法下债权人委员会职权被限缩在狭义的监督管理人环节,缺乏实体性的约束权利与配套的制度设计。

2. 完善建议

(1)明确法律定位

根据《企业破产法》的相关规定,债权人会议是由依法申报债权的债权人组成,以保障债权人共同利益为目的,为实现债权人的破产程序参与权,讨论决定有关破产事宜,表达债权人意志,协调债权人行为的破产议事机构。债权人会议在破产程序中占有重要地位,是债权人参与破产程序、维护其利益的自治团体。由于债权人会议作为一个会议体机构行使权利和履行职责具有局限性,因此许多国家或地区的破产法律制度在规定债权人会议制度的同时也规定了债权人委员会制度。债权人委员会作为常设机构,可代表债权人会议对管理人的活动以及破产程序的合法、公正、负责开展日常监督,债权人会议和债权人委员会二者共同构成了完整的债权人自治体系。

鉴于破产程序的基础目标是维护债权人利益、公平清偿债务,此时由债权人行使破产程序下的主要权利是制度逻辑自洽的。债权人会议作为会议体机构,在行使权利和履行职责时有着显著的时间性:在债权人会议闭会期间无法作出决议,难以形成对破产程序和管理人的日常监督。且在实务中,越来越多破产案件选择以线上形式借助各类互联网平台召开债权人会议,线上形式虽可实现广泛参与,但债权人个体间的联络却近乎切断,债权人变成了单方、被动的信息接收者,失去了互相联系、交流合作的渠道。因此,线上债权人会议的表决只能称为割裂状态下个体意思的汇集,而非债权人集体的有效、理性决议。综上所述,债权人的有效、持续自治,需由作为常设机构的债权人委员会实现。

(2)明确债权人委员会的设立模式

是否设立债权人委员会,本质上是公平与效率之间的博弈。设立债权人委员会能够提升对于债权人的公平保护,促进债权人自治,但将增加程序的复杂程度。建议《企业破产法》作出如下设计:在清算程序中,可沿用现行立法下的任意设立模式,但是在债务人财产巨大、案情复杂或者争议较大时应当设立债权人委员会;而在重整程序中,鉴于债权人需要深度、持续参与重整程序,监督债务人财产的管理与处分、决定债务人的营业事务、参与重整计划的博弈等,所有重整案件均应设立债权人委员会,仅在债务人企业资产较少、债权债务关系简单或存在其他便利于案件办理情形时,例外性地不设立债权人委员会。

(3)明确债权人委员会成员身份

虽然资本多数决在经济层面具有效率优势,但在产生债权人委员会时,也应尽可能地考虑债权人身份的代表性,需根据债务人企业的实际情况,为有担保债权人、经营性合同债权人、被侵权债权人等利益异质群体设置必要的债权人委员会席位。而法院应明确债权人委员会成员的审查标准,将债权人委员会成员的身份代表性、是否存在利益冲突、是否具有谋取不当利益的恶意等要件纳入判断,确保债权人委员会能够公平、广泛地代表全体债权人的利益。

(4)明确债权人委员会职权设计

《企业破产法》下的债权人委员会职权范围较为狭窄。一方面,因债权人委员会产生于债权人会议选举,如果没有管理人的组织,召开债权人会议存在较大障碍,故未在管理人选任环节设定债权人委员会权利;另一方面,债权人委员会制度本身尚未完善,很多程序没有细化规定。但是,债权人是破产企业的剩余索取权人,而债权人委员会是债权人集体的利益代表,确有必要扩充债权人委员会的职权。

其一,债权人委员会应在管理人的选任环节得到实体性授权。债权人选任管理人既是债权人自治的现实要求,也是世界通行的做法。法院在受理破产案件时,依职权指定一名临时管理人,债权人会议召开后,债权人会议可选任其他的破产管理人,而法院仅能在新任管理人不适宜担任职务时才能不予任命。由此,可以赋予债权人委员会向债权人会议提出正式管理人议案的权利。债权人委员会认为临时管理人可以胜任正式管理人的,可以直接提名临时管理人;债权人委员会认为临时管理人存在利益冲突、不能胜任等情形的,可以依职权调查或与其他中介机构展开协商,再提出其认为合适的候选管理人供债权人会议表决。结合上文提出的管理人选任模式,不妨设定债权人委员会有权向债权人会议提议更换管理人,债权人会议可决议更换,法院仅能在新任管理人不适宜担任职务时才能不予任命。

其二,就管理人的激励问题,法院统揽的、以债务人最终清偿财产价值总额为基数的管理人报酬定价方式,在一定程度上忽视了破产案件本身的复杂程度。而作为常设机构的债权人委员会恰恰能直观评价管理人在破产案件中的工作量,可能也正是基于此,《企业破产法司法解释三》规定债权人委员会可经债权人会议的授权审查管理人的费用、报酬。在此可作规则细化,立法可以赋权债权人委员会就管理人费用、报酬问题与管理人进行协商,经债权人委员会通过的管理人费用、报酬方可提交债权人会议审查,并交法院最终确定。

其三,在管理人监督方面,虽然《企业破产法司法解释三》明确了管理人报告的形式,但是债权人委员会的监督权利仍然难以对管理人产生直接影响。建议进一步强化债权人委员会的监督职能:一方面,赋予债权人委员会独立的调查权,债权人委员会有权针对管理人和债务人的各项事宜开展调查,并出具调查报告提交债权人会议,实现债权人委员会的能作为、多作为。而将此职权与债权人委员会提议更换管理人的职权相结合,将对管理人履职形成有力约束。另一方面,《企业破产法》第 68 条第 3 款规定了债权人委员会有权就监督事项请求法院作出决定。此处不妨再进一步,未作出决定的法院应当向债权人委员会作出说明,即不管债权人委员会的监督请求是否成立,人民法院均应作出实质性的回复。

(5)明确费用承担

债权人委员会的顺利运作不可避免地涉及设计费用承担的问题。虽然我国《企业破产法》并未就费用承担问题作出明确规定,但是,从设立程序来看,是否设立债权人委员会由债权人会议决定并经选任后由人民法院书面决定认可,受到法院承认;就行使职权而言,债权人委员会不仅行使破产法赋予的法定职权,在实务中也根据债权人会议的授权履行部分属于债权人会议的职权;故将债权人委员会因履行职责所必需的费用作为“债权人会议费用”以破产财产开支并无不妥。同时,债权人委员会确需法律、审计、评估等专业服务的,可参照《企业破产法》第 28 条,经人民法院许可后聘任专业人士。

(四)企业破产程序中债委会设立问题研究

鉴于债权人委员会对推进破产程序规范、高效开展具有重要价值,现行《企业破产法》及司法解释关于设立债权人委员会的规定较为概括,学界关于债权人委员会制度的研究多集中在其职权领域,鲜少从债权人委员会的设立出发论证其职能实现。本书围绕《企业破产法》第 67 条规定,对设立债权人委员会的任意性或强制性规定,担保债权人、职工代表担任债权人委员会成员,以及债权人委员会设立程序中府院联席机制的功能发挥等进行分析,以期形成对实务操作具有指导性的建议。

1.《破产法》第 67 条需明确的问题

(1)缺乏设立债权人委员会的刚性规定

依照《企业破产法》第 67 条“债权人会议可以决定设立债权人委员会”的规定,将是否设立债权人委员会的决定权完全交给了所有债权人,但立法又赋予债权人委员会监督和推进破产程序的价值。因对是否设立债权人委员会的规定存在任意性,实务中,存在未提出动议设立债权人委员会,或债权人会议未决定设立债权人委员会的情形,将会产生如下问题:

其一,导致《企业破产法》第68条、第69条关于债权人委员会的职权规定空置。其二,我国破产程序是“管理人中心”,债权人自治的方式是通过债权人会议和债权人委员会实施。债权人会议在闭会期间无法作出决议,不能对管理人职权行为和破产程序进行日常监督。并且,召开债权人会议的司法成本较高,一般需对较重大的事项表决时才召集。如果缺乏一个代表债权人会议的常设性机构对管理人管理、处分和分配债务人财产实施有力监督,及代表债权人利益参与非重要的程序性事务的沟通协调或者平衡债权人内部利益冲突,极大可能影响整个破产程序的公正和效率。其三,因债权人委员会设立任意性的立法导向,即使设立了债权人委员会,其对管理人进行监督的“威信”也大打折扣。

(2)未对债权人委员会成员身份作出明确规定

《企业破产法》第67条规定:“债权人委员会由债权人会议选任的债权人代表和一名债务人的职工代表或者工会代表组成。债权人委员会成员不得超过九人。”该条关于债权人委员会的组成规定较笼统,对实务中债权人委员会成员的候选身份缺乏指导性。

破产案件往往涉及债权人数众多,既有可能持有大额债权的银行等金融机构,也有小微企业、个体工商户或者自然人等。破产重整、和解程序涉及债权人、债务人、管理人、投资人等多方主体,破产重整成功的关键取决于债权人与债务人的协商结果,[①]债权人委员会作为自治性、协商性的临时组织,需尽可能地代表不同类型债权人的意志;在破产清算中,因债务人可能资不抵债,部分债权人的债权实现将影响其他债权人,较强势的大额债权人往往完全占据了债委会成员名单,对中小额债权人的权益可能造成不利影响。另外,担保债权人的债权相较于无担保的普通债权人的债权更容易实现,《企业破产法》第59条对未放弃优先受偿权的担保债权人在债权人会议中的表决权作出了限制性规定,对担保债权人可否成为债权人委员会成员需要予以明确。

综上所述,需对《企业破产法》第67条关于债权人委员会成员身份予以明确:未放弃优先受偿权的担保债权人可否担任债权人委员会成员,是否包括中小额债权人,选任职工或工会代表作为债权人委员会成员是否以其持有债权或者

① 参见许胜峰:《我国破产程序中债权人委员会制度的不足与完善》,载《中国政法大学学报》2018年第5期。

持有债权的数额大小决定。

(3)未对债权人委员会设立程序作出规定

《企业破产法》第 61 条规定债权人会议选任和更换债权人委员会成员，第 67 条第 2 款规定债权人委员会成员应当经人民法院书面决定认可，即是否设立债权人委员会以及选任债权人委员会成员由债权人会议决定，但对谁提出动议设立债权人委员会、行政和司法机关通过什么方式进行指导未作规定。实务中对于债权人委员会设立程序各地操作不一，且涉及利益主体众多，导致原本为推进破产程序而设立债权人委员会的程序低效，反而阻碍了整个案件的流程。因此，需对债权人委员会的设立程序进行细化，实现设立程序高效，确保债权人委员会尽快履行监督职权。

2. 修订完善《企业破产法》第 67 条的建议

(1)对部分破产程序中债权人委员会的设立作出刚性规定

在破产重整、和解程序中，由于债权人委员会具有制度功能上的不可替代性，原则上应设立这一常设性机构。在清算程序中，除大型企业的破产案件，可沿用现行任意性规定。同时，对案件事实清楚、债权债务关系简单、争议不大等，可适用简化审理的案件，可不设立债权人委员会。

(2)债权人委员会成员应尽可能多地代表不同类型债权人利益

①担保债权人可担任债委会成员

首先，从债权人在债权人会议上的表决权是否完整展开讨论。依照《企业破产法》第 59 条的规定，依法申报债权的普通债权人有表决权，未放弃优先受偿权的担保债权人有部分表决权。如果要求债权人委员会成员与债权人会议有表决权的成员资格保持一致，按照《企业破产法》规定，有表决权债权人必须是无担保债权人和自动放弃优先受偿权的有担保债权人，排除了有担保债权的债权人或是已经被足额清偿的债权人。[①] 即未放弃优先受偿权的担保债权人不能成为债权人委员会成员。但是，债权人委员会是代表所有依法申报债权的债权人利益，若将担保债权人担任债权人委员会成员的资格排除，势必会产生这类债权人对管理人和债务人的监督漏洞。担保债权具有法定的优先性，监督的漏洞必然对

① 参见邹海林：《破产法：程序理念与制度结构解析》，中国社会科学出版社 2016 年版，第 203 ~ 204 页。

这一法定优先债权的实现造成不利影响，有损担保债权人的法定权益。因此，未放弃优先受偿权的担保债权人可以成为债权人委员会成员。

其次，债权人委员会的职权主要是监督债务人财产管理和处分、监督财产分配、提议召开债权人会议以及其他职权。从债权人委员会功能最优的角度来看，成为债权人委员会成员需对债权人会议具有完整的表决权，即对《企业破产法》第61条规定的债权人会议的职权范围内的事项都具有表决权。但是，依照第59条的规定，未放弃优先受偿权的担保债权人的表决权受到限制，即对“通过和解协议”和“通过财产分配方案”无表决权。如果这类担保债权人成为债权人委员会的成员，那么可以对破产财产分配情况进行监督。既然作为担保债权人无权表决财产分配方案，作为债权人委员会成员又要监督，势必影响监督的力度和监督的积极性。财产分配方案是对关系债权实现程度非常重要和直接的一项决议。前期，担保债权人在债权人会议中，对此无表决权；后期，在成为债权人委员会成员后，又承担监督财产分配的执行情况。这类有担保权的债权人担任债委会成员在监督财产分配情况上，可能积极性不如普通债权人高。

综上所述，笔者建议，未放弃优先受偿权的担保债权人可以成为债权人委员会成员，但需要限定人数比例，即无担保债权人和主动放弃优先受偿权的担保债权人应较未放弃优先受偿权的担保债权人占多数。

②职工代表不考虑其持有债权情况

相关研究领域主要有几种观点：一是职工代表应对企业享有债权且数额巨大；二是债权人委员会的成员不应仅仅限于债权人的范围，只要能够胜任这一职务，就可以被选作是委员；[①]三是不把职工代表与债权人单独割裂，职工代表若持有债权，也不应考虑债权额的大小。

笔者认为，债权人委员会的制度价值是保护债权人的利益，在重整、和解程序中，促进债权债务的协商。之所以在债权人委员会成员中单独规定要有职工或者工会代表，主要是为了平衡债权人委员会中债权人代表与债务人职工的利益。企业破产应清偿的款项除债权人申报的债权外，还包括未申报的职工工资等。从保护企业职工的合法权益出发，《企业破产法》对职工或工会代表作为债权人委员会成员作出了专门规定。因此，职工或工会代表加入债权人委员会，其

① 参见李永军：《破产法——理论与规范研究》，中国政法大学出版社2013年版，第332页。

角色功能更倾向于是维护企业职工权益,而不必是站在债权人角度保护债权人。

综上所述,笔者建议,对于债权人委员会的职工或工会代表,不应考虑其持有债权情况,且应避免是持有债权的"债权人"。只要符合担任债权人委员会成员的必备条件、有必备素质且愿意维护职工利益的,就具有担任职工代表资格,并且优先纳入普通职工代表。

③应明确纳入中小额债权人代表

首先,债权人委员会成员中应有中小额债权人代表,学界和实务界对此意见几乎一致。保护中小债权人债权的主要原因是避免大股东将成本转嫁给小股东①,这与法治化营商环境建设中保护中小企业、中小投资者制度价值趋同。需要立法明确的是中小额债权人的占比和特定领域中小额债权人的保护。

关于债权人委员会中中小额债权人的占比,由于企业破产往往涉及众多债权人,持有较大份额债权的人数一般少于持有中小额债权的人数。实务中,对于较大份额债权人,如银行等金融机构,可能存在金融机构债权人委员会成员,本身具有较高的依法维权专业水平强势地位。债权人委员会成员限定最多9人,除去职工或工会代表,最多8个名额。在面临多个较大份额,如金融机构等相对强势的债权人情况下,如何确定中小额债权人代表的人数尤为关键。笔者认为,可由法院视案件具体情况,根据中小额债权份数的比例,综合考量平衡,确定基本满足中小额债权人利益代表的人数,即中小额债权人的人数比例与所有债权人的债权份额构成情况相关,在充分保护较大份额债权人的同时,确保中小额债权不受风险转嫁。

关于对特定领域的中小额债权人倾向性保护,从新发展格局看,企业破产是推进供给侧结构性改革,优化市场结构,淘汰弱势产能,催生新发展动力的契机。产能的更新必然带来生产要素的更迭,波及众多市场交易主体,牵一发而动全身。在做好"六稳"、落实"六保"的政策要求下,一些中小债权人往往无担保,如涉及建设施工的小份额原料供应商更容易存在合同漏洞,不利于债权实现;还如,在一些房地产企业破产中,期房业主债权直接关系居住问题。因此,笔者建议,可对特定领域的中小额债权人予以倾向性的保护,在确定中小额债权人担任

① 参见王佐发:《上市公司重整中债权人与中小股东的法律保护》,中国政法大学出版社2014年版,第192页。

债委会成员时,可优先考虑涉及民生领域的中小额债权人代表或小微企业债权人的代表。

(3)债权人委员会的设立程序

①破产管理人提出动议和候选名单,法院作形式审查

实务中,一般由管理人在债权人会议前提出设立债权人委员会的动议,债权人会议决议后,法院决定认可。这种做法存在问题是,成立债权人委员会的主要目的是监督管理人,由管理人提出设立债权人委员会的动议和成员名单,就无法避免管理人趋利避害,或怠于启动设立程序,或提供与自己利益一致的候选成员名单。因此,实务中设立债权人委员会的频率不高,且由此程序产生的债权人委员会成员可能影响管理人监督职权的行使。

笔者认为,鉴于人民法院在破产程序中居于主导地位,对破产程序的顺利进行负有全面责任,①可由法院对管理人提出的债权人委员会名单进行形式审查,如身份是否具有代表性、债权人委员会成员组成名单是否合理、是否存在利益冲突、是否具有谋取不正当利益的恶意等情况。

②依托府院联席机制成立债权人委员会筹备组

设立债权人委员会本身也是因破产活动所引起,是为了推进破产程序,因此应提高设立程序效率。“德国《破产法》第21条第2款规定,在第一次债权人会议之前,破产法院即可设立临时债委会,而不取决于是否将命令采取保全措施,通过临时债委会,债权人可以对重整中的公司运营尽早施加影响。”②笔者认为,设立临时债权人委员会涉及其成员的确定,法院案多人少,破产案件程序性事务繁重,设立临时债委会不仅加重法院审务工作,更增加了破产程序负担。

目前,我国破产审判府院联席机制不断完善,且破产审判涉及行政、司法、社会稳控等多方协调,可发挥府院联席机制作用,借鉴我国业主委员会设立程序中的筹备工作,强化行政、司法机关的指导职责。首先,设立债权人委员会筹备组,纳入最大额债权人(可优先考虑金融机构债权人委员会成员单位的工作人员)、债权人中具有法律或会计等方面专业知识的人员,以及司法人员、行政机关人员。在债权人会议完成对债权人委员会成员选任后,法院书面认可决定生效,债

---

① 参见邹海林:《新企业破产法与管理人中心主义》,载《华东政法学院报》2006年第6期。

② [德]乌尔里希·福尔斯特:《德国破产法》,张宇晖译,中国法制出版社2020年版,第65页。

权人委员会设立完成。图 4－2 为债权人委员会设立流程。

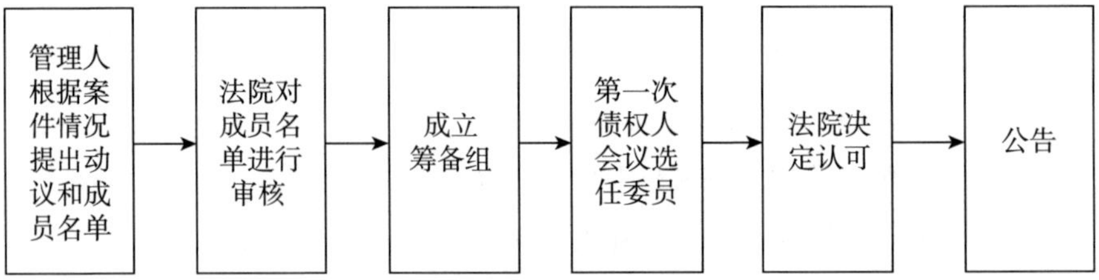

图 4－2　债权人委员会设立流程

四、破产领域虚假诉讼防范及行权规制研究

(一)破产领域虚假诉讼防范研究

1. 虚假诉讼的表现

“虚假诉讼”作为法律概念,并未出现在《民事诉讼法》的条文中,主要是法学理论和司法解释的产物。最高人民法院《关于防范和制裁虚假诉讼的指导意见》于 2016 年将虚假诉讼作为一个概念在规范性文件中提出。认为虚假诉讼应当包含:(1)以规避法律、法规或国家政策谋取非法利益为目的;(2)双方当事人存在恶意串通;(3)虚构事实;(4)借用合法的民事程序;(5)侵害国家利益、社会公共利益或者案外人的合法权益 5 个要素。2021 年 11 月,最高人民法院发布的《关于深入开展虚假诉讼整治工作的意见》扩大了虚假诉讼的表现形式,将单独捏造法律事实、虚构民事纠纷的,基于捏造事实作出的裁决、公证书以及调解书申请法院执行的,以捏造的事实对标的提出异议、申请财产分配的,均认为是虚假诉讼的表现形式。司法实务中,按照虚假诉讼的表现形态不同,将虚假诉讼分为“逃避管理类”“逃避债务类”“获取其他非法利益类”。[①] 根据虚假诉讼是否分为“无中生有型”和“部分篡改型”。

在破产案件办理过程中,对于生效法律文书确认的债权,管理人如不能直观地发现文书中存在的错误,或没有证据证明文书系通过虚假诉讼获得,则应当确认债权。进入破产程序后,管理人或利益相关人员为维护正当权益,可尝试审判

① 参见郑新检等:《民事虚假诉讼检察监督问题研究》,载《人民检察》2016 年第 6 期。

监督程序、第三人撤销之诉、依法惩罚虚假诉讼者三条路径，但每一种方式均存在障碍。

2. 第三人撤销之诉适用存在障碍

一些企业在破产案件受理前通过虚构债权拿到了法院的生效法律文书，有的文书中甚至确认了优先权，从而减少了真实债权人应当获得清偿的金额。在案件进入破产环节后，根据最高人民法院《企业破产法司法解释三》第 7 条第 2 款的规定，破产管理人有证据证明债权人与债务人恶意通过诉讼、仲裁或者公证机关赋予强制执行力公证文书的形式虚构债权债务的，应当依法通过审判监督程序向作出该判决、裁定、调解书的人民法院或者上一级人民法院申请撤销生效法律文书。即面对涉嫌虚假诉讼案件，破产管理人只能适用审判监督程序来撤销生效判决而不能依据《民事诉讼法》第 59 条第 3 款的规定使用撤销权来改变法院文书确定的权利义务关系。破产案件中申报财产的其他当事人能否提起第三人撤销之诉来对抗可能出现的虚假诉讼呢？根据《民事诉讼法》第 59 条第 3 款的规定，提起第三人撤销之诉应当属于"前两款规定的第三人"，即要么是有独立请求权第三人，要么是无独立请求权第三人。破产案件中的债权人往往没有参与到虚假诉讼设计者故意设计的虚假诉讼中，同时虚假诉讼设计者在设计时也大概将虚假诉讼严格限制在特定主体之间。如严格将提起撤销权之诉的主体限制在"第三人"的范围内，破产案件中的债权人与被请求撤销的案件当事人之间很难产生法律上的权利义务关系，就难以适用《民事诉讼法》第 59 条第 3 款的规定使用撤销权来进行救济。《最高人民法院公报》2019 年第 11 期刊登的公报案例"胡某等五人与德某昆房地产开发有限公司及陈某第三人撤销之诉"便是例证。也许是考虑第三人撤销之诉为一个全新的诉讼，如果案外人提起后法院作出不利的判决或裁定，当事人还可能上诉，还可能再审，当事人和法院的诉讼成本相比审判监督程序高出不少。最高人民法院公报案例中的观点明确，不能将第三人撤销之诉的提起主体扩大至《民事诉讼法》第 59 条第 3 款规定的第三人之外的案外人。如原生效法律文书确有错误，案外人希望得到救济，应当通过审判监督程序予以纠正。

3. 通过审判监督程序同样存在难点

（1）取证难。根据《企业破产法司法解释三》第 7 条的规定，生效法律文书确定的债权债务，破产案件管理人应当予以确认。财产申报人依据发生法律效力的文书向破产管理人申报债权的,破产管理人在进行形式审查后应当确认债权的存在,而不进行实质审查。在案件办理过程中,如破产管理人或其他利益相关人员怀疑财产申报人持有的生效判决可能通过虚假诉讼获得,要求财产申报人提出证据进行实质审查,财产申报人往往拒不配合。如破产管理人基于勤勉尽职的义务,并基于保护全体债权人的权益强势要求进行实质审查,则意味着从根本上动摇了法律文书所具有的既判力,甚至可能导致下级法院对上级法院生效判决的否认,延迟破产案件的办理进度。如管理人自行调查,则面临调查手段不足的问题。管理人中除了部分具有律师身份外,还存在由企业、会计师事务所担任管理人的情形。在破产案件中,不具有调查取证权,甚至连调查令也无法获得。如通过律师调查也是通过调查令拿到一些客观证据。这些证据如果没有言词证据等主观证据的加持,难以对固有判决形成直接的挑战。

(2)证明责任高。一般而言,民事案件的证明标准为高度盖然性,即通过优势证据在法官内心建立确认。而根据《民诉法司法解释》的规定,当事人对于欺诈、胁迫、恶意串通事实的证明,需要到"排除合理怀疑"的高度,人民法院才应当认定虚假事实的存在。"排除合理怀疑"是刑事案件的证明标准,意味着不仅要通过查明的事实建立自身的法律逻辑,还必须将原案证明的事实以及形成的法律逻辑逐一推翻。考虑虚假诉讼的特征之一就是当事人之间存在恶意串通,对虚假诉讼的调查取证本身就存在较大困难,这种更高的"排除合理怀疑"的证明标准无疑对挑战虚假诉讼提出了更高的要求。

(3)提出再审期限短。根据《企业破产法司法解释三》第 7 条的规定,管理人认为债权人据以申报债权的生效法律文书确定的债权错误的,应当通过审判监督程序申请撤销法律文书。根据《民事诉讼法》第 212 条,《民诉法司法解释》第 384 条、第 127 条的规定,管理人提起再审的期限为 6 个月,该 6 个月为不变期间,不适用诉讼时效中止、中断、延长的规定。在破产案件办理过程中,管理人作为人民法院指定的管理破产企业的中介机构,并非债务主体,对破产企业特别是长期管理不善、资料不全的企业之债权债务的掌握需要时间。从管理人接手破产企业、对破产企业开展调查到发现涉嫌虚假诉讼的相关证据往往已经超过了 6 个月的期限,使《破产法司法解释三》第 7 条存在的意义打了折扣。

4. 民事惩罚过轻,刑事惩罚不周延

根据《民事诉讼法》第 115 条的规定,当事人之间恶意串通,企图通过诉讼、调解等方式侵害他人合法权益的,人民法院应当驳回其请求,并根据情节轻重予以罚款、拘留。对虚假诉讼,法院在民事领域只能驳回其诉讼请求,对虚假诉讼者给予拘留或罚款。相较于虚假诉讼标的金额的任意性,15 日以下的司法拘留和 10 万元内的个人罚款或 100 万元以内的单位罚款,并不能有效制止虚假诉讼的发生。刑法能否给予虚假诉讼者以周严的惩罚呢?2015 年 11 月 1 日起施行的《中华人民共和国刑法修正案(九)》在《刑法》第 307 条后面增加了第 307 条之一,规定"以捏造的事实提起民事诉讼,妨害司法秩序或者严重侵害他人合法权益的,处三年以下有期徒刑、拘役或者管制,并处或者单处罚金;情节严重的,处三年以上七年以下有期徒刑,并处罚金。单位犯前款罪的,对单位判处罚金,并对其直接负责的主管人员和其他直接责任人员,依照前款的规定处罚",即虚假诉讼罪。2018 年,最高人民法院、最高人民检察院联合发布了《关于办理虚假诉讼刑事案件适用法律若干问题的解释》,进一步明确了虚假诉讼罪的罪状和刑罚。结合以上两份规范性文件来看,关于虚假诉讼罪中"捏造的事实"具有了明确的内涵。从文义理解的立场来看,"捏造"与"臆造""杜撰"具有相同的内涵,是不以事实为基础地凭空制造出了法律事实;从体系解释的角度来看,《刑法》第 221 条规定的损害商业信誉、商品声誉罪、第 243 条规定的诬告陷害罪、第 246 条规定的侮辱罪中均出现"捏造"这一客观要件,实践和理论在通常情况下均认为前述法条中出现的"捏造"是指相关事实无中生有的行为。[①] "以捏造的事实提起民事诉讼",是指以无中生有地凭空臆造的能使法律关系发生变化的事实向法院提起诉状,从而进入诉讼程序来非法获得法院出具的文书,从而影响了司法秩序或他人的合法权益。故虚假诉讼罪仅仅惩罚的是无中生有型虚假诉讼。与无中生有提起民事诉讼相对应的是部分篡改事实从而提起民事诉讼。在部分篡改事实提起民事诉讼的情况下,由于有基础事实的存在,具有真假事实相互混淆的情形,因而更具有隐蔽性。当事人之外的其他人包括司法工作者更难以对虚假的事实进行判断,可能更加耗费司法资源进行识别;同时,篡改的部分可大可小,部分篡改的虚假诉讼对当事人的侵害并不见得小于无中生有型虚假诉讼带来的危害。同时结合《刑法》第 307 条的规定,在帮助部分篡改型虚假诉讼罪的场合,

① 参见周峰等:《〈关于办理虚假诉讼刑事案件适用法律若干问题的解释〉的理解与适用》,载《人民司法》2019 年第 4 期。

帮助伪造证据情节严重的构成犯罪,而实施虚假诉讼者却不论情节是否严重均不能受到刑罚惩罚的情形,也存在些许不合理。但是考虑部分篡改型虚假诉讼当事人本身具有诉权,故意提高诉讼标的作为诉讼策略具有一定的普遍性,基于刑法的谦抑性,虚假诉讼罪并不将部分篡改型虚假诉讼纳入刑罚惩罚。

由上所述,在破产案件办理过程中,通过第三人撤销之诉来改变虚假诉讼确认的事实并不为人民法院所认可;审判监督程序作为纠正错误、维护受害人合法权益的有效程序可行性更强,也是发现错误、适用刑罚的有效手段,对此应当提供必要的保障。

5. 为审判监督程序提供必要的制度保障

(1)适度降低审判监督程序的准入标准。当事人要求参与财产分配所依据的生效法律文书是通过司法程序作出的,往往包含了双方的质证与辩论、司法裁判者的认证,管理人或法院应当推定这种司法结论真实有效。案外人没有参与到之前已经进行的司法程序中,不掌握诉讼过程中的相关情况,难以推翻经过正当法律程序而生成的司法结论。如果要求提供颠覆性的证据来说明之前的裁判结果缺乏证明或是认定事实的主要证据为伪造的,就显得强人所难。对于虚假诉讼进入再审的证据标准,应当充分考虑案外人所处的实际地位,采用盖然性优势的标准,适度降低进入再审的标准。即只要案外人提供的证据能使法官产生之前的法律文书存在虚假诉讼可能的心证即可。

(2)法院审理应增加法官职权主义色彩。一般民事案件的审理采用当事人主义的方式进行,主要证据材料由当事人提供,法官主要进行裁判,很少依据职权主动采集证据。在虚假诉讼案的审理过程中,原生效法律文书已经形成了证据链,需要审判法官利用职权探知进行审理,对原有的证据体系提出挑战。审判法官应当主动询问原案件的当事人,依据申请开具调查令甚至根据当事人提出的疑问主动收集证据,全面审查证据之间是否存在矛盾。

(3)由被申请人承担证明责任。虚假诉讼一般是由原案双方当事人通过恶意串通、捏造事实进而到法院进行的诉讼。再审过程中,被申请人会否认虚假诉讼的存在,并认为提出申请再审的人是主张积极事实的一方,应当提出证据证明虚假事实的存在。事实上,在虚假诉讼再审案件办理过程中,原案当事人涉嫌通过捏造事实的方式来达成虚假诉讼的目的,如捏造了拖欠工人工资、对他人存在借贷关系;而再审申请人恰好是主张没有拖欠工资、不存在借贷关系的一方。即在虚假诉讼案件再审办理过程中,再审申请人是主张消极事实的一方,原案当事人才是主张积极事实的一方。基于此,由再审案件被申请人来证明原案提供的证据真实有效,是其应当具有的法律义务。特别是在涉嫌虚假诉讼是调解案件的场合,原被告双方对基本事实没有争议,法官在审理时没有通过举证、质证、辩论的方式对案件进行实质化的审理,只是对调解结果进行确认,在再审案件过程中,原审当事人更应该提供证据来说明原审案件的真实性。

对于虚假诉讼的防范,不仅仅需要在审判环节的法律技术层面给予支持,体系化的联动防范更是不可或缺。司法机关可在源头上加强对虚假诉讼危害的宣传,提高人民群众对虚假诉讼的认知,增强群众对虚假诉讼隐蔽证据的发现能力;破产管理团队可增加具有刑事工作经验、能在破产案件中及时发现涉刑线索或证据的法律工作者;司法行政部门可考虑增加对为虚假诉讼提供法律支持的法律工作者的调查和处罚力度。以上做法均有利于虚假诉讼的体系化防范。

(二)增加对债务人重大资产处置的限制

《企业破产法》第 61 条、第 68 条、第 69 条概括性规定了债权人会议、债权人委员会的职权,但对债权人会议、债权人委员会如何行使职权尤其是如何履行对破产管理人的监督职能没有作细致化的规定,对破产管理人如何处置资产也没有进行规制。司法实践中,因破产程序信息披露不足、对重大资产的处置程序没有规制,管理人在处置资产时各开各花、风险丛生。因无章可循,债权人委员会的监督职能也无法落地。

1. 规范重大资产评估程序

(1)增加确定财产处置参考价的方式

破产实践中,常见的确定财产处置参考价的方式为议价和委托评估公司。议价优点在于无成本,缺点在于债权人能否达成一致具有不确定性;委托评估公司的优点是评估公司出具的报告较为权威、准确,缺点在于耗时较长、费用较高。在执行实践中,除了上述两种方式,还存在定向询价和网络询价两种方式。最高人民法院《关于人民法院确定财产处置参考价若干问题的规定》第 5 条规定:“当事人议价不能或者不成,且财产有计税基准价、政府定价或者政府指导价的,人民法院应当向确定参考价时财产所在地的有关机构进行定向询价。”定向询价的优点在于无费用、较权威,缺点在于比议价和网络询价程序更复杂,耗时也比网络询价长。《关于人民法院确定财产处置参考价若干问题的规定》第7条规定："定向询价不能或者不成,财产无须由专业人员现场勘验或者鉴定,且具备网络询价条件的,人民法院应当通过司法网络询价平台进行网络询价。"网络询价的突出优点在于无费用、效率高,在执行实践中,在系统中发起网络询价,一般20分钟左右即可生产评估报告;其缺点在于准确性和权威性不如委托评估和定向询价。

破产程序中,债务人的资产情况各不相同,债权人的情况也千差万别,增加确定财产处置参考价的方式,将定向询价和网络询价引入破产程序有利于法官和破产管理人推进资产处置。此外,定向询价和网络询价均不产生费用,也能最大程度保证债权人的债权受偿。需要指出的是,网络询价近年来已成为执行程序中确定财产处置参考价的主要方式,其高效便捷的优点也极大缩短了办案时间,执行法官和当事人均对其较为认可。为了增加网络询价报告的准确性,更好地推动网络询价的适用,个别地方在询价时分别从阿里大数据、京东大数据、中国工商银行大数据询价,然后取3个评估价的平均价作为实际评估价格。

(2)加大债权人委员会的参与、监督

一是由债权人委员会选择确定财产处置参考价的方式。将定向询价和网络询价引入破产程序后,确定财产处置参考价的方式将增加至4种。在报告的权威性、及时性、费用等方面这4种方式各有其优缺点,在一定程度上均对债权人利益有影响。在债权人较为关注的费用方面,除委托评估外其余3种方式均无费用产生。而在实践中,由于种种原因,破产管理人倾向于选择委托评估。基于破产财产利益最终属于债权人的法理和现实,确定财产处置参考价的方式应当由债权人选择。建议将选择的权利赋予债权人委员会。如债权人委员会选择委托评估的方式,评估公司也应由债权人委员会从进入人民法院司法评估机构名单库的评估公司中选择。

二是评估(询价)报告需送达债权人委员会,以保障债权人的知情权。信息披露不完善是当前破产程序中公认的顽疾。《企业破产法》规定,债权人委员会对管理人行使监督权,而行使监督权的前提便是知情权。根据《最高人民法院关于人民法院民事执行中拍卖、变卖财产的规定》第6条的规定,执行程序中,人民法院收到评估机构作出的评估报告后,应当在5日内将评估报告发送当事人及其他利害关系人。破产管理人是由债权人选任、对债权人负责,于法于理,评估

(询价)报告均应送达债权人委员会。

三是建立对评估(询价)报告异议的救济途径。“无救济则无权利”,《最高人民法院关于人民法院民事执行中拍卖、变卖财产的规定》第6条规定了执行程序中当事人及利害关系人对评估报告异议的救济途径。结合破产审判实际,债权人委员会对定向询价、网络询价的报告有异议的,有权在收到报告3日内要求管理人变更确定财产处置参考价的方式;债权人委员会对委托评估的报告有异议的,有权在收到报告3日内要求管理人向评估公司函询,评估公司在收到管理人函询后5日内回函管理人,管理人应在3日内将回函送达债权人委员会。债权人对回函仍有异议的,可提请人民法院监督,由破产案件承办法官确定是否重新从库中选取评估公司。

2. 规范重大资产拍卖程序

(1)妥善处理委托拍卖、现场拍卖与网络拍卖的关系。委托拍卖,是指委托具备相应资质的拍卖公司进行线下的拍卖;现场拍卖,是指以管理人名义于资产所在现场集中处置、现场交款、现场交付拍品的简易拍卖;网络拍卖,是指管理人通过京东、淘宝等网络平台进行司法拍卖。这3种拍卖方式各有其优势,在资产处置中应根据资产的实际情况合理选择,以最大限度保障债权人合法权益。

一是要确立网络拍卖为主、委托拍卖为辅的原则。在破产资产处置中,大部分资产属于《企业破产法》第69条所规定范围,这些资产往往产权清晰、易于保存,因网络拍卖具备无费用、受众广的超然优势,对于一般资产应首先适用网络拍卖。因资产特殊不宜采用网络拍卖的,视情况采用委托拍卖或现场拍卖。比如,对于生猪、海鲜、河鲜、农产品等鲜活物品,因其维护条件高、存活时间短等特殊性,拍卖首要考虑的是时效性,竞买者最为关注的也是拍品在开拍时实际状况,因此采用现场拍卖方式为宜;对于车位等竞买人相对集中的资产,通过线下宣传、现场拍卖的便利模式可能更有利于资产成交,可采用委托拍卖方式。

二是要明确强制网络拍卖的情形。近年来,在执行中,通过网络拍卖处置资产已成惯例,网络拍卖的优势和其显著成效也有目共睹。为有效推进资产处置、避免管理人增加费用,确有必要明确强制网络拍卖的情形。早在2015年,浙江省温州市中级人民法院就以文件的形式规定机动车、产权明晰的不动产(包括异地)均应适用网络拍卖。笔者认为,机动车、不动产(车位除外)、土地、商标、知识产权均是主要的破产资产,其既不存在鲜活物品的维护问题,也不存在竞买人相对集中的问题，均应通过网络拍卖处置。如经网络拍卖未成交的，可经债权人委员会同意，采取委托拍卖或现场拍卖的方式。

(2)加大债权人委员会的参与、监督。

一是由债权人委员会选择拍卖方式和网络拍卖平台。因不同的拍卖方式各有优劣，其成本和时效也均不相同，故拍卖方式应由债权人委员会选择后体现在变价方案中，经债权人会议通过后实施。如选择委托拍卖，也应由债权人委员会从法院司法拍卖机构名单库中的拍卖公司选择。目前，网络拍卖的平台有淘宝、京东、公拍网等5家平台，在执行实务中，由当事人自主选择网络拍卖平台。建议在破产程序中也由债权人委员会根据资产实际情况选择拍卖平台。

二是要充分披露拍卖资产的信息。为充分保障债权人和破产企业的利益，避免灯下黑，拍卖公告要充分、详细地公布资产评估(询价)报告、现状等情况，尤其是买受人特别关注、处于破产资产处置实践空白的关于资产过户、租赁、税费、腾退等有关信息，并且必须规定统一的现场看样时间。如债权人委员会对公告的信息有异议，可函询管理人或拍卖公司，管理人或拍卖公司应在3日内回函或更正。债权人委员会仍有异议的，可提请法院监督。

三是完善竞买人救济制度。破产拍卖不同于普通的买卖合同，如没有完善的买受人救济制度，鲜有人会“以身犯险”，除非已提前与法院或管理人达成了某种“默契”。完善竞买人救济制度也是对管理人和中介机构的反监督。当前，对延期交付尾款、租赁、腾退、过户、税费等重大事项的救济均没有明确规定，大部分拍卖公告也未就上述事项的救济进行说明，有太多事项需要司法解释予以明确。立足当前，可参考执行程序有关司法解释或惯例，比如对有利于成交的延期付款申请予以同意，税费由买受人垫付后申请退还，腾退由法院强制执行，对非法租赁依法予以涤除等。

3. 关于管理人民事责任几个问题的探讨

管理人在破产程序中因职务行为而造成损失时，需承担赔偿责任的主体有哪些，承担责任的范围是什么，这些问题现行《企业破产法》均了以规定。民事责任制度的不健全使管理人在执业过程中面临着极大的执业风险，很大程度上制约了《企业破产法》中管理人制度作用的发挥。管理人民事责任是一个宏大的课题，理论研究争议也很大，但回归到实务中，大致要解决的问题就是：赔偿责任启动程序、赔偿责任人、赔偿能力。笔者围绕这三个问题，结合实务中涉及的对管理人的财产处置行为提起诉讼的主体范围、管理人聘用人员侵权时的责任承担、管理人职业保险制度推广作简单探讨。

(1)个别债权人有权对破产管理人的财产处置行为提起赔偿诉讼。《企业破产法司法解释三》第15条并未否定债权人针对管理人处置资产不当提起赔偿的权利。管理人处置资产的行为与管理人实施的其他执行职务的行为并无区别，若管理人在处置资产过程中未勤勉尽责、忠实执行职务，给债权人造成损失，债权人仍有权主张赔偿。破产管理人虽扮演“法定受托人”的角色，但仍需对其行为过失承担责任。破产法为了制约管理人的权利，保护债权人利益，赋予债权人对管理人重大财产处分行为的监督权和赔偿请求权，这两项权利互为补充，兼顾了破产程序效率与公正两个方面的价值追求。基于效率方面的考虑，债权人仅享有有限的监督权，且只能通过债权人会议和债权人委员会行使。债权人委员会虽有要求管理人纠正的权利，但并无最终决定权和实施权。而赋予债权人在财产处置后的赔偿请求权，则可以在不影响破产程序推进的情况下，追究管理人在财产处分过程中的故意或过失行为责任，实现公正的价值目标。“(2019)最高法民再198号民事裁定书”对个别债权人对破产管理人的财产处置行为提起赔偿诉讼予以了支持。

(2)管理人聘用人员侵权时的责任承担。《企业破产法》第28条规定，管理人经人民法院许可，可以聘用必要的工作人员。所谓必要的工作人员，在实践中主要有以下两种情况：一是为了维持企业经营或者管护财产而聘用的工作人员；另一种是为了执行管理人职务而聘用的必要的工作人员。前一种工作人员多为企业员工，所从事的工作也并非管理人履行职务行为的工作，聘用这些工作人员的目的在于保护破产财团的利益。因此这些费用在破产程序中通常列为破产费用，对这些人员的侵权行为不应由管理人承担责任。破产法要求管理人对后一种情形承担责任，因为管理人聘用的从事管理人职务的人员应当视为管理人的员工，对管理人负责，由管理人支付报酬，其行为应当视为管理人的行为，从而由管理人为其行为承担责任。由此可见，管理人是否为其聘用的人员之侵权行为承担责任的关键在于聘用人员的报酬是从破产费用中列支还是从管理人报酬中支取，只有从管理人报酬中取得收入的工作人员实施的侵权行为才应归属于管理人责任的范围。

(3)管理人执业保险制度的推广。《企业破产法》第24条规定，个人担任管理人的，应当参加执业责任保险。对于机构担任管理人的，法律并没有提出强制保险的要求。这可能是源于立法者对个人承担风险能力的担忧。但是随着破产案件的体量不断增大,管理人面临的赔偿从几万元,到几十万元、几百万元甚至更高,即使机构也不一定具有承担风险的能力。因此,即使对于机构担任管理人不强制要求保险,也应当提倡管理人主动购买执业保险,推广保险制度在破产执业领域中的适用,利用保险等社会资源以市场的力量有效分散管理人正当执业风险。在加强其履职保障的前提下,鼓励其选择积极的方式履行职务,最大限度保障债权人及相关主体利益。

专题五：破产重整制度完善*

一、破产重整申请主体的明确

（一）债务人

根据《企业破产法》第70条规定，企业法人债务人可以自行申请启动重整程序。此外，债务人还应当包括个人债务重整中的债务人，对于具备破产原因，在未来具备稳定收入能力或者不稳定但可预期的不定期收入，具备一定的清偿能力的债务人，可以申请个人重整。只有债务人可以申请个人债务重整的原因在于，个人债务重整的目标是债务清偿，对于有偿还可能的债务人而言，其"自愿性"是实现目标的基础。为了提高债务人的重整意愿，重整计划只能由债务人提出，债权人不得提出其他方案，只能对债务人的重整计划草案的通过与否投票，这无论是在启动程序还是在重整计划上都给予面临破产之虞、身处窘境的债务人以尊重。①

（二）出资额占债务人注册资本1/10以上的出资人

出资额占债务人注册资本1/10以上的出资人在人

---

* 作者简介：秦鹏，重庆大学法学院教授，博士生导师；俞旭东，重庆破产法庭副庭长；邓成江，重庆破产法庭法官；吕金伟，重庆破产法庭法官；何玉，重庆破产法庭法官；甘霖，重庆破产法庭法官助理。

① 参见殷慧芬：《论个人重整》，载《中国海洋大学学报（社会科学版）》2012年第6期。

民法院受理破产申请后、宣告债务人破产前可以向人民法院申请重整。《企业破产法》兼顾重整程序中各个参与方利益的需要，给予债务人的出资人后续重整申请权。当债务人被申请破产再进行重整时，债务人的情况相比债务人和债权人初始申请重整时已经更为恶化，更加不利于实现挽救债务人的目的。此外，还存在债务人企业管理混乱、债权人怠于行使权利、侵害出资人利益等情形，因此赋予出资人在初始阶段的申请权是有必要的。根据《公司法》第 182 条的规定，公司经营管理发生严重困难，继续存续会使股东利益收到重大损失，通过其他途径不能解决的，持有公司全部股东表决权 10% 以上的股东可以请求人民法院解散公司。类比提出解散公司的有关规定，出资人可以在同债务人协商无果或向债务人提出重整请求被拒绝或者没有回应后，直接向人民法院申请启动重整程序。①

（三）债权人

基于重整自愿原则，重整过程中债权人发挥的作用与债务人相比显得小得多。无论是具有可行性的重整计划草案的提出还是重整计划的执行，均由债务人完成。目前，债权人在初始阶段有申请重整的权利，而债务人被申请破产之后的后续重整申请权仅归属于债务人和出资额占债务人注册资本 1/10 的出资人。之所以限制债权人的后续重整申请权，原因之一在于债务人和出资人对于债务人是否有重整的可能和债务人的实际运行情况比债权人更了解，而债权人可能在债务人进入破产程序后才对债务人实际运行情况有所了解。此时，若债权人希望债务人进入重整程序，会选择退出破产程序，再依据《企业破产法》第 70 条的规定申请债务人进入重整。② 既然存在这样的情况，不妨探索在债务人被申请破产后，宣告破产前，对于有重整意愿和重整可能性的债务人，在经法院调节、阐释相关情况后给予债权人选择是否申请进入重整程序的机会。一方面，尽可能挽救债务人，维护多方利益；另一方面，节约司法资源，给予债权人更多选择，保护债权人的合法权益。但对于债权人的后续重整申请权应当附加适当限制。由于各债权人之间的意见可能存在分歧，故可以类比出资人的出资额占债务人注

① 参见彭国元、张亚琼：《论破产重整程序的启动》，载《学术论坛》2012 年第 2 期。

② 参见齐明：《论我国破产程序转换与债权人后续重整申请权》，载《东北师大学报（哲学社会科学版）》2015 年第 5 期。

册资本 1/10 的规定要求债权人在后续申请重整时，应满足债权额占债务人注册资本 1/10 的要求。此处的债权人既可为一人，也可以是多人。①

（四）国务院金融监督管理机构

《企业破产法》第 134 条规定："商业银行、证券公司、保险公司等金融机构有本法第二条规定情形的，国务院金融监督管理机构可以向人民法院提出对该金融机构进行重整或者破产清算的申请。国务院金融监督管理机构依法对出现重大经营风险的金融机构采取接管、托管等措施的，可以向人民法院申请中止以该金融机构为被告或者被执行人的民事诉讼程序或者执行程序。金融机构实施破产的，国务院可以依据本法和其他有关法律规定制定实施办法。"②

二、破产企业中董事的破产申请义务和责任

（一）增加破产企业董事破产申请义务和责任的原因

1. 现行法律规定的缺失

《公司法》第 147 条规定了董事的忠实和勤勉义务，但是《企业破产法》中缺少相关的规定。《企业破产法》第 125 条的规定并非董事未及时申请破产的责任，而是违反公司法中规定的忠实和勤勉义务应当承担的责任。由于规定的内容过于宽泛，未列举具体的行为，在实际适用过程中存在困难。第 128 条的法律责任是因公司管理人员不当行为减损企业资产、不当处理债权债务或者其他方式直接侵害债务人权益的行为的责任。而对于上述行为既难以及时发现，也未能规制董事在公司濒临破产时殊死一搏的投机行为。③ 债权人如果通过合同法或者侵权责任法的路径寻求救济，举证难度大，难以实现维权。④

2. 企业破产时对于董事的不当激励

企业进入破产程序是一个逐渐发生的过程。随着经营恶化，盈利能力下降

---

① 参见彭国元、张亚琼：《论破产重整程序的启动》，载《学术论坛》2012 年第 2 期。

② 参见池伟宏：《论重整计划的制定》，载《交大法学》2017 年第 3 期。

③ 参见苏喜平、任慧星：《公司临界破产时董事的破产申请义务》，载《法治论坛》2020 年第 1 期。

④ 参见马来客等：《董事破产申请强制义务及其责任》，载《人民司法》2021 年第 19 期。

等问题的出现，由于董事是对公司情况最为了解的人，如果能够挽救局面避免进入破产程序，是利益最大化的选择。实际上，这个过程很难在不经过外部干预的情况下实现。公司一旦进入破产程序，董事的权利几乎为零，股东的清偿顺序低于职工权益、税款、债权人等，能够得到清偿的部分几乎为零。而借助法人身份，公司董事可以在进入破产程序前无所顾虑地采取一些商业行为，一方面，挽救公司需要后续的商业项目具有更强的盈利空间，方能在维持公司正常运转的情况下补足亏空和偿还债务；另一方面，即便不采取冒进的营业策略而选择稳健保守的方式，企业也必然走向破产清算。对于董事来说，这样的结局必然是“颗粒无收”，如此造成了企业破产时董事的不当激励策略。①

3. 董事的信义义务

在公司正常运转时，董事忠实、勤勉义务的对象是股东及公司。此时在公司盈利的情况下，董事可以从中获取利益，这激励董事积极履行责任，将企业做大做强，实现多方共赢。而在企业面临破产时，现行法律的有关规定未能明确董事对于债权人等外部主体的义务。如果此时董事忠实勤勉义务的对象仍然是股东和公司，将对于债权人利益保护的考虑抛诸脑后，那么即便是公司进入破产清算，债权人也无法对其追究责任。《企业破产法》的制定正是为了保护除债务人、公司股东之外的债权人、职工等多方主体的利益，而董事不负责任的经营行为有违法律目的。根据公司控制权理论和代理成本理论，破产时公司股东的利益弱化，而债权人的利益逐渐增强。一方面，债权人希望能够尽量留存债务人财产；另一方面，债权人不希望债务人继续举债，稀释自己的债权比例，减少清偿所得。此时董事的信义义务从股东向债权人发生转变。

（二）完善我国破产企业董事的破产申请义务和责任

1. 申请条件

董事申请破产的条件应当同债务人申请破产的条件相同，即根据《企业破产法》第2条“企业法人不能清偿到期债务，并且资产不足以清偿全部债务或者明显缺乏清偿能力”。结合《最高人民法院关于适用〈中华人民共和国企业破产法〉若干问题的规定（一）》，认定资产不足需要根据资产负债表，或者审计报告、

① 参见张学文：《公司破产边缘董事不当激励的法律规制》，载《现代法学》2012年第6期。

资产评估报告等判断。如果账面资产大于负债,但是有下列情形无法清偿债务的,也可以申请破产:资金严重不足或者财产不能变现;法定代表人下落不明且无其他人员负责管理财产;经人民法院强制执行;长期亏损且经营扭亏困难;其他导致债务人丧失清偿能力的情形。

2. 申请期间

董事应当在满足上述条件的情况下,及时向人民法院申请破产并将有关情况及时告知股东和有关债权人,申请的时间可以设定在30～45日。一方面,可以在此段时间内同利益相关方商议,由债权人、债务人提出破产申请;另一方面,也可以采取非破产方式挽救债务人。如通过融资、调整产业结构等方式逆转破产局面,则可以不申请进入破产程序。①

3. 董事的破产申请责任

应当认定董事承担的责任为侵权责任。根据《公司法》第152条的规定,在公司正常运转的情况下,董事违反忠实勤勉义务,满足条件的股东有权请求管理公司的董事会、执行董事或者监事会、监事对其提起诉讼。董事会或者监事会怠于履行责任的,可以由股东本人直接向人民法院提起诉讼。此处董事承担的是侵权责任。根据公司破产时董事的信义义务对象向由股东向债权人转变可知,因未履行忠实勤勉义务对债权人造成损失的也应当承担侵权责任。② 可以由管理人或者自行管理的债务人请求董事承担责任,也可以由股东或者债权人自行提起诉讼,要求董事承担侵权责任。

承担责任的范围包括两部分:因董事未及时申请破产导致债务人资产减损、债权人受清偿的资产变少的,应当由董事承担赔偿责任。此外,因未及时申请破产,继续经营而导致债务人财产减损的部分,应当由董事对原有的债权人和新债权人承担赔偿责任。③ 对于董事承担责任的证明条件有两种选择:一种是董事应当证明自身在经营中的行为满足商业经营判断行为的四大要素,包括行为与商业判断无利害关系,其掌握的商业信息在作出判断时是充分的,其商业判断符合公司最大利益,有正当理由证明其行为满足前述要件。这种证明方式对于董事

---

① 参见马来客等:《董事破产申请强制义务及其责任》,载《人民司法》2021年第19期。

② 参见苏喜平、任慧星:《公司临界破产时董事的破产申请义务》,载《法治论坛》2020年第1期。

③ 参见马来客等:《董事破产申请强制义务及其责任》,载《人民司法》2021年第19期。

的证明责任要求较高,需要其证明自身行为同时满足四个要件方能免责。而另一种是原告承担证明责任,即"谁主张,谁举证"。由原告提交相关证据否认董事的经营行为不满足商业经营判断的四大要素。这种证明责任的分配方式对于我国来说比较适合,既保证了董事经营判断的自主选择空间,也为原告维护自身利益留下了救济途径。①

三、重整中股权转让的限制以及保全措施

(一)现行法律规定

根据《公司法》第71条、第141条和《企业破产法》第77条的规定可知,法律规定对于股权转让的限制对象主要是董事、监事和高级管理人员。高级管理人员的范围界定,应当参照《公司法》的解释,对同样词语作相同解释,包括经理、副经理、财务负责人、董事会秘书和公司章程规定的其他人员。进一步分析现行法律规定可知:首先,限制转让的对象集中于公司的董事、监事、高级管理人员,对于无管理职务的股东并未作转让限制;其次,转让限制对象是第三人,第三人应该是公司股东以外的人员;最后,股权转让限制时间是重整期间,重整期间的界定应当从人民法院批准重整申请开始到批准通过重整计划结束。

目前存在的问题有:经半数股东同意,是否允许董事、监事和高级管理人员在重整期间内进行内部股权转让,是否可以向非管理人员股东转让其股权,以及如何对转让行为提供保全措施以保障债权人等利益相关人权益?

(二)限制股权转让的理论基础

观点一认为,股权价值丧失,公司进入破产清算后,其股东的清偿顺序位于最后。一方面公司的资产处于不确定状态;另一方面最后股东能获得的实际清偿几乎为零,故股权价值为零或不稳定时不具有转让的基础,所以应当在重整期间限制股东的股权转让。②

观点二认为,董事、监事和高级管理人员须尽到忠实勤勉的义务,应当对公

---

① 参见杨琼、雷兴虎:《论濒临破产公司董事信义义务的转化》,载《学术论坛》2021年第5期。

② 参见杜葵:《破产重整股权转让限制研究》,厦门大学2017年硕士学位论文,第9页。

司陷入经营不善承担责任。作为公司的管理人员,应当帮助公司完成重整,不能随意转让股权。

对于上述观点,笔者持怀疑态度。首先,公司股权转让时的定价根据并不完全依赖于股票价值或者破产时能受到多少清偿。实际上,仍然可能有投资人愿意以合适的价格接手进入重整阶段的公司股权,通过重整实现其商业目的,并不会因为某一时间的清偿期待价值而否认转让股权的全部价值。其次,公司股东,尤其是肩负董事、监事、高级管理人员职责的股东应当对进入重整阶段的公司负责而被禁止转让股权令人存疑。不仅在重整计划中就存在调整股权结构的安排,而且经营不善的管理人员被更换也是重整的操作之一。如果对于实现重整计划是无阻碍甚至是有帮助的,股权转让也应当被允许。

对于禁止董事、监事和高级管理人员在重整期间进行股权转让之原因,首先在于三者对于公司的实际情况最为了解,公司如何进入重整,经营问题在于何处理,需要怎样的帮助最能解决其困境以实现重整计划离不开管理人员的帮助;其次,管理人员可能存在违反忠实勤勉义务,违背公司章程、法律规定等谋取不当利益的行为,转让股权以抽身便难追究其责任;最后,对于重整相关方而言,管理人员的更替无异于表明其对于重整计划的实现信心丧失,将削弱债权人的重整意愿和投资人对于重整公司的投资,很可能因此导致重整计划的失败。故而对于重整期间的股权转让限制应当以不妨碍重整计划的制定和实施,有利于实现重整为整体目的,兼顾防止责任人员逃避责任为目标而设计。

(三)限制转让的具体措施以及保全措施

首先,重整期间董事、监事和高级管理人员不得向债务人转让其持有的债务人股权,但是经过人民法院同意的除外。正如前文所述,董事、监事和高级管理人员转让股权,既削弱了外界对于重整的信心,也存在逃避责任的可能,而且也未尽到忠实勤勉的义务,挽救股东的损失,故而应当对其转让股权进行限制。

但是,应当明确于何种原因,人民法院可以同意董事、监事和高级管理人员转让其持有的股权。第一,基于重整期间管理的需要经讨论决定更替管理人员的,可以由重整计划的制定者向人民法院申请允许转让股权并解除其职务;第二,基于重整期间股权结构调整的需要,可以允许已经被调整过股权的董事、监事和高级管理人员转让其持有的股权;第三,董事、监事和高级管理人员转让股权不得影响重整计划的制定或者可能的执行。确有股权转让的,须经债权人会议讨论并同意,报告重整管理人同意并经过其他股东表决通过才能向人民法院提出申请,且不得因转让股权或解除职务而中断其责任。如果利益相关方认为存在逃避责任的可能,可以与转让股权的董事、监事和高级管理人员协商缴纳保证金。

其次,非董事、监事、高级管理人员的股东在重整期间可以转让其股权。

现行法律规定并未禁止非董事、监事、高级管理人员的股东在重整期间转让其持有的股权。经过股东表决同意,股东可以转让其持有的股权,其他股东可以行使优先购买权。不对其加以限制的原因在于,受让人知晓其股权面临的收益情况可能为零,综合考虑之后仍然达成转让协议。对于股东而言,其原本的收益微乎其微,而转让获得了比其预期高的收益,将在重整计划的股权调整方面力争通过拖延战术消耗债权人等行为上有所收敛。对于收购人而言,零收益甚至是负收益的投资明显是不理智的行为,其收购股权之后必将投入精力帮助公司实现重整,可以继续注入资金或者提供新技术以及开拓市场等,对于重整的实现是有利的。

可能的问题在于法人人格否认的情形,涉及股东和债务人的连带责任。股东转让其股权,必须经过其他股东的表决通过。此外,在重整期间,应当提前通知管理人和债权人,将持股比例、转让价款等信息予以明确公示,相关方可以在公示期提出异议。债权人会议或者管理人不同意转让的,可以协商,也可以要求股东缴纳保证金或者保留追究其持有股权期间因法人人格否认所带来的连带责任的权利。股东转让股权削弱重整实现的可能,但不应当因此完全禁止股权转让。之所以选择重整而非破产清算,原因在于企业有挽救的可能和价值,而通过重整也可以实现债权人的利益更大化,否则直接进行破产清算是更划算的选择。而推动重整计划的实现,最主要的就是债务人的配合,允许对于债务人重整无信心的股东,尤其是并无管理职能的股东退出并不是完全的坏事。此外,倘若多方均表现出对于债务人重整信心的丧失,也并无强行为了救债务人而救的必要,可以将重整转换为破产清算,对于股东在重整期间转让股权获得的价款可以要求其向债权人清偿,而完全禁止确无必要。

四、重整投资人规则的具体化

(一)重整投资人概述

重整投资对于进入重整的企业而言是最直接、最有效实现重整计划的方式之一。债务人进入重组程序的原因主要在于运营资金问题,无论是资产不足以清偿全部债务或者是明显缺乏清偿能力而被申请破产重组,及时注入资金可有效减轻债权人顾虑,缓解债务人内部压力,给债务人以喘息制定重组计划摆脱困境。据调查,超过90%的公司完成破产重整需要投资人注入资金以扩大生产规模、解决债务问题、突破技术瓶颈等。

对于重整投资人而言,面临多方面的问题束缚同样也不利于重整企业完成融资。一是重整投资人的信息获取不及时。重整投资人一般是在债务人完成债权人申报工作,并完成债权债务清算工作后才会通过公开招募等方式获得相关债务人的信息,而债务人的管理人基于保密义务亦不会向投资人透露全部信息。这不仅使重整投资人错失拯救债务人的前期时机,即预重整阶段的投资人介入,也没办法让投资人在正式的重整阶段完全了解债务人的问题,从而大大降低投资人的投资意愿。二是重整投资人还需要面临重整计划执行过程中可能存在的风险,比如政府的特殊要求、行业政策的不稳定性、市场竞争等问题,使得重整投资人难以有十足的把握实现重整的预期。而一旦重整失败,投资人将面临另一个风险,即无法收回前期投入的资金。有投资意愿的重整投资人大致包括3种类型,债权人的继续投资、敢于承担较大投资风险的投资者以及政府的救助资金。① 复杂的资金来源和较大的收益不确定性让绝大多数投资人望而却步。尽管《企业破产法司法解释三》第2条对于债权人继续提供的资金可以要求管理人设定担保或者优先受偿,但是该规定对于非债权人的新晋投资人而言难以实现真正的保护,投资人仍将面临重整失败血本无归的风险。消除投资人投资顾虑、降低投资风险和提高权益保护不仅有利投资人,对于提高债务人重整成功率、实现多方共赢也大有帮助。

---

① 参见周采薇:《企业破产重整融资问题研究》,辽宁大学2020年硕士学位论文,第15页。

(二)投资人的招募

1.预重整招募和非公开招募

在人民法院正式宣告债务人进入破产重整阶段之前,出于对于债务人商业秘密的保护,可以采取非公开的方式招募投资人,尽早为债务人提供帮助,防止出现市场流失,商誉下降,员工权益受损的问题。对于预重整期间的投资人,可以签订"并购+债务重组"协议,提供融资支持和保障。[①] 此外,预重整阶段招募的投资人有权获悉足够的债务人经营情况,如陷入风险的原因、需要投资人提供帮助的领域等,在必要的保密前提下,保障投资人的知情权。而人民法院正式批准进入重整阶段后,也可以由管理人自行招募投资人,选任投资人需综合考虑其实际提供的资金、是否有助于解决债务人自身困境、是否有助于实现重整计划和债权人意见。债务人应当在此过程中提供明确的债权债务信息、介绍重整计划制定的思路、重整后预期市场效果等真实的重整信息以供投资人参考,并在多个投资人中选择综合条件最为符合的投资人,而非提供资金最多的。

2.公开招募

公开招募投资人是最常见的投资人招募方式。进入重整阶段后,债务人应当及时制作招募公告,如实将企业基本情况、债权债务基本信息、可挽救价值或吸引投资优势、期待募集的资金额或其他形式投资、投资人投标资格和招募期限等问题予以说明。此外,在保护债务人商业秘密的情况下,还可以对重整计划草案、投资人的选任标准和程序进行说明。在公开募集的过程中,投资人的信用能力是选任投资人的首要条件。此外,还应当综合考虑是否影响债务人经营、能否保证员工岗位等,由债权人和重整管理人根据实际情况作出决策后提交人民法院审批。[②]

(三)投资人的保护

首先,应当明确投资人的清偿顺序。《企业破产法》及相关司法解释只规定

---

① 参见池伟宏:《困境企业拯救的破产重整路径效率优化》,载《中国政法大学学报》2021 年第 4 期。

② 参见池伟宏:《困境企业拯救的破产重整路径效率优化》,载《中国政法大学学报》2021 年第 4 期。

了重整期间债务人可以用财产为新投资设定担保,而对于该投资产生的债权清偿和已经存在的债权清偿顺序未作明确说明。投资产生的债务可以考虑认定为公益债务,或者在优先级上劣后于破产费用和共益债务但是优于其他一般债务,优先于先前债务进行清偿。如果投资人投资成功,重整计划的实现可以为其带来收益,而一旦重整失败,投资人面临颗粒无收的风险,这让许多投资人对重整投资望而却步。降低投资风险有利于吸引投资人加入重整投资。

其次,应当建立相关第三方机构辅助投资人完成投资。由专门人员形成第三方机构,对于债务人的经营情况、重整价值评估、重整计划可行性进行评估,或者是参与投资人的招募之中,利用中介人员辅助构建投资人和债务人之间的信任关系。同时,第三方机构的介入也减少人民法院在重整投资人选任中的参与判断,将商事领域的决策交由专业人员,避免司法职权的过度干预,保障债务人和债权人的商业判断自由。

最后,应当由政府给予投资人扶持。我国破产重整应当摒弃债权人利益至上,综合考虑债权人、债务人和职工利益等多方面利益。为减轻企业破产给社会产生的不良影响,政府往往选择干预和帮助债务人实现重整。在投资人保护方面,政府应当在公开招募投资人时,将有关产业政策、企业情况、重整价值等予以说明。在未接触过债务人的情况下,投资人仅凭债务人的说辞难以产生足够的信任进行风险投资。对于有挽救价值的债务人,政府牵线搭桥可以消除投资人一些顾虑,增加了解,形成信任。此外,政府还应当提供资金优惠或者税负支持,吸引投资人参与重整。既然政府参与重整的目的在于减轻不良社会影响,政府也应当有所付出。在重整计划中,可以为政府的资金帮助设定股权调整等,在重整完成后逐步回收投入。

五、重整计划草案中债权人、重整投资人等利害关系人的参与权

(一)赋予利害关系人重整计划草案制订参与权的原因

1. 权利不匹配

重整计划本质上是一个债务人和利益相关方谈判、协商和妥协的综合性协议,重整计划的制订过程就是平衡各方利益的过程,为了实现企业重整和债务清

偿的目的,调整权利义务关系、优化经营模式和变更股权结构等。重整计划的制订主要涉及债务人、债权人、债务人的出资人和重整投资人等主体的利益,根据《企业破产法》第79条的规定,债务人或者管理人应当自人民法院裁定债务人重整之日起6个月内,同时向人民法院和债权人会议提交重整计划草案。而有权申请债务人进入重整程序的主体则包括债务人、债权人和债务人的出资人,这意味着债权人和债务人的出资人有权申请债务人进入破产程序而无法参与重整计划的制订。如此可能出现债务人不积极配合重整,重整计划无法获得批准而转为破产清算,耽误宝贵的破产清算时间,进一步损害债权人和出资人利益。此外,重整投资人也无法参与到重整计划的制订中,增加了投资人的投资风险,既损害投资人利益,也让许多投资人望而却步不愿参与重整。①

2. 债务人恶意或消极对待

债务人进入重整的申请主体不同,债务人配合重整的意愿也不同。如果是债务人主动申请进入重整,有较大概率债务人会积极参与重整;而如果是债权人或者出资人申请进入重整而债务人倾向相对简单的破产清算程序,则债务人配合的程度则明显不同。此外,在债务人和管理人制订重整计划的情况下,重整计划的利益博弈必然倾向保护债务人的利益,而债权人等利益相关主体的诉求则难以保证。

3. 不利于重整实现的其他原因

除了缺乏竞争性的重整草案制订制度,还存在高估债务人或管理人能力的情况。排除主观因素上的消极因素外,重整计划制定的科学性、执行的可能性等问题也是重整计划制订过程中的难点。

(二)比较法视野下的重整计划制订参与权

《德国破产法》第218条规定,破产管理人及债务人均有权提交破产(重整)计划草案。第157条规定,债权人会议也可以在报告日期授权管理人制作并提交重整计划草案。管理人需要在规定日期内向法院提交重整计划草案。第284条规定,如若债务人获批自行管理,则债权人会议可以只发挥顾问咨询的作用。

《美国破产法典》第1221条规定,在破产救济令做出的120天内债务人享有

---

① 参见梁伟:《论我国企业破产重整计划制定权主体制度》,载《学术交流》2018年第2期。

重整计划的独享权。如果任命了破产管理人,或者债务人未在破产救济令作出后的180天内获得表决通过,则任何权益受损的债权人或出资人均可提交重整计划草案。

对比美国和德国的规定,给予债权人和出资人以重整计划草案的提议权既保护了债权人和出资人的利益,也给债务人留下了足够的时间自行制订重整计划。对于重整计划,债务人和管理人对其实际情况最为了解,由其制订重整计划草案不仅具备较高的执行可能性,而且出于意思自治和尊重,债务人的重整配合积极性更高。如果在重整程序一开始便允许债权人和出资人提出竞争性的重整计划,债权人和出资人也会站在其利益出发点上制定重整计划,未必能获得债务人和其他利益相关人的同意。而且在制订过程中和审议表决多份重整计划草案的过程中,必然会增加时间和经济成本,降低重整效率。[①] 故而,在满足一定条件下,允许债权人和出资人提出重整计划,利用债权人会议将债权人意思及时传达给管理人以保证在制订过程中保护债权人利益是折中的办法。

(三)利害关系人参与权的行使方式

应当以合理的方式赋予债权人重整计划参与权,即在保护债权人利益的同时,也考虑重整效率和债务人意愿。债务人进入重整阶段后,应当给予债务人一定期限免受干扰地制订重整计划。该重整计划未通过表决或者未在期限内完成重整计划的,债权人有权提出重整计划或者由债权人会议授权管理人按照债权人的意思制订重整计划。

重整投资人没有单独提出重整计划的权利,但是可以向管理人或者债务人提出自己的意见或者建议。重整计划的制作人应当在一定期限内将接受或者拒绝意见或建议的决定及时告知投资人,投资人有异议的可以同重整计划的制作人协商。重整投资人也可以同债务人或者管理人协商将融资条款的有关内容以及资产重组事项在重整计划中予以明确。[①]出资人也没有单独制订重整计划的权利,但是可以将自己的意见或者建议同债务人或者管理人协商。

① 参见何旺翔:《破产重整制度改革研究》,中国政法大学出版社2020年版,第80页。

六、细化重整计划草案的具体内容

（一）现行规定和适用现状

《企业破产法》第81条规定："重整计划草案应当包括下列内容：（一）债务人的经营方案；（二）债权分类；（三）债权调整方案；（四）债权受偿方案；（五）重整计划的执行期限；（六）重整计划执行的监督期限；（七）有利于债务人重整的其他方案。"

目前中国的重整案件普遍存在重整计划草案内容空洞的问题。重整计划大多只有十几页内容，40页的重整计划草案已经是较大篇幅。利益相关方常常听完重整计划后仍难以对重整计划的具体实施和目标有明确的认识，在不清楚的情况下便参与了分组表决。经营方案的部分，可以包括债务人管理人员调整、公司部门改组设计、经营改进方案等具体的管理措施，以及资产转让、资产置换、减少注册资本、调整经营业务等资产和业务改动措施。[①] 以重钢重整计为例，其中经营方案的部分分为近期、中期和远期目标，具体内容围绕粗钢和钢材的目标年产量和预期利润作简要说明，表现为目标型，内容高度概括，难以交付执行和接受利益相关方以此为标准的监督。

（二）明确经营方案

经营方案具体化的目的在于更好地判断经营方案的可行性，既包括程序上的可行性也包括实质上的可行性。[②] 程序上的可行性主要为审查重整计划的制定是否符合法律法规的规定，如是否包含必要的内容、是否在指定期限内提交重整计划等程序性问题。一般来说程序上的可行性并无明显问题，尤其是上市公司为了保"壳"，通常会在指定期限内提交重整计划。

实质上可行性的部分则是大多数重整计划草案的主要问题。进一步明确经营方案应当从以下几个角度进行详细说明。首先，公司管理结构变更，涉及公司董事、监事以及高级管理人员的变更情况、公司部门架构及人员调整情况、运营

---

① 参见申林平：《上市公司破产原理与实务》，法律出版社2020年版，第182页。

② 参见陈彬彬：《我国企业破产重整计划批准制度的完善路径》，广西师范大学2019年硕士学位论文，第13页。

管理优化方案等事项;其次,重整计划草案应当公示资本流动情况,在不泄露债务人商业机密的前提下,展示重整后债务人资金情况以证明重整计划在资金上的可行性,必要时应当聘请专业的会计师事务所或者审计师出具证明,来证明担保计划在资金方面的可行性;最后,重整计划草案应当说明公司业务情况,如变更营业范围、优化产业结构的具体措施、市场上其他竞争者的情况、技术升级的效益分析等。

上市公司的经营方案在真实性和可行性上应有更高的要求。根据最高人民法院发布的《关于审理上市公司破产重整案件工作座谈会纪要》,上市公司或者管理人制定的上市公司重整计划草案应当包括详细的经营方案。有关经营方案涉及并购重组等行政许可审批事项的,上市公司或管理人应当聘请经证券监管机构核准的财务顾问机构、律师事务所以及具有证券期货业务资格的会计师事务所、资产评估机构等证券服务机构,按照证券监管机构的有关要求及格式编制相关材料,并作为重整计划草案及其经营方案的必备文件。控股股东、实际控制人及其关联方在上市公司破产重整程序前因违规占用、担保等行为对上市公司造成损害的,制定重整计划草案时应当根据其过错对控股股东及实际控制人支配的股东的股权作相应调整。

(三)明确资产处理

公司重整过程中存在处置重大资产的不同情况,而重整程序仅完成债务重组,对于重整投资的引入和业务优化均完成在重大资产重组之后。在债务人进入重整之前公司资产一般均设有担保,对于重大资产的处置直接关系到如何清偿债务和吸引重整资金,而重整计划中并未强制要求这部分的说明。[①]《美国破产法》规定,重整计划可以对实施措施作自由的约定,但是需要达到足够详细的程度,是债权人和股东进行表决时有判断的依据,如债务人对财产的处置计划、担保物的处置计划等。将资产处理情况纳入重整草案不仅是保护债权人利益,也是保护债务人利益。对于债权人而言,《企业破产法》中规定资产处置方案应当经债权人会议通过,直接关系债权人的利益;对于债务人来说,根据《上市公司重大资产重组管理办法》的规定,上市公司如果发生重大资产重组,擅自实施未

① 参见申林平:《上市公司破产原理与实务》,法律出版社2020年版,第180页。

经法定程序的,中国证监会将责令改正并可能给予处罚。

七、明确重整计划草案制作人的信息披露义务

(一)信息披露现状

我国《企业破产法》关于重整部分的信息披露义务主要集中在第79条、第84条和第90条,但是规定比较零碎,不成体系,从披露程度和披露义务的规定来看也有所欠缺,缺少健全的信息披露制度。在我国司法实践中,债务人从重整之中得到的利益相对更多,而重整过程中对债权人的清偿率是模拟计算的,基于这种模拟性和信息披露制度不健全,重整过程当中的债务人欺诈行为更为明显。① 由于信息不对称所带来的债权人损失在各类重整案件中时有发生。

信息披露制度的理论基础主要有三种,信息不对称理论、控制权转移理论和知情权保护理论。② 信息不对称理论指出,债务人和出资人、债权人以及重整投资人等利益相关方在某种程度上存在信托关系。债务人进入重整阶段后,债务人以外的利益相关方需要及时掌握债务人的实际情况,而债务人基于隐瞒经营不力或者其他目的,往往不愿将实情和盘托出,导致利益相关方因为无法掌握全部信息做出有效判断,处于劣势地位。控制权转移理论认为,《公司法》和《中华人民共和国证券法》(以下简称《证券法》)的信息披露制度系公司正常运转情况下的信息披露义务,而重整期间的信息披露是公司在特殊情况下的信息披露义务。公司进入重整阶段,公司的控制权已经从公司股东转移至债权人,因此债权人需要足够的信息以作出选择和判断,故债务人需要将信息及时披露。知情权保护理论,是指相关权利人有权知晓与其利益相关的信息,相关方有义务及时将信息披露,以减少因信息不对称而产生利益损失。

(二)比较法视野下的制作人信息披露义务

《美国破产法》的信息披露制度规定较为完整,在破产规则中规定了债务人的首次信息披露义务和作为重要信息来源之一的法院质询权。在破产法典中也

---

① 参见王欣新、丁燕:《论破产法上信息披露制度的构建与完善》,载《政治与法律》2012年第2期。

② 参见徐阳光、王静:《破产重整法律制度研究》,法律出版社2020年版,第241~243页。

对信息披露作出了较多规定。在重整启动阶段,法院对债务人是否有必要启动重整进行审查,依据重整与否的可能后果作出是否准许重整的裁判;在重整过程中,法院需要对债务人提供的重整草案的资金和经营方面的细节问题进行审查,包括债权债务情况,营收账表,税务问题,未来业务整改计划,董事、监事和高级管理人员的变动等以及由此过程中产生的必要费用;应当披露的信息还有债务人涉及的诉讼、定期汇报重整计划执行情况等。①

《德国破产法》规定,债权人会议有权要求管理人汇报债务人具体情况并对事情进展进行汇报,管理人还应当在指定期限内汇报债务人的财务状况、原因和方案等。英国则规定了专门的商业调查制度,以保护在破产过程中不同参与主体可以获得充分而完全的债务人信息。②

(三)披露主体

日本破产法规定的信息披露主体包括破产人、破产人的代理人,破产人为法人的则为其理事、董事、执行官、总管、监事以及清算人,与前款所列相当的人和破产人的雇员。英国破产法则规定了官方接管人可以要求某些特定人员提供财务报表,包括公司现任和前任负责人、在清算当年参与公司设立的人、正在公司工作的人,或者被官方认定其他在清算当年曾在此工作的人员。我国《企业破产法》规定的债务人有关人员是指企业的法定代表人,经人民法院决定还可以包括财务管理人员和其他经营管理人员。我国的信息披露主体范围较小,与债务人有关的人员还应当包括曾经为债务人工作过的,与财务管理人员和其他经营人员相当的人员。

(四)披露内容

《美国破产法》要求债务人提供的信息包括债务人财产目录、名单、资产负债表和财务收支表,此外还包括但不限于债务人的历史和背景调查,可用财产的价值说明,债务人未来管理和发展情况的说明,产生债务人会计和价值信息的方

---

① 参见龙鸣:《上市公司破产重整中的信息披露问题研究》,湘潭大学2015年硕士学位论文,第23页。

② 参见王欣新、丁燕:《论破产法上信息披露制度的构建与完善》,载《政治与法律》2012年第2期。

法,董事、监事和高级管理人的报酬额,债权清偿比率,行政费用估算以及债权人可能涉及的风险等信息。我国的重整计划信息披露需要进一步明确以增加重整计划的可行性评估,如债务人发展历史、债务清单、价值评估、涉诉情况、财务资料、债权人可能的清偿比例、未来经营规划和债务人可能遭遇的风险等内容。而且,还可以考虑对比英国的调查制度和美国的听证制度,由法院牵头组织债权人等利益相关人员对债务人进行完全且充分的调查,保证在分组表决前信息掌握程度不同的利益相关方的利益。

(五)法律责任

对于违反信息披露义务的人员,目前我国只有《刑法》第161条违规披露、不披露重要信息罪可以适用;在《企业破产法》中对于违反信息披露义务的法律责任规定在第126条、第127条、第130条和第131条,主要表现为对未到债权人会议接受询问的债务人,法院可以采取拘传和罚款,不陈述或者虚假陈述的可以适用罚款,债务人不提交材料和未尽到勤勉义务的管理人也可以适用罚款。综上可见,我国目前对于违反信息披露义务的债务人和管理人主要适用拘传和罚款等诉讼程序强制措施,但并未规定因不履行义务而产生的赔偿责任,难以弥补债权人和其他利益相关方的损失,应当进一步明确赔偿责任和赔偿范围。①

八、细化债权人对重整计划草案区分表决的方法

(一)法律规定和适用现状

《企业破产法》第82条规定,下列各类债权的债权人参加讨论重整计划草案的债权人会议,依照下列债权分类,分组对重整计划草案进行表决:(1)对债务人的特定财产享有担保权的债权;(2)债务人所欠职工的工资和医疗、伤残补助、抚恤费用,所欠的应当划入职工个人账户的基本养老保险、基本医疗保险费用,以及法律、行政法规所规定应当支付给职工的补偿金;(3)债务人所欠税款;(4)普通债权。人民法院在必要时可以决定在普通债权组中设小额债权组对重整计划草案进行表决。

① 参见徐阳光、王静:《破产重整法律制度研究》,法律出版社2020年版,第253页。

《企业破产法》第84条规定,人民法院应当自收到重整计划草案之日起30日内召开债权人会议,对重整计划草案进行表决。出席会议的同一表决组的债权人过半数同意重整计划草案,并且其所代表的债权额占该组债权总额的2/3以上的,即为该组通过重整计划草案。债务人或者管理人应当向债权人会议就重整计划草案作出说明,回答询问。

《企业破产法》第59条规定,债权尚未确定的债权人,除人民法院能够为其行使表决权而临时确定债权额的外,不得行使表决权。对债务人的特定财产享有担保权的债权人,未放弃优先受偿权利的,对于《企业破产法》第61条第1款第7项、第10项规定的事项不享有表决权。

对于参加分组表决的各组,一方面,由于信息披露不完全,难以在参加分组表决前获得真实、完全、充分的信息以作出完全基于意思自治的判断。另一方面,一些规定尚不明确,如对于债权未确定的临时债权人参加表决的问题缺乏明确规定,各地方法院的处理也不一致。① 此外,小额债权人的分组标准不明确,小额债权的标准是多少,是按照比例确定还是按照固定金额进行分类,小额债权人分组上可能存在牟取利益的行为。职工代表和工会代表能否参加表决也关系到职工利益保护的问题。韩长印教授在其文章中还提到,应当赋予人身损害关系债权人参加分组表决的权利。②

(二)比较法视野的分组表决

美国采取任意型分组模式,即尽管法律规定了分组标准,但法院、重整人有权根据重整公司的实际情况变更表决分组。《美国破产法》第1122条采用"实质性相似"作为判断依据,不同债权或者利益在实质上具有相似性的,即可安排在同一表决组之中。分组主要分为有担保的债权人组和无担保的债权人组,有担保的债权人若存在担保类型和标的的差异则可以一人成组、分别表决,无担保债权人则按照债权顺序由高至低逐级清偿,不同优先级的债务人设置不同表决组且各组债权人清偿率并不要求相同,同顺位的无担保债权人也可以依据实际情

---

① 参见申林平编著:《上市公司破产重整》,法律出版社2020年版,第44页。

② 参见韩长印、韩永强:《债权受偿顺位省思——基于破产法的考量》,载《中国社会科学》2010年第4期。

况分成多个表决组,还可以为小额债权人单独成组。①

《日本公司更生法》则采取兼顾法定强制和任意分组的折中方式,表现为有权根据需要对部分分组标准进行变动。《日本公司更生法》第196条规定,按照第168条第1项中规定的两类债权划归为一组,或者将某一类权利细分为两个以上的组别。

我国《企业破产法》第82条进行了明确的列举式分组,依据此条进行实际操作并无问题。中国目前的分组方式应当归为强制分组类型。

(三)小额债权分组

我国《企业破产法》允许为小额债权人单独设立表决组,但是并无明确规定如何确定小额债权组的范围,导致在不同的重整案件中小额债权的分组不尽相同,存在将小额债权分组范围扩大,利用小额债权清偿率高的特点牟取利益,或虽处于相同清偿顺位而实际清偿率并不相同的"不公平现象"。《德国破产法》中规定小额债权人是占债务人的债权总额1%或1000欧元范围内的债权人,法国则规定为债权总额的5%。

因此,首先,应当通过立法或者司法解释进一步明确小额债权组的确定方式。无论是按照债权占债务人总债务额比例,或是依照债务人资金体量梯度确定上线金额,统一小额债权分组的确定方式以防止重整计划制作人利用小额债权人损害非小额债权人的利益。其次,还应当强化信息披露,以保护不同分组债权人的利益,至少应当在分组表决前提前30日将重整计划中债权人调整方案的有关内容、资产清单和价值评估生成方式、不同分组债权人的实际清偿率等信息告知债权人。② 最后,还应当完善债权人或者管理人等重整计划制定主体的责任以及法院的实质性审查,对于明显分组不合理的或者实际清偿率不合理损害债权人利益的,人民法院应当否定重整方案,要求重整计划的制作人说明理由并承担相应的责任。

(四)临时表决组

根据前文所述,临时债权人的如何确定、哪些情况下可以参加分组表决并无

---

① 参见潘琪:《美国破产法》,法律出版社1999年版,第135~136页。

② 参见黄思彦:《小额债权的重整分组研究》,上海交通大学2017年硕士学位论文,第43页。

明确规定,而重整计划通过表决并交付执行后再申报债权恐难实现债权人自身权益的有效维护。从债务人视角来看,不能因为某些债权人涉诉债权尚未确定就中断重整计划制定的进程;因债务人经营困难降低重整效率只会进一步降低债权人的受偿率和重整的成功率,这对于其他债权人亦不公平,故而须在立法或者司法解释中,明确可以参加分组表决的临时债权人应当满足的条件。根据各地法院的实践经验,下列临时债权人有资格参与分组表决:(1)诉讼、仲裁未决的债权,指在重整程序开始后尚未结束的诉讼、仲裁,包括对管理人管理不服、债权人会议核查不服提起的诉讼、仲裁等;(2)附条件、附期限的债权;(3)债权申报期临近届满前才申报,而管理人来不及审查的债权等。① 《上海市高级人民法院破产审判工作规范指引(试行)》《上海法院企业破产案件管理人工作职责指引》规定,人民法院可以根据实际情况或者管理人的申请临时确定债权人的债权额度,或者参考其他地方法院合理的裁判确定临时债权额。在对临时表决组的完善中可以以实践中普遍认同的做法为参考,统一确定临时债权人参加表决的标准。

(五)其他待明确事项

在进行《企业破产法》第82条关于职工债权的分组表决时,应当邀请职工代表或者工会代表参加债权人会议,可以考虑赋予其表决权利以实质性保护。此外,鉴于"三鹿奶粉事件"大规模人身侵权之债的发生,还应当明确因债务人侵权行为而产生的人身损害债权人的清偿顺序和参加分组表决的权利。②

九、新增法院正常批准重整计划的审查要件

(一)法律规定和现状分析

《企业破产法》第86条规定:"各表决组均通过重整计划草案时,重整计划即为通过。自重整计划通过之日起十日内,债务人或者管理人应当向人民法院提出批准重整计划的申请。人民法院经审查认为符合本法规定的,应当自收到申

---

① 参见申林平编著:《上市公司破产重整》,法律出版社2020年版,第44页。

② 参见韩长印、韩永强:《债权受偿顺位省思——基于破产法的考量》,载《中国社会科学》2010年第4期。

请之日起三十日内裁定批准,终止重整程序,并予以公告。”对于重整计划的正常批准,当前法律规定需要各表决组均通过重整计划草案,法院即可审批通过。而在上市公司的重整中,为了实现保“壳”的目的,法院和地方政府往往会尽快帮助债务人的重整计划通过审批或者是通过强制批准。在前面的内容中提及的问题,正是法院新增正常审批重整计划的审查要件所要解决的问题,比如信息披露不完全、重整计划的可行性审查、债权人利益保护尤其是反对通过重整计划的债权人利益保护等。新增审查要件是从人民法院的司法权力方面保障重整期间的公平性、可行性,以实现重整的目的:挽救有价值的债务人,获得比破产清算更大的利益。

(二)新增法院批准重整计划的程序性审查要件

法院对于重整计划的审查,基于人民法院的属性难以要求法官对商业决策产生明确的判断。故而出于尊重债权人意思自治的角度,由债权人分组表决对债权清偿率、重整计划的可行性等商业问题作出判断。人民法院应当从程序上保证不同的债权人在参加重整计划表决前获得了真实且充足的债务人信息以作出商业判断,债务人在期限要求内按时提交相关信息,债权人参加分组表决的分组方式符合法律要求,表决过程满足合法性要求。①

第一,对重整计划制定过程中的信息披露进行合法性审查。目前我国《企业破产法》对于信息披露的规定笼统且不成体系,导致重整计划分组表决前债权人无法获得足够的信息以作出商业判断。对信息披露的程序性审查应当包括:信息披露的内容是否充足、信息披露的时间是否合理、信息披露的真实性是否满足法律要求等。对于信息披露的内容,应当对债务人发展历史、债务清单、价值评估、涉诉情况、财务资料、债权人可能的清偿比例、未来经营规划和债务人可能遭遇的风险等内容是否告知债权人作出审查,尤其是债务清单、价值评估和财务资料等重点信息是否披露给债权人以判断是否满足内容的全面性要求。对于信息披露的时间,需要信息披露义务主体在分组表决前将信息披露给债权人,若出现在分组表决前一天甚至是表决当天才将资料交给债权人,债权人恐难有足够的

① 参见刘敏、池伟宏:《法院批准重整计划实务问题研究》,载《法律适用》2011年第10期。

时间反映以作出合理的判断。[①] 在信息披露的真实性审查时，应当对重整计划中是否有明显的逻辑漏洞进行必要的审查，有涉及会计或者审计的事项，也可以直接审查是否有会计师或者审计人员的证明文件。

第二，债权人分组的合法性审查。前文曾提到债务人利用分组机制损害债权人利益的情况时有发生，在小额债权组中出现问题的情况较为明显。在进一步明确小额债权人的条件的前提下，法院应当审查小额债权人分组是否存在明显不合理，如小额债权人的范围过大或者该组清偿率过高等问题。

第三，表决过程中的程序性合法审查。现行法律允许上市公司的债权人通过非现场方式参加表决。非现场参加表决的债权人可以通过委托他人行使投票权、网络会议、邮寄和电话等形式行使表决权，在此过程中是否保证债权人意思真实，未被更改或者干预也应当由人民法院进行审查。表决结果的产生过程也应当符合程序正义，人民法院应当对债权人部分转让其债权产生的新债权人是否有权参加表决，两个债权人的表决权按照 1 人计算还是 2 人计算，同一个人收购多个债权人的债权时应当按照 1 人表决还是多人表决，同一代理人代理多个债权人行使权利时是否按照多人表决权计票等问题进行明确和审查，以确保投票产生结果的过程公平公正。[②]

第四，重整计划的时间审查。自人民法院裁定债务人重整之日起 6 个月内应当提交重整计划。

（三）新增法院批准重整计划的实质性审查要件

实质性审查的目的在于维护重整过程中的公平和正义。

首先，实质性审查应该对重整计划调整债权人和出资人权益情况进行审查。重整计划对于债权人的实际清偿率应当不低于破产清算的债权人的清偿率。而重整计划的清偿率是通过模拟过程计算产生的，其中可能存在重整计划人为最大化某些主体的利益而降低资产估值和债务人的价值估值，从而减少在破产清偿率之上的重整剩余价值清偿，可能出现债务人股东的实际清偿率高于债权人的情况。[③] 重整计划表决中投反对票的人的利益受到“关系人最大化利益原则”

---

① 参见张俊：《法院批准重整计划之标准研究》，中国政法大学 2016 年硕士学位论文，第 38 页。

② 参见刘敏、池伟宏：《法院批准重整计划实务问题研究》，载《法律适用》2011 年第 10 期。

③ 参见张俊：《法院批准重整计划之标准研究》，中国政法大学 2016 年硕士学位论文，第 15 页。

的保护,其所获得的实际清偿率是否大于按照破产清算得到的预期收益也是人民法院应该审查的内容。①

其次,实质性审查的对象还有重整计划的可行性。目前重整计划大多存在笼统、宽泛、可操作性不强等问题,在前文中对重整计划的内容具体细化问题已有说明。债权人往往在听取债务人的报告和看过重整计划之后,仍难以对重整之后的债务人产生合理预期。一方面,受限于债务人信息披露不足,另一方面,受限于重整计划的经营方案部分过于笼统宽泛。因此,人民法院应该对可行性进行审查。具体来说,经营方案应该有明确的方向性,即因何陷入重整、目标是什么方向、过程中解决怎样的问题;经营方案应包括可操作性强的具体措施,如优化部门结构,升级加工设施,调整人员安排等说明;经营方案还应包括足够的数据支持,市场上同类竞争者之间的横向对比,资产调整之后能够维持公司运转的资金模型和生成方法等;经营方案应该有重大资产的处理情况,尤其上市公司应当按照《证券法》和中国证监会的规定披露其重整期间重大资产的处理信息。

十、强制裁定批准重整计划草案的条件

(一)法律规定和不足之处

《企业破产法》第 87 条规定:"部分表决组未通过重整计划草案的,债务人或者管理人可以同未通过重整计划草案的表决组协商。该表决组可以在协商后再表决一次。双方协商的结果不得损害其他表决组的利益。未通过重整计划草案的表决组拒绝再次表决或者再次表决仍未通过重整计划草案,但重整计划草案符合下列条件的,债务人或者管理人可以申请人民法院批准重整计划草案:(一)按照重整计划草案,本法第八十二条第一款第一项所列债权就该特定财产将获得全额清偿,其因延期清偿所受的损失将得到公平补偿,并且其担保权未受到实质性损害,或者该表决组已经通过重整计划草案;(二)按照重整计划草案,本法第八十二条第一款第二项、第三项所列债权将获得全额清偿,或者相应表决组已经通过重整计划草案;(三)按照重整计划草案,普通债权所获得的清偿比例,不低于其在重整计划草案被提请批准时依照破产清算程序所能获得的清偿

① 参见汪世虎:《法院批准公司重整计划的条件探析》,载《商业经济与管理》2007 年第 1 期。

比例,或者该表决组已经通过重整计划草案;(四)重整计划草案对出资人权益的调整公平、公正,或者出资人组已经通过重整计划草案;(五)重整计划草案公平对待同一表决组的成员,并且所规定的债权清偿顺序不违反本法第一百一十三条的规定;(六)债务人的经营方案具有可行性。人民法院经审查认为重整计划草案符合前款规定的,应当自收到申请之日起三十日内裁定批准,终止重整程序,并予以公告。"

第87条的规定根据不同清偿顺序作出保护性规定,审查是否保证了同一清偿顺序的债权人之间的公平。现有的规则尽管规定了对于不同清偿顺序的债权人应当保护,但仍然存在违背重整目的或原则,损害债权人或债务人利益的情况。例如,公司股东的股权保有率高于70%而普通债权人获得的清偿不到20%。[①] 而且,重整计划的可行性也存在执行难的问题,既包括经营方案过于笼统,不能用于具体执行或者无法进行执行情况的监督,也包括重整计划的实现时间过长,完成重整计划的时间短则几个月长则两三年,影响债权人利益的实现。

(二)确立绝对优先原则

重整计划的制定,实际上是利益相关方谈判、妥协最终达成协议的过程,而债权人、债务人等利益相关方立场不同,难免产生利益上的矛盾,阻碍重整进程。绝对优先原则,主要是调整债权人和股东之间的利益分配,是法定的清偿顺序在强制批准中的先决条件。有担保的债权人可以就其担保的部分优先受偿,不能清偿的部分则归为普通债权,其次则是职工权益的清偿和税款的清偿。前面的部分清偿之后则是普通债权人的清偿,倘若普通债权人的债权无法完全清偿则股东无法获得任何的清偿。[②]

绝对优先原则之所以限制股东的权益,问题在于重整价值的计算是通过估值计算出来的,而在资产清单之外还存在无形的价值。包括但不限于企业的声誉、运营产生的价值等浮动价值。而股东在重整成功之后可以从股权中得到的收益大于债权人从资产清偿中得到的部分。倘若重整失败,则股东凭借破产机

---

① 参见兰英:《论重整计划强制批准的审查标准之判定》,华东政法大学2019年硕士学位论文,第18页。

② 参见唐晓洁:《重整计划强制批准中绝对优先规则研究》,华东政法大学2020年硕士学位论文,第32页。

制和有限公司制度并无更大的损失，对比之下收益与风险不成正比，对于重整得到的收益应由债权人和股东谈判解决。[①] 绝对优先原则促使重整计划的制定人在制定过程中尊重和保护债权人的利益，尤其是可能投反对意见的普通债权人。一旦普通债权人组提出反对意见，根据绝对优先原则，必须先清偿普通债权人的债权或者完全清偿债权后才能清偿股东的部分，这意味着股东的权益难以实现。因此，在重整计划制定过程中同债权人保持沟通防止反对组的出现是明智的选择。[②]

绝对优先原则的例外是新价值例外原则，即重整过程中在债权人尚未受到完全清偿之前，出于利益考量给予股东以清偿，对于在重整过程中投入新资金的老股东可以适用绝对优先原则保障其重整期间的投入利益。但对于新价值例外原则的适用应予限制，防止滥用新价值原则损害债权人利益。一般来说，新价值例外原则的适用应当满足以下条件：出资人必须投入了新的财产，而不是依靠原有资产的转化；新的投入是债务人生产经营的必需；新投入的财产按照重整价值计算而不是清算价值计算；股东通过新价值原则保留的权益不超过新投入的财产份额。[③] 徐阳光教授建议考虑将《企业破产法》第 87 条第 2 款的规定修改为"在债权人按照重整计划草案获得全额清偿前出资人不得获得权益，除非出资人为债务人的继续营业投入的必要的新财产，在该情况下出资人所获得的权益应当相当于其投入的新财产按照重整价值计算的价值"。[④]

（三）增加普通债权人的权益保护

绝对优先原则的确立既是对所有表决组中反对组的保护，也是对通过组中投反对意见的表决人利益的保护。在投反对票之外的情形，也需要增加对债权人的保护，尤其是在强制裁定重整计划之中。

首先，应当审查重整计划最低限度通过组别的情形。《企业破产法》第 87 条规定在"部分表决组未通过重整计划草案"的情况下，允许人民法院按照法定条

---

① 参见王佐发：《上市公司重整中对债权人强裁的公平原则》，载《政治与法律》2013 年第 2 期。

② 参见武卓：《我国重整计划强制批准制度的完善路径》，载《中国政法大学学报》2017 年第 3 期。

③ 参见王欣新、宋玉霞：《重整计划强制批准法律问题研究》，载《江汉论坛》2014 年第 10 期。

④ 参见徐阳光、王静主编：《破产重整法律制度研究》，法律出版社 2020 年版，第 180 页。

件审批强制裁定重整计划通过,问题在于“部分”的具体含义和表决组的范围。一般来说,此处的“部分”指的是至少有一个表决组通过了重整计划草案。如果出资人组通过了最大化股东权益、债权人因清偿率低而拒绝通过的重整草案,通过申请强制裁定,则债权人即将面临权益的损失也没有方法实现权利救济。所以应当明确的是,至少一个表决组通过重整计划草案的表决组的范围。《美国破产法》规定,权益未受重整计划草案削弱的债权人组别,即使通过了重整计划表决也不能计算在至少一个通过的表决组之中,出资人组因属于债务人内部也应该排除在至少一个表决组通过的范围之外。① 直接搬运美国的做法并不合适中国的实际情况,但人民法院在作出强制裁定的时候应该审查只有出资人组通过或者只有获得全额清偿的债权人组通过时,不同组别的清偿率是否相差悬殊,以维护利益分配的公平公正。

其次,重整计划中债权人获得的清偿不得低于通过破产清算得到的清偿,这是重整计划启动的最低条件。实际上,重整不但留存了债务人的无形价值,如企业字号、市场占有份额等,在尚未全面推行注册制的情况下,还会保留上市公司的“壳”,其价值并未计算在重整价值的估值之内。加之,重整价值计算方式存在差异,部分价值的评估难度较大,债务人存在打压自身价值,以较低的估值制定重整计划对债权人的清偿率,甚至仅高于破产清算 2% 左右,而股东的股权价值将在重整实现后得到较大的利益。② 因此,一方面应当建立健全重整价值评估流程,比如引入专业人士或者第三方专业平台对债务人进行资产评估;另一方面,人民法院应当对债权人的实际清偿率进行审查,对有异议的利益相关方应要求重整计划的制定者进行说明,组织听证或者赋予申诉的权利。③

(四)细化重整计划可行性审查标准

重整计划的可行性在正常批准的过程中便存在空泛而谈、过于笼统、实际操作性不强、信息披露不足等问题。在强制裁定重整计划的审查中,更应该重视对于可行性的审查。如果说正常批准的重整计划的可行性尽管不明确但已得到了

---

① 参见张海征、王欣新:《论法院强制批准重整计划制度之完善》,载《首都师范大学学报(社会科学版)》2014 年第 4 期。

② 参见徐阳光、王静主编:《破产重整法律制度研究》,法律出版社 2020 年版,第 182 页。

③ 参见王欣新、宋玉霞:《重整计划强制批准法律问题研究》,载《江汉论坛》2014 年第 10 期。

表决通过而可以被利益相关方接受的话,强制裁定的重整计划在通过之后出现执行困难、债权人利益难以维护时,其权益和维权都将面临更大的挑战。尽管人民法院在商业领域作出判断可能出现困难,但是仍可以要求重整计划对于经营方案的说明予以明确。《德国支付不能法》第 229 条规定,重整计划应附上财产一览表以及盈亏和财务方案,以表明未来将产生的费用和收益将如何保障企业的支付能力。在美国破产法的实践中,判断可行性的标准包括“四要素”说和“三要素”说,“四要素”说包括资本结构、盈利能力、管理能力和负债情况,“三要素”说包括资本结构、未来现金流和债务人涉诉情况。① 可以在立法或者司法解释中明确要求重整计划详细说明其未来一段时间的资金状况、运营情况以及与实现债务人重整计划的其他信息,如管理团队的变动情况和管理能力说明、市场前景和政策因素等,②由人民法院进行程序性的审查和实质性的一般审查。必要时,可以要求重整计划的制作人提供专业的评估机构或者资产管理机构出具的报告以证实其真实性。对于重整计划可行性较低的,应不予通过强制裁定的申请。

十一、强制裁定的听证审查

(一)完善听证程序的原因

人民法院强制裁定重整计划通过,对在正常分组表决中投反对票的表决人的意思自治形成了限制;尤其是当只有一组表决通过时,对于其他表决组的意见应当给予表达的权利。人民法院应当尊重利益相关人的意思表达,而现行的法律并无相关听证程序的规定。

重整期间的听证程序在《全国法院破产审判工作会议纪要》中规定为:“对于债权债务关系复杂、债务规模较大,或者涉及上市公司重整的案件,人民法院在审查重整申请时,可以组织申请人、被申请人听证。债权人、出资人、重整投资人等利害关系人经人民法院准许,也可以参加听证。听证期间不计入重整申请审查期限。”但《全国法院破产审判工作会议纪要》中规定的听证是对于重大、疑难

① 参见王光宇:《论破产重整计划的强制批准》,浙江大学 2018 年硕士学位论文,第 28 页。

② 参见徐阳光、王静主编:《破产重整法律制度研究》,法律出版社 2020 年版,第 185~186 页。

或者涉及上市公司的重整案件的。在强制裁定过程中也应规定类似的听证程序,一方面给予利益相关人一个进行意见交流的平台;另一方面人民法院也应当听取其意见,以衡量重整计划的公平公正,是否存在违背公平原则、绝对优先原则和债权人清偿率不合理的情况。①

(二)比较法视野下的听证程序规定

《日本公司更生法》第232条规定法院对重整计划作出裁定时,管理人、公司、债权人、股东、因更生而负担债务者或提供担保者,以及监督公司业务的行政官署、法务大臣及财政大臣,可以就更生计划的认可或不认可陈述意见;《美国破产法》第1128条规定,法院批准重整计划前必须召开听证会听取相关当事人的意见;《德国支付不能法》第245条规定,法院批准重整计划前应当听取债权人委员会的意见。

(三)组织听证的内容

人民法院在批准重整计划之前,应当组织债务人和参加分组表决的利益相关人参加听证会,听取利益相关方的意见,听取在正常分组表决中持反对意见的人陈述。债权人认为在重整计划中清偿率不合理的可以要求重整计划的制定者予以说明。组织听证的时间排除在重整计划的草案的批准时间之外。

十二、强制裁定的异议救济程序

(一)完善异议救济程序的原因

目前,《企业破产法》中对于强制裁定重整计划并未规定任何利益相关方权利救济的内容,在重整计划表决中投反对票的表决人没有任何办法挽救或者主张自己的权利,只能接受被强制批准的重整计划。根据调查,法院为了防止企业破产对社会产生的不良影响,对于申请强制裁定重整计划的债务人往往持支持态度,我国人民法院通过的重整案件中的强制裁定案件占比也高于外国的平均

---

① 参见张海征、王欣新:《论法院强制批准重整计划制度之完善》,载《首都师范大学学报(社会科学版)》2014年第4期。

水平。①

前文指出,重整计划存在债权人清偿率低于股东、经营方案的可行性不强等问题。被强制裁定执行的重整计划一方面存在显失公平的情形,另一方面也存在因无法完全执行或者执行周期过长给债权人造成新的损失的可能,而对于这两种情形缺乏相应的权利救济和追责方法。王欣新教授指出,重整计划执行失败后,分组表决中持反对意见的债权人的权益很有可能已经在重整计划执行期间转移至其他人手中,导致债权人的利益被错误地分配了。② 不仅持反对意见的债权人利益将在重整计划执行失败时损失增加,在分组表决中持支持意见的债权人也会因为重整计划未能完全执行而获得比预期更少的清偿。缺乏重整失败时的权利救济会增加债权人在分组表决时的担忧和重整意愿,不利于重整计划的通过和执行。③ 在“天颐科技重整案”中,其第三大非流动股东信达投资有限公司认为表决程序存在问题,却因为人民法院强制裁定重整计划但并未规定权利救济而无从主张异议,这也反映出在强制裁定的过程中权利保护并不平等,存在滥用权利通过重整计划而缺乏监督的问题。④

(二)比较法视野下的异议救济程序

《美国破产法》规定,债权人认为被批准的重整计划违反法律规定或者侵犯了其合法权益时,可以直接向破产法院提起诉讼;对破产法院所作出的裁定不满的,还可以向更高一级的法院提起上诉。⑤ 重整命令颁布后的 180 天内,经过利益相关方当事人的请求,在公告和听证之后,可以撤销通过欺诈手段获得通过的重整计划命令。

《德国支付不能法》第 253 条规定,债务人和债权人有权对重整计划被批准后即时作出同意或者不同意的抗诉。⑥

---

① 参见兰英:《论重整计划强制批准的审查标准之判定》,华东政法大学 2019 年硕士学位论文。

② 参见王欣新、宋玉霞:《重整计划强制批准法律问题研究》,载《江汉论坛》2014 年第 10 期。

③ 参见徐阳光、王静主编:《破产重整法律制度研究》,法律出版社 2020 年版,第 187 页。

④ 参见陈义华:《破产重整计划强制批准制度之检讨——由“天颐科技破产重整案”引发的思考》,载《天津商业大学学报》2013 年第 3 期。

⑤ 参见[美]大卫 · G. 爱泼斯坦等:《美国破产法》,韩长印等译,中国政法大学出版社 2003 年版,第 778 页。

⑥ 参见刘敏、池伟宏:《法院批准重整计划实务问题研究》,载《法律适用》2011 年第 10 期。

《英国破产法》规定了重整计划通过后的28天的异议期间。①

(三)异议救济程序的构建

异议救济程序应当包含两种情况:一种是对重整计划强制裁定通过有异议,另一种是因重整计划执行过程中权利受到侵害寻求救济。在第一种情况中,重整计划通过之后,应给予利益相关方在一定期间内向上一级人民法院提出异议的权利,提出异议不终止重整计划的执行;经审理确有错误的,裁定终止执行重整计划,可以要求修改重整计划或者转为破产清算;审理认为原裁决无误的,驳回债权人的申请。② 在第二种情况中,对于因重整计划执行失败转为破产清算产生的损失、重整计划执行未能达到预期(如债权人通过重整得到的实际清偿率低于破产清算的清偿率)等权益受损的,债权人可以向法院提出异议以获得债务人的补偿,个别出资人承担补偿义务的可以向其他出资人追偿。此外,因过错导致重整计划执行终止的,无过错的出资人有权要求其补偿。③

---

① 参见[英]费奥娜·托米:《英国公司和个人破产法》,汤维建、刘静译,北京大学出版社2010年版,第101页。

② 参见刘敏、池伟宏:《法院批准重整计划实务问题研究》,载《法律适用》2011年第10期。

③ 参见徐阳光、王静主编:《破产重整法律制度研究》,法律出版社2020年版,第187页。

专题六:预重整制度构建*

一、预重整的制度定位与规制逻辑

预重整制度源自英美法系国家。英国式预重整通常被称为“伦敦模式”,此种模式为英格兰银行为应对经济衰退而在1900年创立,是在主要债权人(常为银行)组织下与债务人协商重整计划,债务人得以继续营业并按重整计划偿还债务。① 美国式预重整源自20世纪80年代美国为应对并购潮带来的企业债务困境而设立,《美国破产法典》第1102条②、第1121条③、第1125条④和第1126条⑤规定了债权人委员会的衔接、预先重整计划的提出、禁反言规则、信息披露和投票衔接,为预重整的实施提供

---

* 作者简介:李燕,西南政法大学民商法学院教授,博士生导师,研究生院院长;吴洪,重庆破产法庭庭长;周爽,重庆破产法庭法官;肖雯雯,重庆破产法庭综合办主任。

① 参见董惠江:《我国企业重整制度的改良与预先包裹式重整》,载《现代法学》2009年第5期。

② 第1102条(b)款(1)项规定,重整申请前产生的债权人委员会可以在重整申请后继续担任。

③ 第1121条(a)款规定,债务人可在提出破产申请的同时提出预先制定的重整计划,或在自愿或非自愿申请破产后的任意时间提交重整计划。

④ 第1125条(g)款规定,除非法院认定信息披露不充分或该投票被误导,债权人或股东在重整程序开始前已接受或反对重整计划将被视为在《美国破产法典》下接受或反对该重整计划,该投票结果拘束所有的债权人或股东。

⑤ 第1126条规定了预先制定方案的信息披露要求。

了依据。除此之外,日本、韩国等国也基于本国破产实践在本世纪初创立了预重整制度。近年来,为应对经济新常态、推动"供给侧结构性改革"、优化营商环境,破产法作为市场经济背景下困境企业自我拯救或者顺利退出的法定依据愈显重要。《企业破产法》修订在即,国家政策与地方实践均在尽力推动预重整制度的相关探索,在《企业破产法》中直接确立预重整制度,有效指导困境企业高效、低成本的债务重组实践十分必要。鉴于国情不同,为免"橘枳"之忧,构建我国预重整制度,应首先在学理上明确预重整的概念、属性、价值,科学界定预重整的功能及制度定位,再结合实践操作及司法经验,探讨在我国构建预重整制度的规则设计,也即本专题之论述逻辑。

(一)预重整的价值功能:源自实践的需求

预重整设立的目的是在企业早期出现困境、进入正式庭内重整之前,提前着手准备解决企业问题,以减轻重整程序带给问题企业的负面商誉影响,解决程序本身存在的诸如长周期、高成本、低效率、高风险等问题,以促使重整顺利成功。在此期间,需以当事人自治原则和重整市场化手段为基础。① 预重整本身并不是一个独立的重整前必经程序,只是基于困境企业实践需求,促进其庭外重组与庭内重整的有效衔接。相较于两者,其本身能更好解决私人谈判中的钳制问题,对债务人业务的负面影响小,具有降低成本、有助于融资、税收优惠等优势。

1. 降低破产重整的成本

破产重整的成本分为直接成本和间接成本。直接成本主要包括时间成本、费用成本。以美国为例,传统重整案件所花费的平均时间是 25 个月,②美国大型上市公司预重整平均耗时不到 200 天,③重整直接成本约占企业破产前资产的 3.93%,而预重整仅为 2.85%。④ 由此可见,相比重整制度,预重整节约了时间,减少了费用,降低了重整的直接成本。间接成本主要指破产程序对债务人的商

① 参见王欣新:《充分发挥预重整制度在企业挽救中的作用》,载《中国审判》2017 年第 33 期。

② See A. C. Eberhart, W. T. Moore & R. L. Roenfeld, *Security Pricing and Deviations from the Absolute Priority Rule in Bankruptcy Proceedings*, 45 The Journal of Finance 1457(1964).

③ 参见 Bankruptcy Research Database, http://lopucki. law. ucla. edu/glossary. htm, 2020 年 7 月 20 日访问。

④ See Brian L. Betker, *The Administrative Costs of Debt Restructurings: Some Recent Evidence*, 26 Financial Management, 56(1997).

业信誉、生产经营产生的负面影响。进入破产程序的企业会向市场传递公司经营困难的信息，合作方基于市场风险的考虑会选择提前解除合同、提高合同价款等，客观使企业成本增加，丧失在企业生产正常经营阶段可能带来的发展机会。由于间接成本的不确定性，其极有可能超过直接成本，从而给债务人造成更为严重的经济负担。① 间接成本的高低与庭内重整程序持续的时间成正比：庭内重整持续时间越长，债务人承担的成本就越高。预重整建立在庭外重组基础上，重整计划的制定早已在企业进入破产程序前就已经完成，无须在进入破产程序后进行，可直接确认并实施庭外制定的重整计划，由此减少了重整时间。

2. 破解庭外重组的钳制问题

庭外重组能避免庭内重整高昂的时间、费用成本，但这种庭外债务重组的约定须全体当事人意思表示一致才产生约束力。而部分当事人会预期只要自己坚持到最后，要求获得比其他人更多的利益，其他人为了达成合意就会让步，这就是所谓的钳制问题。钳制问题既可能使谈判难以进行下去，造成时间的浪费，也不符合公平清偿的理念。具备司法强制性的重整制度能够有效克服私人谈判中的钳制问题。重整制度的表决不需要当事人一致通过，不同类别债权组多数通过即为通过。即使个别债权组别未多数通过重整计划，还可依法适用强制裁定的方式通过重整计划草案。预重整发挥了重整制度的优势，对于重整计划的通过同样采取多数决，能够克服庭外重组带来的集体行动成本，包括未达成一致决所耗费的时间成本，以及个别债权人利用庭外重组机制带来的“钳制”问题。

3. 提高重整成功率

预重整制度一定程度上会降低破产重整存在的不确定风险。首先，预重整的庭外重组阶段是非公开自主进行的。债务人通过与债权人以及投资人的协商，取得对破产重整的支持，直到正式向法院申请重整时，相关信息才会依法公开，而此前的信息披露范围仅限于参与庭外债务重组谈判的当事人。因此，在一定程度保护了债务人的股价与商誉，既有利于庭外重组中债务人财产的估值，又避免债务人被过早地申请破产。其次，庭外重组阶段的协商谈判完全由当事人自主推进，对于债务人是否具有重整价值，重整计划草案的可行性大小，债权人和投资人都会给出符合市场经济的选择。因此，如果庭外重组协商不成，那么债

① 参见胡利玲：《破产重整制度之审思》，载《中国政法大学学报》2009年第4期。

务人或者债权人直接申请破产清算的可能性增大,将不再选择破产重整。反之,如果庭外阶段的债务重组协商顺利,当事人在充足的商业谈判博弈基础上制定的重整计划草案或者达成的债务重组协议,更易在庭内重整程序中得到法院和债权人的支持,这有助于提高重整成功率。

4. 有助债务人融资

为破解濒临破产企业融资难题,各国破产法均对于债务人的破产重整融资予以特殊保护,例如我国《企业破产法》第75条的借款担保规定①,又如美国破产法典规定的超级顺位抵押权等。一方面,预重整程序中的融资人可以享受破产重整程序法定的融资优惠条件;另一方面,基于内部投资人的信息优势可在庭外重组阶段最大限度提高融资效率。②

5. 优化营商环境

根据世界银行的营商环境报告,与可比经济体相比,我国"办理破产"存在排名靠后,存在时间长、成本高等问题。③ 我国债权回收成本过高,达到企业资产价值的22%。而如前所述,预重整制度依靠其"融合性"优势,充分发挥破产重整与庭外重组的优势,能进一步降低制度成本,提高重整效率,提高重整成功率与融资额度,极大促进企业自我拯救,提升"办理破产"指标,有助于优化营商环境。

(二)预重整的概念辨析:与庭外重组的不同

不同于早期破产法"欠债还钱,严惩债务人"的立法精神,债务的公平清偿与拯救债务人如今皆是破产制度的追求目标。而从20世纪90年代至今,破产法改革的重点发生显著转变,从先前维护债权人利益、处理后期债务,转为拯救困境企业,处理早期债务困境上。④ 预重整制度便是破题之要。预重整的常见英文表述为 prepackaged、reorganization、pre-reorganize,英文直译为"预包装""预打包""预重组"。联合国国际贸易法委员会在《贸易法委员会破产法立法指南》中将

---

① 《企业破产法》第75条第2款规定:"在重整期间,债务人或者管理人为继续营业而借款的,可以为该借款设定担保。"

② 参见王佐发:《预重整制度的法律经济分析》,载《政法论坛》2009年第2期。

③ 世界银行《2020年营商环境报告》,我国"办理破产"分数为62.1,在190个经济体中排名第51位。债权回收率为36.9%;回收时间为1.7年;回收成本(资产价值百分比)为22%。

④ See Vanessa Finch & David Milman: *Corporate Insolvency Law*, Cambridge University Press, 2017, p.521.

预重整称为简易重整程序,将其界定为:为使受到影响的债权人在程序启动之前的自愿重组谈判中谈判商定的计划发生效力而启动的程序。① 国外有学者认为预重整是一种有别于传统庭内重整模式的一种新的重整模式,其最大的特点是依附于庭外重组,并依靠强制性规制手段发挥功能,②也有学者认为预重整实则是传统破产重整模式与庭外重组模式相妥协下产生的一种债务重组模式。根据最高人民法院对《企业破产法》修订的意见,预重整指申请破产重整前,债务人可以与债权人、投资人等利害关系人充分协商,预先制定重整计划草案,或者与债权人、投资人、出资人等利害关系人就债务清偿、出资权益调整、重整投资方案等签订协议。债务人在申请重整的同时,可将上述经协商形成的符合破产法规定条件的重整计划草案,或者协议内容直接请求人民法院裁定批准,纳入重整计划草案。可以看到,实践中"庭外重组""预重整""庭内重整"等概念经常同时出现,易使人产生"预重整"是独立于"庭外重组"和"庭内重整"的第三种程序的错觉。事实上,从上述概念可以看出预重整是一种新的企业挽救模式,是重整程序和庭外重组的混合产物,因而其无法脱离于二者而单独存在,在实体上依存于前者,其最终成果也要体现在前者中,由此可见预重整作为重整预备工作的性质显著。这里还需注意预重整程序的阶段转换,若在第一阶段也即庭外协商阶段就直接解决企业的债务困境,则无须转入第二阶段即重整程序,该环节直接被定性为庭外重组;反之,则继续转入第二阶段,庭外协商的各项工作便成为预重整程序。因而,辨析预重整与庭外重组的关系是厘清预重整概念的前提。

1. 程序维度的差异

企业的债务重组既可以选择诉诸破产程序也可以自行协商解决,前者主要是破产重整,后者则是庭外重组。庭外重组完全由债权人与债务人作为平等商事主体协商谈判完成,是市场经济背景下商事主体参与商事活动的典型代表,公权力无法干涉,也不需要遵守破产法恪守的债权人平等原则。而庭内重整作为破产法的核心制度,兼具拯救债务人与维护债权人合法利益这一对看似矛盾的

---

① 参见联合国国际贸易法委员会编著:《破产法立法指南》,载联合国国际贸易法委员会官网,https://uncitral.un.org/sites/uncitral.un.org/files/media-documents/uncitral/zh/05 - 80721_ebook.pdf。

② See John J. McConnel & Henri Servaes, *The Economics of Prepackaged Bankruptcy*, 4 Journal of Applied Corporate Finance 93.

功能,其核心思想是通过法院主导下的各方协商达成重整计划,尽可能通过债务人的继续营业为债务人创造比破产清算更大的清偿价值。很明显,预重整制度作为衔接机制,与庭外重组程序最大的区别在于庭外重组程序与破产重整程序并无衔接,两者皆是独立的法律制度,而预重整程序则与两者皆有衔接。

2. 价值功能的差异

如前所述,庭外重组相对破产重整程序具有成本、效率和保密优势,而预重整程序中的庭外重组阶段充分吸收其优势,并在随后的司法确认阶段赋予了庭外重组协议以司法强制力,化解了"钳制"难题。因此,就价值功能的对比来看,预重整相对庭外重组,最突出的优势便是具有一定的司法强制性,将一致决的庭外重组规则变为多数决。但这也不可避免地导致制度成本的增加。故若以债务重组的成本由高到低排序,其顺序应当是破产重整、预重整、不存在"钳制"问题的庭外重组。

3. 司法属性的差异

预重整有助于帮助司法重整和庭外重组这两种程序协作发挥作用。预重整与庭外重组的区别就在于,通过前置庭内重整程序中的重整计划草案及表决工作,将庭外重组协商的结果适用于庭内重整程序中并通过司法程序加以确认。从时间上看,预重整制度包括两个阶段:第一阶段是庭外重组;第二阶段是庭外重组基础上的司法确认并赋予重整计划草案强制性规制。从效力上看,预重整制度也包括两个阶段:第一阶段庭外重组是当事人自由意志的反映,不具司法效力;第二阶段在破产重整程序中对符合规定的庭外重组协议予以确认并赋予其司法效力,具有一定司法属性。而庭外重组程序则是纯粹的商事主体意思自治程序,不体现司法属性。

4. 规则适用的差异

预重整是在规则指引下的庭外重组,①庭外重组的进行无须公权力机关的介入,也就不存在破产法适用的情况。庭外重组是当事人在民商事法律指引下进行的民商事活动,无须破产法相关规则的指引,而预重整程序的第二阶段完全是简化的破产重整程序,其依据的基础规则来自破产法的规定。

综上所述,预重整程序与庭外重组区别明显,其自身因后一阶段的破产重整

---

① 参见王欣新:《建立市场化法治化的预重整制度》,载《政法论丛》2021 年第 6 期。

程序规则的适用而带有司法属性。因此,可将预重整界定为有效衔接庭外重组和庭内重整的司法辅助程序,在重整程序启动前,对权益受到影响的债权人与债务人达成的符合规定的庭外重组协议予以确认;在重整程序启动后,快速通过重整计划而使其发生效力。

(三)预重整的规制逻辑:法院的有限参与

1. 庭外重组属性的强调

从前述辨析可知,预重整是在庭外重组的基础上借助破产重整程序的司法权威拯救债务重组的困境企业的制度。虽与庭外重组在程序、属性等方面存在差异,但预重整制度本质仍然是进一步发挥庭外重组相对于破产重整的高效、低成本优势。因此,预重整制度的规则构建要尽量从尊重当事人意思自治、促进债务人自我拯救、强调其私法自治属性角度出发,避免因预重整后一阶段中破产重整程序的内涵导致司法过度介入。

正是基于强调预重整庭外重组的私法属性,预重整规则的设定在考虑与重整规则衔接的基础上要充分尊重当事人的意志,不能简单套用破产重整程序的相关规定。比如预重整的启动是否需要向人民法院申请由人民法院批准,是否需要设置预重整的启动条件?事实上,当事人向人民法院申请启动预重整程序并不是预重整的最初程序,只是完成庭外重组谈判后转化程序的需要。预重整的最初启动实际是当事人之间自愿谈判协商的庭外重组方式,这不需要法院决定其启动。而自愿谈判协商必然基于债务人在陷入清偿债务不能时,仍然有一定的和债权人以及融资人协商的自我管理能力,并不需要法律去设置预重整的启动条件,也不需要法院去审查是否符合该条件,因为债权人完全可以拒绝谈判协商,直接根据破产法的规定申请进入破产清算或重整程序。再如,是否需要设定预重整的期限?事实上预重整在庭外重组阶段并不需要期限限制,因为债权人和债务人都不会无期限地协商谈判下去;在随后的重整程序阶段,法院也只需适用破产法规定的重整期限,而不必单独设定期限。但是实践中由于预重整法律制度缺位,各地法院对此规定也不尽相同,故预重整制度的整体构建还需强化其庭外重组的本质属性,后文详述之。

2. 司法有限介入的定位

强调预重整庭外重组属性的主导作用决定了法院的司法介入必然是有限

的，这也是预重整的规制逻辑。预重整规则主要包括当事人进行预重整活动的具体规则以及司法审查批准预重整活动及重整计划草案的规则。域外立法主要规制后者，前者通常不在司法直接规制的范围内，而是通过间接手段确定其司法效力，即根据法院在启动重整程序时的审查规则反向确定。① 而目前我国正处于预重整实践的探索阶段，有必要确立预重整活动的规则，便于规范指引当事人的行为，高效发挥预重整的制度价值。②

法院对预重整的审查、批准规则主要指法院对当事人申请转入重整程序提交的各种文件及证明材料进行审查，以及对重整计划草案的审查。主要是对草案的可行性、合法性进行审查，包括审查草案是否符合破产法的要求；草案的制定过程是否遵循全面信息披露原则；相关利害关系人的协商情况；权益未受重整计划草案调整或者影响债权人及其债权清偿情况；权益受到重整计划草案调整或者影响的各类债权人组表决情况；债务人财务报告等重整可行性证明材料等。法院除了重点审查草案的合法性之外，也不能忽略对以中小债权人为代表的利害关系人的实体性和程序性权利的保护，因为庭外重组的属性必然带来中小债权人与主要债权人的信息不对称。重整程序启动后，法院可通过多种方式对预重整进行审查，如召开听证会，进行庭审等方式通知债务人、相关债权人等利害关系人参加；若有异议者参加，债务人及辅导中介机构等还需负责举证，经审查后，法院再决定是否批准预重整活动以及重整计划草案。既然预重整制度并非重整程序本身，是庭外重组在司法程序中的延伸，法院未批准预重整并不意味着当事人不能继续按照法律规定申请正式的重整程序并获得成功，只是说前期的庭外债务重组活动不具有在破产程序中延伸的法律效力而已。

当前，我国温州、深圳、北京、重庆、苏州、南京、成都、厦门等地都建立了预重整制度，但是各地做法不一，缺乏统一规则。各地法院出台的预重整制度对破产申请审查阶段的规则规定较多，对申请破产前的规则规定不多，这也体现了破产申请前的预重整法院不介入、破产申请审查阶段的预重整法院适度介入的原则。

① 参见王欣新：《建立市场化法治化的预重整制度》，载《政法论丛》2021年第6期。

② 规则内容应包括确定参与预重整的债权人范围、债权的核实方式、通知债权人的方式与内容、规范的信息披露要求、债权人对资产评估和财务审计报告异议的处理程序、重整计划草案包括的内容、债权人的受偿情况、重整计划草案的效力、利害关系人会议的召集及表决规则、与重整程序启动相互衔接的工作规则等。

但是如前所述,法院虽然不介入破产申请前的预重整,但可以根据重整申请后的批准条件规定相关指引,要求当事人按照指引规定进行预重整,否则其预重整取得的成果很难获得法院的批准,强调预重整是受规则约束的庭外重组的本质特征。破产申请审查阶段的预重整,虽然是在“破申”案件立案后进行,但是法院只是适度介入,并不主动干预。比如,重庆市第五中级人民法院(以下简称重庆五中院)《预重整工作指引(试行)》(以下涉及的各单位文件皆简称《地方+预重整指引》,如《重庆预重整指引》)规定,法院对于预重整不出具裁定书、决定书,只出具备案通知书。预重整辅助机构优先由债务人与主要债权人自行协商确定。在协商不成的情况下,人民法院根据债务人或者主要债权人的请求选任预重整辅助机构。人民法院通过审查预重整辅助机构提交的工作报告、严格控制破产申请审查阶段预重整的期限等方式进行“弱介入”。

二、预重整阶段的规则构建

(一)预重整的国内实践考察

1. 制度供给

虽然《企业破产法》的修改已经被全国人大常委会列为2022年的重点立法工作,但我国立法尚未正式确定预重整制度。学理上“预重整”一词在21世纪之初引入我国,我国关于预重整的相关制度如下:最高人民法院2017年8月7日发布的《关于为改善营商环境提供司法保障的若干意见》第16条①;最高人民法院于2018年3月发布的《破产审判会议纪要》第22条②;最高人民法院2019年11月8日发布的《九民会议纪要》第115条③;2019年国家发展和改革委员会与最

---

① 最高人民法院《关于为改善营商环境提供司法保障的若干意见》第16条规定:“积极推动构建庭外兼并重组与庭内破产程序相衔接机制,加强对预重整制度的探索研究。”

② 《破产审判纪要》第22条规定:“探索推行庭外重组与庭内重整制度的衔接。在企业进入重整程序之前,可以先由债权人与债务人、出资人等利害关系人通过庭外商业谈判,拟定重组方案。重整程序启动后,可以重组方案为依据拟定重整计划草案提交人民法院依法审查批准。”

③ 《九民会议纪要》第115条规定:“继续完善庭外重组与庭内重整的衔接机制,降低制度性成本,提高破产制度效率。人民法院受理重整申请前,债务人和部分债权人已经达成的有关协议与重整程序中制作的重整计划草案内容一致的,有关债权人对该协议的同意视为对该重整计划草案表决的同意。但重整计划草案对协议内容进行了修改并对有关债权人有不利影响,或者与有关债权人重大利益相关的,受到影响的债权人有权按照企业破产法的规定对重整计划草案重新进行表决。”

高人民法院等13部门联合印发的《加快完善市场主体退出制度改革方案》(以下简称《市场主体退出制度改革方案》)①;世界银行《中国优化营商环境的成功经验:改革驱动力及未来机遇》报告②;2021年11月25日国务院发布《国务院关于开展营商环境创新试点工作的意见》(以下简称《营商环境创新试点意见》)。《营商环境创新试点意见》在总体要求与事项清单两个方面强调探索建立破产预重整制度,这是首次由国务院发布针对预重整的政策指引,表明预重整制度作为高效的债务重组机制不但切合供给侧结构性改革政策要求,而且有助优化我国营商环境,为社会主义市场经济的通畅运行提供制度保障。

虽然目前我国企业破产法中未规定预重整制度,但前述《破产审判会议纪要》及《九民会议纪要》都规定了庭外重组协议效力可以延伸到重整程序中,为各地法院探索预重整制度提供了依据。基于此,各地方人民法院在2017年后相继发布预重整指引以指导辖区内破产预重整实践。截至2021年年底,全国17个省市制定了41份预重整工作指引。总体而言,指引体现的工作细节各地还是有较大的差异性,但整体基本参照了《企业破产法》中的重整制度部分。如前所述,尽管预重整本质上强调庭外重组的私法属性,但也是受规则约束的庭外重组,仍然有必要建立规范指引,在《企业破产法》中明确其具体规则。通过建立预重整制度,可以引导债务人通过预重整等方式化解债务危机,尽早实现对企业的挽救。重整计划草案的制定应遵循预重整规则,由此才能在重整程序启动后获得法院的审查和批准,这样才能有效衔接庭外重组和庭内重整,发挥其制度优势。

2. 法院实践

预重整制度虽2017年后在国内大规模实践探索,但国内预重整制度实践的尝试可追溯于2013年浙江省高级人民法院(以下简称浙江高院)。浙江高院发布的《关于企业破产案件简易审若干问题的纪要》规定,申请人在向法院申请破产时可进行预登记,这与预重整制度颇为相似。③ 早期的预重整实践主要源于部

---

① 《主体退出制度改革方案》指出:"研究建立预重整制度,实现庭外重组制度、预重整制度与破产重整制度的有效衔接,强化庭外重组的公信力和约束力,明确预重整的法律地位和制度内容。"

② 世界银行《中国优化营商环境的成功经验——改革驱动力及未来机遇》报告建议中国通过激励机制促使企业在出现财务危机时尽早启动破产程序,考虑建立一个新的破产前程序。

③ 具言之,预登记程序要求困境企业预先申请破产登记随后进行庭外的债务重组,而法院在庭内重整中以债务人在预登记期间制定的债务清偿方案或资产重组方案为基础制定重整计划。参见《关于企业破产案件简易审若干问题的纪要》第8~10条。

分地方法院为化解大型企业因债务重组艰难带来的破产风险，尤其涉及下岗职工安置、中小债权人合法利益保护等，诸如"杭州怡丰城破产重整案"、"中国二重（德阳）破产重整案"以及"深圳福昌电子重整案"等。除了法院，政府在预重整也扮演了关键角色。如"中国二重（德阳）破产重整案"中，为避免数万职工的下岗以及城市地区生产总值的锐减，政府积极协调各方当事人，在国务院国有资产监督管理委员会与原中国银行业监督管理委员会的支持下，债务人与近 30 家金融债权人展开了近 9 个月的庭外重组谈判，并最终顺利通过预重整程序完成债务重组。①

通过查询全国企业破产重整案件信息网的数据，预重整公告数量在最近 3 年呈现倍数级增长，2019 年、2020 年与 2021 年的公告数分别为 6 件、87 件和 380 件②。虽然预重整案件数量相对破产重整案件仍是偏少，但各地方法院在自主探索预重整的道路上已经迈开步伐。从具体的预重整案件来看，现行预重整实践可以分为 3 种类型：政府、法院、当事人主导的预重整。政府主导的预重整常见于 2018 年前的个别破产预重整案件：在法律指引缺位，司法解释效力不及的情况下，地方政府基于维稳与保护民生利益，有动力推动困境企业适用预重整方式进行债务重组。而人民法院主导的预重整与当事人主导的预重整则是目前司法实务界的主要类型。当事人主导的预重整程序，是指当事人在庭外已经就债务重组达成协议，随后直接申请人民法院进入预重整程序以确认协议效力的预重整模式；而人民法院主导的预重整常见于人民法院在审查当事人的破产申请期间，通过向当事人释明预重整制度优势或是通过直接自主决定的方式转入预重整程序以提高债务重组效率。严格而言，人民法院主导下的预重整模式并不符合预重整制度的本质属性即庭外重组属性。但在法律缺位需要规则指引的背景下，强化预重整庭外重组的规范性，推动预重整的有效适用，仍有其合理性和必要性。

（一）预重整的实践规则梳理

预重整制度源于实践探索，本专题选择了有一定代表性的浙江高院、浙江省

---

① 参见四川省德阳市中级人民法院民事裁定书，（2015）德破（预）字第 7－1 号。

② 参见全国企业破产重整案件信息网，http://pccz.court.gov.cn/pcajxxw/pcgg/ggdh?lx=0，2022 年 2 月 15 日访问。

温州市政府、江苏省南京市中级人民法院(以下简称南京中院)、北京市第一中级人民法院(以下简称北京一中院)、广东省深圳市中级人民法院(以下简称深圳中院)、江苏省苏州工业园区人民法院(以下简称苏州工业园区法院)、四川省成都市中级人民法院(以下简称成都中院)、重庆市第五中级人民法院(以下简称重庆五中院)等单位出台的预重整规范性文件作为分析样本,对预重整的规则进行梳理。就制定主体而言,有政府和法院两个类别的国家机关;就法院内部来讲,涵盖高级、中级、基层三级法院。[①] 对于预重整实践规则的梳理归纳,应当基于预重整的程序推进视角,主要关注预重整目的、启动权归属、适用对象、立案方式、预重整期间、预重整辅助机构的选择、预重整期间强制执行的效力、庭外表决结果的确认以及预重整保障机制的建立。我国预重整规范指引制定情况如表6-1所示。

表6-1 我国部分地区预重整规范指引制定情况

编号	单位	规范指引
1	浙江高院	《关于企业破产案件简易审若干问题的纪要》
2	温州市政府	《企业金融风险处置工作府院联席会议纪要》
3	南京中院	《南京市中级人民法院关于规范重整程序适用提升企业挽救效能的审判指引》
4	北京一中院	《北京破产法庭破产重整案件办理规范(试行)》
5	深圳中院	《深圳市中级人民法院审理企业重整案件的工作指引(试行)》
6	江苏省苏州市吴江区人民法院(以下简称苏州吴江区法院)	《苏州市吴江区人民法院审理预重整案件的若干规定》
7	四川省天府新区成都片区人民法院、四川省自由贸易试验区人民法院(以下简称天府新区法院)	预重整案件审理指引(试行)
8	江苏省宿迁市中级人民法院(以下简称宿迁中院)	《宿迁市中级人民法院关于审理预重整案件的规定(试行)》

① 严格意义上讲,如果将《破产审判会议纪要》第22条"探索推行庭外重组与庭内重整制度的衔接"的规定考虑进去的话,则涵盖四级法院。

续表

编号	单位	规范指引
9	苏州工业园区法院	《苏州工业园区人民法院审理破产预重整案件的工作指引(试行)》
10	成都中院	破产案件预重整操作指引(试行)
11	重庆五中院	《重庆市第五中级人民法院预重整工作指引(试行)》
12	广东省广州市中级人民法院(以下简称广州中院)	《广州市中级人民法院关于破产重整案件审理指引(试行)》

1. 预重整识别标准

《深圳预重整指引》第27条①涉及预重整的识别,从文件来看,深圳中院将预重整的功能定位为“识别重整价值及重整可行性”。这一功能定位,被之后很多地方法院出台的文件所吸收借鉴。如《北京预重整指引》第27条②、《吴江区预重整指引》③、《四川天府新区预重整指引》等,都将“识别重整价值及重整可能”作为预重整的重要功能之一。

也有部分地方指引依照《破产审判会议纪要》及《九民会议纪要》的规定,将预重整指引的目的确定为探索庭外重组和庭内重整的衔接机制,节约重整成本、提高重整效。如《重庆预重整指引》《南京预重整指引》《厦门预重整指引》也都如此规定。

站在法院的角度,审视识别规则兼具衔接价值与效率价值。通过在庭外阶段的债务重组协商谈判,确定债务人的资产现状以及债权人和投资人的参与热

① 《深圳预重整指引》第27条规定:“受理重整申请前,对于具有重整原因的债务人,为识别其重整价值及重整可行性,提高重整成功率,经债务人同意,合议庭可以决定对债务人进行预重整。合议庭决定对债务人进行预重整的,债务人应当在预重整期间制作重整方案,并征集利害关系人意见。”

② 《北京预重整指引》第27条规定:“本规范所称‘预重整’,系指为了准确识别重整价值和重整可能、降低重整成本、提高重整成功率,人民法院在以‘破申’案号立案后、受理重整申请前指定临时管理人履行本规范第三十六条规定的职责,债务人自愿承担本规范第三十八条规定的义务,由临时管理人组织债务人、债权人、出资人、重整投资人等利害关系人拟定预重整方案的程序。”

③ 该规定第1条规定:“本规定所称‘预重整’,是指在立案审查破产重整申请后、受理破产重整申请前,对于具有重整原因且非明显不具备重整价值和挽救可能的债务人,经申请人、被申请人同意后,本院可决定由债务人制作包含企业破产法第八十一条规定的主要内容的方案,并征集利害关系人意见的程序。”

情,识别出债务人顺利进入破产重整程序、达成破产重整计划的可能性。若事不可为,则果断终止预重整程序,由此通过确保庭内重整必要性的方式提高了债务重组的效率,极大降低了直接进行破产重整面临的债务人资产实际不足、债务人积极反对以及投资人寥寥导致的重整失败风险。

站在债务人的角度,识别规则却在一定程度遏制了债务人的自我拯救热情。预重整程序最本质的定义应该是债务人在庭外自行完成部分庭内重整事宜进而申请破产重整,法院在符合一定规则的情况下认可债务人庭外达成的庭内重整事宜的效力,从而高效完成破产重整。债务人在庭外协商中所持目的必然是尽可能得到债权人与投资人的支持并完成重整,否则便不可避免地走向破产清算。但债务人究竟是与债权人协商债务重组还是与投资人协商融资,抑或同时协商达成债务重组与融资协议,都是债务人根据自身企业状况作出的选择,可能债务人只是得到个别重要债权人的重整支持或者个别融资人的意向融资、小额融资,此时要判断债务人的重整价值或者重整可能性稍显勉强。将识别权交由人民法院,实际上是在规则缺位的情况下赋予了法院庭外自由裁量权,遏制了债务人自我拯救的可能。

总体而言,识别规则虽有利于人民法院对债务人破产重整成功率的判断,但有违预重整庭外阶段的债务人意思自治属性,难以体现市场要素导向型破产法对破产法工具属性的摒弃,①难以促进债务人的自我拯救。识别规则可视为破产重整程序的内生规则,通常由破产管理人和债权人委员会通过重整协商的方式对债务人的重整价值与可能性进行确认,通过法定表决程序展现。人民法院对识别规则的运用体现在批准重整计划或者适用强制批准规则。② 预重整程序作为具有独立价值的债务重组制度,将破产重整程序中的识别规则前置到预重整的庭外阶段,看似合理地运用了预重整的衔接机制,灵活转化程序,符合预重整所蕴含的"庭外做庭内事"内涵,但具体规则与程序价值似有冲突。

预重整目的应当回归对效率的追求,具体规则的构建则要契合各阶段的价值功能。识别规则应该回归预重整的庭内重整阶段,在庭外阶段不应为债务人

---

① 参见赵万一:《我国市场要素型破产法的立法目标及其制度构造》,载《浙江工商大学学报》2018 年第 6 期。

② 《企业破产法》第 87 条规定的强制批准必要条件包括人民法院判断债务人的经营方案具有可行性。

设置过多制度障碍。以受理预重整申请为节点,人民法院对庭外阶段所形成的破产重整计划草案的审查程序才是构建识别规则的最佳落脚点。据此,建议在法院审查阶段将债务人重整价值和重整计划可行性纳入审查范围,如果经法院审查债务人不具备重整价值或者重整计划不具可行性,则直接终止预重整程序。如此,通过将识别规则后置平衡债务人意思自治与法院追求重整成功率的冲突。

2. 预重整的启动权归属

预重整的启动原本应当交由庭外重组中的债权人和债务人。我国各地预重整的启动情况如表6-2所示,预重整启动权的归属较多由人民法院与当事人协商,少数法院只允许依当事人申请启动,极个别地方指引将启动权授予了法院或地方政府。

表6-2 我国各地预重整的启动情况

预重整启动权归属	法院启动权	法院批准+申请人同意	法院批准+申请人申请	申请人启动	政府启动
地区	广东省广州市	广东省深圳市 江苏省南京市 四川省天府新区 江苏省苏州市吴中区 江苏省宿迁市	四川省成都市 广东省广州市 江苏省苏州工业园区 重庆市	福建省厦门市 江苏省苏州工业园区 重庆市	浙江省温州市

需要厘清的是,在我国实践中的预重整程序,当事人申请预重整以及法院批准申请、启动预重整在债务人进行庭外债务重组协商之前,当事人向法院申请重整在后,其与美国破产预重整制度以及《贸易法委员会破产法立法指南》中的申请预重整完全不同。美国式预重整与《贸易法委员会破产法立法指南》中的预重整程序是在当事人完成庭外重组协商后申请预重整,法院依照重整程序审查认可庭外重组协议的效力。从程序维度看,我国实践中的预重整申请位于整个预重整程序的最前端,而美国式预重整和《贸易法委员会破产法立法指南》建议的预重整程序中的申请程序则位于庭外重组与庭内重整之间。

多数地方指引采用的协商启动方式有其正当性,毕竟多数人民法院希望通过预重整制度识别债务人的重整价值和重组可能性,当然希望有权主动启动预重整程序。并且在预重整实践初期,尚未正式立法规定预重整制度,当事人并不了解这一债务重组方式,因此基于推行预重整实践以及更好引导债务人预重整的目的,在当事人提出破产申请时,通过协商方式转入预重整程序确是较为合理的做法。

但由法院或者政府掌握预重整启动权实质违背了预重整的庭外私法属性。结合上文对预重整目的的分析,此种情况下预重整转化为了人民法院为节约破产重整时间,识别债务人重整价值与重整可能性而启动的“破产重整的前置程序”,体现出完全的司法属性。

我国实践中预重整的启动以及随后的自主协商属于实质意义上的庭外阶段,其规则构建应体现庭外私法属性。由此可以预重整制度纳入《企业破产法》为时间节点构建预重整启动规则。纳入之前,以申请人启动和协商启动并行的方式,平衡当事人意思自治与预重整制度推行实践。当事人无须人民法院的批准即可自行开展预重整的庭外重组,只需要在完成庭外重组协商后向人民法院申请启动重整程序。表6-2为我国各地预重整的启动情况。

3. 预重整的对象范围

我国预重整实践主要针对大型企业,例如,“中国二重(德阳)破产重整案”“深圳福昌电子公司破产重整案”“重庆江津珠峰系公司破产重整案”等都是具有全国性或区域性影响的大企业。现行预重整工作指引有两种做法:一种没有特殊要求,包括《北京预重整指引》《重庆预重整指引》《宿迁预重整指引》等。另一种有特殊要求,包括《深圳预重整指引》《南京预重整指引》《成都预重整指引》。其中有特殊要求的,例如《深圳预重整指引》①,都指向大企业,并采用列举式等方式细化了大企业标准。

结合我国国情,对中小企业是否适用预重整应根据实质情况判断。反对预重整适用于中小企业的观点认为,大型企业的案情通常较为复杂,中小企业与之相比较为简单,也易辨别是否具备重整价值和重整可行性,可直接决定重整或清算,或依照《最高人民法院关于推进破产案件依法高效审理的意见》适用简化审理方式处理,不必适用预重整制度。《贸易法委员会破产法立法指南》及美国等

① 《深圳市中级人民法院审理企业重整案件的工作指引(试行)》第28条规定:“债务人符合下列情形之一的,可以进行预重整:(一)需要安置的职工超过五百人的;(二)债权人两百人以上的;(三)涉及超过一百家上下游产业链企业的;(四)直接受理重整申请可能对债务人生产经营产生负面影响或者产生重大社会不稳定因素的。受理破产清算申请后、宣告债务人破产前申请重整的,不适用预重整。”

国家并未将预重整对象限定为大企业；相反，在重组协议效力的确认方面更倾向适用于中小企业，因为大企业基于债权债务关系的复杂性，尤其是公众公司还需要严格遵守信息披露原则以维护普通投资者的合法利益，很难自主展开庭外的债务重组；而封闭公司信息披露义务的对象与内容则大大减少，债权债务关系也较为简单，有能力自主召集债权人和投资人进行协商。

可见，没有必要对于预重整适用对象进行限制，制度供给与债务人的选择是双向的，预重整的庭外私法属性的最初展现就应该落脚在预重整适用广阔的范围上：大至上市公司，小至一人公司，皆可以自主选择开展预重整程序。若是事不可为，利害关系人自会诉诸破产清算，这也恰是市场导向型破产法的要求。

4. 预重整立案与审查

法院介入预重整首先面临的是立案问题。现行法律规定了申请清算、重整的立案方式，却未规定申请预重整该如何立案，即以什么方式和字号立案。各地实践的立案方式各有不同，我国预重整立案方式情况如表6－3所示。

表6－3　我国预重整立案方式情况

单位	立案方式
浙江省温州市政府	由立案部门立“引调”案号
北京一中院	以“破申”案号立案
四川省天府新区人民法院（以下简称天府新区法院）	以“破申”案号立案
成都中院	以“破申”案号立案
苏州工业园区法院	以“破申”案号立案

预重整立案字号主要包括三种：“预”“引调”“破申”字号。在立案登记制实施前，部分法院适用过“预”“引调”字号立案，但已不适应现行情况。北京一中院、天府新区法院明确以“破申”案号立案，其他法院在指引中未明确以何种方式立案，但实践中通常也以“破申”为案号立案，如《重庆预重整指引》。以“破申”案号立案的方式同破产清算、重整申请立案方式一致，既符合现行立案规定，又有利于同破产重整程序的衔接，故以“破申”案号立案较为合理。

对确认重组协议效力的案件，法院立案后应审查重组协议的程序性、真实性、合法性，对符合法律规定的协议效力予以确认，简化审理程序，高效推进案件进程。对破产申请审查阶段的预重整,法院立案后参考预重整制度要求,指导债务人、临时管理人进行核查债权债务、信息披露、制订并表决重整计划草案等工作,根据表决情况决定是否确认重整计划草案的效力。

5. 预重整期间

自人民法院决定预重整之日起至预重整管理人提交预重整工作报告之日止,为预重整期间。预重整应当受期间限制。预重整工作指引目前有3种做法:温州中院、南京中院规定为6个月,可以延长3个月,简称“6+3”;深圳中院、苏州吴中区法院、天府新区法院、宿迁中院规定为3个月,可以延长1个月,简称“3+1”;成都中院规定为3个月,可以延长2个月,简称“3+2”,我国部分法院预重整期间设置情况如表6-4所示。

表6-4 部分法院预重整期间设置情况

单位	预重整期间
温州中院	“6+3”
南京中院	“6+3”
深圳中院	“3+1”
苏州吴中区法院	“3+1”
天府新区法院	“3+1”
宿迁中院	“3+1”
成都中院	“3+2”
苏州工业园区法院	“3+1”
重庆五中院	“3+1”

人民法院主导的预重整案件一般设定了预重整期间。当事人从申请破产程序转入破产预重整程序后,若不规定期限,则不利于债权人的利益保护,尤其是当下实践中有的人民法院将预重整视为预先设立的庭内重整程序。由此可见,预重整程序是为实现庭内重整而存在的,因而参照庭内重整的期限规则也是合理的。与之相呼应,既然留给了当事人重组的庭外协商时间,各地预重整指引中也就压缩了人民法院审查庭外协商阶段所达成重整计划草案的时间,如广州中

院规定应当自收到重整计划草案15日内,召开债权人会议进行表决。[①] 而对于当事人主导的预重整程序,因为在正式申请重整前的协商谈判没有司法介入,因此理论上的预重整期间由当事人自行决定,无须也不可能设定预重整期间。

"6+3"的规定同破产重整期间一致。反对意见认为预重整并非为了解决重整期限不足问题而存在,两个程序存在差异,将庭内重整期限规定适用于预重整程序中并不合理。另外,企业自行救治阶段符合预重整审查条件,即具备一定预重整基础、有相对可行的重整方案才能进入预重整阶段,而不是没有一点拯救基础。对于债权基本底数不清、企业预期运营价值不明、没有实质引进投资人、没有政府纾困明确政策措施就直接实施预重整,法院应当不予批准。

预重整是庭外重组与破产重整的衔接程序,其制度设计应当有别于破产重整。预重整的核心价值是提高债务重组效率,降低破产重整的制度性成本。对于人民法院主导的预重整程序的庭外重组阶段,为保护债权人的合法利益应当设定期间限制,"庭外重组+庭内重整"的整体期间应当短于破产重整期间(6+3),考虑人民法院还需时间审查材料和召集债权人表决,因此采用"3+1"的预重整庭外期间设置较为合理。

6. 社会中介机构的确定

各地方预重整指引大都规定了预重整管理人,并且详细规定了预重整管理人的选任与职责。我国预重整管理人的选任情况如表6-5所示。多数法院规定预重整管理人从管理人名册中选任,选任方式包括直接指定、与当事人协商后指定、摇号选任,少数指引笼统地规定了选任方式为推荐或者竞争。

表6-5 我国部分法院预重整管理人的选任情况

单位	管理人指定方式
温州市政府	由政府参照关于管理人指定的相关法律规定和文件指定管理人,并征求债务人和主要债权人意见
南京中院	根据案件情况可以采取竞争、推荐等方式指定管理人

① 《广州中院关于破产重整案件审理指引(试行)》第42条规定:"重整程序启动后,债务人可以在预重整方案基础上制作并提交重整计划草案。人民法院应当自受到重整计划草案起15日内召开债权人会议进行表决。"

续表

单位	管理人指定方式
北京一中院	通过随机方式或竞争方式指定临时管理人前，债务人、主要债权人和重整投资人协商一致，推荐北京市企业破产案件管理人名册中的中介机构担任临时管理人
深圳中院	管理人一般通过摇珠方式在一级管理人中选定，也可以在债务人及其出资人、主要债权人共同推荐或者有关监管部门、机构推荐的已编入管理人名册的机构中指定
苏州市吴江区法院	参照规定执行，也可以在债务人及其出资人、主要债权人或者有关主管部门推荐的已编入苏州法院破产管理人名册的机构中指定
天府新区法院	参照规定执行，也可经债务人、主要债权人、重整投资人协商一致，选择已编入成都法院破产管理人名册的机构担任临时管理人
宿迁中院	临时管理人的指定一般应参照规定执行，也可以在债务人及其出资人、主要债权人或者有关主管部门推荐的已编入人民法院破产管理人名册的机构中指定
成都中院	编入名册单位摇号、竞争产生，债务人、初步审查享有普通债权总额1/2以上的债权人和政府有关监管部门推荐产生
苏州工业园区法院	随机或者竞争方式产生，也可以在债务人、主要债权人和重整投资人协商推荐已编入苏州法院破产管理人名册的中介机构中产生
重庆五中院	债务人经与主要债权人协商，一般应从本市管理人名册中聘任预重整辅助机构协助债务人准备重组协议；案情特别复杂、在本市或者全国范围内有重大影响的，也可以在外省、市管理人名册中协商聘任

预重整管理人作为推动预重整程序顺利进行的重要参与主体，其自身定位与选任程序应当与破产管理人有所区别。破产管理人通常由人民法院从管理人名册中指定，代表法院监管破产重整程序。但预重整管理人在庭外阶段为当事人聘请的辅助机构，协助当事人完成庭外债务重组协商，其定位应当属于《重庆预重整指引》所规定的“预重整辅助机构”。鉴于当前预重整程序的不完善以及人民法院适当介入的必要性，对于预重整辅助机构的选任可以包含两种方式：(1)当事人自主选择；(2)人民法院经当事人同意后从破产管理人名册中随机选择。表6－5为我国部分法院预重整管理人的选任情况。

7. 预重整期间的执行措施

预重整期间暂缓或中止执行是争议较大的内容。实践中形成三种观点,第一种认为应当赋予预重整同重整一样的效力,即在预重整期间中止执行,如深圳中院、宿迁中院的规定;第二种认为预重整不当然产生中止执行的效力,是否中止执行需要同执行部门商榷,如天府新区法院;第三种认为是否中止执行需坚持是否实质性影响预重整开展的标准,对于小标的保全、企业生产经营和运转核心财产价值以外的执行依法可以实施。我国部分法院指引有关预重整期间暂缓或中止执行规定情况如表6-6所示。

表6-6 我国部分法院有关预重整期间暂缓或中止执行规定情况

单位	暂缓或中止执行规定
深圳中院	合议庭应当及时通知执行部门中止对债务人财产的执行。已经采取保全措施的,执行部门应当中止对债务人财产的执行
天府新区法院	临时管理人可通过债务人执行案件执行部门函告申请执行人商榷中止对债务人财产的执行,促进已经采取保全措施的执行部门视情况中止或暂缓对债务人财产的执行
宿迁中院	在预重整期间,人民法院应当及时通知执行部门中止对债务人财产的执行,已经采取保全措施的执行部门应当中止对债务人财产的执行
重庆五中院	预重整期间,债务人应当与债权人积极协商,争取债权人在预重整期间暂缓对债务人财产的执行。执行案件移送破产审查后,债务人申请预重整的,对债务人有关财产的执行应当按照《最高人民法院关于执行案件移送破产审查若干问题的指导意见》第8条的规定处理

现行法律未赋予预重整暂缓或中止执行的效力,故不宜直接规定预重整具有暂缓或中止执行的效力。在执行法院不同意暂缓或中止执行的情况下,可能出现部分执行案件暂缓或中止,部分案件继续执行,客观上使继续执行者受益,债务人财产价值减损。如果暂缓执行确有困难,且中止执行实质性影响预重整的开展,可考虑通过"执转破"程序起到中止执行之目的。债务人可依照《最高人民法院关于适用〈中华人民共和国民事诉讼法〉的解释》第513条之规定,向执行法院申请启动"执转破"程序,执行法院参照《最高人民法院关于执行案件移送破产审查若干问题的指导意见》第8条之规定,作出移送破产决定后,中止对被执行人的执行程序。《企业破产法》也不宜规定预重整的庭外重组期间具有中止执

行的效力,可借鉴《重庆预重整指引》中的规定进行分类讨论。“执转破”案件当然中止执行,而无论是人民法院主导的预重整案件还是当事人主导的预重整案件,在其正式申请庭内重整前,只能通过协商的方式争取债权人暂缓执行债务人财产,而预重整的启动不具有中止执行效力。

8. 表决结果效力延伸

在“吉尔达公司预重整案”中,利用“禁反言”的原则,使债权人在庭前所作的承诺延续至庭内,提前固定赞成票。在琪顺公司预重整案中,各债权人在初步表决中承诺,表决意见直接作为重整程序中对重整计划的表决结果。在“北京中兴公司预重整案”中,北京一中院引导主要债权人与债务人、出资人达成初步意见,形成预重整工作备忘录,在进入重整程序后,一旦法院尊重认可此种备忘录的效力,便可直接裁定确认债权。① 在“浙江三工汽车零部件有限公司和解案”中,浙江省瑞安市企业金融风险化解和银行不良贷款处置领导小组组织预重整时,要求债务人承诺预重整中约定的清偿率直接作为司法程序中的清偿率,只能提高不能降低。我国部分法院有关预重整阶段表决结果的效力延伸有关规定情况如表6-7所示。

表6-7 我国部分法院关于预重整阶段表决结果的效力延伸有关规定情况

单位	表决结果的效力延伸条款
南京中院	裁定受理重整申请前,债务人和部分债权人、出资人已经达成的有关协议或者预重整程序中已经拟定的预重整方案与重整程序中制作的重整计划草案内容一致的,有关债权人、出资人对该协议或方案的同意视为对该重整计划草案表决的同意。但下列情形除外
北京一中院	预重整方案与重整程序中制作的重整计划草案内容一致的,有关出资人、债权人对预重整方案的同意视为对该重整计划草案表决同意,但下列情形除外

① 参见李军红:《我国预重整制度的实践与探索》,载《第十二届“中部崛起法治论坛”论文汇编集》。

续表

单位	表决结果的效力延伸条款
深圳中院	在预重整期间，债务人可以在信息充分披露的前提下，就制作的重整方案征求出资人、债权人、意向投资人等利害关系人的意见。符合下列情形之一的，债权人、出资人与债务人达成的协议，以及债权人、出资人作出的同意意见，在重整申请受理后继续有效
苏州市吴江区法院	重整计划草案的内容与预重整方案内容一致或有关权利人的权益更趋优化的，有关出资人、债权人对预重整方案的同意视为对该重整计划草案表决的同意，但下列情形除外
苏州工业园区法院	在预重整期间，临时管理人根据债务人制作的预重整草案，符合下列情形之一的，债权人、出资人与债务人达成的协议，以及债权人、出资人作出的同意意见，在重整申请受理后继续有效，视同对重整计划草案的表决意见
温州市政府	重整计划草案由债务人或管理人制定，并提交债权人会议进行预表决。同意重整计划草案的表决票效力可以带入重整程序
宿迁中院	重整计划草案的内容与预重整方案内容一致或有关权利人的权益更趋优化的，有关出资人、债权人对预重整方案的同意视为对该重整计划草案表决的同意。重整计划草案对预重整方案内容进行了修改并对有关权利人有不利影响，或者与有关权利人重大利益相关的，受到影响的权利人有权按照企业破产法的规定对重整计划草案重新进行表决。预重整方案表决前债务人隐瞒重要信息、披露虚假信息，以及预重整方案表决后出现重大变化的，受到实质性影响的权利人有权按照企业破产法的规定对重整计划草案重新进行表决
重庆五中院	人民法院受理重整申请前，债权人、出资人等利害关系人对重组协议的同意视为对重整申请受理后的重整计划草案表决的同意。但是，重整计划草案的内容相对于重组协议发生实质改变的除外。人民法院受理重整申请前，债务人和部分债权人已经达成的有关协议与重整程序中制作的重整计划草案内容一致的，有关债权人对该协议的同意视为对该重整计划草案表决的同意

注：成都中院《破产案件预重整操作指引（试行）》并没有表决结果效力延伸的直接性规定，仅在第16条规定："本院裁定受理重整申请的，管理人可以预重整期间达成的重组方案为依据拟定重整计划草案提交本院审查批准。"

为提高债务重组效率，顺利推动债务人重整，当事人在庭外达成的债务重组协议或者重整支持协议因"禁反言"规则而被法院在庭内重整程序中所认可。但表决效力延伸到庭内重整需要符合有关债权人和投资人利益保护的规定，否则受到实质性影响的当事人应当重新表决:一是当事人所赞成的协议并未有实质内容改变,否则为保护债权人和投资人的合法利益,应当就更改部分重新表决。二是如果经人民法院审查,庭外重组中的表决程序不符合重整程序中关于分组表决的有关规定,如并未按照《企业破产法》的规定分组或者表决结果不符重整计划草案通过的规定的,应当重新表决。三是当事人未尽到应有的信息披露义务,在庭外重组协商过程中披露虚假信息或者隐瞒重要信息误导债权人和投资人的,应当重新表决。

9. 预重整保障机制

在"中国二重预重整案"中,在国务院国有资产监督管理委员会、中国银行保险监督管理委员会的指导与支持下,以农业银行、中国银行、光大银行为主席行,组织涉及中国二重的近30家金融债权人成立了"中国二重金融债权人委员会"①,与企业达成了基本的债务偿还方案。该方案在重整期间尽可能被维持纳入重整计划,进而得到了金融债权人的认可。在"吉尔达公司预重整案"中,温州市政府专门成立了包含多个行政、司法等部门参与的工作领导小组,沟通协调案件整体进展。在"福昌电子公司预重整案"中,面对职工群聚维权等激烈行为,政府部门积极干预引导,并协调解决对福昌电子公司恢复水电供应、厂房续租等事宜。在"浙江三工公司和解案"中,瑞安市成立企业金融风险化解和银行不良贷款处置领导小组,协调解决金融机构债权人对预重整方案的层报审批事宜。我国部分法院与预重整有关的保障机制情况如表6-8所示。

表6-8　我国部分法院与预重整有关的机制保障情况

单位	保障机制
南京中院	在预重整期间,债务人、债权人、管理人等应当积极取得当地政府的支持和帮助,落实企业破产处置协调联动机制有关文件要求,充分发挥政府在预重整中组织协调、维稳处置、招商引资、政策扶持等方面的职能作用
苏州吴江区法院	预重整期间,债务人、临时管理人,应主动借力已建立的破产审判府院联动机制及银行业金融机构监管部门、税务管理部门等机构制定出台的关于鼓励、推动债务重组的意见规定,积极争取信贷支持、政策扶持,为预重整工作的顺利开展创造有利的外部条件

① 参见黄晓云:《中国二重的双重整案:庭外重组和司法重整的无缝对接》,载《中国审判》2017年第33期。

续表

单位	保障机制
苏州工业园区法院	预重整期间,债权人可自行或在有关部门的牵头组织下成立债权人委员会,开展参与选定审计、评估机构、债务人自行管理财产和营业事务的监督以及推动预重整草案协商谈判等工作
温州市政府	如需引进战略投资人,属地政府、管理人、债务人等均应积极参与,聚集各方资源提高引进效率和成功率
宿迁中院	预重整期间,债权人可自行或在有关部门的牵头组织下成立债权人委员会,开展参与选定审计评估机构、监督债务人自行管理财产和营业事务、推动预重整方案协商谈判等工作。预重整期间,债务人、临时管理人,应主动借力已建立的破产审判府院联动机制及相关机构制定出台的关于鼓励、推动债务重组的意见规定,积极争取配套政策、资金支持,为预重整工作的顺利开展创造有利的外部条件

三、预重整的司法审查

(一)预重整的司法介入机制

预重整本质上受规则限制的庭外重组属性决定了司法介入的必然性。但司法的介入应保有限度,否则难以有效发挥其制度价值。从实践来看,预重整的司法介入有其现实的需求。首先,在债务人进入重整或是预重整表明其内部存在债务危机,也势必会面临信用危机,债务人很难获得债权人的支持和信任,需要法院的司法公信力加强自身的信用。① 法院在弥补企业信用短板上的作用,主要体现为程序上的公平公正,如选任管理人,聘请审计和评估机构,资产调查和信息披露,召开债权人会议和公平的表决程序。② 其次,预重整程序需要法院的指导和监督以保障程序的顺利推进。如以法院的中立地位调和当事人之间的利益冲突,规范监督人作用的发挥。最后,预重整程序效力需要法院的保障以增强其对外的效力。③ 因此,预重整的司法介入机制主要体现在以下 3 个方面:

① 参见潘幼婷、朱晋华:《适度司法干预下的预重整程序》,载《人民司法》2021 年第 16 期。
② 参见刘敏、池伟宏:《法院批准重整计划实务问题研究》,载《法律适用》2011 年第 10 期。
③ 参见潘幼婷、朱晋华:《适度司法干预下的预重整程序》,载《人民司法》2021 年第 16 期。

1. 预重整的启动

在预重整过程中,为保障当事人的意思自治,法院虽然不主动介入,但可以通过登记制度和重大事项的司法备案等国家干预手段跟进监督预重整,确保预重整方案的效力在重整程序中延续。[①] 对于预重整程序的启动可以建立登记制度,即法院在受理债务人重整申请前,对企业进行形式化审查,对企业是否具备重整条件和挽救价值进行初步评估,并对符合条件的企业编制预重整登记案号的制度。[②] 通过登记可实现如下目标:一是能有效帮助法院对企业基本情况进行摸底,有效规范预重整企业类型,帮助法院有的放矢开展预重整工作;二是帮助债权人、债务人、投资人等各方对企业重整成功率进行初步预判,防止预重整的随意启动,减少缺乏挽救价值的企业对司法资源的挤占和对债权人及管理人精力、资本的浪费;三是进行登记的企业可持有登记案号及相关材料,并以此作为预重整的依据,获得债权人、投资人的信任,降低重整谈判难度,加快庭外协商进步,提高预重整的成功率。目前,部分地区的法院要求有意向进行预重整的企业向法院申请登记或备案,如《重庆预重整指引》第 19 条规定,法院在破产申请审查阶段收到债务人的预重整申请后经审查符合条件的,应当进行备案登记,出具预重整备案通知书。[③]

2. 预重整登记的申请主体

《美国破产法典》虽然无明文规定预重整申请人,但实践中基本是债务人作为重整申请人。并且美国 2005 年《破产法修正案》即《破产滥用禁止与消费者保护法案》通过后还为债务人规定了提起重整计划的 120 天至 18 个月的专有期间。此外,根据《德国破产法》第 218 条第 1 款的规定,提交重整计划的主体仅限为破产管理人和债务人,债权人被排除在申请主体外,可委托破产管理人制订计划。此外,如果管理人自愿或应该制订计划,债权人委员会应参与制订。[④]

---

① 参见潘幼亭、朱晋华:《适度司法干预下的预重整程序》,载《人民司法》2021 年第 16 期。

② 参见王欣新:《建立市场化法治化的预重整制度》,载《政法论丛》2021 年第 6 期。

③ 《重庆市第五中级人民法院预重整工作指引(试行)》第 19 条规定:"债务人向本院申请重整并同时提交预重整申请的,人民法院收到申请后经审查符合预重整条件的,应当进行备案登记,出具预重整备案通知书。预重整备案通知书应当载明预重整期限、预重整辅助机构、债务人应开展的工作、禁止滥用预重整等内容。"

④ 参见[德]莱茵哈德·波克:《德国破产法导论》(第 6 版),王艳柯译,北京大学出版社 2014 年版,第 177 页。

就申请主体而言，虽然美国、德国和联合国的有关文件认为只能由债务人申请预重整登记，但根据我国《企业破产法》对申请重整主体的规定，债权人也是申请主体之一。因而参照上述规定，在自愿重组谈判中已经接受重整计划的债权人按理说也可以申请预重整。当然，这里必须注意的是，此时的债权人是指已经在庭外重组中认可预重整方案的债权人。

首先，预重整计划草案是一个关于处理债权债务的合同。而该合同以向法院申请预重整为履行的前置程序。如果无法申请预重整则该合同无法履行，为保证合同履行而申请预重整是该合同的应有内容（即使未在合同中约定），属于可以依照解释论立场推定的双方当事人的合意内容。对已经同意计划的多数债权人而言，除合同有其他规定如仅债务人有权申请预重整，债权人在意思自治领域内与债务人所达成的此项合同应当享有与债务人相当的权利，即有权申请预重整。①

其次，从破产法的基本原则出发，预重整登记申请总体上应当遵守效率原则与债权人自治原则。债权人自治原则在企业破产法中多有体现，如债权人有权决定申请破产或是重整、债权人有权批准通过重整计划、债权人有权确认债权和通过分配方案等。对于作为私人自治与公法管制衔接的预重整申请，也应当有条件地遵守债权人自治原则，赋予债权人享有预重整的申请权。

3. 预重整登记的条件

《贸易法委员会破产法立法指南》规定了两种预重整启动标准：一是符合重整条件；二是尚不符合重整条件但有对未来到期债务不能偿还的可能。② 从预重整链接庭外重组与庭内重整的制度功能来看，其启动条件自然也要受到重整条件的限制，因此对预重整登记的条件设置，原则上应满足我国企业破产法对重整条件的规定。③ 在预重整制度进一步发展和完善的情形下，司法实践中“庭内重整的预设程序”这种情况会逐步减少，债务人自主申请预重整的情形会增加。如果法院严格比照重整启动标准来确定企业预重整的登记，难免会打击企业通过

① 参见何旺翔：《破产重整制度改革研究》，中国政法大学出版社2020年版，第253页。

② 联合国国际贸易法委员会制定的《贸易法委员会破产法立法指南》规定的预重整启动标准为：(1)债务人出现重整原因，符合破产重整的条件；(2)虽不符合启动破产重整程序的条件，但对其到期或未到期债务很可能无力偿还的。

③ 即债务人不能清偿到期债务且资不抵债；债务人不能清偿到期债务且明显缺乏清偿能力；债务人有明显丧失清偿能力的可能。

申请预重整实施自我拯救的热情。预重整的庭外重组阶段法院参与有限,和庭内重整相比,具有更大的债务人自主性和债务人保护性。① 因此,债务人可以自主决定是否进行预重整,而不需要等到深陷债务危机、濒临破产之时,这也是很多美国企业将预重整作为一种调整债务关系的高效手段的原因。② 预重整登记的条件在比照重整条件的前提下,可适当放宽,尤其是债务人申请预重整的情形。通过将预重整启动标准相较重整放宽,可以鼓励债务人在债务危机初现或者有预期的债务危机但并不符合法院要求的重整标准时,以预重整的方式尽快解决债务问题。③ 法院在收到预登记申请后 3 ~ 5 天对登记申请进行形式审查,符合规定条件即可予以登记,这充分体现了法院的引导和协调作用。

(二)预重整司法审查的基本原则

1. 司法适度介入原则

对于庭外重组、庭内重整以及预重整而言,拯救企业是制度设计的最终目的。但是与庭内重整阶段法院处于突出的监督指导地位不同的是,带有更多庭外重组色彩的预重整主要依赖的仍然是相关主体之间的协商谈判和意思自治,司法在其中只能保持相对谦抑的姿态。因此,法院对预重整的司法审查应坚持企业拯救与商业自治相结合,在充分尊重各主体协商谈判的基础上实现拯救企业的目的。目前,部分地方法院专门出台了相关文件明确了司法介入预重整的原则,如重庆五中院发布的《预重整工作指引》。④

2. 司法公开原则

预重整制度以当事人的意思自治为基础,辅以必要的司法介入。预重整司法审查除了要坚持司法适度之外,还要坚持司法公开,保障债权人和相关利害关系人的知情权,尊重当事人的意思自治,法院审查协商谈判的内容和结果要公开公正。首先,根据预重整申请的典型模式来看,从债务人开始申请到要求法院审查的过程中,司法公开原则贯穿其中:一则程序要公正,二则信息披露要充分。

---

① 参见王欣新:《建立市场化法治化的预重整制度》,载《政法论丛》2021 年第 6 期。

② 参见全鹤林:《论我国预重整制度构建与适用》,延边大学 2021 年硕士学位论文,第 20 页。

③ 参见吴京辉:《认缴资本制下资不抵债规则的功能转向——从破产原因到破产预防》,载《现代法学》2020 年第 6 期。

④ 《重庆市第五中级人民法院预重整工作指引(试行)》第 2 条规定:"预重整应当遵循市场规律,坚持依法、自治、公开、高效、司法适度介入原则。"

另外,法院可通过听证会和庭审等方式进行审查。①《贸易法委员会破产法立法指南》对利害关系人知情权、参与权、表决权等权利的保障作出了相应规定,②这也是司法审查公开、公正原则的内在表现。

3. 实质审查与程序审查相结合原则

实体是相对于程序而言的,两者在法的范围内是对立统一的概念,程序使实体结果正当化,而实体对程序具有制约和调节作用。司法实践中,法院对于重整申请的审查一般持谨慎态度,③坚持了实质审查与程序审查相结合的原则,保障重整程序的顺利进行及债权人的利益保护。同样,预重整的司法审查也要坚持该原则,如预重整启动阶段审查拟进入程序的对象的条件是否符合预重整的特别要求,是否具备预重整的价值和可能等;再如,对重整计划草案的可行性、合法性等进行审查。在强调实质审查的同时,还要求对这种实质(实体)审查辅之以一定的程序进行保障和纠正。例如,法院在审查时需按照庭审或者听证方式进行,允许特定主体对实质审查结果以一定的形式或者程序提出反对意见,进而在救济程序中补充实质备查要素。

(三)预重整司法审查的基本内容

1. 对申请对象自身的审查

从域外立法来看,《贸易法委员会破产法立法指南》第160条对适用"简易重整程序"主体范围作了规定。④ 我国各地的预重整指引对预重整申请对象也作了规定,如深圳和南京的指引规定,债务人在具有立法规定的重整原因后才能申请预重整,之后法院才可以决定对债务人进行预重整。此外,债务人企业的重整价值、规模大小、债权人数、债权债务关系、对社会的影响也是法院审查的内容。⑤总体上看,对预重整的适用对象进行限制主要是为了避免降低破产重整的受理

---

① 参见王欣新:《预重整的制度建设与实务辨析》,载《人民司法》2021年第7期。

② 参见张艳丽、陈俊清:《预重整:法庭外重组与法庭内重整的衔接》,载《河北法学》2021年第2期。

③ 参见丁海湖、李欣婷:《房地产企业破产重整若干司法实务问题探讨》,载《法律适用》2016年第3期。

④ 联合国《破产法立法指南》第160条规定:"(1)债务人符合破产重整申请原因的,在申请之前已自愿进行重组谈判,并且债权人经过表决同意此重整计划的,可申请启动预重整;(2)债务人不符合破产重整原因,但有可能无力偿还其未到期债务的,可申请启动预先重整。"

⑤ 参见《深圳市中级人民法院审理企业重整案件的工作指引(试行)》第28条。

门槛，避免无限制地扩大预重整的案件数量，浪费司法、行政资源。法院对预重整申请对象的审查，考虑的因素集中在：

（1）是否是上市公司或者对上市公司影响较大的关联企业。上市公司本身资产体量大、股东人数众多，破产涉及大量利益相关人，甚至会对地方的整体经济运行带来影响。相比重整程序，预重整通过提前开展前期工作，可以提高上市公司破产案件的审理效率和破产重整的成功率，减少对市场、投资者的信心冲击。[①] 从我国预重整的司法实践来看，大企业尤其是上市公司居多，如上文提到的中国二重、重庆江津珠峰系公司破产重整案等。

（2）是否是占据一定市场地位、产品具有市场竞争力的企业。能够通过预重整程序得以挽救的企业，前提是仍旧具有挽救的经济价值和社会价值。对于债务人企业是否具有经济价值和社会价值的判断，从直观层面上来看，就是对其在市场上的地位的认定。[②] 一般来说，企业具备一定的市场行业地位，拥有一定的话语权以及竞争力和市场占有率的产品，就表明具有较高的经济价值和社会价值。企业具有一定的经济价值和市场价值是其适用预重整制度的基础之一。

（3）是否是债权人人数众多、债权债务关系复杂、对地区经济发展和社会稳定有重大影响的企业。这类企业往往以集团企业的形式呈现，集团内部在业务上有明确的分工，一般处于产业链、供应链中的中间位置，上下游关联企业众多，公司与公司之间互保、互贷情形众多，往来货物、账款量大频繁；企业自身也具备一定的生产经营规模，在职员工数量较为众多，在当地具有较大的影响力。从各地发布的预重整指引分析和各地法院的实践来看，如重庆五中院对预重整的适用对象表述为“具有重大影响”的案件、“利益关系复杂”的企业；[③]成都中院将适用预重整的主体规定为“债权人人数众多，债权债务关系复杂，影响金融环境稳

---

① 参见池伟宏：《困境企业拯救的破产重整路径效率优化》，载《中国政法大学学报》2021年第4期。

② 参见武卓：《我国重整计划强制批准制度的完善路径》，载《中国政法大学学报》2017年第3期。

③ 《重庆市第五中级人民法院预重整工作指引（试行）》第3条规定：“具有挽救可能，有能力与主要债权人开展自主谈判的企业法人，可以进行预重整。申请重整前，通过自主谈判已经达成重组协议并表决通过的，债务人可以在申请重整的同时，请求人民法院裁定批准根据该重组协议形成的重整计划草案。债务人存在债权人人数众多、债权债务关系复杂、职工安置数量较大、影响社会稳定等情形的，债务人可以在申请重整的同时，请求人民法院在受理重整申请前，准许聘任中介机构辅助债务人准备重组协议。”

定、社会稳定的大型企业”[①]等。在预重整启动阶段对该类对象企业的审查识别，能够充分发挥预重整制度的比较优势。

(4)权益受到影响的债权人与债务人能够自行达成重整计划草案并经主要债权人通过的中小企业。预重整制度不应将全部中小企业排除在外，符合一定条件的中小企业也可以成为预重整的适用对象，不应将预重整对象范围限定于大企业，重整对象范围应包括具备重整原因和可行性的所有企业。对于债权债务关系不复杂的中小企业，权益受到影响的债权人与债务人能够自行达成重整计划草案并经主要债权人通过的，可以申请启动预重整对庭外重组协议的效力予以确认。重庆五中院在预重整工作指引中未专门针对企业规模进行限制，明确债务人企业只要具有挽救可能并且有能力协商谈判就可以进行预重整。[②]

2. 对信息披露的审查

信息披露是否完备是预重整司法审查的核心，其背后的理论渊源为信息对称和知情权保护理论。由于债权人根据自己获得债务人的基本情况对预重整方案进行表决，因此无论是法庭外重组还是法庭内重整都要求债务人企业对和预重整方案表决结果有关的信息进行充分的披露，保证表决结果充分地体现表决权人的意志。法院对信息披露的审查标准体现在以下几个方面。

(1)对信息披露内容的审查。信息披露的内容应该包括债务人的财务状况、可能对债务人未来运作造成影响的非财务信息、对重整计划给予债权人待遇和在清算时债权人的所得这两者的比较、企业得以继续交易并成功重整的基础等。[③] 对信息披露内容的确定可以从现行企业破产法及其司法解释的规定了解。比如在《企业破产法》第25条对管理人的职责规定中，债务人的财务状况就是管理人必须调查的内容；《企业破产法司法解释三》第10条规定了债权人审查的内

---

① 《成都市中级人民法院破产案件预重整操作指引(试行)》第1条规定：“申请人提出重整申请，本院裁定受理前，债务人具有下列情形之一的，可以采用预重整：(一)债权人人数众多、债权债务关系复杂，或需要安置职工数量较多，可能影响社会稳定的；(二)债务人企业规模较大或在该行业或对该区域经济具有重大影响的；(三)直接受理重整申请可能对债务人生产经营产生负面影响或者引发重大社会不稳定因素的。”

② 参见《重庆市第五中级人民法院预重整工作指引(试行)》第3条。

③ 参见联合国国际贸易法委员会编著：《破产法立法指南》，载联合国国际贸易法委员会官网，https://uncitral.un.org/sites/uncitral.un.org/files/media-documents/uncitral/zh/05-80721_ebook.pdf。

容,如债权人和债委会决议,管理人监督报告,债务人的财产状况等。[①] 各地的预重整指引也对披露内容重点规范,比如《重庆预重整指引》第 5 条第 1 款规定:"债务人应当向债权人、出资人、投资人等利害关系人披露对公司预重整可能产生影响的信息。披露内容包括债务人经营状况、相关财务状况、履约能力、可分配财产状况、负债明细、未决诉讼及仲裁事项、模拟破产清算状态下的清偿能力、重组协议与重整计划草案的关系、预重整的潜在风险及相关建议等"。

(2)对信息披露标准的审查。从部分地区法院发布的预重整指引来看,相关指引都将预重整信息披露的标准作为基本内容规定其中,如《重庆预重整指引》第 5 条第 1 款,《南京预重整指引》第 26 条[②],《深圳重整指引》第 35 条第 1 款[③]等。以上指引对信息披露标准的要求主要分为以下几类:一是信息披露完整;二是信息披露真实;三是信息披露合法;四是信息披露及时。另外从域外法的规定来看,《美国联邦破产法典》规定预重整信息披露需满足充分标准,并对充分标准做了具体要求。[④]

(3)对信息披露方式的审查。信息披露方式并非单一的。综合现行立法规定和司法实践来看,主要有书面和听证这两种方式。如南京中院在其指引中规定,法院在预重整期间要举行听证会议对债务人及有关人员信息披露等事项进

① 《企业破产法司法解释三》第 10 条规定:"单个债权人有权查阅债务人财产状况报告、债权人会议决议、债权人委员会决议、管理人监督报告等参与破产程序所必需的债务人财务和经营信息资料。管理人无正当理由不予提供的,债权人可以请求人民法院作出决定;人民法院应当在五日内作出决定。上述信息资料涉及商业秘密的,债权人应当依法承担保密义务或者签署保密协议;涉及国家秘密的应当依照相关法律规定处理。"

② 《南京市中级人民法院关于规范重整程序适用提升企业挽救效能的审判指引》第 26 条规定:"在预重整期间,债务人应当将与重整有关的所有信息向债权人、出资人、意向投资人等利害关系人充分、完整、真实、合法地披露。"

③ 《深圳市中级人民法院审理企业重整案件的工作指引(试行)》第 35 条第 1 项规定:"披露内容应当包括表决所必要的全部信息,如导致破产申请的事件、经营状况、相关财务状况、履约能力、可分配财产状况、负债明细、重大不确定诉讼、模拟破产清算状态下的清偿能力、重整计划草案重大风险等。"

④ 《美国联邦破产法典》第 1126 条规定预重整的信息披露必须满足第 1125 条(a)款规定的充分标准,其要求主要有两点:其一,预重整程序的信息披露必须符合可适用的非破产法法律对于信息披露的充分性说明;其二,如若没有可适用的非破产法法律,则按照第 1125 条(a)款规定的理性人标准判定充分性,即债务人向债权人披露资产负债表、利润表及相关的审计评估报告,以便债权人作出理性判断。

行审查。[①] 书面形式的信息披露方式要求债务人向债权人及债权人委员会书面证明影响上述主体作出决定的相关事项。

3. 对破产原因、重整可能性与可行性的审查

法院在具体审查时，首先需要判断企业是否具备破产原因，其次需要判断企业是否具备拯救价值。重整制度的目的是拯救企业，出现破产原因时，只有具备拯救价值的企业，预重整和破产重整机制才有被适用的必要；在欠缺拯救价值的条件下，勉强进行预重整和重整，不仅浪费重整费用，而且浪费国家行政资源和司法资源，还可能会损害债权人的利益。[②] 拯救价值就是指企业的重整价值，即困境企业在继续经营下产生的价值大于因破产导致清算所产生的价值。[③] 结合温州市、北京市、深圳市、上海市、四川省、山东省相关法院办理企业破产案件的工作规范或者指引，可以总结出具有拯救价值的企业主要具有如下特点：一是符合国家产业结构调整政策，具有发展前景；二是企业的工艺技术、专用权利、特许经营资质等无形资产具有一定利用价值；三是企业具有较好的品牌效应和品牌形象；四是企业信誉有恢复可能；五是企业管理、经营团队和销售网络良好；六是有较为确定的意向投资人准备注入资金；七是能够体现企业重整价值的其他情形。

法院除了依据企业特点来判断企业具有拯救价值外，还需要求企业提交其主营业务能够持续经营的可行性报告，据此认定该企业是否具有重整可行性。另外，如重整是涉及众多利益主体的上市公司，还需审查其企业维稳方案等。

4. 对表决程序的审查

预重整方案表决程序的合法公正，直接影响到其效力是否被法院认可。无论是庭外重组还是庭内重整，对预重整方案的表决要求多数债权人的同意。尽管预重整本质上具备庭外重组的属性，强调当事人的自治性，但为防止当事人滥

---

① 《南京市中级人民法院关于规范重整程序适用　提升企业挽救效能的审判指引》第29条规定："管理人申请转入重整程序的，应当向法院提交预重整工作报告、书面申请、预重整方案及表决结果、证据等材料。法院自收到预重整工作报告和书面申请等材料之日起十日内组织听证，经听证审查后，裁定进入重整程序，并发布公告。预重整方案应当合法、合理、可行，方案表决结果也是法院裁定是否转入重整的重要考量因素。法院裁定不予受理重整申请后，债务人具备破产原因的，债权人或者债务人可以另行提出破产清算申请。"

② 参见左一凡：《破产预重整制度在我国法律上的运用与改进》，载《区域治理》2020年第2期。

③ 参见马学荣：《预重整制度市场化的建构及其法理分析》，载《经营与管理》2021年第9期。

用自治权,侵蚀表决程序的公平性,需要司法介入保障程序公平,如对投票征集程序的审查。在此程序中,债务人负有充分信息披露的义务,保证参与表决的债权人能够事先得知与表决事项有关的信息,在了解信息的基础上处分并行使自己的表决权。另外,法院对表决程序的审查也包括信息披露是否符合标准。

此外,对于当事人在预重整阶段协商达成的预重整方案,应当按照重整程序中分组表决的方式进行表决,借此有效解决"钳制问题"。可参照我国《企业破产法》第 84 条规定的"多数决规则"。[①] 多数决规则下,法院需审查参与预重整方案表决的债权人实际人数以及投票人数等,确保表决程序的合法性和正当性。此外,还需对表决方式是否符合程序规则进行审查,如采用的是非现场方式的书面表决方式,则债务人需提交相关的书面材料。

预重整计划表决的期限、债权人考察期和异议期也是表决程序审查的内容。如重庆五中院《预重整工作指引》第 16 条对有关期限的相关问题作了规定,明确在对表决程序进行审查时,还需考虑期限问题。[②]

5. 对预重整方案草案的审查

预重整方案草案获得法院的批准以取得法律效力是预重整制度的核心。虽然预重整方案制度是当事人意思自治的结果,司法并未介入制定过程,但是对于草案效力转化的过程,法院需介入并对其审查。[③] 依据前述对预重整制度庭外重组属性的探讨,对重整计划的内容,法律不应有过多的强制性和限制性规定,应由当事人在破产重整制度内,根据市场情况自由协商作出决策。[④] 需明确法院对预重整方案的审查不应该脱离破产法对重整草案内容审查的规定。参照相关规定,一是对债权调整和受偿方案的合法性进行审查。事实上,预重整方案获得债权人会议通过的前提是关于债权调整和受偿的内容得到多数债权人的支持,相关债权人认可对其债权的调整和清偿比例的设置。[⑤] 二是对出资人权益调整方

---

① 《企业破产法》第 84 条规定,出席债权人会议的同一表决组的债权人过半数同意,并且所占债权额占该组债权总额 2/3 以上的,视为该组同意重整计划草案。

② 《重庆市第五中级人民法院预重整工作指引(试行)》第 16 条第 2 款规定:"人民法院应当在债权人会议召开后三十日内,作出是否批准重整计划的裁定。"

③ 参见浙江省杭州市余杭区人民法院课题组:《房地产企业预重整的实务探索及建议》,载《人民司法(应用)》2016 年第 7 期。

④ 参见张艳丽:《重整计划比较分析》,载《法学杂志》2009 年第 4 期。

⑤ 参见池伟宏:《困境企业拯救的破产重整路径效率优化》,载《中国政法大学学报》2021 年第 4 期。

案的合法性进行审查。对此,可根据《企业破产法》第85条第2款设置的"出资人组"审查规则对出资人权益调整方案进行审查。① 三是对经营方案的可行性进行审查,依据是《企业破产法》第87条的规定。

总体而言,对预重整方案的审查重点应当聚焦于预重整期间,债务人企业是否能够搭建起有效的公司治理体系、是否已经有稳健意向且成熟可靠的战略投资力量、是否初步设计了债权清偿的思路方向;对于集团企业或者关联企业而言,是进行实质合并破产重整还是"有合有分"。②

6. 对其他可行性因素的审查

法院除了需要对以上的各类基本内容进行审查外,还需要审查其他可行性因素,如潜在影响重整进程推进的各项政府协调事项。债务人企业破产涉及多方的利益主体,其破产将影响地方的经济发展和社会稳定,特别是大型企业、行业龙头企业、集团企业的破产程序势必对所在地方带来全方位的冲击。③ 法院很难全面地审查和处理破产程序中涉及的如职工安置、税收等社会问题,这些社会问题涉及行政事项,需要行政机关的帮助进行审查和处理。④ "紧紧依靠政府的力量"仍是法院审理破产案件的重要原则。⑤ 无论是哪种模式的预重整,都离不开法院、政府甚至金融机构的帮扶和支持,有时候政府及其有关部门和金融机构的帮扶往往有着决定性的作用⑥。如在"可瑞斯特公司预重整案"⑦中,法院和政府的联合行动解决了债务人企业面临的债务人、承租人的迁出和赔偿问题、职工安置难问题以及投资人招募问题。可以说,如果没有政府的参与,可瑞斯特公司

---

① 《企业破产法》第85条第2款规定:"重整计划草案涉及出资人权益调整事项的,应当设出资人组,对该事项进行表决。"

② 在"北京理工中兴科技股份有限公司破产重整案"中,北京一中院以听证形式多次组织相关主体开展谈判协商,并对公司是否具有重整价值和挽救可能进行了有效识别,引导主要债权人与债务人、投资方签署"预重整工作备忘录"等文件,就债权调整、经营方案以及重整路径等主要问题达成初步意向。参见李军红:《我国预重整制度的实践与探索》,载《第十二届"中部崛起法治论坛"论文汇编集》。

③ 参见张丽、曹丽媛:《营商环境视角下我国破产管理人制度研究——基于破产回收率指标的分析》,载《山东工商学院学报》2022年第1期。

④ 参见黄贤华:《破产管理人对府院协调机制的弥合作用》,载《中国注册会计师》2020年第3期。

⑤ 参见杨周:《破产重整中府院联动机制的构建》,载《第十二届"中部崛起法治论坛"论文汇编集》。

⑥ 参见江丁库:《破产预重整法律实务》,人民法院出版社2019年版,第50页。

⑦ 参见江苏省苏州市吴中区人民法院民事裁定书,(2020)苏0506破2号。

的预重整很难有效推进。另外,我国当前破产法面临着政府和市场在破产法中的作用冲突问题,预重整制度同样也存在上述问题。在我国破产审判中,除了主要的诉讼外,还涉及一部分衍生诉讼,这部分衍生诉讼需要政府的介入,因此有必要协调建立府院对接渠道,以便法官高效审理破产案件。

四、预重整与重整的衔接

预重整与重整程序的衔接是预重整方案草案发生法律效力的基础,借用庭内正式重整的司法保障赋予草案强制法律效力,衔接过程也是由庭外重组进入庭内重整的过程。在这一过程中,需要诸多制度相互衔接,预重整制度的构建重点也在于此。主要从以下几个方面实现预重整与重整的衔接:

(一)预重整临时专业机构与破产重整管理人的衔接

1. 预重整临时专业机构的指定

由于预重整不像正式重整那样立法全程贯穿其中,因此是否需要在预重整中引入管理人角色对程序进行主导,各地实践不一。如"浙江余杭怡丰城预重整案"中法院在预登记期间引入管理人,并允许其开展后续工作。[①]"温州吉尔达公司预重整案"中,由政府牵头工作,管理人具体落实工作,法院监督工作,在正式重整中,预重整阶段的管理人继续担任管理人角色,不会因转入正式重整而被更换。[②] 可见,预重整阶段的管理人参与预重整工作是按照重整管理人的标准展开的。

预重整是法治化的法庭外债务重组。为实现法庭外债务重组的公正高效和专业化,独立的社会团体和临时专业第三方发挥着重要作用,扮演程序主导人角色,承担组织和管理法庭外债务重组的工作。[③] 预重整是一项复杂而专业的程序,虽然庭外协商阶段强调当事人的意思自治,但仍需要具备会计、法律专业知

① 参见曹文兵、朱程斌:《预重整制度的再认识及其规范重构——从余杭预重整案谈起》,载《法律适用(司法案例)》2019 年第 2 期。

② 参见潘光林、方飞潮、叶飞:《预重整制度的价值分析及温州实践——以温州吉尔达鞋业有限公司预重整案为视角》,载《法律适用》2019 年第 12 期。

③ 参见张艳丽、陈俊清:《论法庭外债务重组与法庭内重整的合理衔接》,载《北京理工大学学报(社会科学版)》2022 年第 1 期。

识和沟通协调能力的专业机构引导、组织整个程序的推进。

从英美等国的立法来看,在预重整中聘用中介机构或破产从业者来辅助债权人和债务人进行自愿重组谈判是普遍做法。[①] 日本专门为庭外债务重组制订了《法庭外纠纷解决程序法》《产业竞争力强化法》《以特别认证 ADR 程序为基础的企业再生程序规则》,并依据以上法律设置了专业第三方担任法庭外债务重组阶段的主导人规则。[②] 专业机构作为中立的第三方,除了在债权债务关系和财务状况的梳理上发挥重要作用外,还能够有效引导当事人协商谈判,避免当事人间的利益冲突升级。因此,立法应支持债务人企业在预重整阶段引入管理人协助开展预重整工作,以实现与庭内正式重整的有效衔接。[③] 当前各国选取临时专业机构的方式多样,如英国实行债务人聘请机制,美国实行联邦机构聘请机制,德国实行法院指定机制,还有国家实行债权人和债务人联合聘请制。《德国破产法》第 270(b)条第 2 款对临时管理人作出了相关的规定,"临时财产监督人"充当临时管理人的角色,德国破产法院在裁定进入重整准备程序的同时,应指定临时财产监督人,为确保重整的连续性,债务人有权提议临时财产监督人,法院无正当理由不能拒绝其提议。[④] 通过这一规定,债务人提议的临时财产监督人人选在一般情况下都会被采纳,从而确保债务人和 1 名其信任的临时财产监督人共同为企业重整进行准备。从域外破产法规定来看,在预重整案件中,司法干预程度较低,债务人多是自行管理预重整活动,需要借助专业第三方的力量对重整活动进行调查和监督。

我国法院在进行预重整登记的同时,应指定临时专业机构协助各方沟通协商、拟订重整方案,组织投票表决,推动程序进行。关于临时专业机构的选任,地方法院主要采用随机方式和竞争方式。这类方式虽然保证了程序上的平等参与,同时也存在一些弊端。但考虑破产企业财产的归属问题,由债权人、债务人推荐选任临时专业机构具有一定的合理性。当事人更清楚破产企业的债权债务情况,有助于重整计划的制定和实施。实践中,需细化推荐的标准和产生方式,

---

① 参见徐阳光:《困境企业预重整的法律规制研究》,载《法商研究》2021 年第 3 期。

② 按照日本《以特别认证 ADR 程序为基础的企业再生程序规则》规定,"程序主导人"需具备专业知识技能,如律师和注册会计师等,作为债务人和债权人中间独立的第三者主导程序的公正和正常进行。

③ 参见徐阳光:《困境企业预重整的法律规制研究》,载《法商研究》2021 年第 3 期。

④ 参见刘伟光:《中国破产管理人制度设计研究》,大连出版社 2009 年版,第 192 页。

使推荐产生临时管理机构方式落到实处。

2. 预重整临时专业机构的职责

预重整制度是庭内重整制度与庭外债务重组制度的有机结合,其主要目的是从债务重组向实质迈入重整程序作前期铺垫。预重整制度的庭外债务重组过程是多方利益主体相互协商的过程,涉及相互间的利益博弈,出现利益冲突不可避免。协商成功是最理想的结果,但是也不能忽略协商失败的可能。[①] 因此,为了在预重整阶段达到协商成功的结果,顺利迈入正式的重整程序,需要充分发挥预重整阶段临时专业机构的职责。正确发挥预重整阶段临时专业机构的积极作用,需要明确其职责。

首先,由于在庭外债务重整的过程中,多方协商会发生冲突,在司法没有介入之前,冲突解决最有效的方式就是找一个中立的第三方进行调解,正确引导协商过程。预重整阶段的临时专业机构与此需求相吻合。因而,临时专业机构具有调解纠纷、引导庭外重组迈向庭内重整的职责,这与后续庭内重整中的管理人职责相互配合,能够实现二者的顺利衔接。此外,临时专业机构调节作用的发挥也有利于提高司法效率,降低司法成本,节约司法资源。但需明确的是,临时专门机构的人员需要满足一定的专业条件,如具备财务、法律和管理等方面的专业知识,从而保证在合理公正的前提下分析公司经营状况,据此正确评估公司的系统风险,从而为债务人与债权人之间的重组计划提供专业、理性的信息,以便帮助当事人达成利益平衡的重整计划。

其次,管理人在预重整阶段履行的相关职责不限于对债务人企业的局部管理,而是从预重整阶段就开始积极开展资产负债调查、债权确认、组织召开债权人会议、寻找战略投资者等全面的管理活动。[②] 但是,与重整程序相比,预重整阶段临时专业机构的职责范围相对限缩,[③]一般不包括决定债务人的内部管理实务、管理和处分债务人财产等债务人经营管理具体事项,具体表现为:核查债权、调查债务人资产负债情况、协助债务人进行债务重组、协助债务人引入战略投资

---

① 参见潘幼亭、朱晋华:《适度司法干预下的预重整程序》,载《人民司法》2021 年第 16 期。

② 参见陈勇:《预重整制度对项目重塑的价值探析——从预重整各方参与人的权益、利益和角色定位分析》,载施伟东主编:《〈上海法学研究〉——上海市法学会破产法研究会文集》2021 年第 9 卷。

③ 参见包丁裕睿:《论重整程序中自行管理债务人的权限与监督》,载《中国政法大学学报》2021 年第 4 期。

人、协助或者监督债务人的继续经营、协助或者主导债务人制定预重整草案并组织债权人表决。若债务人继续经营，临时专业机构在企业经营管理方面更多起到的是监督者的作用。

最后，根据《德国破产法》第 270(a) 条的规定，债务人为之后的破产程序争取自行管理，并且该申请并非“明显没有希望”时，在启动程序中应保留债务人的支配权。法官既不应该实行一般的处分禁止，也不应该设立享有同意权的管理人，而是在债务人旁设立“临时事务管理人”。临时事务管理人监督业务执行，但不参与业务执行。[①] 由此可见，临时专业机构还承担监督职责。

3. 临时专业机构和破产管理人的衔接

在预重整程序中，引入临时专业机构担任预重整的管理人开展相关工作十分必要。关于预重整和重整程序衔接中的管理人过渡问题，虽然实务中尚有分歧意见，但是目前多数地方的规范性文件支持在预重整程序成功、管理人工作勤勉的前提下，预重整阶段管理人直接担任重整程序管理人，如《重庆预重整指引》第 25 条。[②] 临时专业机构在预重整阶段参与了众多的前期工作，具有一定的优势。在预重整成功转入正式重整的情况下，继续由其担任法庭重整管理人，可将庭外重组工作成果在庭内应用，极大保证预重整的工作效率，降低相关成本。由此，案件进入重整程序后，应由预重整案件的临时管理机构继续担任重整案件的管理人。法院将预重整临时专业机构正式转为庭内破产管理人时，还需考虑以下因素：

(1) 关于“利害关系人”的理解

部分学者认为，由于相关中介机构前期服务过困境企业，故企业当事人与中介机构存在利害关系，因而原先的中介机构不可继续担任破产管理人。若依照此观点，阻止相关中介机构担任破产程序启动时的破产管理人，会出现中介机构为了避免正当专业服务受到质疑而逃避提供服务的现象，这显然不利于企业破产重整程序的进行。临时专业机构处于中立立场，并非基于一方利益开展活动，

---

① 参见[德]乌尔里希·福尔斯特：《德国破产法》，张宇晖译，中国法制出版社 2020 年版，第 326 页。

② 《重庆市第五中级人民法院预重整工作指引(试行)》第 25 条规定，人民法院裁定受理重整申请的，可以指定预重整辅助机构为管理人，预重整辅助结构不存在不宜担任管理人的法定事由，人民法院不得重新指定管理人。

其最终目的是指导困境企业成功达成庭外债务重组协商,从而顺利进入庭内正式重整程序。因此,虽然专业机构基于债务人或者债权人的委托为困境企业提供专业服务,但是这并不能证明专业机构与相关当事人具有利害关系,并不影响其在正式重整程序中忠实履行管理人职责。① 预重整阶段提供服务的中介机构和临时管理人并不构成《最高人民法院审理企业破产案件指定管理人的规定》第23条所指的"利害关系",因此不需要任职回避。②

(2)专业机构参与庭外重组的费用

专业机构在预重整阶段中,参与庭外重组的费用由谁来承担,如何支付?在专业机构转入正式庭内重整、角色转为管理人后,其报酬如何计算,是否另行收取费用?这些问题在预重整和重整的衔接中都是不容忽视的。

首先,关于预重整中费用由谁来承担的问题,由于预重整阶段临时专业机构是为债权人和债务人的协商提供服务的,这时司法尚未介入,完全是处于当事人的意思自治,因此需要债权人和债务人协商支付。若协商有争议的,可请求法院酌情确定。预重整通常由债务人支付,债务人未及时支付的,重整申请受理后作为破产费用清偿。各地的预重整指引也对临时专业机构的费用支付问题作重点规范,比如重庆的预重整指引规定:"预重整期间,预重整辅助机构支出的差旅费、调查费等执行职务费用由债务人财产随时支付。债务人未及时支付的,受理重整申请后,参照企业破产法关于破产费用的规定处理。"③此外,南京的预重整指引也规定:"在预重整期间,管理人支出的差旅费、调查费等执行职务费用由债务人财产随时支付。债务人未及时支付的,受理重整申请后,列入破产费用。"④

另外,关于重整程序中管理人的报酬确定问题,可以参照《重庆预重整指引》

---

① 参见徐阳光:《困境企业预重整的法律规制研究》,载《法商研究》2021年第3期。

② 参见王欣新:《充分发挥预重整制度在企业拯救中的作用》,载《中国审判》2017年第33期。

③ 《重庆市第五中级人民法院预重整工作指引(试行)》第27条规定:"预重整期间,预重整辅助机构支出的差旅费、调查费等执行职务费用由债务人财产随时支付。债务人未及时支付的,受理重整申请后,参照企业破产法关于破产费用的规定处理。"

④ 《南京市中级人民法院关于规范重整程序适用提升企业挽救效能的审判指引》第31条规定:"在预重整期间,管理人支出的差旅费、调查费等执行职务费用由债务人财产随时支付。债务人未及时支付的,受理重整申请后,列入破产费用。预重整程序终止的,管理人可以和债务人协商确定收取适当报酬,原则上不超过50万元。预重整成功转入重整程序的,管理人报酬按照《最高人民法院关于审理企业破产案件确定管理人报酬的规定》由法院决定,预重整期间管理人履职表现作为报酬计算的参考因素,预重整阶段不另行收取报酬。"

第26条的规定来解决。在由预重整临时专业机构继续担任正式管理人的情况下,可以通过考量其在预重整期间的履职表现来确定管理人的报酬,管理人不另行收取预重整报酬。[①] 在预重整临时专业机构不继续担任正式管理人的情况下,法院根据预重整期间预重整临时专业机构的履职表现,参照《企业破产法》关于管理人报酬的规定适当确定预重整临时专业机构的报酬,该报酬以债务人财产支付,根据合同支付或者列入破产费用。在此需要明确的是,无论是预重整临时专业机构还是管理人的报酬,其总额必须在《管理人报酬规定》确定的管理人报酬标准范围之内。

(二)预重整债权审查确认的衔接

1. 审查核准的基本原则

债权申报及审查的成果,应当延续到正式重整程序,并依法通过人民法院裁定或债权人会议决议予以确认。首先,从预重整制度设立的意义出发,其本身系为快速完成重整程序以实现高效拯救困境企业的目标而设计,所涵盖的主要工作和实体性要求与重整程序基本相同;[②]其次,预先完成各项工作的目的是减轻正式程序中的负担,以便优化程序运行效率;再次,两种程序衔接的意义在于通过正式重整中的司法程序赋予预重整阶段工作成果完整的法律效力,而非对其予以否定并推倒重来;最后,预重整较庭外重组的一大优势在于能够通过司法介入与效力确认来补足强制性与统一性的缺失。[③] 因此,预重整期间主要工作成果法律效力的基本延续是预重整与正式重整衔接中的应有之义。否则,将致使预重整制度设立的意义即制度目的被迫落空。

---

① 《重庆市第五中级人民法院预重整工作指引(试行)》第26条规定:"人民法院裁定受理重整申请时直接指定预重整辅助机构为管理人的,预重整期间预重整辅助机构履职表现可以作为确定或者调整管理人报酬的考虑因素,管理人不另行收取预重整报酬。人民法院裁定受理重整申请后,重新指定其他社会中介机构担任管理人的,人民法院根据预重整期间预重整辅助机构的履职表现,参照《企业破产法》关于管理人报酬的规定适当确定预重整辅助机构的报酬,该报酬以债务人财产支付。预重整辅助机构的报酬与管理人的报酬总额不得超过《最高人民法院关于审理企业破产案件确定管理人报酬的规定》确定的管理人报酬标准。"

② 参见联合国国际贸易法委员会编著:《破产法立法指南》,载联合国国际贸易法委员会官网,https://uncitral.un.org/sites/uncitral.un.org/files/media-documents/uncitral/zh/05-80721_ebook.pdf。

③ 黄浩原:《预重整下的债权审查衔接及技术方法》,载微信公众号"破产法实务"2020年9月17日,https://mp.weixin.qq.com/s/kXxtDsoSoQwGbSS005XAuA。

2. 债权审查结果的衔接与处理

预重整期间为了厘清债权债务关系,临时管理机构将通知已知债权人预先申报债权。正式重整的债权申报有专门的立法规定,集中体现在《企业破产法》第6章中,但是预重整制度中有关债权申报和审查的规定却处于立法空白,需要立法予以进一步的明确。

在债权审查工作的效力衔接中,对于债权成立的相关基本事实的审查结果应该延续到正式的重整程序中,法院对上述的结果予以认可。但与此同时,也需把握债权审查的工作特点,按"基本有效,例外补充"的原则区别处理。债权审查主要可分为两部分:其一,系对债权所涉基本法律事实的实质性审查,考量债权人所享有的请求权基础是否成立且合法有效;其二,系对债权人所申报债权金额予以审查,按照法定或约定的计算方式,明确其本金和利息。以上债权内容审查的效力并非恒定,需要分情况讨论。

(1)预重整期间债权审查的一般效力

一般看来,债权所涉基本法律事实和债权本金通常是明确且恒定的,在预重整转让重整程序的过程中,除部分例外情况,基本上不会发生变化,其效力应当予以延续。[①] 然而,就利息计算而言,则是预重整区别于重整程序的一个鲜明特征,需要区别处理。因此,预重整期间所完成的关于债权基本法律事实和基础法律关系、债权本金等恒定金额数据的审查结构,原则上继续有效,可直接沿用到正式重整程序中。

(2)预重整期间涉及补充修改时债权审查的效力

临时管理机构完成对债权人在预重整期间所申报债权的审查后,应认定继续有效,但此时若债权人提出修改或补充,则应按提出的不同阶段区别对待[②]:其一,在裁定受理、裁定确认债权以前提出的,管理人应当依法接受并按照更新后的材料重新予以审查,原审查结果自动失效,转以最后完成的审查情况为准;其二,裁定确认债权以后提出的,管理人依据《企业破产法》第58条之规定,告知债

---

① 参见韩长印主编:《破产疑难案例研习报告(2020年卷)》,中国政法大学出版社2020年版。

② 黄浩原:《预重整下的债权审查衔接及技术方法》,载微信公众号"破产法实务"2020年9月17日,https://mp.weixin.qq.com/s/kXxtDsoSoQwGbSS005XAuA。

权人依法通过异议程序处理。[①]

(3)不适用效力延续的情况

预重整的债权审查衔接中,涉及审查规则变化或计息债务时,对应的债权审查结果的效力不应延续。审查规则变化主要是指预重整的"预审查标准"与重整程序的"正式审查标准"前后冲突。[②] 由于正式程序的司法强制力显然高于预重整的"准延续力",此时应严格按照"正式审查标准"重新调整受到影响的债权。债权人因此提出异议,在没有明确法律依据出台前,应回归到《企业破产法》第58条,按照异议程序处理,以保持破产法体系的统一性。另外,针对计息债权的利息不应适用效力延续,须转入正式重整程序后,由管理人重新调整债权审查结果。

(4)对于附利息的债权审查

《企业破产法》对破产重整中未到期的债权和附利息的债权都作了相应的规定。[③] 但在预重整程序中,因法院尚未裁定受理附利息债权,如果利息持续计算,那么债务人拟定重组方案时,债权清偿比例的测算存在不确定性,特别是对于金融债权重大的债务人,庭外重组方案和庭内重整计划的清偿率测算会存在比较大的偏差。[④] 因此,预重整中对附利息的债权审查可参考司法实践中法院的做法,在破产申请受理前对债权利息暂停计算,将法院出具的预重整登记日期作为预重整期间债权利息暂停计算点,以法院作出重整裁定后确定的重整日期为截止点。另外,为实现预重整债权人停止计息时间与破产重整申请受理时间的无缝对接,法院还负有向债权人说明因停息而导致利息调整不视为债权实质变更的义务。

---

① 《企业破产法》第58条规定:"依照本法第五十七条规定编制的债权表,应当提交第一次债权人会议核查。债务人、债权人对债权表记载的债权无异议的,由人民法院裁定确认。债务人、债权人对债权表记载的债权有异议的,可以向受理破产申请的人民法院提起诉讼。"

② 参见韩长印主编:《破产疑难案例研习报告(2020年卷)》,中国政法大学出版社2020年版,第458页。

③ 《企业破产法》第46条规定:"未到期的债权,在破产申请受理时视为到期。附利息的债权自破产申请受理时起停止计息。"

④ 参见尹悦红:《用预重整规则架起庭外重组和庭内重整衔接的桥梁》,载微信公众号"中国破产法论坛"2020年2月27日,https://mp. weixin. qq. com/s/en4qm-IwEgBjfKEVxySkKQ。

3. 对于预重整期间未申报债权的处理

在预重整程序中,债权人有权自主决定是否申报债权,并承担相应的后果。通常来说,债权人在预重整中未申报债权会面临债务人负债总额与正式重整中的负债总额不相符的不利后果,债务难以确定,继而影响预重整方案在正式破产重整中的实际执行。故此,在预重整期间,正确处理未申报的债权,对预重整方案在后续破产重整中获得批准和得到有效执行具有重要影响。①

在司法实践中,法院在破产重整程序中核查债权申报时需要考量以下几个因素:其一,对债权申报时间的规定,债权申报按照正常破产程序规定进行,但需要考量缩短时间的必要性,从现有立法规定来看,将期限缩短至30日较为合适;其二,清理债务人的债务时应该考量未申报的债权,预留债务人一部分财产对其清偿分配,此外,制定预重整方案时也需要考虑上述未申报的债权;其三,预重整债权人会议需单独对债权申报与核准问题进行表决,以解决在预重整转入正式重整中债权重复申报的问题,即若债权人表决同意,其在正式重整中可不再另行申报,若其不同意,则其可在破产重整程序内另行申报。

(三)预重整债权人会议与破产重整债权人会议的衔接

1. 债权人会议的表决事项及效力

《企业破产法》第61条规定了正式重整中债权人会议的11项职权。② 但在预重整实践中面临一个问题,即在预重整期间召开的债权人会议表决通过一定事项后,是否需要在后续的正式重整中再次表决。

一部分观点认为,不需要再次进行表决。破产重整程序是对预重整方案的确认程序,原则上经过预重整阶段,进入重整程序后不需要再次进行债权人会议表决,仅由法院进行审查批准即可,否则预重整的意义将大打折扣。其一,虽然我国《企业破产法》规定,重整程序中必须再次启动债权人会议与表决程序,但是《九民会议纪要》的规定却相反,其承认预重整阶段债权人会议的表决效力在正

① 参见池伟宏:《论重整计划的制定》,载《交大法学》2017年第3期。

② 《企业破产法》第61条规定:"债权人会议行使下列职权:(一)核查债权;(二)申请人民法院更换管理人,审查管理人的费用和报酬;(三)监督管理人;(四)选任和更换债权人委员会成员;(五)决定继续或者停止债务人的营业;(六)通过重整计划;(七)通过和解协议;(八)通过债务人财产的管理方案;(九)通过破产财产的变价方案;(十)通过破产财产的分配方案;(十一)人民法院认为应当由债权人会议行使的其他职权。债权人会议应当对所议事项的决议作成会议记录。"

式重整程序中的延续。[①] 预重整方案同重整计划草案一样是当事人之间合意的产物，虽然二者产生的时间点段不同，但决议结果是有延续性的，再次加入债权人表决也仅仅是流于形式。其二，省略表决程序能够实质性起到简化程序、提高效率、降低成本的效果。[②] 各地的预重整指引也肯定了此观点，如重庆的指引规定："破产受理前已经表决同意重组协议的债权人，视为对重整计划草案表决的同意"。[③]

另一部分观点认为，由于我国《企业破产法》规定，重整程序必须再次启动债权人会议与表决程序，债权人进行表决是其固定的权利，出于合法性的考量，在正式重整中需再次进行表决。此外，出于维护未参加预重整阶段的债权人的利益考量，也需要对方案再次表决。对此可以分情况讨论：如果在预重整阶段，对预重整方案表决同意的情况符合或者高于《企业破产法》中通过重整计划的标准，那么即使保留表决程序，也并不会改变表决结果，再次进行表决实无必要。如果对于预重整方案的表决未达到通过重整计划草案的标准，则可以再次进行表决，以保障未参加预重整的其他债权人的权益。表决方式可以适当简便，通知全体债权人参会，但不必全部投票表决，只要债权人委托的代表及未委托代表的债权人表决即可。这样的做法并不与预重整制度本身的价值相左，而是会倒逼利害关系人在预重整阶段主动争取获得更多债权人的同意，以提高重整效率。分情况决定是否再次进行债权人会议表决程序的好处是：一方面加快整个重整程序的进程，降低磋商成本，极大减少成本的支出；另一方面充分保障了所有债权人的权益。

2. 电子授权的效力及注意事项

按照《企业破产法》的规定，破产重整程序中债权人会议的召开需遵循"分组表决"规则。但由于目前对于预重整机制缺乏法律规定，基于预重整与破产重整的衔接需求，在预重整期间召开债权人会议，面对破产重整程序中需要债权人会

---

① 《九民会议纪要》第115条规定："继续完善庭外重组与庭内重整的衔接机制，降低制度性成本，提高破产制度效率。人民法院受理重整申请前，债务人和部分债权人已经达成的有关协议与重整程序中制作的重整计划草案内容一致的，有关债权人对该协议的同意视为对该重整计划草案表决的同意。但重整计划草案对协议内容进行了修改并对有关债权人有不利影响，或者与有关债权人重大利益相关的，受到影响的债权人有权按照企业破产法的规定对重整计划草案重新进行表决。"

② 参见郭靖祎：《破产程序简化的理论探究》，载《求索》2018年第2期。

③ 《重庆市第五中级人民法院预重整工作指引（试行）》第15条规定："破产受理前已经表决同意重组协议的债权人，视为对重整计划草案表决的同意；已经表决反对重组协议的债权人，以及权益受到调整或者影响但是未参与表决的债权人，可以对重整计划草案进行表决。"

议表决的事项也需要遵循上述规范,仍然需要召开债权人会议进行分组表决。

债权人会议可以通过多种形式召开,如现场和非现场会议。会议召开采用非现场形式需要提交必要的材料,如授权委托书等证明材料,《企业破产法》第59条第4款对此进行了明确的规定。① 另外,在预重整期间,债权人可采用新型方式,如电子授权方式委托代理人参与破产重整程序,电子授权的效力同传统的授权委托书一样。电子授权实质是一种合同,其和传统书面合同的区别仅在于外在形式的不同,前者采用电子形式,后者采用书面的形式,二者在效力上并无实质区别,电子合同具有书面合同的效力。原《民法典》第469条第3款②以及《中华人民共和国电子签名法》第3条第2款③认可了电子合同的效力。

(四)预重整债权人委员会职权与破产重整债权人委员会职权的衔接

1. 预重整债权人委员会议事规则

由于预重整制度中债权人委员会作用显著,各国都力求最大限度地运用债权人委员会机制。如英国预重整制度中的金融监督管理委员会在当事人的庭外协商中发挥着重要作用,委员会能协调各方当事人的利益,管理庭外协商事务并监督程序的运行。

另外,我国立法和司法实践也强调债权人委员会的作用。如原中国银行业监督管理委员会于2016年提出建立债权人委员会制度,2020年中国银行保险监督管理委员会等四部门联合发布的《关于印发金融机构债权人委员会工作规程的通知》,明确了债权人委员会是具有协商性和自律性的组织,对债权人委员会的组成、划分、责任等基本事项作出原则性规定,强调债权人委员会在破产程序中的重要作用,并支持债权人委员会积极发挥作用。④ 此外,《南京重整指引》也

---

① 《企业破产法》第59条第4款规定:"债权人可以委托代理人出席债权人会议,行使表决权。代理人出席债权人会议,应当向人民法院或者债权人会议主席提交债权人的授权委托书。"

② 《民法典》第469条第3款规定:"书面形式是指合同书、信件和数据电文(包括电报、电传、传真、电子数据交换和电子邮件)等可以有形地表现所载内容的形式。"

③ 《中华人民共和国电子签名法》第3条第2款规定,当事人约定使用电子签名、数据电文的文书,不得仅因为其采用电子签名、数据电文的形式而否定其法律效力。

④ 《金融机构债权人委员会工作规程》第16条规定:"债委会要积极做好与企业破产程序中的债权人委员会、债权人会议的有效衔接,可以代表债委会成员机构,主动向法院推荐具有专业能力并能依法、独立、公平、公正履行管理职责的管理人,积极配合管理人依法制定公平合理的重整计划及债权受偿方案。"

强调充分发挥金融债委会在预重整中的积极作用。① 由此可见,银行在预重整阶段中作用的发挥对于程序推进的成效具有重要影响。相较于其他类型债权,银行类债权金额大、占比高。在银行数量众多、贷款金额、风险缓释、信贷政策等方面存在诸多差异的情况下,协调利益诉求的难度往往较大。要解决这一问题,必须最大限度地运用债权人委员会机制。② 在债权人委员会统一协调的框架下,各银行具体落实债委会决议,既能够通过不抽贷、不断贷、下浮利率等方式支持债务人继续经营,也可以集中抱团联合维权,遏制潜在的逃废债倾向。司法实践中也有成功先例,如在“中国二重预重整案”中,债权人委员会发挥了积极作用,在保障了债权人利益的前提下推动了预重整程序顺利进行。债权人委员会的推行使得相关利益人能够协商,避免了很多问题的出现。

债权人委员会制度充分发挥作用的基础是其议事规则的完善。有效畅通的沟通机制有利于债权人及债务人就债务处理及未来经营等事项达成一致,并降低未来正式重整程序中表决通过重整计划的难度。为避免不能达成一致意见的僵局,临时管理机构可在预重整中成立临时债权人委员会,由债权人会议的授权扩充债权人委员会的职权,保障债权人委员会能够依法行使职权。③ 预重整中,为明确重要事项及重整方案或相关方案的表决方式和效力,可由债权人委员会成员签署债权人协议及议事规则。对重大事项的表决,原则上应当符合以下条件:一是经占债权总金额的2/3以上比例债权人委员会成员同意;二是全体债权人委员会成员过半数同意。

2. 在重整程序中的衔接

域外立法承认预重整期间的债权人委员会在重整程序中的效力延续。根据《美国联邦破产法》第1102条(b)款的规定,在进入正式破产程序之前成立的债权人委员会,在进入破产程序之后依然可以继续运作。我国在预重整制度构建

① 《南京市中级人民法院关于规范重整程序适用提升企业挽救效能的审判指引》第22条规定:“在申请预重整前或预重整期间,对于金融债权比重较大、金融债权人人数众多的,金融债权人可以由金融监管部门牵头组织或自行发起成立金融债权人委员会,提前参与企业危机化解工作。金融债权人委员会积极发挥稳定信贷支持、协调金融债权人一致行动、推动预重整方案协商谈判、参与选定审计评估机构、监督债务人自行管理财产和营业事务等主体作用。”

② 参见丁岩、沈鸿、罗欣:《预重整案例分析与制度构建初探》,载《国际金融》2019年第3期。

③ 参见许胜锋:《我国破产程序中债权人委员会制度的不足与完善》,载《中国政法大学学报》2018年第5期。

中可允许预重整阶段的债权人委员会在提起正式破产程序后继续运作。由于债权人委员会在前期的预重整阶段提前参与重整工作，对债务人的业务情况和协商谈判过程较为熟悉，能够顺利推进后续庭内重整计划草案的达成。[①] 各地的预重整指引也对债权人委员会在重整程序中的衔接内容作了规定，如《重庆市第五中级人民法院预重整工作指引（试行）》规定，法院在受理重整申请后，债权人会议可以表决同意在预重整期间成立的债权人委员会成员成为庭内重整中的债权人委员会成员。[②] 另外，二者的衔接要注意保持预重整期间选任的预重整债权人委员会成员及职权与破产重整程序中的债权人委员会成员及职权一致性。

（五）预重整方案与破产重整计划草案的衔接

1. 预重整方案的确认

预重整期间各方达成的预重整方案衔接转化为重整计划草案的条件和标准，将会影响重整的效率以及预重整制度价值的实现。为高效实现二者的衔接，充分体现当事人的意思自治，债权人对预重整方案的表决规则应和破产重整方案表决规则保持一致。因此，债务人应在信息充分披露前提下，就制作的预重整方案征求相关利害关系人意见，如果预重整方案和重整计划草案基本内容一致，以及重整计划草案的相关修改未实质性影响利益相关方权益的，对于当事人在预重整程序中达成的方案，法院原则上在进入重整程序后应承认其效力。这里的“基本内容一致”包括清偿顺位、清偿比例、清偿方式、清偿时间、执行担保等主要内容。

2. 预重整程序中的“禁反言”条款

由于预重整阶段司法尚未完全介入，在此期间的各类事项缺乏明确的法律规制，因而利害关系人之间达成的各类事项在转入正式程序后会极易遭到否认和反对。基于这种现象，“禁反言”原则被提出。“禁反言”原则，即对于债务人与相关利害关系人达成的预重整方案，其内容应与重整计划草案一致，其表决意

---

① 参见张艳丽、陈俊清：《预重整：法庭外重组与法庭内重整的衔接》，载《河北法学》2021年第2期。

② 《重庆市第五中级人民法院预重整工作指引（试行）》第6条规定：“预重整期间，各类债权人可以推荐债权人代表组成债权人委员会，重整申请受理后，预重整期间的债权人委员会成员可经债权人会议同意成为破产程序债权人委员会成员。”

见也同样适用于重整计划草案中;即使该债权人、出资人在预重整方案表决时投反对表或弃权票,仍以预重整期间的表决意见为准。简言之,“禁反言”原则设置的目的是将预重整程序中的表决效力延伸至重整程序中,债权人不能随意否定之前在预重整阶段作出的表决。效力延伸原则是预重整程序中最核心的条款,如果没有该原则的限制,在预重整中达成的方案在重整计划草案表决时可以随意毁弃,则预重整制度失去了存在的价值。因此,各法院在制定预重整规定中均应对此给予肯定。当前我国部分地区法院对上述“禁反言”原则有相关的规定,如浙江省高级人民法院《关于企业破产案件简易审若干问题的纪要》第 9 条第 2 款。[①] 浙江省高级人民法院认为,一旦债权人在预重整期间为形成重整草案所做的承诺不可反悔,那么在正式重整中将继续受此承诺的约束。有观点认为,当事方可以协议约定债务人预重整期间为谈判所作的表决和承诺具有约束力,不可任意撤销和反悔。[②]

为了确保预重整制度价值的实现,立法层面应明确规定,在向法院申请破产重整之前,只要债务人的信息披露符合规定,当事人在此基础上进行协商谈判,在法院批准破产申请后,此前协商谈判形成的方案仍有效,相关利害关系人不得反悔。但需要明确上述条款有例外情形,满足条件的权利人可不受“禁反言”原则的限制,重新表决重整计划草案。对各地的预重整指引进行分析、归纳后,“禁反言原则”主要有以下四种例外情形:一是重整计划草案对预重整方案进行了实质性修改,修改内容涉及相关权利人的重大利益,并对其产生不利影响;二是预重整方案表决前的债务人信息披露不符合要求,当事人据此作出错误表决;三是表决后有关情况出现了重大变化;四是先前的表决方式和结果不符合《企业破产法》的规定。

3. 审查批准的标准

根据我国《破产审判纪要》第 22 条[③]的规定,预重整阶段形成的重组方案并

---

① 浙江省高级人民法院《关于企业破产案件简易审若干问题的纪要》第 9 条第 2 款规定:“债权人在预登记期间对债务清偿方案所做的不可反悔的承诺,在债务人进入企业破产和解或重整程序后,相关承诺对承诺方仍然具有拘束力”。

② 参见潘光林、方飞潮、叶飞:《预重整制度的价值分析及温州实践——以温州吉尔达鞋业有限公司预重整案为视角》,载《法律适用》2019 年第 12 期。

③ 《破产审判纪要》第 22 条规定:“在企业进入重整程序之前,可以先由债权人与债务人、出资人等利害关系人通过庭外商业谈判,拟定重组方案。重整程序启动后,可以重组方案为依据拟定重整计划草案提交人民法院依法审查批准。”

非完全等同于正式重整中的重整计划,其效力延续受到质疑,因此需要法律介入以进一步明确。司法介入预重整制度之后,法院面临的一项重要事项即对预重整方案的审查批准。预重整程序的顺利进行依赖预重整方案的批准和实施,如此后续与正式重整程序的衔接才能继续。因此,需明确法院对预重整方案的审查批准的标准。

联合国《破产法立法指南》对法院批准重整方案的条件规定了以下几种情况:一是重整方案符合法律规定的实体性要求;二是谈判期间信息披露的要求,即表决程序符合法律规定;三是对重整方案持反对意见的债权人在正常经营活动中得到的偿付不受影响;四是在重整方案中,须表明债务人企业符合提起重整的条件。①

法院有必要审查预重整方案,赋予预重整方案法律强制力,进而发挥预重整方案约束利害关系人的作用,具体审查标准包含以下因素:

(1)信息披露是否充分

债务人的信息披露是债权人作出决策的前提,信息披露的质量影响决策的最终走向,信息披露充分可帮助债权人形成预重整方案,以顺利推动预重整制度的实施。因此,法院在审查时应当以披露的信息是否足以使利害关系人作出充分理性的判断为原则,如在债务人提交重整计划草案时,法院可以要求其一并提交可获得的财产清单、债权清单、管理人费用、可能出现的纠纷与诉讼等相关材料,并且必要时组织债权人、债务人等利益相关方召开听证会,确保重整计划草案的达成系建立在充分的信息披露基础上。

(2)投票表决程序是否公平公正

预重整具有较强的自主性,在缺乏法律强制力下,预重整方案约束力也较弱。此外,表决程序缺乏规范和监督极易出现个别当事人操纵整个预重整程序的现象,因而需要对程序进行规则,保障程序公平公正。从这个层面上来看,投票程序的公平性、正当性、合法性至关重要,因而在法院具体的审查中,需设置一定的程序审查标准,如对投票的送达情况、参与投票表决的主体(债权人数和比例)、投票表决的期限(包括异议期)、重整方案通过的标准、表决方式和效力作出

① 联合国国际贸易法委员会:《破产法立法指南(中文版)》,中国社会出版社2006年版,第216页。

规定,据此来保障投票程序是在公开、公正、合法的基础上进行的。①

(3)适当放宽对重整计划草案内容的审查

预重整程序效率优势体现为在申请重整前的预先协商谈判中使当事人对彼此的利益得失有较为清楚的认识,基于当事人意思自治达成的重整计划在之后的庭内重整程序中能很快地通过。为了充分发挥预重整的效率优势,有观点认为,法院在审查批准时主要是进行形式审查,实质内容的审查不应过于苛刻。在审查过程中,法院可组织听证会,保证审查意见的科学性和专业性。法院审查完毕后,应当及时批准确认重整计划草案。不同于正式的破产重整,预重整不过分干预当事人的意思自治,因此法院在充分审查重整计划草案达成过程中确保利益相关方的程序权利得到保证,确保草案形成的公平性、正当性、合法性后,对重整计划草案内容审查可适当放宽。

(4)法院批准的程序

《美国破产法》在预重整计划的批准程序和信息披露上设置了听证规则,即法院需要举办听证会对上述事项进行听证,经过听证,法院再作出是否批准该预重整计划的决定。我国可在正式重整中引入听证制度,对预重整计划和信息披露声明一起进行听证,从而缩短了预重整程序的时间,提高重整效率。如在《南京市中级人民法院关于规范重整程序的适用提升企业挽救效能的审判指引》中提到,为有效衔接预重整和重整程序,法院在批准预重整方案前,应召集相关利害关系人以及政府相关部门开展听证。②

4. 预重整失败的处理

法院按照审查标准决定预重整方案的通过与否。若按照标准不予批准通过,则预重整无法再继续进行,宣告失败。对于预重整失败的后果,存在两种观点:一种观点认为,法院应终结司法程序;另一种观点则认为,应直接转入破产清

① 参见潘光林、方飞潮、叶飞:《预重整制度的价值分析及温州实践——以温州吉尔达鞋业有限公司预重整案为视角》,载《法律适用》2019年第12期。

② 《南京市中级人民法院关于规范重整程序适用提升企业挽救效能的审判指引》第29条规定:"管理人申请转入重整程序的,应当向法院提交预重整工作报告、书面申请、预重整方案及表决结果、证据等材料。法院自收到预重整工作报告和书面申请等材料之日起十日内组织听证,经听证审查后,裁定进入重整程序,并发布公告。预重整方案应当合法、合理、可行,方案表决结果也是法院裁定是否转入重整的重要考量因素。法院裁定不予受理重整申请后,债务人具备破产原因的,债权人或者债务人可以另行提出破产清算申请。"

算程序。[1] 预重整失败的处理不宜一概而论，应分情况讨论：一是在进入重整程序之前，要尊重当事人的意思自治，法院应避免过多干预，由当事人自主选择重整或清算程序；二是如果正式重整后未获批准，此时法院应根据《企业破产法》第88条规定，先裁定中止重整后宣告破产。[2] 对预重整失败后的规定，应当注意司法介入的限度，发挥司法的指引作用。在预重整方案未获得批准后，法院不宜据此直接宣告债务人企业进行破产清算，而应裁定终结重整程序，从而给债务人再次申请正式重整或者清算的机会。

---

① 参见张艳丽、陈俊清：《预重整：法庭外重组与法庭内重整的衔接》，载《河北法学》2021年第2期。

② 参见徐阳光：《困境企业预重整的法律规制研究》，载《法商研究》2021年第3期。

专题七:破产和解与债务人自行管理人制度完善[*]

在2007年6月1日起施行的《企业破产法》中,破产和解制度与破产重整制度、破产清算制度并列为企业破产法律制度中的三大支柱性制度。破产和解是债务人积极偿债的方式,在体现当事人意思自治的同时注入法院公权力的认可,既能免于公权力过度干预,又有利于发扬破产法的和合文化。

《企业破产法》在第九章第95条至第106条对破产和解进行了规定,即一般来说,我国破产和解程序遵守如下规则,由债务人提起破产和解申请,经债权人会议讨论通过,并由人民法院进行裁定。裁定通过和解协议的,则由管理人向债务人移交财产和营运事务;裁定未通过和解协议的,则由债务人进入破产清算。由此看来,现行《企业破产法》的和解程序在环节设置上前后是相互衔接的。然而,从我国近几年的破产案件审结效果来看,破产和解制度在实践中尚未发挥出其应有的功能。这与破产和解制度本身在一些具体的关键性制度规范存在一定疏漏有直接关系,进而影响破产和解制度整体功能的发挥。

---

* 作者简介:赵万一,西南政法大学民商法学院教授、博士生导师;徐丽霞,重庆市破产管理人协会主任,重庆丽达律师事务所主任。

当前我国《企业破产法》规定了破产重整期间的债务人自行管理。针对债务人的财产管理和营业事务执行,我国《企业破产法》仅在重整章节中规定了两种方式:第一种方式是由法院任命管理人对由债务人的财产进行管理;第二种方式是经债务人申请和人民法院批准,债务人也可以在管理人的监督下自行管理。但《企业破产法》未对债务人自行管理模式下自行管理债务人的权限和管理人的监管职责进行规定。债务人自行管理需要监督,向债务人提起违反诚信义务之诉是监督途径之一;但是对于债务人一般的商业经营行为,认定存在直接违反诚信义务的行为较为困难。任命管理人以接替债务人进行管理是另一条有效的监督途径,但任命管理人替换债务人的成本以及专业性亦存有局限性。在债权人委员会制度并不完善的情况下,债权人委员会对自行管理债务人的监督也缺乏可行性。因此,明确债务人自行管理的权限、加强管理人监督就成为债务人自行管理模式下必然的监督途径。这一监督模式主要包含以下问题:第一,债务人进行自行管理的前提条件;第二,债务人自行管理的具体权利义务;第三,债务人自行管理的终止条件;第四,对于债务人自行管理中权力滥用的具体防范措施。

《企业破产法》及其司法解释没有对上述问题进行回应。《九民会议纪要》明确了管理人有权申请终止债务人自行管理,但对自行管理债务人和管理人的日常职权分配和监督机制仍然没有作出回应。最高人民法院民事审判第二庭编著的《〈全国法院民商事审判工作会议纪要〉理解与适用》指出,我国债务人自行管理制度"与美国 DIP 制度不同的是……自行管理债务人并不能完全替代管理人行使职权。从现有实践经验的反映来看,如果管理人的职权全部由自行管理债务人行使,存在可能导致自行管理债务人道德风险和权力滥用的忧虑"。

鉴于此,在肯定破产和解制度法律价值的前提下,有必要进一步改进破产和解制度的债务人自行管理制度。本书拟从债务人自行管理的职权范围和监督机制出发,探讨在破产和解制度中债务人自行管理的条件、权利义务、终止条件、权利滥用的防范机制以及自行管理的监督机制。由此以增强破产和解制度在司法实践中的可接受度与可操作性,从而真正确保破产和解制度在法律价值、制度规范与司法实践上的统一。

一、债务人自行管理制度的概念和法律性质

（一）债务人自行管理制度的起源及基本内涵

债务人自行管理制度（Debtor In Possession，DIP）起源于美国，最初见于1938年美国《钱德勒法案》（The Chandler Act），该法案对美国1898年《破产法》进行了修正，增加了三章关于公司重组方面的内容。修正后的美国1898年《破产法》第10章有关公司重整程序主要适用于大型公司，规定若公司负有超过250,000美元的负债，则公司的控制权需要转交于一位中立的托管人手中，托管人拥有超越公司管理层以及员工的地位和权利并直接答复联邦地区法院法官；而第11章则主要适用于小型、私有公司以及个人，在该章程序中，不再强行指定管理人，陷入困境的债务人可以继续占有、管理自己的公司和财产。

1978年，美国颁布《破产法修正案》，1898年《破产法》被废止。1978年《破产法》第11章明确规定了债务人自行管理制度。其基本内涵是：重整程序启动后，债务人的管理层不会发生变动，原管理层自然取得重整事务的管理权，主要负责管理重整期间核心事项，如管理重整企业的财产、根据企业情况与债权人协商制定重整计划等事务。只有在以下两种情况，法院才会考虑任命托管人取代原有管理层管理公司：第一，破产法典要求法院任命托管人必须“有正当理由，包括当前的管理层在案件开始之前或之后有欺诈、欺骗、无法律资格或有重大经营决策失误行为，或有类似的情况发生［美国破产法典第11章1104(a)］”；第二，法院可以为了维护债权人、股权持有人或破产财团的其他利益而任命托管人，此时不需考虑担保债权人的数量或债务人的资产与负债数额［美国破产法典第11章1105(a)］。①

DIP制度的核心在于在企业进入重整程序后，债务人原管理层继续作为企业的经营事务管理人，并自然取得债务人企业的重整事务管理权。在债务人自行管理的过程中，该企业原有的董事会、股东大会能够继续享有一定的权利，参与企业的经营，利用企业重整的机会补偿因先前的经营失误而导致企业陷入困境的错误；在这一过程中，由于企业原有经营管理人员对企业财务状况、经营情况

① 参见［美］大卫·G.爱波斯坦等著：《美国破产法》，韩长印等译，中国政法大学出版社2003年版，第743～744页。

更为熟悉,拥有的商业资源也更为丰富,由债务人原管理层管理重整事宜有助于增加企业恢复正常经营的可能。自行管理债务人在管理重整事务的过程里,积极地与其他利益相关者进行协商,与债权人、外部投资方进行商业谈判,对于促进重整进程、实现企业复活,有着极大的优势。

(二)我国关于债务人自行管理制度的立法现状

《企业破产法》第 73 条规定:“在重整期间,经债务人申请,人民法院批准,债务人可以在管理人的监督下自行管理财产和营业事务。有前款规定情形的,依照本法规定已接管债务人财产和营业事务的管理人应当向债务人移交财产和营业事务,本法规定的管理人的职权由债务人行使。”

该条规定标志着重整债务人自行管理制度在我国的确立。除此之外,《企业破产法》第 80 条第 1 款规定:“债务人自行管理财产和营业事务的,由债务人制作重整计划草案。”《企业破产法司法解释三》第 2 条规定,破产申请受理后,经债权人会议决议通过,或者第一次债权人会议召开前经人民法院许可,管理人或者自行管理的债务人可以为债务人继续营业而借款,明确了自行管理的债务人的部分权利义务。

(三)自行管理的债务人的法律性质

1. 我国法律的相关规定

《企业破产法》第 73 条并没有规定自行管理的债务人的法律性质或法律地位,这造成了自行管理的债务人处理诸如待履行合同以及和债务人利益相冲突的事务时存在法理上的矛盾。根据该法条,人民法院同意债务人自行管理后,管理人须向债务人移交财产和营业事务,之后管理人的职权由债务人行使。此时,自行管理的债务人究竟是相当于“管理人”的角色,行使管理人的职权,还是“债务人”的角色,行使债务人的权利,还是两者兼有,对此法律并未明确。这种情况下,债务人可能基于“私利”,尤其在保留原管理层的情况下,和原股东有着千丝万缕的联系,利用法律赋予的职权损害债权人的利益,导致破产法中赋予管理人的“撤销权”“取回权”“调查权”等难以有效行使。

2. 美国法上的“新主体”理论

《美国破产法》采取债务人自行管理(DIP)模式时,实际上自行管理的债务人被视为和原有的债务人完全不同的主体,即自行管理的债务人(DIP)被法律创设为一个新的主体。新主体理论很好地为债务人自行管理提供了法理基础,也解释了为什么在原有的债务人和债权人存在利益冲突时,仍然可以保留债务人管理破产财产。另外,新主体理论也很好地解决了为什么债务人作为合同签订方有权选择是否继续履行待履行合同(executive contract),而合同相对方则无权选择的问题。美国第二巡回法院对此给出的解释是,因为自主管理的债务人和债务人是两个完全不同的主体。按照这一逻辑,那么债务人和自主管理的债务人就需要有不同的律师来维护他们各自的权利。所以,依照新主体理论,20 世纪 70 年代美国的破产法院一度盛行为债务人和自行管理的债务人分别聘任律师。但美国最高法院在美国国家劳资关系委员会诉比尔迪斯科公司(NLRB v. Bildisco & Bildisco)[案号:465 U. S. 513,522,n. 6(1984)]一案中最终放弃了新主体理论。在此案中,美国最高法院认为所谓的新主体理论是没有意义的,如果自主管理的债务人真的是一个新的主体的话,那么完全没有必要赋予它对于待履行合同的选择权,因为它作为新的主体不是合同签订的主体,根本不必受待履行合同的拘束。最高人民法院认为,自主管理的债务人不应当被视为是新的主体,而是原有的债务人被赋予了新的义务,即对于破产财产的信义义务。

3. 确立我国自行管理的债务人的法律地位

现实中,自行管理中的债务人与破产企业虽然为"同一人",但法律地位、责任承担、行为效力等均是不同的,与作为"管理人"所起到的接管、审查、监督破产企业财产和经营职责也是不同的,是具有相对独立的权利义务主体。而法律却未明确"自行管理中的债务人"的法律地位。可以将自行管理的债务人视为和原有的债务人完全不同的主体,赋予其在自行管理中新的信义义务,如有违反信义义务的行为,参照适用《公司法》中关于违反信义义务的规定进行处理。

二、债务人自行管理制度的价值理念

破产程序是在债务人陷入困境出现资不抵债的背景下,全体债权人的集体性债权实现的程序。[①] 从普通人的角度看待,企业进入破产程序,债务人原管理

① 参见许胜锋:《破产重整中债务人自行管理制度的理论逻辑》,吉林大学 2019 年博士学位论文,第 31 页。

层必然存在“管理不善”“投资失策”甚至恶意逃废债等“原罪”，因此，破产程序应当由债权人主导，以避免本身具有“原罪”或者“过错”的债务人原管理层继续控制企业，导致债权人权益范围的进一步扩大。而债务人自行管理制度恰好是将进入破产重整程序的债务人企业的营业事务以及部分破产事务的管理权交由债务人控制。这一制度发端于美国，为德国、法国、日本等国的破产法所采用，对于这一制度存在和发展背后的价值理念需加以研究。

（一）实现公平与效率的兼顾

自古以来，公平正义是人类共同关注的价值准则与价值目标。综合考量公平的含义，其内涵应包含了公正、不偏不倚、平等地对待。① 在法学领域，公平是法律的至高追求，任何一部法律甚至任何一个条款，都必须符合法律的公平原则。

与“公平”概念在法学中的核心地位相比，“效率”概念一直没有获得法律学者的充分重视。而在公平正义的追求过程中，绝对不能忽视追求效率的代价。在一个资源如此匮乏与稀缺的世界中，浪费是无法被接受或容忍的。根据波斯纳的观点，正义的第二种含义——也许是最普通的含义——是效率。换言之，法律在现实普遍存在的交易成本中应起到实现资源配置效率的作用，这也就意味着所有的法律活动与法律制度应当有效地配置资源、促进社会的财富增长。一味地追求公平而不顾代价，其本身就已经背离的公平的要求。

而效率与公平并非对立，在很多时候是相辅相成的关系。作为社会资源分配与再利用的法律程序，破产重整程序亦同样存在公平与效率的统一问题。换言之，在重整程序中，不仅仅要遵循公平原则合理地切割“蛋糕”，更要遵循效率原则做大“蛋糕”。破产重整制度不应隔绝于经济发展之外，而应当发挥资源配置的有效作用。

在破产清算程序中，债务人并不肩负再生与复兴的任务与责任，而债务人财产亦将以分散出售的方式实现价值。在这种情况下，蛋糕的大小已经相对固定。所以在清算程序中，应当按照绝对优先规则的顺位，公平地对待同一顺位的债权

---

① 对于“平等”一词，《新华字典》解释为：处理事情合情合理，不偏袒哪一方面；《布莱克法律词典》则解释为：公平及合理地适用法律。

人并使得其权益最大化,同时最大限度地减少清算程序的清算费用与时间成本,使得债务人财产尽快流动至债权人手中,从而促进资源与财产进入市场并开始在经济中的循环流通。一个快速、公正、简单、便宜的清算程序将符合社会经济效益,以最少的资源消耗实现资源的配置。以债权人权益最大化为目标的破产清算程序将能够实现公平与效率的相互统一。

重整程序中,债务人的复兴与债权人的权利最大化这两个重要目标竞存。由于该两种相互竞争的价值同时存在,重整程序中的公平与效率呈现不同维度的关系。从经济角度讲,破产重整与破产清算相比显然更有效率,原因在于重整成功就能保持企业的资产,同时也维护了职工的就业。企业重整需要在法院主导下运用司法权力对困境企业进行资源整合,帮助其脱离困境重获新生。重整制度的价值目标是公平和效率,该目标需要管理人发挥自己的专业知识处理重整中的各项企业事务,帮助困境企业恢复生机,避免清算。日本学者宫川知法认为,重整制度始终将公共利益放在第一位。在破产程序中,只有一小部分人得到的完全清偿或者牺牲掉一部分人利益的最终清偿,并不是真正的公平。只有着眼于社会整体,维护好尽可能多乃至于所有债权人的利益,从而维护社会公平,保障社会公共利益的实现才是重整制度所提倡的公平。而债务人自行管理制度恰恰为这种公平的实现提供了可能,因为没有什么比企业最终重整成功,圆满解决所有债务清偿问题更能给债权人满意的答复了。成功的重整程序会将债务人财产的"蛋糕"越做越大,实现重整程序中的"蛋糕"最大化的最有效途径有赖于保持诚实但是不幸的债务人的管理层地位,并有效利用债务人具备的经验与知识。如果将清算程序中的公平与效率观生硬地代入破产重整程序中,那么最为直观的结果是债权人将获得债务人的全部资产,管理层及管理层代表的股东面对一无所获的结果将没有任何动力采取事前最佳的行为,破产重整程序将丧失对债务人的任何吸引力,债务人在进入程序之前亦将采取更为非理性的行为,如孤注一掷地进行高风险且高回报的投资。一旦债务人的财产受到永久性的损害或贬损,无论之后的破产程序如何公平、公正、快速地进行,债权人受到的损失也是永久且无法挽回的。于是,《美国破产法》通过加强债务人在重整程序中的谈判地位,给予债务人谈判的筹码,通过法律引导债权人与债务人进行谈判,并通过反馈给管理层以及股东些许回报的方式,以事后的调整平衡债务人事前的行为,以债权人的小部分退让换来整体上更多的回报,以绝对优先规则的少量背离换来整体经济效益的提升,最终实现公平与效率的统一。

(二)实现市场化资源配置的内在要求

破产重整作为市场程序充满了经济价值的判断。对于债务人财产这一特殊“资源”,需要最大限度地在利益相关方之间进行分配,选择进行重整程序获得新生或是进入破产程序清算终结;如果债务人进行重整程序,还需选择是将债务人以整体形式快速出售、以资产剥离的方式处置,或是给予债务人一次再生的机会。这些问题都是经济判断,是相关的主体综合权衡各种选项以及其他路径之后作出的决定。债务人股东以其全部股份权益为筹码,债权人以其对债务人所有债权为筹码,投资人以其投资的金额为筹码,而其他利益相关方以其相关的利益为筹码,各方在破产重整的平台之上进行各种权利与义务的交换。

如前所述,美国现行破产法的 DIP 制度让管理层保持对企业的控制状态,让债务人主导整个破产重整程序。这种规定不仅仅减少了进入破产程序途径中的阻碍,更加重要的是保证了市场主体而非司法工作人员作出持续的商业决定。美国现行破产法让市场主体占据主导,让市场主体自主决定并承担最后的得失。而至于企业的最终命运,则由相关利益主体之间协商解决,即将作为市场主体各个相关方引导至名为“重整”的谈判桌前,由法律赋予利益相关方平衡制约的权利,让利益相关方以自己的权利为筹码、为代价,在程序中依靠自己的能力相互协商谈判并博取利益。可以说美国 1978 年《破产法》将原先的司法程序转变为了一种在法院监督下进行的谈判协商程序,而破产重整程序模拟了市场中的成本与利益考量。这种由作为市场参与主体的利益相关方自己决定债务人资源如何配置的方式符合市场化的资源配置的内在逻辑,即由市场主体在无形的手驱动之下追逐私利,从而决定资源配置方向以及最优化配置方式,看似杂乱无章的个体行为统一为社会公益行为。

(三)符合利益与共和利益最大化原则

关于利益与共原则,在破产程序中可以理解为对债权人而言,相比于进行破产清算,很多时候推动债务人进行重整,恢复正常经营实现盈利比将其资产快速变价获得的清偿率更高。在此种情况下,债权人的利益与债务人进行重整的利益达成了一致,符合利益与共原则。

破产重整制度设计的基础在于利益与共，作为破产重整制度下债务人自行管理制度的重整模式自然沿袭其利益与共的价值目标。否则债务人宁可将其清偿利益寄托于企业剩余资产的清算价值，也不会将希望托付于拥有一定风险因素存在的重整价值上。债务人自行管理模式相当于将债务人、债权人与投资者用利益链条捆绑在一起，一荣俱荣，一损俱损，三者共同致力于拯救企业的事业中，实现真正的利益与共。而之所以选择自行管理的重整模式，可以类比于赌徒心理："既已选择了一条与低回报却稳健的清算之路相反的道路，那何不放手一搏使利益和回报尽可能最大化？"诚然，管理人模式是重整这条具备一定风险道路中较为稳妥的选择，但对于有着实际管理经验和熟悉公司自身运营状况的债务人来说，管理人模式无疑不具优势。同时，作为每一个申请重整的企业债务人来说，无不更希望企业能够重新焕发活力，恢复正常经营。结合以上，虽然让债务人自行管理，难免会有信任危机的风险，但最后的重整成功概率无疑会更大。

三、债务人自行管理制度的必要性

（一）尊重意思自治，有效预防企业消亡

首先，从破产和解制度性质来看，通过归纳我国《企业破产法》第九章关于和解的内容可知，破产和解制度是指企业在进入破产清算程序前，债务人提出和解申请以及和解协议草案，经债权人会议投票通过并经人民法院裁定认可的程序制度。而对于破产和解的性质，理论上主要包括以下几种学说：(1)契约说，认为破产和解就是由债务人提出邀约，再由债权人会议作出承诺而形成的私法上的契约，该契约的成立由法院裁定认可；(2)裁判说，侧重于和解协议的成立系法院依照职权作出的裁判行为；(3)权利说，认为和解制度是债务人为了避免进入清算而行使的权利，未行使权利也不会造成其他不利影响。①

多数学者都倾向于契约说。因为债务人在和解程序中自行管理财产和营业是私法中契约自治原则在破产和解制度中的体现和贯彻，且债务人自行管理有利于排除程序中错误的国家干预行为。我国破产制度具有民商法和经济法的双重性质，破产和解制度应当充分体现公平调整、清偿债务的私法精神，在注重保

① 参见韩长印主编：《破产法学》，中国政法大学出版社 2016 年版，第 282 页。

护债权人利益的同时要坚决排除不当的国家干预。[①] 在尊重市场自身调节作用的前提和基础上,只有当市场不能公平处置债权债务关系时,国家公权力行为才应该介入。这也是我国《企业破产法》需要引入债务人自行管理制度,且将债务人自行管理作为原则、他人管理为例外的原因。

其次,就破产和解制度的功能目的而言,学术与实务上也众说纷纭。有的认为破产和解是为了预防破产清算,是债权人与债务人之间达成一致协议的破产预防制度。有的认为破产和解是为了结债权债务关系,且区别于破产清算的清偿债务程序。还有的认为破产和解制度同时具备以上两种功能。我们支持第三种观点,认为对破产和解的功能和目的应当综合认定。从我国《企业破产法》的规定来看,债务人与债权人为了了结债权债务关系而达成的和解协议一经成立生效,便导致破产程序的中止,债务人按照协议履行义务即和解成功从而避免因进入清算程序而最终走向消亡。而破产和解程序中的债务人自行管理制度,因债务人对所有债权人及产生债权的原因和性质最为清楚,且明确企业产生的问题和原因,故有利于协调各方关系。

(二)发挥债务人优势,实现清偿利益最大化

一方面,债务人作为进入破产程序的主体,比包括管理人在内的任何一方都迫切地希望能够避免走向企业清算注销。债务人自行管理不仅可以充分调动债务人的积极性,而且可以发挥债务人熟悉自身业务、财务情况的优势,在自行管理和经营过程中,避免破产企业的债务进一步扩大。

另一方面,在对债务人资产进行管理的事宜上,因债务人对自身情况比较熟悉,更利于实现破产财产价值最大化。最高人民法院在2018年发布的《破产审判会议纪要》第26条明确要求破产财产处置应当以价值最大化为原则,兼顾处置效率。债务人企业的财产问题是破产程序中的核心问题,破产债权的实现需要对债务人财产进行分配。和解程序也不例外,为了与债权人达成和解协议并了结债权债务关系,必将涉及对债务人资产的管理和分配。

---

① 参见王欣新:《论破产立法中的经济法理念》,载《北京市政法管理干部学院学报》2004年第2期。

(三)降低投入成本,提高破产程序效益

程序效益也是破产程序追求的价值之一,包括对程序成本与程序收益之间比例的考量。破产程序通过各种制度、方式追求程序效益,以较小的成本最大限度解决全部债务问题。债务人自行管理制度的突出优势就是效率和成本优势,符合破产程序高效、合理的要求。第一,正如前文所述,债务人清楚企业的债权人与债权发生事实,由债务人自行管理并提出的和解方案更容易通过债权人会议的同意,有助于和解协议的成立,从而有效推进破产程序的进行,降低时间成本,提高效率。第二,债务人可以通过对于专业领域知识、公司经营情况以及各方利益相关者间关系的掌握,在自行管理过程中维持企业的运营价值,对企业运营现状进行调整,在降低运营成本的同时,提高破产程序效益。因此,和解程序中,债务人自行管理相比于管理人接受法院指定后需要再花费时间和金钱成本重新对企业进行调查后展开经营,具有更高的程序效益。

四、债务人自行管理的条件

(一)债务人自行管理的原则条件

第一,债务人自行管理的启动应当坚持以债务人自行管理为原则,管理人或其他方管理为例外。我国现行《企业破产法》并未在破产和解程序中制定债务人自行管理制度,而是在第八章第 73 条规定了重整程序的债务人自行管理制度,即重整程序中若要启动债务人自行管理必须以债务人申请、法院批准为前置程序。域外对债务人自行管理启动方式主要有两种类型。第一种是以债务人自行管理为原则,管理人等其他方介入为例外,以美国的 DIP 制度为代表,即债务人企业进入破产程序后,原企业的管理层一般都会保留,并履行继续经营、管理破产事务、重整方案的制定和征求意见的职责。[①] 第二种为债务人申请与法院批准相结合的启动方式,以德国的债务人自行管理制度(Eigenverwaltung)为代表,即债务人进入程序后,由法院以决定的形式赋予债务

① 参见[美]查尔斯·J.泰步:《美国破产法新论》,韩长印等译,中国政法大学出版社 2017 年版,第 1148~1149 页。

人依旧享有对破产财产和破产企业经营的管理权。[①] 这与我国重整程序中的债务人自行管理制度相近。

在破产和解程序中启动的债务人自行管理制度应当坚持债务人自行管理为原则,管理人或其他方管理为例外,原因如下。一是破产和解的性质为民事契约,是私法中契约自治原则在破产和解制度中的体现和贯彻,只有当市场不能公平处置债权债务关系时,国家公权力才应该介入。也就是说,和解程序与重整程序相比,法院地位不同,后者的干预强度较大。为了减少公权力的不良干预,自行管理制度的启动应当不需以债务人申请或法院批准为前提。二是和解制度与重整制度的价值取向在债权人利益保护程度上存在差异。与破产清算相较,和解与重整中需要债权人对自身利益进行让步,从而同时保障债务人的利益。但破产和解和破产重整程序不同的是债权人利益让步的程度以及目的。破产和解中债权人利益的让步是为了获得更高的清偿;而破产重整中的让步更多是为了挽救债务人,从而避免债务人破产对社会整体利益造成侵害。因此,破产和解本身并未对债权人利益造成实质减损,和解程序中债务人自行管理制度也不需要与重整程序中的启动条件相同。三是结合破产程序效率而言,债务人进入和解程序直接由债务人进行管理、运营,法院和管理人对其起到监督作用,有利于降低成本并高效推动破产程序,提高整个破产和解的效益。

第二,债务人自行管理应当平衡不同参与方利益。破产制度发展到今天,除了对债权人公平清偿外,保护债务人利益和社会利益也逐渐成为现代破产制度的功能和目的之一。随着社会法制的不断进步发展,法律保护的主体从单一地维护某一方转变为注重维护各方当事人利益的平衡。毋庸置疑,债务人自行管理对债务人利益的保护是最为有利的,但是对于其他利益方,如债权人、企业职工等难免存在损害的风险,这也是该制度适用实质条件中应当考量的方向。

第三,债务人自行管理应当综合考虑社会因素。破产并非单一的法律制度,涉及不同的法律领域且处于较为繁杂的社会背景中。联合国国际贸易法委员会在其编著的《贸易法委员会破产法立法指南》中指出,债务人在破产程序中继续实现价值的方式应当考虑以下因素:债务人与债权人的情况、破产监督制度的情

---

① 参见李飞主编:《当代外国破产法》,中国法制出版社2006年版,第101页。

况、债务人公司文化及社会心理等。

(二)债务人自行管理的实质条件

1. 我国破产重整制度及实践中债务人自行管理借鉴

我国现行破产法律制度并未对破产和解程序中债务人自行管理作出规定,而是在破产重整制度中对债务人自行管理有所涉及,故破产和解程序中,债务人自行管理的实质条件应当在借鉴破产重整程序中债务人自行管理的法律规定及司法实践的前提下,综合考虑和解程序自身特点予以考量。法律制度层面,既包括《企业破产法》第 73 条[①]对破产重整中债务人自行管理启动和批准的简要规定,也包括最高人民法院《九民会议纪要》第 111 条在经债务人申请,法院批准债务人接受管理人监督的情况下,债务人在重整期间自行管理财产和营业的条件。[②]

在司法实践中,笔者以“债务人自行管理”作为关键词通过“全国企业破产重整案件信息网”搜索裁判文书。截至 2022 年 2 月 28 日,获取该类决定文书共计 73 份,并对法院决定债务人可以自行管理的考量条件进行总结见表 7 – 1。

---

① 《企业破产法》第 73 条规定:“在重整期间,经债务人申请,人民法院批准,债务人可以在管理人的监督下自行管理财产和营业事务。有前款规定情形的,依照本法规定已接管债务人财产和营业事务的管理人应当向债务人移交财产和营业事务,本法规定的管理人的职权由债务人行使。”

② 《九民会议纪要》第 111 条规定:“重整期间,债务人同时符合下列条件的,经申请,人民法院可以批准债务人在管理人的监督下自行管理财产和营业事务:(1)债务人的内部治理机制仍正常运转;(2)债务人自行管理有利于债务人继续经营;(3)债务人不存在隐匿、转移财产的行为;(4)债务人不存在其他严重损害债权人利益的行为。债务人提出重整申请时可以一并提出自行管理的申请。经人民法院批准由债务人自行管理财产和营业事务的,企业破产法规定的管理人职权中有关财产管理和营业经营的职权应当由债务人行使。管理人应当对债务人的自行管理行为进行监督。管理人发现债务人存在严重损害债权人利益的行为或者有其他不适宜自行管理情形的,可以申请人民法院作出终止债务人自行管理的决定。人民法院决定终止的,应当通知管理人接管债务人财产和营业事务。债务人有上述行为而管理人未申请人民法院作出终止决定的,债权人等利害关系人可以向人民法院提出申请。”

表7－1 全国企业破产重整案件信息网上登载的债务人自行管理相关案例考量条件

序号	决定书文号	考量条件							
		治理结构、管理能力	熟悉经营业务	信义问题	财产价值	债权人利益	程序效益	债权人同意	生产经营特殊性
1	(2018)鲁0703破1－1号	√							
2	(2016)辽02破5－2号						√		
3	(2016)渝0105民破2号之三		√		√		√		
4	(2020)冀0534破1号之一	√	√						
5	(2017)渝0107民破3号之三		√				√		
6	(2019)鄂0103破1－1号		√			√			
7	(2014)泰姜商破字第0001－2号		√						
8	(2017)辽01破3－2号		√	√	√		√		
9	(2020)渝0108破6号之一	√			√				
10	(2016)渝0105民破1号之三		√	√	√		√		
11	(2015)深中法破字第54－2号				√				
12	(2020)云2334破1－2号	√	√	√		√	√		

续表

序号	决定书文号	考量条件							
		治理结构、管理能力	熟悉经营业务	信义问题	财产价值	债权人利益	程序效益	债权人同意	生产经营特殊性
13	(2020)渝0108破5号之一				√				
14	(2020)渝0108破7号之一				√				
15	(2019)渝0112破3号之三	√	√		√		√		√
16	(2017)川04破1号之二	√							
17	(2021)鄂0107破34号之四								√
18	(2019)粤1971破53-2号		√	√			√		
19	(2012)大中破字第1-5号		√				√		√
20	(2018)渝0118破5号之一	√	√				√		
21	(2015)泰姜商破字第0002-2号	√					√		√
22	(2016)桂12民破1-2号	√					√		
23	(2017)晋0581破1号之一				√		√		
24	(2017)赣05破1号之十								

续表

序号	决定书文号	考量条件							
		治理结构、管理能力	熟悉经营业务	信义问题	财产价值	债权人利益	程序效益	债权人同意	生产经营特殊性
25	(2020)苏02破8号之一					√	√		
26	(2020)川01破12号之一			√					
27	(2017)渝0108民破2号之一					√	√		
28	(2019)新30民破1号之一	√		√		√	√		
29	(2020)豫0421破字第2-2号	√		√		√			
30	(2019)湘1125破1号之一						√		
31	(2021)鲁0613破1号之一	√	√	√	√				
32	(2016)渝0116民破8号之一					√	√		
33	(2015)余破字第6-10号						√		
34	(2018)川1623破1-2号					√			
35	(2019)渝0102破9号之二			√	√	√		√	
36	(2020)鲁0684破3号之一			√	√	√			

续表

序号	决定书文号	考量条件							
		治理结构、管理能力	熟悉经营业务	信义问题	财产价值	债权人利益	程序效益	债权人同意	生产经营特殊性
37	(2016)赣05民破2－11号						√		
38	(2020)渝05破75号之二	√							
39	(2021)川0781破1号	√							
40	(2020)云0113破1号之一	√			√				
41	(2017)渝0108民破3号之一	√					√		
42	(2015)德民破字第3－3号	√							
43	(2020)冀0623破1号之五	√							√
44	(2016)苏0681民破10号之二	√					√		
45	(2020)沪03破308号之一	√					√		√
46	(2019)内04破2－2号	√		√					√
47	(2020)豫07破16－2号								
48	(2018)湘1121破2－04号					√			

续表

序号	决定书文号	考量条件							
		治理结构、管理能力	熟悉经营业务	信义问题	财产价值	债权人利益	程序效益	债权人同意	生产经营特殊性
49	(2019)冀1025民破4号之一	√					√		
50	(2021)鲁0613破2号之一	√	√		√	√	√		
51	(2016)渝05民破52号之一								√
52	(2019)辽01破2-2号		√	√	√	√	√		
53	(2020)辽02破5-2号	√				√			
54	(2018)豫1628破4号之二	√	√					√	
55	(2016)渝0116民破10号之一					√			
56	(2018)津02破10号之四	√		√		√	√		
57	(2016)渝0116民破11号之三							√	
58	(2018)渝0115破3号之二								√
59	(2021)鲁1625破4号之一				√	√			
60	(2019)渝0116破12号之一					√	√		

续表

序号	决定书文号	考量条件							
		治理结构、管理能力	熟悉经营业务	信义问题	财产价值	债权人利益	程序效益	债权人同意	生产经营特殊性
61	(2014)宁民破字第00001－2号	√							
62	(2019)冀1025民破3号之一				√		√		
63	(2021)浙0483破19号之一					√			
64	(2015)承破字1－1号			√		√			
65	(2018)津02破11、28－45号之一	√	√						
66	(2018)渝0102破8－9号					√	√		
67	(2018)渝0118破5号之二	√	√		√	√	√		
68	(2016)渝0116民破9号之一					√			
69	(2020)鲁1723破2号之二					√			
70	(2020)鲁1723破5号之二					√	√		
71	(2020)鲁1723破4号之二					√	√		
72	(2021)渝05破5号之一	√					√		

续表

序号	决定书文号	考量条件							
		治理结构、管理能力	熟悉经营业务	信义问题	财产价值	债权人利益	程序效益	债权人同意	生产经营特殊性
73	(2020)吉02破4号之一	√	√	√					√
合计(单位:件)		31	19	15	18	26	34	3	10

在表7-1的73个案件中,我们可以看到人民法院在该类型决定书中对破产重整中债务人自行管理的考量因素主要包括三个方面标准。首先,从债务人自身角度出发,具体包括债务人是否存在违法行为等不良历史记录,是否有完善的治理结构、管理规范及管理能力,债务人生产经营是否具有特殊性。其次,考量各方利益,即是否维护广大权利人的利益、是否实现财产价值最大化。最后,从破产程序推进方面考量,包括是否有利于程序效益,债权人与管理人同意程序。

2. 我国破产和解中债务人自行管理实质条件

目前,我国立法并未将破产和解制度摒弃,破产和解制度仍与破产清算、破产重整并立于我国破产制度中。在中华民族传统的"合"文化思想与建设社会主义和谐社会的熏陶下,我国对和解制度的保留也有利于为破产程序提供多一种程序路径。而在借鉴国内外破产重整中债务人自行管理制度时,我们应当综合考虑我国的社会背景、司法实践以及破产重整与破产和解之间的区别等因素。关于破产和解与破产重整的差异对适用债务人自行管理产生的影响,前文在论述该制度启动的原则性条件时也作出了简要分析。和解程序相较于重整程序,在程序性质、价值取向、债权人与法院的地位上存在差异。最主要的区别因素在于前者的功能和目的更侧重于了结债权债务关系,避免进入破产清算,更为侧重保护债权人利益;而后者则侧重于挽救企业,而企业再生在一定程度上因保障债务人利益而造成债权人利益的减损。因此,前述重整程序债务人自行管理条件中"债务人企业经营前景""债务人有保障的营业事务"等条件无须在和解程序中严苛要求。相反,债务人自行管理的消极要件应当更为关注对债权人利益的影响。

根据前文论述,我们认为破产和解应以债务人自行管理为原则,委托管理人为例外。综合前述重整程序中债务人自行管理的实质要件，债务人不诚信行为、债务人财产受损等大多数都与债权人利益密切相关。笔者认为，在和解程序中，若存在债务人恶意损害债权人利益的行为，应适用例外情形即委托管理人对债务人进行管理。而判断债务人是否存在恶意侵害行为时应当考虑以下条件：

(1)债务人主观上存在恶意。即债务人以侵害债权人利益为目的，明知行为不合法或是对债权人不存在相关权利依据而仍要作为的主观立场。这就可以将破产重整程序债务人自行管理制度中"债务人企业治理结构混乱，缺乏自行管理的能力""债务人熟悉经营业务"等条件排除。实践中，企业破产的原因包括内部原因和外部原因。内部原因除了经营管理问题外还包括企业盲目扩张、资本明显不足、技术落后等；而外部原因则包括市场供需的变化、遭受疫情的影响、短期资金流不足等客观风险。因此，进入破产程序的企业并非必然伴随着治理结构混乱或是管理能力存在问题。无论债务人破产的主要原因是否为治理结构混乱而导致损害债权人利益，均不符合债务人主观上存在"恶意"的判断。

(2)债务人客观上存在侵犯债权人利益的行为。侵犯债权人利益行为的表现形式为以下几种：

第一，债务人及其管理层存在欺诈、渎职、逃避债务等违法行为。债务人及其管理层的诚信行为记录不仅包括对债务人、股东，还包括对企业、税务、职工以及其他类型债权人。债务人利益与债权人利益之间的必然冲突。债务人企业进入破产和解程序后，由于可分配财产已经较为固定，二者之间更是此消彼长的关系。在这种非常态企业经营环境下，债务人与其管理层的诚信行为显得尤为重要，这不仅关系到债权人利益的保障，还关系到整个和解程序是否能够合法、公平公正地推进；若涉及犯罪行为，甚至会损害社会利益。若债务人及其管理层为获取自身利益，通过欺诈、渎职行为损害债权人利益，应当由管理人对债务人进行管理。第二，使债务人财产价值发生减损或灭失的行为。债务人在自行管理财产的过程中故意损害财产，或是故意对已经面临价值受损风险的财产不予积极管理，从而导致财产价值非因市场因素而降低。第三，债务人对企业错误经营而导致债务进一步扩大。第四，拒绝接受法院和管理人的监督。第五，阻碍破产程序的推进，拖延债权人受清偿的时间。

五、自行管理期间债务人的权利义务

现行《企业破产法》对于债务人自行管理的规定仅出现在关于破产重整程序的规定中。《企业破产法》第73条规定:"在重整期间,经债务人申请,人民法院批准,债务人可以在管理人的监督下自行管理财产和营业事务。有前款规定情形的,依照本法规定已接管债务人财产和营业事务的管理人应当向债务人移交财产和营业事务,本法规定的管理人的职权由债务人行使。"因破产重整程序目的在于拯救、修复企业,兼顾企业重组与债务清理,故在重整期间债务人自行管理财产和营业事务期间应当接受管理人监督,不得有严重损害债权人利益的行为或者有其他不适宜自行管理情形的行为。① 虽然,现行法律在破产和解程序方面没有明确关于债务人自行管理的规定,但在和解程序中仍可参照适用,债务人自行管理仍应接受管理人监督。

相较于破产重整程序,通过和解协议了结债权债务关系才是破产和解程序的应有之义。② 故破产和解期间管理人的工作重心也应着重于债权债务、财产的清理,关注能够促成债权人与债务人达成和解的资金来源及和解协议草案的可行性。在和解协议能具备可行性、偿债资金来源能到位的情况下,相较于债务人,管理人在管理财产和营业事务方面的专业能力相对薄弱,而债务人是最了解自身经营、管理现状的主体,故在破产和解期间,原则上由债务人自行管理财产和营业事务能更有利于企业的继续存续,发挥各方专业所长,兼顾效率与公平,有效地推进破产和解程序。债务人在自行管理期间享有相应权利,同时也需履行相应义务。

(一)自行管理期间债务人的权利

1. 自主经营权

现实中,信息往往是不对称的,信息的掌握与收集往往影响经济运行的效果

---

① 《九民会议纪要》第111条第3款规定:"管理人应当对债务人的自行管理行为进行监督。管理人发现债务人存在严重损害债权人利益的行为或者有其他不适宜自行管理情形的,可以申请人民法院作出终止债务人自行管理的决定。"

② 参见张钦昱:《破产和解之殇——兼论我国破产和解制度的完善》,载《华东政法大学学报》2014年第1期。

和效率。债务人作为原企业的经营管理方，相较于管理人，对其自身所处行业有着相应的了解，对行业动态与发展也更具敏锐度，对债务人企业日常管理的方方面面也更加熟悉。在和解期间，债务人自行管理的，可以行使自主经营权，自行决策公司的日常经营与管理事务，如企业日常开支、日常经营管理方案等的制定，维护企业在破产和解期间的正常运行。

债务人在自行管理中需注意的是，进行日常经营范围之外的交易必须向管理人及债权人报告，征得管理人、债权人会议或者债权人委员会的同意。在实践中，债务人可以将拟进行的日常经营范围之外的交易向管理人、债权人发出通知，使相关方能行使提出异议的权利。如果没有人及时提出异议，债务人即可进行日常经营范围之外的交易。

2. 自行保管财产、印章和账簿、文书等资料的权利

虽然《企业破产法》第 25 条规定了管理人有接管债务人的财产、印章和账簿、文书等资料的职责，破产程序中管理人一进场也会和债务人立即进行财产、印章和账簿、文书等资料的交接，但《企业破产法》第 15 条规定，自人民法院受理破产申请的裁定送达债务人之日起至破产程序终结之日，债务人的有关人员有妥善保管其占有和管理的财产、印章和账簿、文书等资料的义务，这便为债务人自行管理财产、印章和账簿、文书等资料提供了可行性空间。

因破产和解程序更关注债权债务关系的了结，在进入破产和解程序后，管理人工作的重心在于债权债务、财产的全面清理，论证和解协议草案的可行性，以及确保和解资金能够及时到位，债权人表决通过和解协议。若在破产和解程序中债务人继续经营存续，有自行保管财产、印章和账簿、文书等资料的必要性。例如，债务人仍正常经营，经营期间能够自负盈亏以及盈利，由于正常经营有频繁使用印章、账簿等客观需要，债务人可以通过论证其自行管理财产、印章和账簿、文书等资料的可行性和必要性，并提出财产、印章和账簿、文书等资料保管的具体方案，向管理人提出自行保管的申请。基于债务人进入破产程序必然有其内部原因，故对于印章之类的重要物品，管理人原则上仍应继续接管；若确有必要让债务人保管的，债务人须有严格完善的印章使用程序，在自行保管期间所有用印情况均需向管理人备案。

3. 待履行合同选择权

《企业破产法》第 18 条第 1 款规定，人民法院受理破产申请后，管理人对破

产申请受理前成立而债务人和对方当事人均未履行完毕的合同有权决定解除或者继续履行,并通知对方当事人。待履行合同,是指在破产申请受理前成立,但进入破产程序后,当事人双方均未履行完各自主要合同义务的合同。为了达到破产财产价值最大化的目标,在和解的情况下债务人继续经营的,由于相关自主管理的权限已由管理人转移至债务人,债务人可以决定继续履行有利于提高破产财产价值的合同,或者拒绝履行增加企业负担的合同,或持续履约成本超过可从合同取得的收益的合同。① 实践中,管理人行使选择是否继续履行双方均未履行完毕的合同的权利时多会征询债务人方对继续履行合同的建议。虽然现行《企业破产法》将双方均未履行完毕的合同是否继续履行的决定权交由管理人行使,但因和解程序侧重于债权债务关系的最终了结,故在债务人自行管理期间由债务人行使该权利,可以推进破产程序的高效快速开展。在程序上,为和现行法律规定保持一致,债务人应在法定期间内决定继续履行合同的范围并报告管理人,由管理人审批后再报告人民法院。

4. 融资及制定和解协议草案

在破产程序中,因企业已资不抵债,信贷基础不复存在,银行对于其融资的审核更为严格,债务人融资困难。为了改变债务人企业融资的窘境,增大债务人融到资金的可能,多数国家的破产法都赋予提供资金的投资人优先权利,降低其投资的风险。例如,我国《企业破产法》第 75 条第 2 款规定了债务人在重整过程中为继续营业而借款的,可以为该借款设定担保。破产和解程序中,若有利于债务人继续营业,不损害债权人利益的,该规定同样可以适用。

根据《企业破产法》第 95 条第 2 款的规定,债务人申请和解应当提出和解协议草案。该规定表明债务人有制定和解协议草案的权利。实践中的破产和解案件多为在清算程序中转为和解程序,也均由债务人主动提出和解申请。要实现通过和解协议了结债权债务的目的,债务人制定的和解协议草案必须考虑各方需求,具有可行性。此外,债务人因熟悉公司财务、经营状况,相较管理人与各债权人基于之前的业务往来,有着紧密的联系,此种相互之间的熟悉降低了与债权人的沟通谈判成本,有利于债务人了解收集各方的利益诉求,从而有利于合理可

---

① 参见联合国国际贸易委员会:《贸易法委员会破产法立法指南》2006 年版,第 109 条,转引自王欣新、佘艳萍:《论破产程序中待履行合同的处理方式及法律效果》,载《法学杂志》2010 年第 6 期。

行的和解协议草案的制定。

(二)自行管理期间债务人的义务

1. 勤勉忠实义务

债务人进行自行管理的,仍应遵守《公司法》规定的勤勉义务和忠实义务。忠实义务是指董事、高级管理人员必须以公司的利益为其最高目标和全部期望,不得在履行职责时掺杂自己的个人私利或为第三人谋取利益,不得使个人的利益和公司的利益发生冲突的操守标准或要求。根据《公司法》第147条和第148条的相关规定,债务人在自行管理期间,其管理层不得利用其关联关系损害公司利益;不得利用职权收受贿赂或者其他非法收入;不得侵占公司的财产,挪用公司资金;不得将公司资金以其个人名义或者以其他个人名义开立账户存储;不得违反公司章程的规定或者未经股东会、股东大会同意,与本公司订立合同或者进行交易;不得未经股东会或者股东大会同意,利用职务便利为自己或者他人谋取属于公司的商业机会,自营或者为他人经营与所任职公司同类的业务;不得接受他人与公司交易的佣金归为己有;不得擅自披露公司秘密等。

勤勉义务,是指董事、监事、高级管理人员在处理公司事务时,应尽到如同一个谨慎的人处于同等地位与情形下对其所经营的事项所给予同样注意的谨慎义务,即董事、高级管理人员作为业务执行者和经营者处理公司事务时,应当对公司怀有善意,并从公司的最大利益出发来考虑问题。债务人自行管理期间,管理层行使职权、作出决策时,必须以公司利益为标准,不得有疏忽大意或者重大过失,以适当的方式并尽合理的谨慎、技能和注意,履行自己的职责。

2. 诚信义务

诚信原则是民法的基本原则,故诚实守信应该是债务人自行管理期间从事一切行为应该坚守的基本准则。破产和解是债权人和债务人就原有债权债务关系的清偿作出新的意思表示,债权人自愿放弃部分权益,以实现原有债权债务关系的了结。债权人愿意放弃部分利益就债权债务关系予以了结是对债务人给予了信任,故债务人自行管理时,诚信义务要求债务人凭借自身知识、技能、经验专业地管理公司在破产和解期间的日常经营事务。债务人不得利用自行管理中享有的信息优势来损害债权人以及其他利益相关方的利益,更不得利用在破产程序中管理公司事务的便利,以损害企业利益的方式谋取不正当利益。

3. 信息披露义务

和解的“核心”是债务人与债权人就和解协议草案达成一致表决通过和解协议草案。债务人与债权人双方能就和解达成一致的前提条件是债权人充分了解和解协议所涉及的相关信息,即只有在信息披露全面、准确、合法之时,债权人才能与债务人建立信任关系,表决通过和解协议。债务人对其自身的经营状况、债权债务情况、财产情况等最为清楚,故债务人应当向债权人披露对双方达成和解可能产生影响的信息,包括债务人经营状况、相关财务状况、履约能力、可分配财产状况、负债明细、未决诉讼及仲裁事项、模拟破产清算状态下的清偿能力、和解资金来源的可行性等,通过充分的信息披露,加强债权人对公司能按和解协议偿还债务的信心,增强和解协议最终能通过表决的可能性。

4. 依法纳税申报

进入破产程序后,债务人的相关财产、账簿、税控盘等都会交接管理人,自人民法院指定管理人之日起,由管理人代表债务人办理全部涉税事宜。① 若进入破产和解程序,在债务人自行管理时,相关纳税申报等涉税事宜应由债务人严格按照法律规定依法进行。

5. 协助管理人参加诉讼、仲裁或者其他法律程序

现行《企业破产法》第 25 条规定,管理人的职责有“代表债务人参加诉讼、仲裁或者其他法律程序”,实践中因为该规定,特别是在人民法院未批准债务人自管自营,管理人负责管理公司的情况下,债务人多以在破产程序中应由管理人代表债务人参加诉讼、仲裁或者其他法律程序为由,将相关职责全部推给管理人。对于涉案事实情况,管理人作为与债务人无利害关系的中立方并不了解,若无债务人协助配合,管理人在不清楚事实的情况下往往在诉讼、仲裁中陷入被动。在债务人自管自营的案件中,债务人基于各种规避责任、少做少错的考量,多让管理人独自承担相关应诉责任。而对于部分事实比较复杂的案件,比管理人更加了解事实情况的债务人若不出庭应诉,往往导致案件仅为查明事实就多次开庭,极大地浪费了司法资源。此外,由于债务人在自行管理期间掌握公司的各类信息和文件,要求管理人单独应诉显然并不现实。出于自身职业属性,管理人在诉

---

① 《重庆市高级人民法院、国家税务总局重庆市税务局关于企业破产程序涉税问题处理的实施意见》第 7 条规定:“人民法院指定管理人之日起,管理人应当按照《中华人民共和国企业破产法》第二十五条的规定,代表债务人办理全部涉税事宜。”

讼中列席并在必要时对法律问题提出意见更为合理。[①] 故在自行管理期间,债务人应履行协助管理人参加诉讼、仲裁或者其他法律程序的法定义务,积极配合管理人查明案件事实;管理人认为债务人有必要一起出庭的,债务人应该一起出庭应诉。

六、债务人自行管理的终止

债务人自行管理不能有恶意侵害债权人利益的行为;管理人发现债务人有恶意侵害债权人利益行为的,应申请人民法院作出终止债务人自行管理的决定。故在破产和解程序中,如果管理人或者债权人提出申请,经过听证程序后,法院认定债务人在自行管理期间存在欺诈、不诚实、不称职或者重大管理不善等情形的,债务人自行管理即应终止。债务人自行管理的终止需要有主观"恶意"和客观"侵害债权人利益的行为存在",具体表现可为以下三点。

(一)滥用股东会权利

破产和解程序中,债务人自行管理多沿用原公司的治理结构,在其对重大事项自行决策过程中,仍然多采用召开股东会的方式决定,如确定在自行管理期间公司具体运营管理的负责人、为和解协议的偿债资金来源融资提供担保等。此种决议方式符合公司法的规定。若股东会的决议构成"明显滥用"并很可能"造成不可挽回的损害的",[②]即可认定为债务人有恶意侵害债权人利益的行为,应终止债务人自行管理。"明显滥用"可以以对应行为对和解可行性的威胁的严重性来判断,如果债务人股东会决议内容严重威胁了和解可行性,或者决议内容使和解面临现实危险,已不再可能进一步推进程序,那么债务人自行管理的权限即应终止。

---

① 参见包丁裕睿:《论重整程序中自行管理债务人的权限与监督》,载《中国政法大学学报》2021年第4期。

② 参见[美]查尔斯·J.泰步:《美国破产法新论》(第三版)(下册),韩长印等译,中国政法大学出版社2017年版,第1152页。

(二)债务人欺诈行为

欺诈行为违背诚信原则,主要表现为虚构事实或者隐瞒真相。在债务人自主经营中,其日常开支由债务人管理层自行决定。管理人的监督在破产案件中因各种程序性期限的限制,为实现工作效率往往无法面面俱到,特别是对于相关经常性支出,无从实现全面监管。管理人在破产程序中对于债务人行为的监管主要是分为两类:商务事务和非商务事务。因管理人多为律师事务所和会计师事务所等社会中介机构,并非如债务人一样的商业企业,并不精通企业的管理,故管理人对债务人的商业活动一般不进行过多的干预,通常只有债务人存在对外投资、借款、担保等会严重影响债权人利益的商业行为时,管理人才会严格把控债务人行为。在此背景下,若债务人在和解程序自主经营中存在未如实披露对债权人利益影响重大的经营事项(包括自主经营的经济状况、财务状况等),虚构成本等行为都则构成欺诈。由于此类行为均是恶意侵害债权人利益的行为,一经发现,应立即终止债务人自主经营。

(三)债务人不称职行为

不称职的行为主要表现为未尽勤勉忠实义务。在自行管理期间,债务人管理层人员利用其关联关系损害公司利益;利用职权收受贿赂或者其他非法收入;侵占公司的财产,挪用公司资金;将公司资金以其个人名义或者以其他个人名义开立账户存储;违反公司章程的规定或者未经股东会、股东大会同意,与公司订立合同或者进行交易;未经股东会或者股东大会同意,利用职务便利为自己或者他人谋取属于公司的商业机会,自营或者为他人经营与所任职公司同类的业务;接受他人与公司交易的佣金归为己有;擅自披露公司秘密等行为便是不称职。前述行为的发生在破产和解程序中均会产生损害债权人利益的实际后果或者严重损害债权人利益的风险。债务人的不称职行为往往也会造成相关管理不善的后果。为了保护全体债权人的利益不受损,上述行为一经发现应终止债务人自主经营。在破产和解程序中,依旧需要严格要求债务人管理层履行对公司的勤勉忠实义务,如此才能有效防范因债务人自主经营的不规范或恶意行为造成的不利后果。

七、债务人自行管理中权力滥用的规范

债务人本身作为破产企业在破产受理前,通常存在经营管理不善甚至管理人员滥用权利、股东侵占公司利益、抽逃出资等情况。因此,在破产和解过程中,即使由债务人自行管理,为防止债务人在自行管理过程中滥用权利、损害债权人利益,对于破产企业在自行管理中的监督和规范具有重大意义,笔者将对债务人自行管理中权力滥用的规范进行阐述及论证。

由于被法院受理破产和解的企业通常资产负债比较低且具备较大挽救价值,由债务人自行管理有利于破产和解程序的启动及保护破产和解过程中企业正常地生产、营业。对于大部分企业,特别是制造业、酒店等,若中断营业对于企业的品牌价值、破产和解成功后的持续经营能力会产生极大不利影响;若在管理人等主体监督下,债务人合理经营,甚至在破产和解过程中可能会增加债务人财产,有利于破产和解成功,保护全体债权人利益。而管理人作为中介机构,通常是由律师事务所、会计师事务所等主体担任,对于企业经营能力的了解通常不如债务人本身的经营团队,若重新聘任管理团队则对于企业状况的了解程度不及原经营团队,且费用通常较高。因此,我国在《企业破产法》修订过程中引入债务人自行管理的条款具有迫切性及现实意义,也符合我国国情及市场经营环境。

但我国公司治理现状与国外,如美国等国家存在较大差别。规模较小的企业长期是由股东直接参与经营管理而非由高级管理人员、董事会作出决策;对于大型企业,股东对于公司的影响力远远大于董事会。根据统计,中国上市公司前五大股东持股比例之和平均达到57.1%,而美国的股权集中度均值则仅为25.4%。[①]股东同时作为公司受益人及管理者,进入破产程序的公司内部治理结构、债权债务关系更为复杂,对债务人自行管理中管理人等主体的监督职责、专业素养要求更高。

法律并未对破产和解程序过程中自行营业作出明确规定,但对于破产重整中债务人自行管理作出了相关规定。现行《企业破产法》第73条规定了重整期

---

① 参见史淑霞、侯婷婷、毛桂英:《我国上市公司股权结构现状分析》,载《财会学习》2012年第1期。

间经债务人申请，人民法院批准，债务人可以在管理人的监督下自行管理财产和营业事务。最高人民法院的观点为“调查财产权、债权审查权、破产撤销权、诉讼代表权、提议召开债权人会议等其他职责原则上仍由管理人行使为宜”。① 各地法院也作出了更为细化的规定。2015 年深圳市中级人民法院发布的《深圳市中级人民法院破产案件管理人工作规范》第 48 条第 3 款规定：“本院批准债务人自行管理财产和营业事务的，管理人的职权由债务人行使，管理人应当制订监督债务人管理财产和营业事务的制度。”2020 年重庆市第五中级人民法院发布的《破产案件管理人工作指引（试行）》第 99 条规定：“债务人自行管理财产和营业事务的，与管理财产和营业事务相关的管理人职责，由债务人行使。但以下职责，管理人继续履行：（一）调查债务人财产状况；（二）追回可撤销行为涉及的财产，追回无效行为涉及的财产，追缴出资人欠缴的出资和追回债务人董事、监事和高级管理人员侵占的财产；（三）接收及审查申报的债权；（四）其他应由管理人履行的职责。”还规定：“管理人应当制订管理人对债务人自行管理的监督方案，监督方案的主要内容应当包括：业务合同的审批、公章审批、资金支付审批的流程、月度及年度经营计划的审批、高级管理人员任免、重大资产的处置等。”参照现行法律规定、最高人民法院的意见及地方法院规定可得知，债务人自行营业过程中经营权由债务人行使，但管理人应当行使监督权及破产法赋予管理人在破产程序中的其他程序性权利。

虽然破产和解程序中债务人自行管理具有现实意义，但为避免债务人利用自行管理的权利损害债权人利益，在立法过程中应当对管理人的职责作出更为明确的规定。笔者认为，应当从以下角度对管理人职责作出规定。

（一）明确管理人的职责范围，对债务人自行营业的权利范围进行限制

1. 明确由管理人或管理人聘请的机构进行审计、评估，避免债务人对审计、评估程序进行操纵，管理人通过审计对债务人破产原因、经营状况、债权债务情况进行详细摸底，对于债务人在破产受理前有不诚信或股东抽逃资金、转移财产等行为进行甄别。若存在上述情况，管理人有权申请人民法院裁定终止债务人

---

① 参见最高人民法院民事审判第二庭编著：《〈全国法院民商事审判工作会议纪要〉理解与适用》，人民法院出版社 2019 年版，第 565 页。

自行管理的权限。管理人通过评估对债务人财产进行了解，督促债务人依据客观的评估报告制作和解方案，尽量避免和解方案通过后无法得到执行的可能。

2. 原则上由管理人对债务人的印章、现金（包含银行存款）进行管理，避免债务人在破产和解过程中损害债权人利益、增加负债，债务人可在通过管理人审批的情形下对外签订合同及对外支付款项。

3. 管理人具有债务人经营团队的人事任免权。对于关键岗位，如财务人员，由管理人决定聘用新员工或继续聘用原经营团队人员。

4. 由债务人定期对管理人进行工作汇报，将财务报表、经营管理情况定期形成书面文件向管理人提交。对于管理人需要的其他经营资料债务人应当及时提交。

5. 由管理人接收债权申报及审核债权。由于债务人对于破产受理前债权债务状况更为清楚，债务人应当配合管理人对债权进行审核。

6. 由管理人代表债务人进行诉讼，但债务人应当进行配合。

7. 由管理人就债务人自行管理过程中存在的不当行为提出意见并向法院汇报。如果存在债务人因故意或重大过失造成债权人权益受到重大损害，管理人有权申请人民法院裁定终止债务人自行管理的权限并对相关财产进行追回。

8. 管理人有权依据法定事由申请人民法院转为破产清算程序。

9. 管理人有权协助债务人制作和解方案，并对和解方案可行性、合法性向人民法院及债权人作出报告。

10. 行使企业破产法规定的其他管理人职责。

（二）增加债权人的监督权

由于管理人因破产受理后经人民法院指定方才参与债务人的经营事务，对于债务人的营业范围及营业状况无法在第一时间进行准确掌控，而债权人与债务人于破产受理前通常交往更为频繁，对于债务人的经营状况及债务人进入破产程序的原因更为了解，且由于对于债务人的监督涉及债权人的切身利益，调动债权人对债务人自行管理过程进行监督的积极性较为重要。

但由于部分债务人的债权人较多，在破产程序中，可将债权人的监督权赋予债权人委员会；对于未成立债权人委员会的破产案件，可由债权人会议主席代替行使债权人委员会的监督权限。笔者认为，应对债权人委员会在债务人自行管理过程中的权限从以下几个方面进行规定。

1. 监督债务人财产的管理和处分。对于特别重大的事项,如大额资产的处置、对外融资等可能增加债务人负债或造成债务人财产大幅贬损的,债务人应当报债权人委员会批准,通过债权人委员会的监督,避免债务人在自行管理过程中损害债权人利益。

2. 债权人委员会有权参与和解方案的制定。由于通常债权人委员会成员债权金额较大,具备一定的代表性,从某种程度上说债权人委员会的意见可代表大部分同类债权人的意见。因此,由债权人委员会参与制作和解方案既有利于和解方案的合法性及可行性,也有利于和解方案顺利通过表决,提高破产程序推进的效率。

3. 债权人委员会有权向法院申请终止债务人自行管理的程序或申请债务人转为破产清算。

(三)探索外部监督与管理人监督相结合的制度

银行、工商、不动产登记等部门可以建立统一的线上通道,在破产受理时由人民法院或管理人在系统内对债务人权限进行限制,避免债务人滥用权利损害债权人利益。

八、债务人自行管理时专业人员的聘请以及相关程序的履行

笔者认为,债务人自行管理时专业人员的聘请主要包含生产经营专业人员和破产程序所需专业人员两个类别。笔者将对债务人自行管理时专业人员的聘请作如下论证。

(一)债务人生产经营所需专业人员的聘请及相关程序的履行

债务人由于经营不善等原因进入破产程序时,通常存在拖欠员工工资或员工离职的情况。在此情况下,债务人继续生产经营则需聘用经营所需的专业人员。由于债务人自行管理且债务人对于自身行业、公司经营状况最为了解,笔者认为,对于聘请继续经营的工作人员的权利应当由债务人行使。但由于债务人

已进入破产程序，其经营状况及日常支出均涉及全体债权人利益，在此情况下，债务人聘请专业人员应当报请管理人批准，管理人有权依法审核债务人聘请专业人员的必要性及合法性；对于非必要的专业人员或工资过高等情况，管理人有权驳回债务人的申请。

（二）审计、评估、鉴定、诉讼代理等破产程序所需专业人员的聘请

对于该部分专业人员的聘请，部分地方法院已发布管理人选聘其他社会中介机构的工作指引。如重庆破产法庭、重庆市破产管理人协会联合发布的《关于管理人选聘其他社会中介机构的工作指引（试行）》（以下简称《选聘工作指引》）规定，管理人在必要情况下可委托其他具有相应资质的社会中介机构从事审计、评估、鉴定、重大诉讼代理等专业性较强的工作，辅助管理人履行职责。《选聘工作指引》还规定了选聘上述专业性机构的程序。

笔者认为，审计、评估、鉴定、重大诉讼代理等专业性较强的工作机构的选聘确应由管理人进行。

关于审计工作，由于涉及债务人破产受理前的经营状况，可能通过审计查明债务人于破产受理前存在损害债权人利益等不利于债务人的情况。若由债务人选聘审计机构，则有可能造成审计结果不准确、不客观，不能达到破产审计的目的。而由管理人组织选聘，则更为客观、公正，管理人也能更及时地了解到债务人破产受理前的经营状况，从而制订相关的工作计划。

关于评估工作，由于涉及对债务人现有资产的评估，作为进入破产和解程序的债务人，通常对于破产和解成功抱有极大的期望。若由债务人选聘评估机构，容易造成评估结果的不客观，而评估结果的不客观将直接导致和解协议不具有客观性，不利于和解协议的表决通过及后期执行。因此，由管理人选聘评估机构较为公正。

关于鉴定、重大诉讼代理等工作机构的选聘，由于该部分工作对于破产和解程序的进行极为重要，特别是在司法实践中存在部分债务人通过诉讼的方式逃避债务的情况，为防止上述情况的出现，维护全体债权人合法权益，由管理人选聘鉴定、重大诉讼代理等工作机构较为妥当。

同时，在上述机构的选定过程中，由于债务人对于经营状况最为了解，可由债务人参与以上机构的选聘过程，尽可能地选定最符合债务人自身情况的专业

机构。必要时,可通知债权人参与专业机构的选聘,保障选聘过程的公平性。

(三)专业人员的监督

选聘专业人员后,为保障专业人员积极、公正履职,笔者认为,应当设立一定的监督制度并约定在合同中,由法院、管理人、债权人委员会等履行监督的职责。当相关专业人员或机构未积极、公正履行或存在其他损害债务人、债权人利益的情况,管理人有权解除合同。

九、和解期间债务人财产与事务的自行管理

(一)债务人自行管理财产与事务的目标

和解期间债权人自行管理财产与经营业事务的基本目标有二,分别是"实现和解目标"和"实现偿债效率最高"。

1. 实现和解目标

预防债务人破产(包括破产宣告和破产清偿)是破产和解制度的基本目标。[①] 了结债权债务是债权人和债务人在选择破产和解制度时追求的首要目标。在破产和解期间,债务人不仅仅要考虑如何清偿债务,也要考虑如何分配和管理企业的财产和事务,其中就以"有助于恢复生产经营能力"为主要目标。从根本上来说,债权的实现依赖于企业的偿债能力,从这个角度来看,并不熟悉债务人财产与事务的破产管理人并不合适作为债务人财产和事务的管理者,其作为监管者或者在某些特殊情形下进行管理更符合破产和解制度的价值。

2. 实现偿债效率最高

了结债权债务关系是破产和解制度追求的首要目标。和解协议是破产和解制度的核心,而和解协议本质上是一种契约,体现了当事人特别是债权人的意志。[②] 在破产和解中,债权人希望按照自己的意志尽快获得清偿,债权债务关系尽快了结也是债务人选择破产和解的目的之一,所以在破产和解制度的构建和完善中,解决问题的"效率"应当作为重要考量因素。也基于此,有学者提出了简

---

① 参见陈鸣:《破产和解制度功能目标的探讨》,载《现代法学》1997年第4期。

② 参见张钦昱:《破产和解之殇——兼论我国破产和解制度的完善》,载《华东政法大学学报》2014年第1期。

易破产和解制度程序的建议。[①] 因此,和解期间债务人自行管理财产与事务的另一基本目标是"实现偿债效率最高"。虽然破产管理人具备较高的专业知识水平,但其毕竟未参与过企业的经营管理,对企业的情况并不是十分了解,而债务人更熟悉企业的业务和财务状况。由破产管理人对企业财务进行管理,这不仅对想尽快受偿、止损离场的债权人极为不利,也背离了破产和解制度快速了解债权债务关系的功能定位。破产管理人对债务人状况的不熟悉还可能导致其他的风险。因此,建议在破产和解期间引入了债务人自行管理的制度。

基于和解期间债权人自行管理财产与事务的两大目标,和解期间债务人财产与事务自行管理应当以债务人自行管理为原则,破产管理人管理为例外。我国《企业破产法》规定,债务人可在重整期间申请自行管理财产和经营事务,但需要经过人民法院批准,并且需要在管理人的监督下管理。基于破产重整程序成本高、耗时长的特点,当事人选择破产和解程序的目的之一是为了快速了结债权债务关系,从尊重当事人意思自治原则的角度来看,破产和解程序应当以债务人自行管理为原则,破产管理人管理为例外。但此处的例外不应仅包括债权人或债务人向法院申请时,法院被动批准破产管理人管理,还应包括债务人存在恶意侵害债权人利益行为时法院主动指令破产管理人管理。

(二)债务人自行管理财产与事务的原则

债务人在破产和解期间自行管理财产和事务需要遵循合法性原则、目的性原则和效益性原则。首先,破产制度涉及多方主体利益,破产和解制度作为破产制度之一,依法管理是应有之义;其次,法律具有抽象性,法律无法对债务人自行管理制度的相关事务一一规定,因此,债务人在处理具体事项时要秉持合目的性原则;最后,企业作为商事主体,追求利益最大化是其永恒的话题,债务人在自行管理的过程中也需要贯彻效益性原则,在提高债务清偿效益的同时也要注意稳定企业自身的经济效益。

1. 合法性原则

企业破产是为了维护债权人和债务人的合法利益而终止企业的一种法律行

---

① 参见张钦昱:《破产和解之殇——兼论我国破产和解制度的完善》,载《华东政法大学学报》2014 年第 1 期。

为。破产和解制度与破产重整制度、破产清算制度并列为企业破产法律制度中的三大支柱性制度。[①] 破产和解涉及多方当事人利益,应当依法进行。因此,只有在法律明文规定破产和解制度引入债务人自行管理制度后,债务人才有权在破产和解程序中自我管理财产与营业事务。建议在《企业破产法》的修改中,新增和解期间债务人的自行管理,并明确规定破产和解程序中以债权人自行管理为原则,仅在债权人和债务人申请或者债务人存在恶意侵害债权人利益行为时采用管理人管理的方法。值得注意的是,合法性原则的"法"不是特指《企业破产法》,在管理的过程中不仅要受《企业破产法》的约束,也要严格按照《民法典》《公司法》等相关法律法规进行财务管理工作。

2. 目的性原则

企业财产与事务的管理是一项系统繁杂的工作,法律法规无法事无巨细地进行规定。企业作为合同自治体,法律也不可能对企业内部管理事项进行过多强制干预。因此,在财产与事务自行管理过程中,遇到法律法规或章程等没有规定的事务,债务人要秉持符合管理目的的原则,将财务管理的两大基本目标(实现和解目标、实现偿债效率最高)贯彻到管理工作的全过程中。在具体管理工作中,要结合工作内容的具体目标进行有针对性的财务管理。

3. 效益性原则

效益性原则主要包括两个方面:一是提高清偿效益。债务人在破产和解过程中,应当努力争取财产的变现价值,同时提高债权受偿比例,节约破产费用,提高清算效益。二是稳定经济效益。在破产和解中,债务人自行管理财务时,应当以达成和解协议为目标,但也不能懈怠自身业务,仍要维持企业经营,甚至努力提高业绩,增收节支,提高经济利益,尤其是要把握货币收入与偿债支出的配比关系,以免使企业陷入无法正常运转的局面。

(三)债务人财务自行管理的内容

在破产和解期间,债务人的生产经营活动并未终止,其资金运转及财务管理与正常企业相似。但由于有和解协议的约束,债务人的财务活动需要接受债权

---

① 参见邹杨、丁玉海:《破产和解制度的反思:价值、规范与实践的统一》,载《海南大学学报(人文社会学科版)》2013 年第 6 期。

人会议、监察部门、法院等相关部门的监督，因此在债务管理方面具有其独特的内容，主要包括：企业的正常经营接受管理人、债权人的合法监督，回答债权人会议的询问，向债权人会议提供必要的会议记录和财务报告，接受债权人会议和审计部门的审计监督。①

十、和解企业的信用修复

（一）和解企业信用修复的必要性与合理性

随着我国社会主义市场经济体制的深化改革，经济的发展已然从高速增长转变为高质量发展，优化营商环境也成了如今发展经济的重要步骤。市场经济和营商环境的优化都必须通过“信息交换”和“信用维护”达成稳定和谐的市场经济的运作。② 失信的企业在市场经济中寸步难行，失信于客户，企业将失去财富；失信于政府，企业将失去自由；失信于市场，企业将失去合作。

企业在进入破产程序前涉及大量信用缺陷问题，因此在企业进入破产程序后，如何进行信用修复，对企业来说是重新获得市场并涅槃重生的重要问题，也是国家和政府优化营商环境落实到市场主体的重要步骤。

目前，无论是学术界还是实践中，对企业破产重整期间的信用修复机制讨论得都比较多，而关注破产和解中企业信用修复机制的较少。破产和解是债务人和债权人在相互谅解的基础上，由债务人提起的和解申请的同时提出和解协议草案，通过债务人和债权人自愿协商从而达成解决债权债务的合意。和解、重整、清算制度为企业破产法律制度中的三大制度。从破产法的发展历史来看，破产和解的制度早于破产重整制度。③ 破产和解制度是早期的破产预防制度，相比破产重整而言，它更强调债权人与债务人之间的所达成的统一意志。破产和解制度可以采取的措施也较为单一，主要依靠债权人的让步和债权人债务人所达成的合意，从而给债务人以喘息的机会。所以也有观点认为，破产和解制度只能消极地避免债务人宣告破产，而不能胜任积极拯救企业的角色。破产和解相较破产重整而言，有着无法避免的“治标不治本”的缺点，因此，破产和解更应该注

① 参见栾甫贵：《论企业破产财务管理的理论结构》，载《中国农业会计》1996 年第 10 期。
② 参见季奎明：《组织法视角下的商事信托法律问题研究》，法律出版社 2014 年版，序第 1 页。
③ 参见余艺：《论企业破产和解与重整制度》，载《商场现代化》2006 年第 36 期。

重企业的信用修复,否则破产和解企业在和解后很可能因信用问题在市场举步维艰,甚至再一次陷入破产的窘境。与破产重整不同的是,通过和解解决债权债务关系对债务人的名誉是有利的,且更有利于维护债权人和债务人之间的关系。但这种优点仅停留在表面,如果转化为对企业实质上有利就必须要消除企业的信用“污点”。这就需要建立和解企业信用修复机制,明确破产和解企业信用恢复的具体内容和具体步骤,从法律上优化破产和解制度,保障破产和解企业的信用修复。

(二)和解企业信用修复的主要内容

1. 银行信用修复

银行信用修复主要涉及信贷信用恢复。对和解协议执行完毕的债务人来说,移除失信名单才能打通和解企业的贷款融资渠道,顺利承办业务,展开正常经营。若在和解协议执行完毕后,对和解企业的贷款信用评价结果仍以破产和解前的情况为主,会为其后续的投资人的贷款融资和重新开展经营形成困境,这显然对和解期间的企业显失公平,也不利于形成以“和”终止破产程序的风气。特别是对于房地产开发企业,若银行信用无法恢复,该企业的购房户想办理按揭贷款会受到阻碍。由于按揭贷款买房是我国目前大多数公民选择的购房模式,购房户难以办理按揭将对房地产开发企业的后续经营造成巨大阻碍,即使在和解之后,也会进一步加剧该企业重新走向破产。

2. 税务信用修复

通常在债务人进入破产程序时,因财务危机大多数的破产企业在税务系统中为非正常户。如果在税务系统中不能解除异常户,破产和解企业无法正常保税、无法办理开票等问题。“信用中国”网站提供行政处罚信用修复,企业须提供完成行政处罚的证明。但行政罚款在破产程序中为劣后债权,一般情况下无论是破产重整企业还是破产和解企业都无法及时缴纳。税务信用如何恢复在法律和行政法规的规定中仍与实际需求存在一定差距。具备良好的税务信用是企业在破产和解后继续发展的关键要素,而破产和解企业往往存在不同程度上的税务欠款与信用缺陷问题。破产和解协议执行完毕后,企业已经发生变化,但所涉及的欠税信息仍将会被记录于税务系统之中,且会对纳税信用级别、工商信息等变更事项持续产生影响。若企业在先的信用评级为 D 级,在和解协议执行完毕后,将仍然面临不能恢复A级的困境。更糟糕的是,在引进投资人需要办理税务登记变更手续、变更法定代表人等企业直接责任人员时,税务部门可能会以其处于信用黑名单为由拒绝变更。

3. 社保信用修复

破产和解企业必然会涉及继续营业和继续聘用职工。为持续营业和稳定职工,破产和解企业社会保险信用的修复不能忽视。在和解期间,企业若不能及时偿还社会保险债权,社会保险费征收机构可以申请县级以上有关行政部门划拨社会保险费。而破产和解企业仍需要一定时间进行资金的流转。破产和解企业如何正常地缴纳和解协议执行过程中的社会保险费用,目前也无明文规定。在和解协议执行完毕后,企业根据人民法院的信用修复通知进行信用修复,能够进一步保障破产和解企业在和解协议执行完毕之后的正常运营。

4. 市场监督修复

破产和解企业往往对外欠下较多债务,其中可能包括税务和社会保险。在破产和解中,为达成和解协议,企业的工商信息可能会发生变更,如出资人权益调整、经营范围变化、法人高级管理人员变化等。但因为企业欠税等各种原因,无法办理工商变更,实际办理工商登记时困难重重。

5. 司法信用修复

司法信用修复包括法院、检察院等司法系统的信用修复,其中法院信用修复为最主要部分。最高人民法院设立的“中国执行信息公开网”是目前用以查询企业司法信用惩戒情况的最直接途径,若司法信用惩戒一直未予解除,则此网站将持续公开该惩戒情况,对和解企业的不良影响将会持续存在。企业可能因涉执行案件,被法院纳入被执行人、失信及限制消费名单,但破产和解了结的债权债务关系可能会间接解决某些执行案件,这种情况应将破产和解企业从失信名单中移除。

6. 其他特殊信用修复

上述五类信用修复系和解企业共同存在的问题,但实务中一些特殊行业还可能涉及其他特别的信用修复问题。例如,食品类企业可能会涉及食药部门的信用惩戒,房地产企业可能会涉及国土部门的信用惩戒。由于这些企业本身经营范围的专业性,针对专业出发的个性处罚往往更令这些企业的信用恢复更棘手,并且由于几乎没有明确的破产企业信用修复规定,相关的破产和解企业在寻求特殊类型的信用修复时无法可依。

(三)和解企业信用修复的制度构建

在市场经济中,信用建立与形成最直接的手段莫过于建立失信惩戒机制。[①]目前,我国的失信惩戒机制日益完善,涉及部门多、范围广、内容深,信用信息的收集与使用不仅涉及市场中的各类市场主体,还涉及法院、检察院、税务、公安、市场监管等部门。

我国现行法律关于破产和解企业的信用修复存在空白区域。只有3个现行指导性政策文件涉及信用恢复:(1)2016年5月国务院出台的《关于建立完善守信联合激励和失信联合惩戒制度加快推进社会诚信建设的指导建议》(国发〔2016〕33号)。该建议中明确提出要建立健全信用修复机制。(2)2017年11月30日国家发展和改革委员会、中国人民银行联合发布《关于加强和规范守信联合激励和失信联合惩戒对象名单管理工作的指导意见》(发改财金规〔2017〕1798号),在第6项中明确提出了要构建自主自新的信用修复机制,并提出鼓励和支持自主修复信用、规范信用的修复流程。(3)2018年最高人民法院发布《破产审判会议纪要》提出,人民法院要通过加强与政府的沟通协调,帮助重整企业修复信用记录,依法获取税收优惠,以利于重整企业恢复正常生产经营。虽然相关的政策性文件给予了阶段性立法探索的方向,但我国的具体信用修复制度并未建立,现就和解企业信用修复的制度构建主要有以下几点建议和讨论。

1. 立法新增和解企业信用修复条款

在我国目前的制度环境下,建议构建企业信用修复制度。2021年,国家发展和改革委员会发布了《信用修复管理办法(试行)(征求意见稿)》,就信用修复管理办法向社会公开广泛征求意见,但该办法还未正式发布且并未生效。因此,我国现行法律法规中仍没有关于信用修复的专门规定。基于优化营商环境的大背景下,应以《企业破产法》的修改为契机,引入"和解企业信用修复"条款,为我国构建企业信用修复制度奠定基础。

2. 推动法院提供相应司法支持与保障

破产和解企业的信用修复需要社会各界的协同努力。在破产和解程序中,

---

① 参见南单婵:《破产重整企业信用修复研究》,载《上海金融》2016年第4期。

法院有权依法裁定终止破产和解程序,而破产和解协议也由法院裁定认可,可见法院具有重要的作用。因此,法院也要依法积极推动破产和解企业的修复信用工作。首先,人民法院除了及时将和解企业从失信被执行人名单中删除外,还应当在裁定认可和解协议时告知企业信用修复的相关事项,如申请信用修复的时间、方式等。其次,对于有关部门不予修复的情形,法院应当提供有力的司法保障。例如,债务人可申请人民法院向相应部门发出信用修复通知,有关部门接到人民法院的信用修复通知后,有义务对债务人采取移出经营异常名录、恢复营业执照等措施,以恢复和解企业的信用。

3. 府院联动推进和解企业的信用修复

破产和解企业信用缺陷往往涉及多领域,除常见的银行、税务、司法等部门外,还涉及其他方面。这些失信信息分散在各个部门和机关,若要求债务人逐一申请修复往往耗费当事人大量时间与精力,这对刚刚经历破产和解的企业是极为不便的,在实际操作中也会困难重重。就破产和解的企业而言,作为债务人的企业可以在和解协议执行完毕后,凭人民法院的裁定向有关部门发起信用修复的申请,争取解决破产和解企业在和解期间自行运行过程中受困于信用缺陷的困扰。

4. 对相关规定的讨论

现拟新增条款“和解协议执行完毕后,债务人凭人民法院裁定向有关部门申请修复信用”。从该条款来看,申请信用修复的时间节点为“和解协议执行完毕后”。根据破产和解企业的实际情况,信用修复涉及银行、税务、社会保障、市场监督等多个部门,而企业破产和解的重要先决条件是企业的盈利,这必然涉及企业财产和事务的自行管理,从而确保企业从持续性营业中获得利润。在破产和解程序中,债务人和债权人的和解协议一旦达成,就需要由债务人自己去恢复经营,想方设法按照和解协议偿还各种债务。若不能及时地解决信用修复的相关问题,破产和解企业在人民法院裁定和解并批准和解协议后,仍有很大可能因为信用问题举步维艰,甚至再一次陷入破产的窘境。因此,若将信用修复的时间提前到人民法院裁定破产和解并批准和解协议后,允许债务人凭人民法院裁定向有关部门申请修复信用,在我国社会不断优化营商环境的大环境下,能够给予破产和解企业十分的信任和帮助,让其尽快步入正轨。但随之也带来一些风险,破产重整和破产和解在现行《企业破产法》中的效力并不一样,第 96 条规定,对债务人的特定财产享有担保权的权利人,自人民法院裁定和解之日起可以行使权利。从这条来看,担保物权人的权利在破产和解中是得到了极大的保障。而在破产重整中,只要依法进入了重整程序,其效力是涉及所有债权人的。在不对96条进行修改的前提下,破产和解的信用修复的时间点若提前到裁定和解协议执行时,便会存在一定的风险。因为在这种情况下,无法预计担保物权人的具体动向。特别是企业破产和解需要担保财产为企业持续性经营提供相关条件时,将信用恢复的时间节点设置到裁定和解协议执行时便会存在随意性和风险性。破产和解和破产重整企业虽然都涉及信用恢复,二者也都是陷入危机的企业通过法律手段获得新生的手段,但这两者在法律上的效力并不相同,因此两者的信用恢复在法律上能否整合也需要多方面考虑。

专题八：破产清算制度完善*

一、引　言

《企业破产法》自2006年颁布至今已有16年，随着社会经济的发展变化，法律规定的部分内容已经不能充分满足现实需求，正基于此，第十三届全国人大常委会将《企业破产法》的修订列入立法工作计划。

在过往的破产实践中，破产清算程序发挥着重要的作用。然而，存在的诸多不足导致破产程序未能发挥预期的功能。许多企业对破产心存顾虑，担心暴露经营过程中的不规范问题被追究责任，即便已经陷入资不抵债无法清偿全部债务的情形，企业宁愿选择“直接跑路”，被行政注销、吊销，也不愿意主动申请破产。2020年，全国企业注销数量289.9万户，其中因破产原因注销的企业3908户，占比仅约1‰。① 有担保的债权人纷纷“先下手为强”，直接对债务人仅有的剩余财产申请财产保全或强制执行；而无担保的普通债权人考虑通过破产程序尤

---

* 作者简介：汪青松，西南政法大学民商法学院教授，博士生导师；胡彬，重庆破产法庭法官助理。

① 参见王东明《全国人民代表大会常务委员会执法检查组关于检查〈中华人民共和国企业破产法〉实施情况的报告——2021年8月18日在第十三届全国人民代表大会常务委员会第三十次会议上》，载中国人大网，http://www.npc.gov.cn/npc/kgfb/202108/0cf4f41b72fe4ddeb3d536dfe3103eb3.shtml。

其是破产清算程序所获的清偿比例极低,也消极对待,不愿意通过破产程序实现自己的权利。

如果说破产重整是让企业“起死回生”,那么破产清算便是直接让企业“走向死亡”,并非每一个企业都有重整的机会。通过北大法宝司法案例库进行检索,申请破产清算的裁判文书有38,721个,申请破产重整的只有1731个,申请破产和解的只有113个。2013年《公司法》取消最低注册资本的规定让公司的设立更加便捷,但不可忽视的是注册资本较低的小微企业风险承受能力也相对较低。根据国家统计局发布的第四次全国经济普查的数据,截至2018年年末,我国共有小微企业法人单位约1796.1万家,约占全部规模企业法人单位的98.5%。[①] 而从存活周期看,“中国小微企业的平均存活周期4.13年,其中存活时间小于3年的小微企业占比接近50%,近一半小微企业没有存活过一轮经济周期,抵御风险能力较弱”。[②] 相比于需要通过招商引资获得再生机会的重整程序,破产清算程序可能是更多企业的选择。加之当前很多主体对破产程序存在误解,简单地将破产直接等同于破产清算,从而不愿意选择破产,足以证明在实践之中,破产清算程序亟待完善,对破产清算程序的完善更显得重要。

破产清算程序主要通过破产财产的顺位分配实现全体债权人的公平受偿。破产财产的分配实际上是一种零和博弈,债务人的破产财产成了各类债权人的“公共鱼塘”,一方获得更多的清偿意味着另一方的所得将会减少。基于物权的优先效力,担保物权人可以对债务人的特定财产优先受偿,企业的优质资产大多都被设定了抵押。出于对劳动者这一弱势群体的倾斜保护,职工债权是第一清偿顺位。考虑社会公共利益,欠缴的税款和欠缴的社会保险费用也具有优先清偿性。有的企业进入破产程序不及时,可供用于清偿的资源被大量消耗,最后只剩下“孤立无援”的普通债权人。根据部分法院发布的破产审判情况分析报告,在上海市,债权总额中占比最高的普通债权清偿率最低,平均清偿率仅有13.97%;[③]在重庆,

---

① 参见第四次经济普查数据,载国家统计局官网,http://www.stats.gov.cn/tjsj/pcsj/jjpc/4jp/zk/indexch.htm。

② 参见任泽平:《2021中国中小微企业经营现状研究》,载微信公众号“金融科技一线观察”2022年1月4日。

③ 参见《上海法院|破产案件情况大数据深度分析报告重磅推出》,载搜狐网2019年4月11日,https://www.sohu.com/a/307446595_100015913。

普通债权的平均清偿率仅有 5.72%。[①] 此种清偿顺序的安排看上去体现了实质正义的要求,每一种优先权的安排都有其合理性和必要性,但这些优先权的安排一方面忽略了对其充分性的讨论,即在宏观上欠缺对破产法宗旨的衡量,在微观上缺乏与其后位债权相比较;[②]另一方面,优先权本身的安排也还有完善空间。因此,本文将聚焦当前破产清算程序中财产分配制度的不足并提出完善建议,以实现全体债权人的公平受偿,真正实现实质公平。

二、破产财产分配制度的不足

(一)别除权暂停行使规则的缺失

在破产程序中,为了实现债务人责任财产的最大化,提高破产清偿率,法律规定限制担保物权人对的权利行使。我国《企业破产法》第 75 条规定在重整期间,对债务人的特定财产享有的担保权暂停行使。第 96 条规定自人民法院裁定和解之日起,享有担保权的债权人可以行使权利。但是在破产清算程序中,法律对于担保物权是否暂停行使并没有作出明确的规定。

《企业破产法》第 19 条规定了破产申请受理后执行程序应当中止。但 2017 年由最高人民法院民事审判第二庭编著的《关于企业破产法司法解释理解与适用》表明,即便是在破产申请受理前别除权人就担保物提起的执行程序,也不受中止效力的影响。[③] 2018 年 3 月最高人民法院印发的《破产审判会议纪要》第 25 条针对担保权人权利的行使与限制规定:“在破产清算和破产和解程序中,对债务人特定财产享有担保权的债权人可以随时向管理人主张就该特定财产变价处置行使优先受偿权,管理人应及时变价处置,不得以须经债权人会议决议等为由拒绝。但因单独处置担保财产会降低其他破产财产的价值而应整体处置的除外。”这似乎表明我国法院对破产清算程序中的担保物权人的权利行使予以极大

---

① 参见重庆市第五中级人民法院:《重庆破产法庭破产审判白皮书(2021 年)》,载重庆市第五中级人民法院网 2022 年 3 月 24 日,http://cq5zy. cqfygzfw. gov. cn/article/detail/2022/03/id/6596533. shtml。

② 参见钟健生:《破产程序中的优先权:冲突解决与体系建构》,载《西南民族大学学报(人文社科版)》2018 年第 5 期。

③ 参见最高人民法院民事审判第二庭编著:《最高人民法院关于企业破产法司法解释理解与适用》,人民法院出版社 2017 年版,第 152 页。

的保护，但该条在实践中并没有得到贯彻统一。单独处置将降低破产财产整体价值是非常主观的判断，缺乏具体的标准，“等”的兜底性表述也使条文的适用更具模糊性，实践中管理人还可能以案件可能转入重整程序，现在暂时不宜拍卖、变卖为由阻碍债权人行使别除权。① 当别除权暂时不能行使时，债权人在向人民法院寻求救济时也可能受到挫折。

在“中朋瑞生(沈阳)房地产开发有限公司、辽宁三利房地产实业有限公司别除权纠纷民事案”②中，中朋公司提出上诉请求排除破产管理人及破产庭设置的行权障碍。一审法院对于中朋公司就抵押财产行使别除权的主张认为：“因《破产法》第109条有关别除权的规定置于该法第十章‘破产清算’的第一节‘破产宣告’的相关规定中，并且规定在破产宣告程序之后，加之该条款中规定行使别除权的标的为‘破产人的特定财产’，而该法第107条第2款又规定‘债务人被宣告破产后，债务人称为破产人，债务人财产称为破产财产，人民法院受理破产申请时对债务人享有的债权称为破产债权。’《破产审判会议纪要》25条的规定进一步明确了担保权人向管理人主张行使别除权的时间节点为破产清算和破产和解程序中。由此可见，债权人行使别除权的时间节点应系在债务人被宣告破产，破产清算程序实质性开始之后。”依照一审法院的理解，即便一开始相关主体申请的就是破产清算，担保权人的权利从破产申请受理之时，直到正式进入实质性破产清算程序之间都是暂停行使的。二审法院针对中朋公司是否有权直接行使优先受偿权这一问题则以“本院注意到中朋公司的债权确认等程序尚未完毕，如优先债权数额等事实也有争议，故中朋公司的权利应当在破产法框架内行使，本案不宜实体处理”为由未实体处理。

由于我国有关别除权是否要暂停行使，暂停行使的条件、范围、时间以及暂停行使后对别除权人的合理救济等相关规定的缺乏，管理人基于其中立性的特征从全体债权人利益最大化的角度出发，在履职的过程中可能采取更加谨慎的态度，更倾向于别除权的暂停行使。如果担保权人在破产管理人对债务人的整体债务情况了解还不够充分时过早行使权利，就特定财产拍卖的价款进行受偿，可能会影响后期对破产财产整体价值的判断。即便主观上其他债权人有转入重

① 参见吴华彦、任兵：《债权人破产别除权的行使规则及实操要点》，载微信公众号“金诚同达”，2020年11月18日。

② 参见辽宁省沈阳市中级人民法院民事裁定书，(2021)辽01民终13120。

整或和解程序的意愿,在客观上破产财产整体价值也不允许,这样将会有损其他债权人的利益,有违全体债权人公平受偿之宗旨。而是否重整并不能给别除权人带来更多的利益,甚至有可能延缓其获得清偿的时间,别除权人通常期望自己的债权尽快实现,别除权的暂停行使则意味着自己遇到了行权障碍且得不到妥善解决。全体债权人之间产生误会,不利于破产清算程序的有力推进,因此更需要解决别除权的暂停行使问题,公平平衡各方利益。①

(二)税收债权清偿顺位的矛盾

税收债权具有公益性,税收是国家的重要收入来源之一,依法纳税本是每个企业的义务,在破产程序中对税收债权予以优先考量具有其合理性。但在税收债权的实现过程中,涉及税收与债权的平衡,不可避免地会与其他债权人或法律发生联系,矛盾也由此产生。②

1. 税收债权与担保物权的矛盾

《中华人民共和国税收征收管理法》(以下简称《税收征收管理法》)第 45 条第 1 款规定:"税收机关征收税款,税收优先于无担保债权,法律另有规定的除外;纳税人欠缴的税款发生在纳税人以其财产设定抵押、质押或者纳税人的财产被留置之前的,税收应当优先于抵押权、质权、留置权执行。"而《企业破产法》第 109 条规定了享有担保权人的优先受偿权,可以优先于第 113 条规定的破产债权行使,税收债权的清偿顺位优先于普通债权,劣后于职工债权。《企业破产法》和《税收征收管理法》属于同一位阶,这也就导致在适用上容易产生混乱,影响破产制度功能的发挥。

在"景德镇农村商业银行股份有限公司与江西佳森机械有限公司别除权纠纷一案"中,法官从特别法和一般法的角度对上述问题进行阐述。法官认为,从立法本意来看,税收优先权在企业破产清算程序中应当适用《企业破产法》第 109 条和第 113 条的规定。根据《中华人民共和国立法法》第 92 条,同一机关制定的法律,特别规定与一般规定不一致的,适用特别规定。从《税收征收管理法》第 2 条可看出,其调整的是全体纳税人的税收征收管理事项,第 45 条对税收债权

---

① 参见王欣新:《论破产程序中担保债权的行使与保障》,载《中国政法大学学报》2017 年第 3 期。

② 参见范志勇:《论企业破产与税收征管程序的调适》,载《河北法学》2018 年第 9 期。

与抵押担保债权的清偿顺序问题作出的规定,涵盖了正常经营企业和破产企业。而《企业破产法》第109条和第113条调整的仅是企业破产情形下税收债权与有担保债权的清偿顺序问题。因此,可以认为《税收征收管理法》第45条属于一般规定,而《企业破产法》第109条和第113条属于特别规定,故在破产中依旧是有担保的债权优先于税收债权。但"税务机关可能主张《税收征收管理法》为特别法,认为该法是对破产程序中税收这一特殊问题的规范"。[①]

如果认为税收债权可以优先于别除权行使,那么该种权利不仅在清偿顺序上更是在清偿范围上优先于有担保的债权。别除权只能针对债务人的特定财产优先受偿,而税收债权则是可以针对债务人的一般财产进行优先受偿,不利于全体债权人公平受偿的理念,同时还违背了物权优于债权的理论。[②] 无论在实务中如何适用,都无法回避法律依据冲突这一问题。并且从立法价值层面来看,该种冲突实际上是忽视了对私人利益的保护。[③]

2. 欠税滞纳金与其他滞纳金清偿顺位的矛盾

我国《企业破产法》对税收优先权只是较为笼统地使用了"破产人所欠税款"这样的表述。2020年3月1日起施行的《国家税务总局关于税收征管若干事项的公告》中明确了税务机关在进行债权申报时,只有税款本金可以作为税收优先债权进行申报,滞纳金仅作为普通债权进行申报,为法院和管理人对破产税收债权范围的认定提供了标准。

同样是滞纳金,在实务审判中,一些法院根据《破产审判会议纪要》第25条确定的原则,将在破产申请受理之前因债务人欠缴款项产生的滞纳金,包括债务人未履行生效法律文书应当加倍支付的迟延利息和劳动保险金的滞纳金认定为劣后债权,按第113条规定的清偿顺序清偿完毕仍有剩余后才可予以清偿。[④] 税收滞纳金可以作为普通债权进行清偿,而其他滞纳金只能作为劣后债权进行清

① 参见唐媛媛、王虹:《破产清算程序中的税收债权问题——基于破产法与税法的冲突》,载《税务与经济》2020年第4期。

② 参见蒋辉宇:《破产清算程序中税收债权受偿顺位的重构》,载《税务研究》2017年第11期。

③ 参见周宇、李晖:《破产程序中税收债权与担保物权的冲突与弥合——一个法律解释的方法》,载《税务研究》2021年第3期。

④ 参见贵州省贵阳市中级人民法院民事判决书,(2021)黔01民初81号;湖南省湘潭市中级人民法院民事判决书,(2021)湘03民初30号;山东省威海市中级人民法院民事判决书,(2021)鲁10民终2686号;新疆维吾尔自治区高级人民法院伊犁哈萨克自治州分院民事判决书,(2021)新40民初134号;江苏省南通市中级人民法院民事判决书,(2021)苏06民终221号。

偿。因欠缴劳动保险金产生的滞纳金也具有公法债权属性,由社会保障机关进行申报,为何不能同税收滞纳金一样取得普通债权的清偿顺位?

《税收征收管理法》并没有对欠税滞纳金是否能够超过本金作出规定。在《中华人民共和国行政强制法》第45条中能够找到对滞纳金最高额的规定,但此处的滞纳金作为一种行政强制方式与欠税滞纳金本质上并不相同,欠税滞纳金的征收反而需要行政强制措施的保障。这也意味着欠税滞纳金的数额可能超过所欠税款本金。这将进一步降低其他普通债权的受偿比例,挤压普通债权人获得清偿的空间,对普通债权人并不公平。

(三)法律层面"劣后债权"的制度空白

所谓"劣后债权"是指"根据当事人约定或法律规定,在分配顺位上居于普通债权之后,只有在破产财产清偿普通债权后仍有剩余时才能获得清偿的债权,而无论其是否附有财产担保。在英美法系上称为'次级债权',大陆法系中多称为'劣后债权'或'居后债权'"。[①] 劣后债权一般包括了罚款、罚金、滞纳金、破产程序开始后的利息等。我国现行《企业破产法》对破产债权实行优先债权与普通债权的二元划分,并没有规定劣后债权,仅在《破产审判会议纪要》第28条对劣后债权作出了初步规定。由于立法层面没有劣后债权的规定,加之普通债权的相关规定也不具体,导致在实践中可能出现将本应进行劣后清偿的债权归入普通债权,有违实质公平的原则。但是如果将该部分债权作为劣后债权进行单独清偿,又缺乏明确的法律依据,有违法治精神。[②]

最高人民法院《关于审理企业破产案件若干问题的规定》第55条列举了典型的破产债权;第61条则明确规定了不属于破产债权的情形,其中第1项明确将"行政、司法机关对破产企业的罚款、罚金以及其他有关费用"排除在破产债权的范围之内;而第2项则是规定人民法院受理破产案件后债务人未支付应付款项的滞纳金,包括债务人未执行生效法律文书应当加倍支付的迟延利息和劳动保险金的滞纳金不作为破产债权。《破产审判会议纪要》第28条却规定了惩罚性

① 参见徐振增、官艳艳:《破产法设置劣后债权的问题研究》,载《广西民族大学学报(哲学社会科学版)》2015年第2期。

② 参见于新循、彭旭林:《论我国破产债权例外制度——基于劣后债权的制度构建视角》,载《四川师范大学学报(社会科学版)》2015年第3期。

债权，造成司法实践中对于惩罚性债权的认定没有达成一致的意见。笔者通过北大法宝进行案例检索发现，有的法院支持劣后债权，而有的法院则不支持。部分不支持的法院认为惩罚性债权不属于破产债权，但并未说明理由，裁判文书中仅用了"显然，民事惩罚性赔偿金并非破产债权范围，而属劣后于普通破产债权进行清偿的其他债权"[①]或"未履行生效判决而计算的迟延履行利息，其性质属于民事惩罚性赔偿，不属于破产债权"[②]这样的表述。

之所以不支持劣后债权，法院的理由通常是如果将具有惩罚性的债权予以认定，实际上是把惩罚措施转嫁给了其他债权人，有违破产程序的公平受偿。然而也正是出于公平受偿的考虑，部分法院认为惩罚性债权应当劣后于普通债权进行清偿。[③] 如果按照司法解释的观点，民事惩罚性赔偿、行政罚款、刑事罚款等不得作为破产债权，不属于破产财产，亦不是破产费用和共益债务，那人民法院支持债权人的依据值得进一步思考。

（四）职工债权优先范围的扩大

企业出现破产原因前的一段时间可能已经陷入了生产经营上的困难，与企业相比，劳动者作为弱势群体其合法权益更易受到侵害。部分企业拖欠职工工资，欠缴社会保险费用，职工为了保障自己能够拿到薪水不得不选择一时忍耐，企图通过破产程序获得清偿。如果职工的权益得不到妥善解决，一方面会影响劳动者的基本生存，这与人权的实现息息相关；另一方面可能影响整个社会的稳定。于是《企业破产法》出于对弱势群体倾斜保护以实现实质公平的原则以及破产法社会本位的考量，对职工的债权进行优先保护，在优先清偿破产费用和共益债务后将职工债权列为第一清偿顺位。在破产程序中，任何权利的优先保障都会影响到其他类型的债权人，因此在优先受偿范围的扩张上尤其需要慎重考虑。

---

① 参见广东省广州市中级人民法院民事判决书，(2021)粤01民终4742号；云南省普洱市中级人民法院民事判决书，(2021)云08民初277号；广东省广州市中级人民法院民事判决书，(2020)粤01民终12405号。

② 参见四川省绵阳市中级人民法院民事判决书，(2020)川07民终2002号。

③ 参见贵州省遵义市中级人民法院民事判决书，(2021)黔03民终2277号；广东省广州市中级人民法院民事判决书，(2021)粤01民终25309号；新疆维吾尔自治区巴音郭楞蒙古自治州中级人民法院民事判决书，(2021)新28民初39号；陕西省西安市中级人民法院民事判决书，(2020)陕01民初6号。

根据《企业破产法》第113条，职工债权的范围包括“破产人所欠职工的工资和医疗、伤残补助、抚恤费用，所欠的应当划入职工个人账户的基本养老保险、基本医疗保险费用，以及法律、行政法规规定应当支付给职工的补偿金”。《破产审判会议纪要》第27条将职工债权的范围进一步扩大，将债务人欠缴的住房公积金也按照职工工资性质进行清偿。国家统计局发布的《关于工资总额组成的规定》第4条规定了工资的组成，第11条规定有关劳动保险和职工福利方面的各项费用不列入工资总额的范围。《国家税务总局关于企业工资薪金及职工福利费扣除问题的通知》中明确了公积金属于职工福利，即不应属于工资的范畴。

除了规范体系上的矛盾，将公积金纳入职工债权还面临其他问题。一方面，许多民营企业由于运营地不规范可能从未为职工缴纳公积金，如果全部补缴则可能严重影响到其他债权人的清偿利益；另一方面，该规定在执行上可能会遇到一些实际困难，尤其是程序上的问题可能导致规范的实施效果不佳，达不到法律规范意欲实现的目的。① 在司法裁判中，部分法院将公司应当为职工缴存而未缴存的公积金视为拖欠的职工工资纳入职工债权，支持债权人的主张。② 然而，更多的法院则以根据《中华人民共和国住房公积金管理条例》第37条和第38条、《中华人民共和国劳动争议调解仲裁法》第2条等规定认为劳动者与用人单位因住房公积金发生争议，应由住房公积金管理中心负责处理，不属于人民法院的受案范围，法院不予受理，债权人须向劳动行政部门申请解决。③ 上海市高级人民法院和上海市住房和城乡建设管理委员会联合发布的《关于破产程序中规范处置住房公积金债权的会商纪要》中明确了公积金中心不作为申报主体，而是由管理人负责调查核实并进行公示。要求债权人向劳动行政部门申请解决，由于实施效果不佳，劳动者权益难以通过该途径获得有效的保障。

总的来说，对职工债权的保护本是分配正义的体现，但在破产程序中其优先

---

① 参见王欣新：《〈全国法院破产审判工作会议纪要〉要点解读》，载《法治研究》2019年第5期。

② 参见吉林省高级人民法院民事判决书，(2020)吉民终195号；贵州省高级人民法院民事判决书，(2020)黔民终551号；安徽省六安市中级人民法院民事判决书，(2015)六民二终字第00330号；安徽省六安市中级人民法院民事判决书，(2015)六民二终字第00335号。

③ 参见北京市通州区人民法院民事判决书，(2017)京0112民初25664号；江苏省镇江市经济开发区人民法院民事判决书，(2019)苏1191民初2074号；辽宁省沈阳经济技术开发区人民法院民事裁定书，(2019)辽0191民初4785号；湖北省武汉市中级人民法院民事判决书，(2020)鄂01民初155～157号；山东省淄博市中级人民法院民事判决书，(2020)鲁03民终959号；安徽省六安市中级人民法院民事判决书，(2019)皖15民终1258号。

性存在缺陷,忽视其他市场参与主体利益的过度保护方式可能会干涉市场在资源配置中的作用。并且在漫长的破产审理程序中,对职工而言,该优先性更像是杯水车薪。① 既然该规定在规范体系上存在矛盾,发生争议时在实践中也并不能很好起到保护劳动者的作用,同时还会影响普通债权人的受偿机会,该规定仍有进一步完善的空间。

三、规范破产清算财产分配制度的必要性论证

(一)实现破产财产价值的最大化

在破产清算程序中,由于债务人已经具备了破产原因,企业难以拯救,债权人不愿为无拯救希望的债务人浪费过多的时间。同时,在破产重整与破产和解都无法提供解决路径的前提下,启动破产清算程序是必要选择。② 破产清算程序的启动也意味着破产财产分配事项的开端。在破产财产的分配中,我国《企业破产法》对于担保物权进行了特殊保护,学理上将其认定为别除权制度规范。③

担保物权在破产程序中与其他权利相比较,存在一定的特殊性。首先,担保物权所指向的财产对象是债务人的财产。债务人对为自身债务提供担保的担保物进行变价的过程中,如存在超过担保债权的数额,该余额对普通债权进行清偿;如不足以偿还担保债权,未受偿的担保债权则转换为普通债权进行清偿。我国《企业破产法》第110条对于上述情形作出了规定。④ 而在对于破产企业作为担保人为他人的债务承担担保责任的情形下,不能要求破产人对于不能清偿的担保债权转化为普通债权进行清偿。由于破产人并非原债权债务关系中的债务人,而破产人与债权人只存在担保关系,因此债权人只能向原债务人要求清偿债务。⑤ 其次,担保债权是对于债务人特定财产设定的权利,特定财产基于自身的

---

① 参见陈国斌、陈豪:《破产企业职工债权优先性的解读与重塑》,载《人民司法》2020年第16期。

② 参见李永军:《破产法——理论与规范研究》,中国政法大学出版社2013年版,第403页。

③ 《企业破产法》第109条规定:"对破产人的特定财产享有担保权的权利人,对该特定财产享有优先受偿的权利。"

④ 《企业破产法》第110条规定:"享有本法第一百零九条规定权利的债权人行使优先受偿权利未能完全受偿的,其未受偿的债权作为普通债权;放弃优先受偿权利的,其债权作为普通债权。"

⑤ 参见王欣新:《破产法》,中国人民大学出版社2011年版,第292页。

特殊性,采取了别样的手段明确将担保物与债务人的其他财产进行区分。担保债权人在特定担保物上行使优先受偿权,在破产程序启动之前,只要能从债务人财产中明确区分,担保债权人仍享有就担保物对价的优先受偿权。《民法典》第390条对担保期间担保物的毁损、灭失等情形下担保物权人的权利保障作出了规范。① 相应地,在破产程序中,管理人在担保物灭失等情形下负有责任的,担保债权人对于赔偿金额仍享有优先受偿权,这也是担保物权的物上代位性以及赔偿款项的共益债务的双重优先性质所决定的。② 因而在破产程序中优先受偿权的行使并不依赖于赔偿财产能否在债务人财产中明确区分。最后,担保债权与优先受偿权相挂钩。担保债权的优先受偿权与破产费用和共益债务的优先性不同,后者是在破产财产中进行受偿,但担保债权的优先受偿是针对特定担保财产。一般情况下,这样的优先受偿权可以不受破产清算和和解程序的影响,优先于其他债权人受偿。而在重整程序之下,担保债权人享有的优先受偿权会受到相应的限制以挽救具有重整机会的企业,而对于实体性的优先受偿权益仍应当保障。

基于各群体地位与思考角度的不同,担保物权在破产程序中暂停行使会产生不同的立场与观点。在我国,破产管理人与法官更接受暂停担保权的行使,以尽可能地搜集到更多的信息为自己工作的开展提供便利条件。而受到这种心理的影响,破产管理人与法官会忽视对担保债权人及时清偿的关切,认为只需要在最终分配与变价之前让担保债权人就担保物价值得到优先受偿,就达到了对担保权人利益维护的基本目的。但是在担保债权人角度上,为了能够保障担保物的最大价值,避免担保物价值的贬损与资金和时间消耗,担保债权人希望尽快得到清偿。同时,相对于重整程序中对债权延误清偿的可能性,这样的诉求也更多地出现在破产清算程序之中。担保债权人在行使自身的优先受偿权时具有两项

① 《中华人民共和国民法典》第390条规定:“担保期间,担保财产毁损、灭失或者被征收等,担保物权人可以就获得的保险金、赔偿金或者补偿金等优先受偿。被担保债权的履行期限未届满的,也可以提存该保险金、赔偿金或者补偿金等。”

② 《企业破产法》第42条规定:“人民法院受理破产申请后发生的下列债务,为共益债务:(一)因管理人或者债务人请求对方当事人履行双方均未履行完毕的合同所产生的债务;(二)债务人财产受无因管理所产生的债务;(三)因债务人不当得利所产生的债务;(四)为债务人继续营业而应支付的劳动报酬和社会保险费用以及由此产生的其他债务;(五)管理人或者相关人员执行职务致人损害所产生的债务;(六)债务人财产致人损害所产生的债务。”

联系紧密的权利:一是对担保物的变现权。担保财产作为在债务人未清偿前的受偿保障,确保担保债权人对担保物进行变现以实现担保权。二是担保物变现后,对于变价款的优先受偿权。这两项权利实则为担保权人提供了程序和实体上的双重保护,也需要担保债权人进行权利的主张与行使。① 破产程序下担保债权人的优先受偿权在法律另有规定的情形下是不受限制的,但变现权可能会在破产程序中受到一定的限制,如重整程序中止对债务人财产的执行和变现。

虽然我国目前对于破产清算程序中担保物权的暂停行使并没有作出相应的规范,但我们在对破产清算程序中的担保物权进行规范时应与破产重整程序中的基础理论区分。破产清算程序更加注重对于财产的全面处分以及债务的公平清偿,联合国、国际贸易法委员会《贸易法委员会破产法立法指南》也在采用中止保障破产财产的规范中对重整程序和清算程序的价值取向作出了不同的规范。具体体现为,重整程序适用中止保障破产财产更多立足于企业的继续经营,而在清算程序中则"如果在清算程序中能将企业作为营运资产出售,这一点可能就尤为重要了。对于即使以零敲碎打的方式出售资产,但仍需要有些时间就出售作出安排,从而给所有无担保债权人提供最大回报的某些情形,这一点或许也可适用"。② 担保物权的设置可能会与其他财产存在关联的可能性,这也无可避免地会导致在实现担保权时影响到破产财产中其他财产的处置与分配,这是在各项财产紧密联系下产生的结果。破产清算程序限制担保物权行使具有两方面的价值追求,其一是实现破产财产价值最大化,其二是为破产管理人进行财产价值的估算预留一定的时间,进而作出是否具备挽救价值的判断。③ 而在对担保物权进行限制后,也应当给予担保物权人救济和权利保障措施。在破产清算程序中,由于更多是一种强制性的财产分配工作,而债权人实践中大多以较低的受偿率得到清偿,如果一味允许担保债权人不顾程序的限制直接进行担保物的变现,那么对于其他财产的维护和使用会产生影响,进而阻碍破产财产整体变现。④ 因此,

① 参见王欣新《论重整中担保权的暂停行使》,载《人民法院报》2015 年 7 月 1 日,第 7 版。

② 参见联合国国际贸易法委员会:《贸易法委员会破产法立法指南》,载联合国国际贸易法委员会网, https://uncitral. un. org/sites/uncitral. un. org/files/media - documents/uncitral/zh/05 - 80721_ebook. pdf。

③ 参见徐阳光:《破产法视野中的担保物权问题》,载《中国人民大学学报》2017 年第 2 期。

④ 参见王欣新:《论破产程序中担保债权的行使与保障》,载《中国政法大学学报》2017 年第 3 期。

破产清算程序作为最普遍的破产程序,为了保护债务人财产,基于价值最大化的目标,立法上需要对担保权人在某些情形下权利的行使进行限制。

(二)基于《企业破产法》的功能定位

回顾我国破产法的颁布与修改历程,可以看出我国对于职工权益的关注逐步变化。在最初1986年《企业破产法》起草之时,职工问题的对策是破产法最重要的立法需求之一,甚至左右了法律的起草。一方面,国有企业成了国民经济的命脉,一定程度上为中国经济在起步阶段的自给自足奠定了基础;另一方面,在计划经济无法顺应时代发展的需求之时,国有企业的垄断地位也受到了挑战,在市场竞争中难以胜出。实际上,许多国有企业面临着事实破产的尴尬境地。[①] 国有企业面临困难局面的原因之一在于职工群体负担过大。在我国建设国家的初期,对于国有企业职工为代表的工人阶级利益的全面维护是社会的共识,这也导致了国有企业在职工退休养老、工伤救济以及医疗保障等社会福利上的投入较多。随着改革开放进程的深化,立法者也不得不思考如何让处在财务困境中的国有企业进一步扭亏为盈。这也进一步推动了1986年《企业破产法》的起草。在1986年《企业破产法》起草过程中,如何回应破产国有企业失业职工的权益需求成了争论的问题之一。有观点认为,立法无法解决破产之后职工的失业问题,对社会的就业风向也会产生重大负面效果。为了回应反对者的疑虑,另一种观点则认为可以专章规范破产企业职工的安置与福利保障事项。1986年国务院启动了一系列的对于企业职工的改革方案,如合同用工制的适用、失业保险制度的构建、建立起相应的就业网络与机制,保证职工的就业需求。1986年《企业破产法》也对于职工权益作了法律规范。由于在1993年《国有企业职工待业保险暂行规定》出台后,更多人认为职工权益保护的问题不应成为反对破产法通过的理由,因此在破产法中采用了宣示性条款代替了职工权益保障的内容。从1986年《企业破产法》的立法进程上看,对于职工权益的保护成了决定当时立法通过与否的关键问题。

1994年《中华人民共和国劳动法》的颁布对于面临破产的国有企业及其职

---

① 罗纳德·温斯顿·哈默:《中华人民共和国破产法与改革》,载《福特汉姆法律评论》,1996年第64卷,第2565页。

工关系作出了更加细致的规范，也在保护职工强制退休、工伤、失业和生育等社会福利保障上进行了规制。这也可以看出，我国立法者开始转向社会法领域关注职工权益的保障，破产法应当更加注重企业破产程序的开启、不同破产程序的规范以及破产财产分配上问题。在2006年《企业破产法》出台以前，职工债权和担保债权优先顺位面临争论。① 职工权益的保护一直以来都是破产法回应的问题，这也是基于我国尚未建立起适当的破产基金、全国性的社会保险和社会福利制度时，对于职工债权的保障优先于无担保的普通债权人。在对破产法立法进程的回顾中，我们也可以看到职工问题实际上逐步由核心问题转变为边缘性问题，对现行破产法的影响力大大降低。这也说明，我们在破产法立法更加关注破产事项相关的问题，而职工权益等事项更多应在社会法领域进行规制。

我国2006年《企业破产法》肯定了职工债权的优先性，赋予职工债权优先受偿权。但是，在对职工债权的保障上应当最终立足于破产法自身的功能定位上。首先，在承认职工债权拥有社会保障的地位的同时，也要留意到职工债权属于主动债权，是劳动者基于自愿的意思表示与企业签订的劳动合同。企业在运行与发展过程中的破产风险可以或应当被预见，劳动者应当分担一定的风险。其次，在利益分配的工作上，《企业破产法》并非基于对劳动者的单向保护，破产工作是多类利益群体的权益纠纷，债务人企业、普通债权人、企业职工以及优先权人等利益都需要被考虑和接受，过分保护或偏袒一方利益都违背了破产法的立法宗旨和功能定位。在破产清算程序中，债权利益的需求与实际可分配财产存在巨大的差异，为各方主体利益衡量，对劳动者作出限制也具有一定的合理性。最后，在对破产法法益保护对象的思考上，赋予职工债权优先性也是出于对劳动者生存利益的维护，不区分类型地认定职工债权具有生存性质在规制上存在一定的问题。如奖金、津贴等福利性待遇并不具备生存性权益的特征，而破产法对于此类职工权益也赋予了优先权。② 因此，应当从对劳动者生存权保护这一角度出发，重新审视职工债权优先的法理性基础，清除不具备生存性权益和社会保障功能的职工债权类别。同时，我们也应当注意到破产法的功能定位，关注破产法与

① 参见陈夏红：《从核心到边缘：中国破产法进化中的职工问题（1986—2016）》，载《甘肃政法学院学报》2016年第4期。

② 参见钟健生《破产程序中的优先权：冲突解决与体系建构》，载《西南民族大学学报（人文社科版）》2018年第5期。

其他法律部门之间的联系与区别。对于职工基本工资的保障可以更多地依靠劳动法以及社会保障体系的构建,而破产法只是在职工债权的清偿顺位上作出基础性的规范。

(三)立足实质公平理论的价值需要

让破产债权人得到公平清偿是破产法的基本立法理念,而实现公平清偿的物质支撑是破产债务人的财产。"破产人财产是整个破产程序得以进行的物质基础,也是破产债权人得以通过破产程序接受清偿的物质保障。"[①]在破产清算程序之中,破产财产有无以及变现价值的多少与债权人权利息息相关,也关系到破产法的价值目标。[②] 由此可以看出,只有债权人在破产清算程序中获得相应的清偿数额,实质公平才真正对其发挥了理论价值。

而在对债务进行清偿的过程中,我们不得不考虑各项债务的清偿顺序与相应的清偿范围,这也是实质公平理论落实过程中的要求。《企业破产法》第 113 条对除破产费用和共益债务之外的债务进行了清偿顺序的规范。[③] 破产法将公平作为价值目标的追求[④],而公平也有形式公平和实质公平之分。根据《企业破产法》第 1 条,所谓的公平清偿制度,保持了实质公平和形式公平的统一性。[⑤]"公平清理债权债务"是基本手段,"保护债权人和债务人的合法权益"是最终目的,这也蕴含着将实质公平作为立法价值需要的内涵。如果在破产程序中一味注重对正当程序的严格把控,而忽视对债权人实体权利的维护,那么破产法的价值追求也会形同虚设。在债务清偿顺序的安排上,税收债权与担保物权存在立法上的冲突,《税收征收管理法》第 45 条与《企业破产法》第 109 条以及第 113 条

---

① 参见齐树洁主编:《破产法研究》,厦门大学出版社 2005 年版,第 343 页。

② 参见韦忠语:《破产财产经营论》,载《法商研究》2016 年第 2 期。

③ 《企业破产法》第 113 条规定:"破产财产在优先清偿破产费用和共益债务后,依照下列顺序清偿:(一)破产人所欠职工的工资和医疗、伤残补助、抚恤费用,所欠的应当划入职工个人账户的基本养老保险、基本医疗保险费用,以及法律、行政法规规定应当支付给职工的补偿金;(二)破产人欠缴的除前项规定以外的社会保险费用和破产人所欠税款;(三)普通破产债权。破产财产不足以清偿同一顺序的清偿要求的,按照比例分配。破产企业的董事、监事和高级管理人员的工资按照该企业职工的平均工资计算。"

④ 参见李永军:《破产法律制度》,中国法制出版社 2000 年版,第 11 页。

⑤ 《企业破产法》第 1 条规定:"为规范企业破产程序,公平清理债权债务,保护债权人和债务人的合法权益,维护社会主义市场经济秩序,制定本法。"

的矛盾带来了法律适用和法律解释上的难题挑战了实质公平法学理论的价值意义。

税收债权因为涉及国家利益而在法律上具备优先受偿的效力。相关学者对此作出了解释:“税捐优先权系指税捐债权与其他债权竞合时,原则上税捐债权应优先于其他债权而征收。此即税捐债权之一般的优先权。承认税捐具有一般的优先权的理由,乃是因税捐是为提供公共服务所需资金,具有强烈的公益性质。且税捐债权并未如私人债权一般,具有直接的对待给付,因此,任意的履行可能性较低。故有必要赋予税捐优先权,以确保税捐债权。”[①]但对于税收债权优先效力的强调会影响私人交易活动的顺利进行,尤其在于担保物权纠纷中,会出现对于个体权利利益的忽视,从而导致破坏公平价值的尴尬局面。[②] 从立法论的视角出发,税收的发生缺乏一定的公示手段与识别途径,相关利益人实际上无法具备知晓税收债务存在及其数额的能力。在此种情形下,税收会损害其他债权人的合理期待利益。同时,税收的公益性和风险性并未对税收优先权提供充分的理论支持。在对税收债权和担保物权优先性的立法冲突的讨论中,税收债权体现的是公共利益,而担保物权是私人利益,二者冲突时应当担保物权优先。税收固然重要,但是通过破产途径获得的税收在整个财政收入中占比很低,反而会挤压破产程序中普通债权人的清偿空间,实质上对普通债权人不公平,实质公平理论价值也在此得到体现。

对于税收债权与担保物权以及相应税收滞纳金的清偿顺位规范是实质公平价值的体现之一,而劣后债权的制度探索也呼唤着实质公平理念的落实。劣后债权制度的构建实则有利于把握破产债权制度,在破产债权体系中构建起完整的规制体系。破产清算程序需要对相应的破产债权进行确认与清偿,这也是对破产财产变价与分配的体现。劣后债权制度也包含着债权的确认与清偿分配顺序的安排,这与破产法所追求的实质公平价值理念相一致。我国破产法实际上建构起了优先债权与普通债权的破产债权二元结构,除破产费用和共益债务之外还确认了劳动债权、税收债权的优先受偿地位。关于破产债权的例外部分,则

---

① 参见陈清秀:《税法总论》,台北,元照出版公司2012年版,第600页。

② 徐阳光:《破产程序中的税法问题研究》,载《中国法学》2018年第2期。

集中规定在最高人民法院《关于审理企业破产案件若干问题的规定》中。[①] 将上述债权一律规定为破产债权的例外，完全忽视了相应债权人的受偿利益，并未保障债权人公平受偿。而在公平理念支撑下的劣后债权制度能够在具体的破产案件中指引优先清偿债权的种类、劣后清偿债权的类别以及不予清偿债权的情形。[②] 这也能为破产案件法律的准确适用提供正确的路径，以此实现实质公平的价值理念。

四、完善破产财产分配制度的建议

（一）建立别除权暂停行使规则

从各国的破产法立法规范来看，对破产清算程序中担保权行使的规范实则可以划分为两个模式。第一种模式是不中止担保物权行使，《日本破产法》第2条第9项以及第65条第1款规定，破产法将担保权认定为别除权，允许在程序外行使权利。[③]《日本破产法》认为破产清算程序基于破产财产公平分配的角度，肯定别除权不依赖于破产程序自由行使，抵押权人也享有向法院直接申请在拍卖价款中受偿的优先权利。[④]《美国破产法》虽然没有以法律条文的形式肯定担保债权的自由行使，但担保债权相对于设定担保权益的财产总是享有排他的优先性，这一理论在美国学术界得到了广泛的认可。[⑤] 没有放弃优先权的担保权益

---

① 《关于审理企业破产案件若干问题的规定》第61条规定："下列债权不属于破产债权：（一）行政、司法机关对破产企业的罚款、罚金以及其他有关费用；（二）人民法院受理破产案件后债务人未支付应付款项的滞纳金，包括债务人未执行生效法律文书应当加倍支付的迟延利息和劳动保险金的滞纳金；（三）破产宣告后的债务利息；（四）债权人参加破产程序所支出的费用；（五）破产企业的股权、股票持有人在股权、股票上的权利；（六）破产财产分配开始后向清算组申报的债权；（七）超过诉讼时效的债权；（八）债务人开办单位对债务人未收取的管理费、承包费。上述不属于破产债权的权利，人民法院或者清算组也应当对当事人的申报进行登记。"第62条规定："政府无偿拨付给债务人的资金不属于破产债权。但财政、扶贫、科技管理等行政部门通过签订合同，按有偿使用、定期归还原则发放的款项，可以作为破产债权。"

② 参见丁新循、彭旭林：《论我国破产债权例外制度——基于劣后债权的制度构建视角》，载《四川师范大学学报（社会科学版）》2015年第3期。

③ 参见［日］谷口安平主编：《日本倒产法概述》，田言等译，中国政法大学出版社2017年版，第48页。

④ 参见［日］山本和彦：《日本倒产处理法入门》，金春等译，法律出版社2016年版，第78页。

⑤ 参见［美］大卫·G.爱泼斯坦等：《美国破产法》，韩长印等译，中国政法大学出版社2003年版，第465页。

也会在破产免责后依旧享有优先受偿的优先地位。同样地,《德国破产法》对于担保权行使的规范分为了不动产和动产两种类型,《德国破产法》第49条规定,别除权存在于不动产上,债权人可以根据《强制执行法》的规定进行强制拍卖或强制管理。[①] 别除权存在动产上,依据《德国破产法》第166条第1款以及第173条第1款的规定,若担保物被破产管理人占有,管理人在保障债权人利益的前提下可以进行担保物自由处分;若担保物并未被管理人占有,则债权人有权进行变价。[②] 另一种模式是中止担保物权行使,但对不中止行使的情形作出了例外规定,并对担保物权的救济措施作出了规范。《贸易法委员会破产法立法指南》中对于此种模式进行了介绍:"如果对有担保债权人适用中止可使破产代表取得较好的结果,为所有债权人的集体利益而最大限度地实现财产价值,则可能仍需保持一定的灵活性。"[③]

在我国对于担保债权行使的具体规范中,在立法上可以有限制地中止对担保物执行为原则,对于不中止的情形作出例外规定,并完善对担保物权的救济措施。首先,可以依担保物的占有情况作出区分:担保权人占有担保物的情形下,应当坚持以不中止执行为原则,列举中止执行的例外情形;而在管理人占有担保物的情形下,可以规定在第一次债权人会议召开前中止执行,同时对不中止执行的例外情形进行列举。其次,需要完善担保权救济措施。第一,明确担保物权暂停行使的合理期限。破产清算程序不应同重整程序一般无限制地中止权利的行使,可以限定60天的中止期;同时,也要对法院依职权延长担保物权暂停行使期限进行规范。第二,《企业破产法》第75条的内容也应当适用于破产清算程序,一方面既要保证破产财产价值的最大化;另一方面也要进一步维护担保权人的合法利益。如果担保物权人无法恢复对担保物的权利,也要给予担保物权人充分的补偿。第三,对于不能中止对担保物执行的例外情形作出列举式规范,如单独处置担保物不会降低其他财产的价值。

---

① 《德国联邦最高法院民事裁判集》,第168卷第339页第3段以下内容;《德国联邦最高法院民事案例集(2011年)》,第1723页第20段。

② 参见[德]莱因哈德·波克:《德国破产法导论》,北京大学出版社2014年版,第137~139页。

③ 联合国国际贸易法委员会:《贸易法委员会破产法立法指南》,第80页,载联合国国际贸易法委员会网,https://uncitral. un. org/sites/uncitral. un. org/files/media – documents/uncitral/zh/05 – 80721_ebook. pdf。

(二)完善税收清偿顺位规范

在规范税收债权与担保物权清偿顺序的问题上,主要是化解《税收征收管理法》第45条与《企业破产法》第109条之间的矛盾。《企业破产法》将担保物权的清偿顺位置于税收债权之前,体现出了对其他债权人的保护。考虑税收债权实际上在破产程序外拥有着强大的实现手段,同时也具有优先于普通债权实现的效力,若存在税收债权本可优先实现,但事实上消极放弃利益的情形,那在破产程序上不应当再进行税收债权的特殊保护。

在对二者优先清偿顺位规范的过程中,仍应当立足于破产法的立法规范,即担保物权应当优先于税收债权受偿。《税收征收管理法》基本侧重于在纳税人正常状态下作出相应的法律规范,而对企业破产情形下的课税事项并未作出安排。《企业破产法》则对面临或可能面临财务危机或经营风险的企业进行了法律规制,因此,《税收征收管理法》对税收债权优先受偿顺序的安排并不能构成特殊规定,《企业破产法》则是制定在后的专门针对困境企业债权债务处理的特殊规定。将担保债权优先于税收债权清偿是在破产法视野下的正确解决路径,而在解释《税收征收管理法》第45条对发生时间在前的税收债权优先清偿的问题时,应当明晰其适用条件,税收债权的优先受偿必须建立在非破产程序以及以相应的欠税公告作为补充的前提之上。征税机关在破产程序中主张税收债权的优先效力时,应当依据《税收征管法》的规定采取纳税担保的方式。这也是在物权与债权相区分原则之下作出的判断。物权优先于债权,是民商法通行的立法原理。遵循优先权的法定原则且不违背破产法基本清偿顺序的规范更是对破产法清偿顺位制度的尊重。

在税收滞纳金清偿的问题上,相对于普通债权人,国家明显处于强势地位。税收债权固然有其优先性,但不应当干扰正常的清偿秩序,在对国家利益进行适度倾斜时应将减小对其他债权人的不利益影响。[①] 对税收滞纳金而言,首先,要认可税收滞纳金计算上的无上限性。欠税发生后产生的滞纳金,即便是超过了本金也对应其合理性予以认可,而不因破产程序的启动而中止滞纳金的计算。

---

① 参见唐媛媛、王虹:《破产清算程序中的税收债权问题——基于破产法与税法的冲突》,载《税务与经济》2020年第4期。

其次,将欠税滞纳金列为劣后债权,与其他民事惩罚性赔偿金、行政罚款、刑事罚金、利息等列为同一清偿顺位,而非列为普通债权,待普通债权清偿完毕仍有剩余后再进行清偿,避免进一步减弱真正普通债权人的清偿机会。这样既可以对一般企业形成威慑,促使其在正常经营状态下积极履行纳税人的义务,确保国家利益的实现,又保障了普通债权人的公平受偿的权利。

(三)构建劣后债权制度

完善劣后债权制度的构建必将是破产法立法事业的趋势,这是基于债务公平清偿的立法信念。在我国立法规范中,实际上存在对相应的非破产债权的规范。最高人民法院《关于审理企业破产案件若干问题的规定》第61条对非破产债权的种类作出了列举,但《企业破产法》并未对此作出法律上的规范。上述司法解释中的所列的债权应当受到必要的保护,这些债权虽产生于破产程序开始后,但毕竟是合法原因产生的债权,将其列为劣后债权也不会对其他债权人的权利产生影响。因此,在对劣后债权类型化构建时可以参考的规定。

在对破产债权例外的规范中,应当明确劣后债权的具体种类,对劣后债权作出类型化的构建。笔者认为,我国的劣后债权应当包括下列类型:第一,破产程序开始后计算的利息、违约金、滞纳金。这些费用并非基于全体债权人利益的必要支出,也不具备普通债权的性质,其自身具备从属债务的性质,因此可以在破产财产清偿完主债务后再对从属债务进行清偿。第二,针对破产案件受理前的违法事实作出罚款、罚金。罚款与罚金属于惩罚性赔偿,具有一定的国家强制性。但在破产程序中,如果对罚款、罚金与普通债权进行一并清偿会对债权人的利益造成损害,也会在一定程度上纵容债务人的违法行为。但若将罚款、罚金进行排除,不进行清偿,也会影响国家强制力与法律实施的效力,因此,将罚款、罚金作为劣后债权。同时,作为劣后债权的罚款与罚金的发生时间应当是在破产程序开启前,在破产清算程序中发生的罚款罚金作为共益债务进行清偿。对惩罚性赔偿应当坚持私法债权和补偿性债权优先于惩罚性债权清偿的原则。第三,自然债权。对已过诉讼时效的债权,我国并未否认实体债权的性质,只是在诉讼中对于其“胜诉权”作出了否认。我们不能仅仅因为过了诉讼时效而解除对自然债权的保护,这也与法律所追求的正义价值背道而驰。因此,可以将自然债权归类于劣后债权制度并进行规范。

(四)完善劳动者权益保障机制

企业进入破产清算程序时,需要对劳动债务关系进行合理的处置。劳动债权的清偿关乎职工生存权的维护与保障,因此必须肯定职工债权优先受偿的地位。而在对破产法自身功能定位的分析下,破产法不应当对更多归依于社会保障领域的职工权益"关照"过度。首先,我们认为可以对职工债权优先受偿范围进行一定的限制,从职工债权所保护的劳动者生存权益来说,职工债权中的基本工资应列入优先受偿的范畴,而津贴、奖金则应当排除在优先受偿的范围之外。对劳动债权作出一定的限制也能够更好地推动破产程序的顺利进行,使其他债权人也能得到公平清偿。

劳动者在破产清算程序中属于相对弱势的一方,其合法利益与诉求更应当得到重视,因此我们也需要一系列的立法措施保障劳动者的基本权益。首先,我们应当建立起欠薪保障金制度。通过欠薪保障基金实现对员工权益对保障,以完善的社会保障制度为企业职工的基本生活提供安全网。当企业进入破产清算程序之后,仍然有部分职工坚守在岗位上协同管理人处理公司破产期间的相关事务。进入破产程序的公司本就面临严重的债务问题,公司有价值的财产需要经过拍卖、变卖等程序才能变现,此时如果由欠薪保障资金支付职工薪酬,一方面可以保障职工的基本生活,另一方面亦可缓解破产企业流动资金压力。同时,若由欠薪保障基金支付在债务人进入破产程序之前特定时间段内欠付的职工薪酬,可以为其他债权人预留出更多的破产财产,增加其获得清偿对比例。在我国的深圳市、上海市也早已建立了欠薪保障基金委员会,以欠薪保障基金支付职工的基本工资。以深圳市为例,从《深圳经济特区欠薪保障条例》发布以来,深圳市人力资源和社会保障局在其官网公布了2010年度至2021年度的欠薪保障基金收支及结余情况。从中可以看出,深圳欠薪保障基金制度的运行惠及了众多劳动者,对社会保障体系的构建具有极大的推动作用。我国欠薪保障基金制度构建的条件已经成熟,具备一定的经验基础。

在具体的立法完善上,可以出台单独的《欠薪保障管理办法》,针对公司破产清算情形下的职工债权作出规范。在欠薪保障资金来源上,可以要求用人单位每年第一季度以全国月最低工资标准缴纳作为欠薪保障费,此为欠薪保障资金最主要的来源,并辅之财政补贴。同时,欠薪保障基金是为了维持职工最基本的生存需要,因此也只对职工基本生活范围内进行援助,在金额上按照企业一般职工的最低工资标准,时长上也限定为破产前 6 个月的合法债权。并且需要明确,以欠薪保障基金对破产企业的职工支付所欠薪酬后,职工不得再向破产企业主张债权。这些也只是对全国性的欠薪保障基金制度构建的初步设想,仍需要更全面的保障机制。

专题九：简易破产制度与破产案件简易审理制度的区别与建构[*]

2018年，最高人民法院发布的《破产审判会议纪要》第29条提出，建立破产案件审理的繁简分流机制。人民法院审理破产案件应当提升审判效率，在确保利害关系人程序和实体权利不受损害的前提下，建立破产案件审理的繁简分流机制。对于债权债务关系明确、债务人财产状况清楚的破产案件，可以通过缩短程序时间、简化流程等方式加快案件审理进程，但不得突破法律规定的最低期限。2020年，最高人民法院在《破产案件高效审理意见》中提出，进一步提高破产审判效率，降低破产程序成本，并在第4部分详细规定了简单案件快速审理机制。此前，浙江省温州市中级人民法院根据2012年国务院批准实施的《浙江省温州市金融综合改革试验区总体方案》于2013年发布了《关于试行简化破产审理程序的会议纪要》（以下简称《温州简化破产审理会议纪要》），但是我国其他地市关于简化破产审理的规则大部分发布于2018年《破产审判会议纪要》之后，尤其是在2020年《破产案件高效审理意见》发布之后。可见，最高人民法院与

---

* 作者简介：黄超艺，重庆大学弘深青年教师、博士后；陈秀良，重庆破产法庭副庭长；刘杰，重庆破产法庭法官；柴世斌，重庆破产法庭法官助理。

各地司法审判部门已经充分意识到制定破产案件简易审理制度的重要性与紧迫性。立法者将建立快捷、简单、灵活和低成本的企业破产简易程序作为立法的关键目标。①

然而,国内理论界对这一问题的研究也尚处于起步阶段,且存在较大提升空间。具体而言,理论界部分学者在研究简易破产程序中,对相关概念的界定与理解不清晰。譬如部分学者混淆了简易破产程序与破产程序简化的概念,导致提出的制度构建方案缺乏理论支撑,实操性弱;部分学者未通过"本土性"思维对该问题开展研究,而是本着"拿来主义"的思维方式,机械地"借鉴"国外立法。我国理论界对这一制度的研究也尚未达成共识。

综上所述,理论上需要明确何为"简易破产制度",简易破产制度的设立目的是什么,破产案件简易审理与简易破产制度的区别是什么,什么案件适用简易破产制度,什么案件适用破产程序的简易审理。只有在对上述问题进行明确的基础上,才能对我国现行司法实践经验进行准确的评判,提出科学合理的制度完善或构建建议。

一、问题提出

通过最高人民法院与地方的实施规则,以及理论界关于简易破产程序的论述可以看出,理论界与司法实践对简易破产程序与破产案件简易审理这两个概念的认识是不清晰的。简易破产程序是相较于普通破产程序而言的,是与普通破产程序平行的概念,是对普通破产程序的突破;破产案件简易审理则是普通破产程序的下位概念,强调在普通破产程序制度框架内通过制度设计提高破产案件的审判效率。因此,简易破产程序的确立需要国家层面的立法,而破产案件简易处理规则可以由地方司法机关或者立法机关在现行法的框架内制定,否则理论上难以证成当下我国各级人民法院何以有权发布适用于本地区的破产案件简易审理规则。根据《破产案件高效审理意见》第 4 部分的规定也可以得知,最高人民法院并没有在《破产案件高效审理意见》中确立简易破产制度,而是提出了破产案件的快速审理机制,相关规定没有对《企业破产法》进行实质性的突破,而

① 参见孙小莉:《论我国企业破产简易程序之构建》,载《上海法学研究》2020 年第 7 卷。

是在《企业破产法》的框架内对部分程序的推进方式与时限进行了细化。因为《破产审判会议纪要》第29条已明确，司法实践中可以通过缩短程序时间、简化流程等方式加快案件审理进程，但不得突破法律规定的最低期限。因此，可以肯定的是无论是在国家层面还是最高人民法院层面，都没有制定简易破产制度，只是提出可以在现行法律框架内对特定破产案件可以进行简易审理的指导意见。

破产案件简易审理是在现行法律框架内对特定案件的审理提出处理意见，是否需要国家层面上的立法有待商榷。首先，可以肯定的是，地方司法机关有权在现行法律框架内制定适用于本地区的实施细则，以解决因我国幅员辽阔与地区发展差异导致的各地区在法律适用层面上的差异；国家层面对破产程序的简易审理作出过于具体的规定反倒会起到反作用。但是，理论上仍有必要对破产案件的简易审理开展研究，研究的重点应该放在现行法律框架内地方享有多大的自主权。理论上对简易破产制度构建的研究，应该将重点放在该制度要实现哪些价值目标、适用于哪些对象、债权人权益如何保障等问题。

再者，无论是最高人民法院就破产案件简易审理发布的《破产案件高效审理意见》还是地方就破产案件简易审理问题发布的规范性文件，都将破产重整程序排除在适用范围上。理论上需要反思的是，破产重整程序是否就不能进行简易审理，简易破产制度是否应包含破产重整程序。这里面涉及两个问题：第一，破产重整程序是否存在简易审理的必要；第二，破产重整程序是否存在简易审理的可能。如果破产重整案件不存在简易审理的必要或者可能，在简易破产制度构建中是否亦应将破产重整程序排除在外。具体到制度构建层面，理论上需要着重明确，破产案件简易审理制度与简易破产制度在适用范围方面存在的差异。

二、我国司法实践中的破产案件简易审理机制

如前所述，我国司法实践领域不存在简易破产制度的概念。理论界部分学者混淆了简易破产制度与破产案件简易审理制度的概念，将破产案件简易审理视为简易破产程序。因此，本部分主要分析我国司法实践中破产案件简易审理规则的现状与问题。

(一)简易破产制度与破产案件简易审理制度的区别

我国最早对破产简易程序作出地方性立法规定的是深圳市。[①] 1993 年深圳市人民代表大会常务委员会在其颁布的《深圳经济特区企业破产条例》(以下简称《深圳企业破产条例》)(现已废止)第六章规定了小额破产程序。根据《深圳企业破产条例》第 79 条的规定,事实清楚、债权债务关系明确、破产财产或债务额在 50 万元以下的案件可以适用小额破产程序。《中华人民共和国企业破产与重整法(草案)》(以下简称《破产与重整(草案)》)[②]第七章规定了破产简易程序,第 157 条规定对于债务人财产总额低于 50 万元、债权债务清楚、债权人人数较少的,可以适用破产简易程序。此处应该明确的是,上述规定都是关于简易破产程序的规定,区别于破产案件的简易处理,因为无论是《破产与重整(草案)》规定的破产简易程序还是《深圳企业破产条例》规定的小额破产程序,都对普通破产程序进行了实质性的突破。例如,《破产与重整(草案)》第 15 条规定破产案件的审理应该组成合议庭,但是第 158 条规定破产简易程序可以由审判员一人审理;第 38 条规定债权申报期为 30 日至 90 日,但是第 16 条规定,在简易破产程序中债权申报期为 7 日至 30 日;《深圳企业破产条例》第 81 条规定,法院审理小额破产案件,可以决定不召集债权人会议,债权人会议的职责由法院行使;第 82 条规定小额破产案件可以不设立清算组,清算组的职责由法院行使;第 83 条规定小额破产案件应一次分配破产财产。与此不同的是,无论是《破产审判会议纪要》和《破产案件高效审理意见》都是在《企业破产法》框架内对特定案件的审理作出的细化。

我国第一部破产案件简易审理规范是浙江省温州市中级人民法院于 2013 年发布的《温州简化破产案件审理会议纪要》,该规范源于 2012 年国务院批准实施的《浙江省温州市金融综合改革试验区总体方案》,《温州简化破产审理会议纪要》也成了 2018 年之后其他地根据《破产审判会议纪要》和《破产案件高效审理意见》的规定制定并发布适用于本地区破产案件简易审理的范本。《温州简化破

① 参见徐建新等:《简化破产程序问题研究——以温州法院试行简化破产案件审理程序经验为样本》,载《法律适用》2014 年第 8 期。

② 朱少平、葛毅编著:《中华人民共和国破产法——立法进程资料汇编(2000 年)》,中信出版社 2004 年版,第 190 ~213 页。

产审理会议纪要》无论是在程序的启动、审理，还是在管理人的选任、债务人财产的管理分配等内容都没有对《企业破产法》的规定进行实质性的突破，而是在《企业破产法》的框架内基于提高效率的目标对相关规则的适用进行明确。具体而言，《温州简化破产审理案件会议纪要》主要是在《企业破产法》规定的时限内缩短相关程序的时限。例如，《企业破产法》没有明确规定破产案件是否可以采用独任制，《温州简化破产审理会议纪要》第 10 条规定适用破产案件简易审理的案件可以采用独任制；《企业破产法》规定债权申报期限为发布受理公告之日起 30 日至 3 个月，《温州简化破产案件审理会议纪要》第 14 条规定债权申报期限自从发布受理公告之日起最少 30 日，最长一般不超过 40 日。《破产审判会议纪要》发布后，其他地级市也相继制定适用于本地区的破产案件简易审理规范。由于《破产审判会议纪要》已明确指出不得突破法律规定的最短期限，各地方制定的破产案件简易审理规范都是以《温州简化破产案件审理会议纪要》为范本制定的。

综上所述，通过对我国相关立法或者立法草案的考察，可以看到立法者也都认为简易破产程序与破产案件的简易审理存在本质区别。简易破产程序是对普通破产程序的实质性突破，破产案件的简易审理则是在普通破产程序的框架内对相关程序进行明确，进而提高破产程序的审判效率，并没有对普通破产程序进行实质性的突破。

（二）破产案件简易审理的理性认识

迄今为止，《破产审判会议纪要》和《破产案件高效审理意见》是我国关于破产案件简易审理效力最高的规范性文件。《破产审判会议纪要》仅对破产案件简易审理进行了原则性的规定；相较而言，《破产案件高效审理意见》对破产案件简易审理的规定较为明确，《破产案件高效审理意见》颁布后我国地方法院颁布的破产案件简易审理规则基本都以《破产审判会议纪要》为指导。通过对《破产案件高效审理意见》的研究可以看到，破产案件简易审理旨在压缩破产案件的审理时间，最终实现提高破产案件审理效率的目的。① 因为即使不存在《破产案件高效审理意见》，法官也完全可以按照《破产案件高效审理意见》对案件进行审理。

① 参见刘颖：《论我国破产法上简易程序的构建》，载《法学评论》2022 年第 4 期。

因此，破产案件简易审理规则将在无形中增加破产法官的破产案件审理压力。

因此，各地方发布的破产案件简易审理规则实质上是地方发布的对法院享有的自由裁量权进行限制的规则。理论上对破产案件简易审理规则的这一定性似乎在逻辑上难以自洽，即法院通过发布规范性文件对自己享有的权力进行了限制，增加了自己的工作压力。但是从另一个角度看，将相关处理方式明确化，可以增加利害关系人对破产程序的预期，进而对营商环境优化起到促进作用，同时也能督促包括管理人、债权人等利害关系人及时行使自己的权利。从这个角度看，利害关系人因此承担的压力与义务也增加了。从成本与收益上看，适用破产案件简易审理规则的利害关系人被课以更高的义务，但是获得的收益是其参与破产程序的时间成本更低了，这一逻辑的成立前提是被课以更高义务的利害关系人能承受得住因此增加的义务，此时就需要判断在哪种情况下利害关系人被课以更高义务是可以被接受的，否则将发生舍本逐末的局面，这也成了破产案件简易审理制度制定的核心问题。

地方发布的破产案件简易审理规则还解决了部分案件审理中出现的无法可依问题。比如在部分法律关系简单的破产案件中，债务人在进入破产程序前已经进行过评估，且《企业破产法》对评估问题没有进行明确规定，债务人进入破产程序后是否必须再进行评估，在何种情况下必须进行再次评估，是否可以对已有评估进行补正进而无须再次进行评估等问题，立法上对该问题的明确可以极大地缩短特定案件的审理时间与成本。[①]

(三)我国地方破产案件简易审理规范的差异与问题

我国地方破产案件简易审理规范的差异主要表现在不同地方关于破产案件简易审理适用范围的规定存在差异，《破产案件高效审理意见》第 13 条采用除外规定的方式对这一问题进行明确，即仅规定哪些类型的案件不适用破产案件简易审理，绝大多数地方规范既明确规定应进行简易审理的案件类型，还对不得采用简易审理的案件类型进行明确，部分地方规范还规定可以进行简化的案件类型，这一重要且明显的差异值得理论反思。首先，需要反思的是，与《破产案件高效审理意见》关于适用范围的规定存在不一致的地方规范的法律效力问题；其

① 参见刘颖：《论我国破产法上简易程序的构建》，载《法学评论》2022 年第 4 期。

次,需要反思何种规范模式更适合我国,未来相关立法对该问题应如何进行规定。再次,最高人民法院将破产案件简易审理称为简单案件快速审理机制;温州市和大连市都将之称之为简化破产案件审理程序;上海市和济南市称为破产案件简易审理程序。立法者未意识到简单案件快速审理机制与简化破产案件审理程序或者破产案件简易审理程序在语义上存在区别,简单案件快速审理机制强调该程序的适用对象是简单案件,但是无论是简化破产案件审理程序或者破产案件简易审理程序,在语义上既包括简单案件也包括复杂案件。通过《破产案件高效审理意见》第13条可以看出,最高人民法院认为复杂的破产案件主要包括三类:第一类是债权债务关系复杂的案件,具体体现在债务人存在未结诉讼、仲裁等情形;第二类是债务人财产状况复杂的案件,具体表现为管理、变价、分配债务人财产可能期限较长或者存在较大困难等情形;第三类是体量大的特殊主体破产案件,比如上市公司、金融机构,或者关联企业合并破产、跨境破产等情形。与《破产案件高效审理意见》不同的是,地方关于该问题的规定较为明确,且与《破产案件高效审理意见》存在显著不同,如大部分地方性规范都将重整程序排除在简易审理的范围之外。

综上所述,我国现行相关规范存在的问题主要是关于破产案件简易处理程序适用范围的规定存在差异。不仅最高人民法院关于这个问题的规定方式与地方关于这个问题的规定方式存在差异,而且适用范围也存在差异。这一差异出现的原因是理论界与司法实践对破产案件简易审理尚未形成统一概念,理论界与司法实践对这一程序的内涵尚未达成共识,没有意识到简易破产程序与破产案件简易审理存在差异。

三、我国简易破产制度理论剖析与制度构建

简易破产制度具有适用对象特定性、审理流程简单等特点。[①] 如前所述,简易破产制度与破产案件的简易审理制度存在的区别在于简易破产制度对普通破产制度进行了实质性的突破,简易破产制度是相较于普通破产制度而言的。例如,简易破产制度可以不召开债权人会议,但是普通破产制度则必须召开债权人

---

① 参见张世君、王晔:《简易破产程序构建研究》,载《北京政法职业学院学报》2020年第2期。

会议。理论界必须认识到，简易破产制度的构建必须通过全国性立法实现，因为地方性规范无权对《企业破产法》进行突破，而简易破产制度内在地要求对《企业破产法》进行突破。

（一）简易破产制度的理论基础

简易破产程序作为破产整体法律制度中至关重要的一环，起着普通破产程序无法替代的作用。简易破产程序与普通破产程序相辅相成，共同构成完整的破产程序法律制度。[①] 简易破产制度既区别于普通破产制度，也区别于破产案件简易审理制度。破产案件简易审理制度必须在普通破产程序的制度框架内构建，简易破产制度则不然。理论上需要反思的是这一区别的内在机制何在，而不是将区别当成区别的原因与意义。

破产案件简易审理制度的实质是利害关系人承担的义务增加了，权利的行使在时间维度上被限缩了；简易破产程序的实质则是，利害关系人在普通破产程序中享有的部分权利被剥夺了，相关权益由法官或者管理人行使。简易破产程序一制度所要实现的价值目标与破产案件的简易审理其实是一致的，比破产案件的简易审理更加有效率，而这一效率的提高是以牺牲利害关系人的权利实现的。因此，理论上需要明确在何种情况下可以以牺牲利害关系人的权利为代价提高破产案件的审理效率；同时，制度应如何构建才能实现即使牺牲了特定利害关系人的权利，这部分利害关系人的利益在破产程序中又能得到相应的保障。理论上关于这一问题的分析还可以从另一种思路展开，即如果在一定范围内对特定利害关系人权益的牺牲可以促进社会整体效益的提高，且因此提高的社会整体效益大于特定利害关系人牺牲的利益，该制度即具有合理性。两种不同的思路反映到立法上将产生不同的结果，最大的不同在于基于第一种思路的立法，特定利害关系人在权利丧失的同时会被赋予相应的救济渠道，而基于第二种思路的立法则往往不会提供给特定利害关系人相应的救济渠道。

（二）简易破产制度的理论构建

在全面推进民事诉讼程序繁简分流改革及营造良好法治营商环境的背景

---

① 参见徐建新等：《简化破产程序问题研究——以温州法院试行简化破产案件审理程序经验为样本》，载《法律适用》2014 年第 8 期。

下,构建简易破产程序亟待推进。简易破产程序不仅能提升司法效能、优化营商环境,亦能保证公平正义之实现。[①] 鉴于简易破产程序对利害关系人权利的行使产生了实质性的影响,域外相关立法大多是以基本法的形式制定简易破产制度。由于相较于普通破产制度而言,简易破产程序中利害关系人的权利会受到实质性的限制,因此简易破产制度的适用范围较为狭窄。再者,普通破产制度中利害关系人哪些权利可以被限制亦值得研究。这些权利往往具有以下特点:尽管该权利的存在对破产程序的有效开展具有重要意义,但是剥夺利害关系人享有的该项权利不会对该利害关系人的利益造成重大损害。因此,简易破产程序的制度构建主要包括两部分:第一部分是哪些案件适用简易破产程序;第二部分是利害关系人的哪些权利可以受到限制。

通过比较可以发现,域外相关立法主要从以下几个因素确定简易破产制度的适用:可分配财产数额、无担保债务总额、债权人人数、债权争议数量。[②] 关于简易破产制度适用范围的规定,需要结合我国破产案件简易审理规则,防止两者出现重叠或冲突。为了防止简易破产制度与破产案件简易审理制度发生冲突,立法者也可以将二者合二为一。但是笔者对此并不赞成此观点。如前所述,简易破产程序与破产案件的简易审理存在本质区别,不应将二者合二为一。

我国现行相关立法基本将破产案件简易审理制度的适用范围限定在破产程序,这一立法现实是否意味着简易破产制度应适用于破产重整程序?理论上可能有观点认为,破产重整程序与破产和解程序利害关系人的权利往往已受到不同程度的限制,此时如果对其他权利进行再进行限制,利害关系人的利益将受到极其不利的影响;而破产清算程序中的利害关系较为简单,即使剥夺了特定利害关系人的部分权利也不会对其利益造成重大影响。笔者对上述观点持反对态度。清算程序中只需存在破产案件简易审理制度即可解决实践中存在的效率问题。重整制度在追求公平清偿债权人的同时,还需要兼顾债务人救济这一核心目标,因此需要制定特别的制度以平衡各方利益。当然,也不是所有案件都适用简易破产程序,还需要综合考虑案件的复杂程度。我国理论界也有学者明确提

---

① 参见张世君、王晔:《简易破产程序构建研究》,载《北京政法职业学院学报》2020 年第 2 期。

② 参见徐阳光、殷华:《论简易破产程序的现实需求与制度设计》,载《法律适用》2015 年第 7 期。

出,中小微企业危机救助的制度应以重整制度的构建为核心。[①]

简易破产制度中的权利体系再造需要考虑这样一个问题:利害关系人享有的哪些权利对破产程序审理效率的影响最大,剥夺相关权利后如果特定利害关系人的利益遭到了损害,如何提供救济。众所周知,破产程序中最耗费时间的机制是债权人会议机制,根据《企业破产法》的规定,任何一个破产案件往往需要召开多次债权人会议,而每次召开债权人会议都需要提前通知所有债权人,因此较为耗费时间。债权人会议机制的设立主要是基于以下两个目标:一个是赋予债权人监督权,另一个是通过赋予债权人表决权的方式,以维护自身利益。因此,在简易破产制度中,将部分债权人会议的职权赋予法院或管理人往往不会对债权人的利益造成实质性的损害。[②] 当然,为了防止部分债权人的权益遭到不当侵害,需要同时设立相应的权利救济机制。

简易破产制度的构建还涉及程序选择权由谁行使这一问题。国际上有两种立法例,一种是法院职权主义,即由法院来决定是否适用简易破产制度;另一种是当事人自治主义或半职权主义,即由破产管理人在审查后,向法院提出申请,由法院予以核准。[③] 有学者认为,在简易破产程序的启动模式上,职权主义是唯一选择。[④] 但是,笔者认为,考虑我国司法实践中法院已经负担了较多的职能,破产管理人队伍的素质也已今非昔比,第二种立法例更适合我国。

四、我国破产案件简易审理制度再造

鉴于破产案件简易审理规则是在现行法律框架内,地方司法机关基于提高审判效率的考虑压缩审理时限的规则,由于在现行法框架内破产法官本来就享有自由裁量权,地方司法机关可以基于本地区破产案件审理情况进行灵活规定,具体需要考虑本地区破产案件的数量、破产法官的数量与经验以及破产管理人

---

① 参见王佐发:《中小微企业危机救助的制度逻辑与法律建构》,载《中国政法大学学报》2020年第6期。

② 参见黄少彬:《关于建立我国简易破产制度的思考》,载《山西大学学报(哲学社会科学版)》2004年第5期。

③ 参见徐阳光、殷华:《论简易破产程序的现实需求与制度设计》,载《法律适用》2015年第7期。

④ 参见刘颖:《论我国破产法上简易程序的构建》,载《法学评论》2022年第4期。

的水平。如果本地区破产案件的数量较为庞大,破产法院的数量较多经验较为丰富且破产管理人的水平较高,地方司法机关可以在现行法律框架内压缩相关程序的审理时限。但是,并不是说地方司法机关可以在现行法律框架内制订适用于本地区的破产案件简易审理规则,地方司法机关制订破产案件简易审理规则应该在最高人民法院的指导下进行,不能突破最高人民法院的发布的相关规则。相反,最高人民法院在发布相关规则时,应该给地方司法留下一定的空间,以便地方司法机关根据本地区的破产案件申请情况制订适合本地区的破产案件简易审理规则。

除此之外,基于破产案件简易审理的概念,司法实践中应明确无论是破产清算程序,还是破产和解程序,或者破产重整程序都可以进行简易审理。特定案件是否可以进行简易审理不在于该案件的程序类型,而是在于该案件法律关系是否复杂、财产关系是否简单等。尽管最高人民法院在《破产案件高效审理意见》中规定破产案件简易审理的时限为 6 个月,但是这并不意味着重整程序或者和解程序就不能进行简易审理。甚至,适用普通程序审理的破产案件,在不影响债权人等破产参与人的程序权利的前提下,也可以参照适用简易程序中的部分简便快捷审理方式,从而提高我国破产法律制度的整体运行效益。①

① 参见刘颖:《论我国破产法上简易程序的构建》,载《法学评论》2022 年第 4 期。

专题十：自然人（个人）破产制度构建*

一、自然人破产的成本收益与主体范围

任何主体都可能面临责任财产无法清偿全部债务的问题，而破产法的价值就在于解决在债务人处于财务困境之时如何偿债的问题。从这一意义上，所有主体都有适用破产法的需求。从破产法的发展史看，最先出现的破产制度是为了解决商人偿债问题；此后，随着法人主体出现，该制度又将法人破产纳入其中；最后，因社会信用在消费领域的极度扩张，作为消费者的自然人也被纳入破产法规范之内。我国因进入市场经济较晚，经济体制、法律文化与西方国家不同，破产法在我国的发展历程表现出独有的特点，这些特点造成在我国破产立法过程中，对于是否将自然人纳入破产法的适用范围一直存在较大争议。当前我国正处于市场经济纵深发展阶段，是否将自然人纳入破产法的适用范围已经是一个不可回避的问题。我国《深圳经济特区个人破产条例》（以下简称《深圳破产条例》）已经于2021年3月1日开始实施，将自然人纳入我国破产法的适用范围成为我国当前破产法修订

---

* 作者简介：张舫，重庆大学法学院教授，博士生导师。张涌，中豪（重庆）律师事务所合伙人。

的一个焦点问题。下面,笔者针对我国关于将自然人纳入破产的争议,分析其中的社会成本与收益,并对个人破产主体适用范围进行探讨。

(一)我国破产法适用范围的演进与争议

在我国破产法的立法过程中,适用范围是随着我国市场经济发展逐渐扩大的。中华人民共和国第一部破产法是1986年出台的《企业破产法(试行)》。严格来说,这部破产法还不具有市场经济破产法的性质。20世纪80年代,我国还处于计划经济向市场经济转型时期,市场经济体制尚未建立,公司、合伙企业、个人独资企业等市场主体尚不存在,该部破产法的主要功能是配合企业改革,解决经营困难的国有企业如何退出的问题,"意在通过建立企业破产制度,'倒逼'国有企业改革,改善管理,提高效益"。[①] 该法第1条规定的立法宗旨是:"为了适应社会主义有计划的商品经济发展和经济体制改革的需要,促进全民所有制企业自主经营,加强经济责任制和民主管理,改善经营状况,提高经济效益,保护债权人、债务人的合法权益,特制定本法。"这一规定充分反映出该部破产法出台的时代背景。该法第2条明确将适用范围确定为全民所有制企业。为解决非全民所有制企业破产问题,1991年《民事诉讼法》第十九章规定了"企业法人破产还债程序",将破产法的适用范围扩大到全部企业法人。在20世纪90年代以后,随着市场经济体制逐渐形成,公司法、合伙企业法、个人独资企业法等市场经济主体法先后出台,制定一部适应社会主义市场经济建设的破产法也成为实务界、理论界和立法部门共同的努力目标。[②] 经过长期的讨论与酝酿,2006年8月27日十届全国人大常委会第二十三次会议审议通过了《企业破产法》。在该法的制定过程中,学术界和实务界对适用范围便存在很大争议。根据学者总结,对该部破产法适用范围的主张共有三种:第一种意见认为,破产法应当适用于中国境内的所有企业法人和自然人;第二种意见认为,破产法应当适用于在中国境内的所有企业法人,而不能适用于自然人;这第三种意见认为,破产法应当适用于中国境

① 参见世文:《企业破产法(试行)出台——民主立法的一个范例》,载《中国人大》2014年第12期。

② 1994年、2003年两次启动新的破产法立法程序,2004年经过两次审议,最终在2006年8月27日十届全国人大常委会第二十三次会议审议通过。

内的所有的企业法人和依法核准登记的非法人企业。① 总结起来,上述三种意见便是一般破产主义、法人破产主义和商人破产主义。

最终的结果是《企业破产法》在适用范围上与此前破产法和民事诉讼法相比并没有发生实质性变化。《企业破产法》第2条将适用范围确定为企业法人。虽然第135条规定,企业法人以外的组织的清算,属于破产清算的,可以参照适用本法规定的程序,但对于合伙企业、个人独资企业来说,因出资人对企业债务承担无限责任,如果没有将出资人个人纳入破产法的适用范围,这种规定对债务人和债权人都缺乏吸引力。司法实践也表明,并没有合伙企业和个人独资企业适用《企业破产法》的案例。

(二)本次《企业破产法》修订中关于适用范围的争议与个人破产试点情况

我国对破产法适用范围争议的核心为是否将自然人纳入破产法的适用范围。长期以来,社会公众在观念上对个人破产的接受度并不高,公众这种观念上的障碍也影响了立法机关对个人破产的态度,致使立法机关一直对将个人破产纳入破产法持非常谨慎的态度。情况发生实质性变化是在2019年6月,国家发展和改革委员会、最高人民法院等13个部门联合发布《市场主体退出制度改革方案》之后。该方案明确,在进一步完善企业破产制度的基础上,研究建立非营利法人、非法人组织、个体工商户、自然人等市场主体的破产制度,扩大破产制度覆盖面,畅通存在债权债务关系的市场主体退出渠道;并将建立个人破产制度作为完善破产法律制度的重点工作之一。此后,是否将个人纳入破产法不再是《企业破产法》修订争议的焦点,争议的重点转变为两个:一个是对于自然人的适用范围问题,即是将全部自然人不加区分地纳入破产法适用范围,还是按一定标准将部分自然人纳入破产法适用范围;另一个是立法进程,即我国个人破产制度之设立是等各地法院个人债务清理和《深圳经济特区个人破产条例》经过一段时间适用、获得足够的经验之后,再对破产法作出修订在全国范围实施,还是在本次破产法修订中即可全面设立个人破产制度在全国范围实施。

对于自然人适用破产法的主体范围,当前有以下观点。第一种观点主张采用一般破产主义,认为,我国的社会观念、经济发展状况、司法资源和经验储备、

① 参见邹海林:《关于新破产法的适用范围的思考》,载《政法论坛》2002年第3期。

辅助制度等均为建立个人破产制度提供了充分条件，我国应采取一般破产主义，将全部自然人纳入破产法适用范围。[①] 第二种观点主张采用商人破产主义，认为现阶段我国社会保障制度、信用制度等还处于建立初期，采用一般破产主义的时机并不成熟，可以将破产法的适用范围扩展到依法登记设立的合伙企业、个人独资企业等商人主体。[②] 第三种观点为有限的一般破产主义，认为在市场经济条件下，随着人们参与商事活动的增多，出现了很多性质模糊、难以清晰界定商事、民事抑或其他法律性质的行为，因此不宜采取商人破产主义；但同时认为，农村居民的土地、宅基地具有一定的社会保障功能，产权具有特殊性，农村居民个人收入和财产构成与城市家庭收入和财产构成之间很难进行明确界分，因此农村居民不宜纳入破产法的适用范围。[③]

对于立法进程，有观点认为应采取先试点、后推广的渐进模式。理由是我国地区经济发展不平衡及生活方式、思维习惯等存在巨大差异，个人破产制度的推行不宜实行“一刀切”模式，可以在信用体系比较健全、经济发展较快的北京、上海、广州等一线城市先行建立试点；试点成功后，再在全国范围内推广。[④]

从《市场主体退出制度改革方案》的内容来看，对于个人破产，相关部门计划采取的是逐渐推进的方式。在“四、完善破产法律制度”的规定中，第(二)部分标题即为“分步推进建立自然人破产制度”。具体计划为：首先推动建立非营利法人、农民专业合作社、合伙企业等非法人组织破产制度，“重点解决企业破产产生的自然人连带责任担保债务问题。明确自然人因担保等原因而承担与生产经营活动相关的负债可依法合理免责”。然后再逐步推进建立自然人符合条件的消费负债可依法合理免责，最终建立全面的个人破产制度。也就是说，在个人破产能力上，该方案的计划是首先重点推进商人破产，然后再逐渐扩展到消费者破产，最后视条件采取一般破产主义。

在具体实施过程中，实际上是采取了先试点，后推广的做法。从2019年开始，浙江、江苏、山东等省部分地区开始个人债务清理试点工作。浙江省温州市

---

① 参见徐阳光、武诗敏：《个人破产立法的理论逻辑与现实进路》，载《中国人民大学学报》2021年第5期；李帅：《论我国个人破产制度的立法进路——以对个人破产“条件不成熟论”的批判而展开》，载《商业研究》2016年第3期。

② 参见徐蓉：《我国破产法的适用范围及其完善》，载《学习论坛》2004年第3期。

③ 参见赵万一、高达：《论我国个人破产制度的构建》，载《法商研究》2014年第3期。

④ 参见杨显滨、陈风润：《个人破产制度的中国式建构》，载《南京社会科学》2017年第4期。

中级人民法院、江苏省南京市中级人民法院、原江苏省吴江市中级人民法院、山东省东营市中级人民法院等相继出台了个人债务清理相关规则。个人债务清理试点实际上是在现有的执行和解程序框架下,参照个人破产程序,在债权人、债务人自愿的情况下对个人债务进行清理的一种尝试;因不具有破产法的强制性,债务清理需要经债权人同意方能达成最终和解。各地方法院的个人债务清理规则也没有对债务人区分商人和非商人,只是按照属地原则对适用范围作出了限制。真正具有个人破产法性质的试点是深圳经济特区。2020 年 8 月 26 日,深圳经济特区第六届人民代表大会常务委员会第四十四次会议通过了《深圳破产条例》。在制定过程中,该条例的适用范围也存在较大争议。条例初稿采取的是普遍适用原则,即一般破产主义。但在讨论修改过程中,人大监察和司法委员会的主流意见认为条例应该与《市场主体退出制度改革方案》精神一致,将适用主体限定在因生产经营活动不能清偿到期债务的债务人,因个人消费导致不能清偿债务的债务人不应纳入破产条例适用范围,以免给社会造成引导大众过度消费的错误印象。因此,在征求意见稿中,第 2 条将适用对象修改为:"在深圳经济特区居住且参加社会保险连续满三年的自然人,因生产经营活动不能清偿到期债务,并且资产不足以清偿全部债务或者明显缺乏清偿能力,依照本条例清理债务。"即将一般破产主义改为商人破产主义。但在征求意见过程中,市场监管部门、银行界和律师界认为,一般破产主义已是一种趋势,必要的生活消费债务也应当纳入个人破产原因,而且生产经营债务与生活消费债务无法区分,会增加法律适用的难度。最终通过的《深圳破产条例》第 2 条采纳了上述建议,规定为:"在深圳经济特区居住,且参加深圳社会保险连续满三年的自然人,因生产经营、生活消费导致丧失清偿债务能力或者资产不足以清偿全部债务的,可以依照本条例进行破产清算、重整或者和解。"即类似于一般破产主义。[①]

《深圳破产条例》的出台无疑是一个对个人破产非常有益的尝试,但对于当前《企业破产法》修订的借鉴意义有限。一方面,该条例从 2021 年 3 月 1 日起施行,时间过短,还谈不上经验总结;另一方面,尽管该条例采取了一般破产主义,但适用范围限于在深圳经济特区居住、且参加深圳社会保险连续满三年的自然

① 深圳经济特区的以上立法情况,参见白田甜:《个人破产立法中的争议与抉择——以〈深圳经济特区个人破产条例〉为例》,载《中国人民大学学报》2021 年第 5 期。

人。因深圳经济特区已全面城市化,对农村居民个人破产并无借鉴意义。因此,作为一部全国适用的破产法,是否在本次修订将个人破产纳入其中、如何确定个人破产的适用范围,仍是需要进行全面考量的问题。

(三)个人破产制度的存在争议的原因

如果将债务人资不抵债作为破产标志的话,破产本无区分不同主体的必要。有信用就必有破产,信用是人类社会普遍存在的现象,信用在社会中的运用并不会因不同社会类型、不同社会发展阶段、不同社会主体而存在或消失,因此,在破产状态下如何偿债是任何类型的社会、任何社会的发展阶段、任何社会的主体都会面临的问题。

理论上,只要有权利能力之人便应有破产能力。权利能力使任何人都可以通过法律行为发生信用关系,财务危机时的偿债问题是任何有权利能力的主体都可能面临的问题。从破产法的发展历史来看,最先出现的是针对个人的破产立法,在出现法人这种拟制主体之后才有了法人组织破产立法。我国破产法立法从清末开始,清末的《大清破产律》虽然采取了商人破产主义,但并没有排斥其他主体破产;其后北洋政府《破产法草案》和南京国民政府颁行的《中华民国破产法》都采取了一般破产主义。只是在中华人民共和国建立之后,我国长期施行的是计划经济体制,在改革开放后建立市场经济过程中,无论是观念、经济体制,还是在社会环境都需要一个准备、适应的过程,由此导致了我国破产法的发展历程呈现出与其他国家不同的轨迹,即率先推出的是企业法人破产制度,其他主体包括自然人、非法人组织、非企业法人都被排除在破产法适用范围之外。

经过30多年的市场经济建设,我国在经济体制、法治建设等方面都日臻成熟,观念和社会环境也发生了非常大的变化。在此情况下,制定一部符合市场经济规律的破产法也成为时代的要求。

如上所述,拥有权利能力的任何主体都可能存在信用行为,尤其是信用经济极度发达的当代社会,任何主体在参与社会活动中都会或多或少地借助于信用这种财务工具,而只要有信用行为,就可能出现因责任财产不足陷入资不抵债财务困境的情况。破产程序是将陷入财务困境债务人的清偿从个别的司法执行转入对债权人的统一、集体的清偿程序,这种特别的清偿程序一方面能够保障所有债权人在债务人资不抵债时获得公平清偿因而获得道德收益,另一方面在债权人集体利益最大化和节约诉讼成本上也会取得经济收益。[①] 如果从集体清偿程序的社会收益来看,我国破产法应该采取一般破产主义,即所有《民法典》规定的民事主体都应纳入破产法的规范范围,包括自然人、营利法人、非营利法人、特别法人和非法人组织,需要考虑的只是对于不同主体如何根据其特点设计更恰当的集体清偿程序。

将自然人纳入破产法适用范围之中会产生如此广泛的争议?笔者认为,其中的主要原因是个人破产法除了人们已经熟悉的集体偿债清算程序,还增加了人们此前不熟悉的制度:债务人破产免责制度。对于将个人纳入破产程序,立法的选择可以有两种,一种是传统的破产法,其目的仅仅是为了满足债权人公平受偿以及获得集体执行的成本收益。如何实现债权人利益一直是19世纪以前英美法系破产法唯一的目标,也是大陆法系破产法长期奉行的目标。直到19世纪以后,英美法系破产法才开始考虑债务人利益,而大陆法系破产法考虑债务人利益则迟至20世纪后期。[②] 破产法考虑债务人利益的主要表现为破产债务免责制度,其主要思想为:诚实而不幸的债务人应该获得社会同情;通过破产免责使他们摆脱沉重的债务压力,能够激发其创造财富的活力从而使整个社会获益。因破产免责与人们长期奉行的有债必偿的社会观念相冲突,也与责任财产的理念和制度不一致,因此产生对社会信用基础的冲击使人们对破产免责制度不免产生怀疑和犹豫。

我国理论界、实务界对个人破产法的建立一直存在着较大争议。这种争议体现为对设立个人破产制度必要性和可行性的探讨,这种探讨也影响到立法机关的立法决策。我国个人破产立法至今没有出台,说明立法机关对此是非常谨慎的。一项新制度通过立法的形式推出前,立法者必然要考虑该制度对社会的影响,而具体的考量因素当然是该制度带来的社会收益和成本。一项制度的必要性和可行性实际是建立在对该制度的社会收益和社会成本考量的基础上的。下面,笔者对我国建立个人破产制度的社会收益和社会成本试作分析。

---

① 破产法的集体清偿收益已是一种成熟的理论,在很多教科书中对此都有阐述。

② 参见贺丹:《个人破产免责的中国模式探究——一个国际比较的视角》,载《中国法律评论》2021年第6期。

(四)个人破产法的必要性与社会收益

对于将个人破产纳入破产法的必要性,学术界从以下几个方面作出了阐述。

1. 化解个人债务风险。笔者认为,我国市场经济的发展已经进入到高度个人信用阶段,信用借贷已构成国人生活的一部分,住房贷款、日常生活消费借贷已经使我国家庭负债率高启。"个人负债问题已经成为不定时炸弹,无法判断何时会被引爆,一旦爆炸必会给社会带来无可估量的影响。"而个人破产制度会化解这种风险。①

2. 为自然人提供合理的市场退出渠道。这种认识与《市场主体退出制度改革方案》的表述一致。笔者认为,我国现行的民事执行程序不能完全取代个人破产制度。在个人全面商化背景下,需要为个人提供有效的市场退出机制,否则必将影响市场经济的健康发展。②

3. 破产能力的主体平等性。笔者认为,无论从市场经济的角度还是从私法精神的角度,法人、自然人的破产能力都应该是平等的,对法人和自然人在破产能力的区别对待违背市场精神和私法精神。③

4. 与国际接轨。笔者认为,随着全球经济一体化,我国经济与世界经济日益融合,各项制度亦应逐步接轨。国际上大部分国家存在个人破产程序,我国个人破产立法与国际接轨更有利于我国与其他国家的经济来往。

5. 为诚实且不幸的债务人提供制度救济。笔者认为,我国民事执行制度和一些政策虽然为不幸的债务人提供了救济手段,但这些救济手段在覆盖面和稳定性上都存在问题,个人破产制度可以为不幸的债务人提供一种公平的、可预期的救济方法。④

对上述观点,笔者分析如下:

首先,个人破产法并不能化解个人高负债率带来的社会风险。个人破产如果设置余债免除制度,确实会化解个人债务危机;但高负债可能引发的社会风险

---

① 参见王枫:《我国建立自然人破产法律制度的思考》,载《重庆工商大学学报(社会科学版)》2012 年第 2 期。

② 参见赵万一、高达:《论我国个人破产制度的构建》,载《法商研究》2014 年第 3 期。

③ 参见姜宇轩:《执行程序视角下的自然人破产制度》,载《沈阳师范大学学报》2017 年第 5 期;周玉琦:《我国自然人破产制度构建的必要性与可行性》,载《呼伦贝尔学院学报》2013 年第 3 期。

④ 参见杨显滨、陈风润:《个人破产制度的中国式建构》,载《南京社会科学》2017 年第 4 期。

是出现大规模个人债务违约对金融和信用体系造成的冲击，这种风险并不是个人破产法可以化解的。个人破产提供的集体偿债程序也好、余债免责制度也好，并不会改变个人负债可能出现大面积违约的事实，这种风险与个人破产立法无关。

其次，仅仅从破产能力平等和为自然人提供退出市场渠道的角度说明个人破产法的必要性，缺乏说服力。所谓“退出市场”应该是指市场主体不再从事营业活动，这里的市场主体应该是指取得营业资格的合伙企业、个人独资企业和个体工商户，自然人不是营业主体，因此不存在退出市场问题。而根据《企业破产法》第 135 条，合伙企业、个人独资企业破产清算可参照适用现行破产法规定的程序，也就是说，合伙企业、个人独资企业并非没有通过破产程序退出的渠道。从破产能力平等的角度来看，有权利能力的主体都应被赋予破产能力，但仅从破产清算程序来看，这种程序的主要目标是保障债权人平等受偿，至于通过个别民事执行程序偿债还是通过破产清算程序偿债，对债务人利益影响不大。因此，自然人破产能力之有无对债务人利益并不会发生实质性影响。

现代破产法的主要功能有两个：一个功能是通过集体偿债程序保障每一个破产债权人都能够获得公平清偿；另一个功能便是债务人可以通过破产程序重获经济自由。而后者主要是针对自然人破产而言。笔者认为，建立个人破产制度的必要性应该从这两个方面的社会收益进行考量。

第一，破产法为法人企业涉及的集体偿债程序产生的社会收益，对个人破产清算也是有效的。破产法将陷入财务困境债务人的偿债从个别执行转化为集体执行，在保障债权人获得公平清偿的同时，也会节约司法成本，使破产财产价值最大化。破产制度的这些社会收益在破产法理论上已被充分论证，这些论证对自然人破产同样适用。

第二，将自然人获得“重生”作为个人破产法制度目标的必要性。给予自然人重生的机会到了近代以后才逐渐成为破产法的目标。为了这一目标的实现，破产法在自然人破产偿债程序中不但会为自然人保留维持基本生活的自由财产，还会在一定条件下免除自然人的债务，使其能够摆脱沉重的债务负担，获得“重生”机会。由于对债务人余债免除与契约必须严守的社会信用观念相冲突，因此这一制度便成为个人破产法的争议焦点。

制度是一个社会博弈的规则，是人为设计的、形塑人们互动关系的约束。因制度界定并限制了人们的选择集合,由此带来不同群体的利益变动会改变对人们行为的激励,因此会影响整个社会的绩效水平。① 制度对社会的影响一般是财产性的。当自利的人们在与他人进行经济交往时,在经财产利益得失计算的行为后果往往会决定人们如何行动。制度的功能是通过确定一个社会共同认可并遵守的规则为人们对自己的行为后果提供一个稳定的预期,当一项新的制度改变了人们对行为后果的预期时,人们在行动时就会按新的制度重新计算利益得失。因此,新的制度会改变对人们经济行为的激励,形塑人们的经济行为,进而对社会财富的生产和流通效率产生影响。在人们的社会交往中,行为的动机并不全是经济性的,获得"怜悯""同情""崇高""高尚""公正""正义"等道德上的心理满足也是人们非常重要的行为动机。因此,当一项制度在道德上获得社会公众广泛认同之时,该制度在形塑人们互动关系时便会使社会处于一种和谐、愉快的氛围之中,这是制度的一种非财产社会收益。

任何制度的实施都是有成本的。制度成本可以分为经济性的和非经济性的。经济性成本是制度实施造成社会财产总量的减少,而非经济成本是制度的实施带来人们在观念和道德情感上的不适感。出台一项新制度需要对该制度实施的后果进行效率评估,而评估的基础便是对制度带来的收益与成本的分析。下面,笔者主要针对个人破产的余债免除制度进行经济性和非经济性收益进行成本与效益分析。

(五)余债免除的经济效益与经济成本

1. 余债免除制度的社会经济收益

余债免除的制度目标是通过免除债务人无法清偿的债务,从而给予"诚实且不幸"的债务人重生的机会。按这一制度目标,余债免除的经济收益包括以下几个方面:

第一,摆脱债务压迫的债务人"重生"能够更多地创造社会财富。余债免除的社会经济收益主要来自债务人获得重生后产生的经济生产力。当一个人背负着沉重的债务时,一生中所获得的任何财产被用于偿还债务。这种状态虽然能

① 参见[美]道格拉斯·C. 诺思:《制度、制度变迁与经济绩效》,杭行译,格致出版社、上海三联书店、上海人民出版社2014年版,第3页。

够使债权人的利益得到最大限度的满足,但却压制了债务人创造财富的能力,不仅会影响社会财富的增加,对债权人也可能是无意义的。处于财务困境的债务人如果缺乏创造财富的热情,债权人的债权也难以实现。如果通过破产程序免除债务人的债务,债务人创造财富的能力就会得到重新释放。虽然债权人在利益上作出了一定让步,但由此产生的经济生产力会使整体社会财富得以增加,这一社会收益是所有国家在个人破产法设置余债免除制度的主要经济理由。

第二,诱使债务人配合偿债。债权人通过普通民事执行程序实现债权,首先要查清债务人的财产,但如果没有债务人配合,民事执行机关会为此花费很大成本;而且,即便执行机关作出了足够的努力,对债务人为逃避债务刻意隐瞒或转移的财产也难以发现,有时甚至连债务人都难以找到。民事判决执行难长期困扰着我国各级法院,根据原最高人民法院周强院长的总结,执行难主要表现在查人找物难、财产变现难、排除非法干预难三个方面,其中第一个、第三个方面是债务人不予配合造成的。对于"查人找物难",周强院长指出:"人民法院通过登门临柜的方式查找被执行人行踪和财产,不仅耗时费力、成本高昂,而且能够覆盖的地域范围和财产形式十分有限。"[①]余债免除制度将债务人在进入破产程序后配合法院和管理人进行财产清理和债务清算作为享受余债免除待遇的条件;在给予诚实债务人以破产程序免除债务余额优惠的同时,惩罚实施欺诈债权人行为的债务人。这些规定会在一定程度上对债务人配合法院和管理人执行债权人集体偿债程序产生激励作用,对破解"执行难"问题有一定帮助。但是,上述收益只是理论推测,能否真正实现还有待于观察。

余债免除对债务人创造财富的影响,从正面激励来说,"债务人如果能从债务中解脱出来,并得保留其劳动成果,将会具有更大的工作动力并重新成为富有创造力的社会成员——这对于全社会显然有所裨益"。[②] 在面临债务压力时,如果巨额债务预示着一生无论如何都无法清偿的绝望,通过余债免除产生这种激励无疑是正确的;但当债务人经过自己的努力有可能偿还这些债务时,债务压力也可能刺激债务人付出更大的努力创造更多的财富,而余债免除则可能使债务

① 原最高人民法院院长周强:《最高人民法院关于人民法院解决"执行难"工作情况的报告》(2018 年 10 月 24 日第十三届全国人民代表大会常务委员会第六次会议)。

② 参见[美]查尔斯·J. 泰步:《美国破产法新论》,韩长印等译,中国政法大学出版社 2017 年版,第 1044 页。

人安于现状而失去创造更多财富的动力。

对于债务人配合破产清偿程序的激励,最早在破产法中设置余债免除制度的《英国破产法》便是为了引导债务人配合破产清算程序。美国有学者认为,免责好比诱使债务人在破产案件中进行合作的胡萝卜,从而发掘尽可能多的债务人财产以用于对债权人的分配。① 但这种收益也是不确定的。民事判决“执行难”一直是困扰人民法院的突出问题,也是社会广泛关注的问题。“执行难”的案件可分为两大类,一类为被执行人完全丧失履行能力,经核查确无财产可供执行,客观上不具备执行条件无法执行的案件;另一类是被执行人恶意抗拒执行的案件。根据周强院长2018年《最高人民法院关于人民法院解决“执行难”工作情况的报告》,前一类案件在2017年占进入执行程序案件的43%;后一类案件所占比例虽然没有在该报告中提及,但根据“全国法院切实解决执行难信息网”登载的本报告参阅资料,自2013年至2018年9月,被判处拒不执行判决、裁定罪的人数逐年增加,2018年9月,被判处拒不执行判决、裁定罪的人数比2017年全年的人数增加了39.32%,至2013年全年人数多了11倍;2018年1~9月拘留失信被执行人的人数比2013年全年人数多123.33%。这些数据虽然彰显了我国法院执行力度不断增加,但另一方面也说明被执行人利用各种方法抗拒执行的情况非常严重。周强院长在分析执行难的原因时指出:“一些公民的法治观念和诚信意识不够强,覆盖全社会的征信系统尚未形成,社会成员信用记录相对缺失,对多头开户、各种财产在他人名下形式登记等基础性信息缺乏有效掌握,守信激励和失信惩戒机制尚不健全。”②在这种环境下,余债免除制度能否激励那些本不打算清偿的债务人主动配合法院和破产管理人查明财产不免令人怀疑。另外,余债免除制度还可能对具备清偿能力的债务人产生一种负面激励,即利用余债免除制度逃避债务。在强制执行持续的高压下,社会生活受到极大限制的失信债务人一直处于紧张状态,这些债务人可能会利用余债免除制度摆脱这种状态。如果个人破产法对在免责考察期内债务人财产的调查和监督弱于执行法院对逃避执行的被执行人的调查和监督,这种负面激励就会更强。不容否认,我国目前

① 参见[美]查尔斯·J.泰步:《美国破产法新论》,韩长印等译,中国政法大学出版社2017年版,第1046页。

② 原最高人民法院院长周强:《最高人民法院关于人民法院解决“执行难”工作情况的报告》(2018年10月24日第十三届全国人民代表大会常务委员会第六次会议)。

在社会信用体系建设和调查债务人财产的手段已有了很大提升,但这种提升能否阻止不法债务人的机会主义行为仍需要进一步评估。

2. 余债免除制度的社会经济成本

余债免除制度可能产生以下社会经济成本。

首先,余债免除制度可能对社会信用产生冲击。现代社会的经济发展已离不开个人信用,而信用经济的繁荣是建立在“契约严守”这一共识基础上的。契约严守的共识为债权人提供一个稳定的预期,这一稳定的预期对信用社会的繁荣会起到正面激励作用。余债免除制度打破了契约严守的预期,增加了信用风险,会对人们的信用行为会产生负面激励效果。当一个有能力为他人提供信用的人确切地知道其所提供的信用会因债务人意外陷入贫困而免于清偿,他可能的反应便是惜贷。惜贷不但会造成希望借助信用解决生活问题的个人更加困难,也会造成借助信用从事生产经营的个人失去营利机会。信用的减少会导致社会整体经济收益减少。

其次,余债免除制度可能产生对过度消费或过度冒险投资的激励。在当代社会,“寅吃卯粮”的信用消费已成为很多人的习惯。信用消费以消费者未来收入为信用基础,面对未来偿债的压力,理性的信用消费者在作出信用消费决策时,会对自己未来收入与信用消费额度进行审慎比较与评估。余债免除制度在一定程度上解除了信用消费者未来偿债的压力,这种压力的解除可能减少消费者在作出信用消费决定时的审慎程度,甚至激励一些消费者故意利用这种制度过度消费。

(六)破产余债免除制度的非财产社会收益

1. 余债免除制度社会道德收益的历史脉络

破产法是人们处理债权债务关系的一种特殊规则。虽然破产法的规则主要影响的是人们的经济利益,但破产法发展的历史却一直受到社会道德观念的影响。在处理债权债务关系上,“欠债还钱”一直是人类社会在伦理上认同的道德准则,这种道德准则即便是当代社会也没有彻底改变。但是这种观念在人类历史的发展过程中也在发生变化。对于陷入财务困境的债务人,社会的道德观念从最初毫无差别的谴责逐渐过渡为对因意外、不幸或交易失败等客观原因致贫的债务人的同情和宽宥,这种道德观念的变化对个人破产法的制度具有重要影响。

在人类社会早期,当债务人无力清偿债务时,“欠债还钱”的道德准则给予了债权人在道德上的优势地位,债权人不但可以采取暴力手段强迫债务人偿债,而且对无法清偿的债务人可以施加人身惩罚。人类历史上最早的破产法《英国1543年破产法》,便在序言中阐述了这种道德观念:“形形色色的债务人狡猾地占有了他人大量财产后突然消失,或者紧闭家门,不打算想向债权人偿还债务或者履行义务,反而用从他人那里获得钱财随心所欲地享乐并过着优越的生活,违背了所有的理性公正和社会良知……”①该部破产法实际是将债权人对债务人的暴力收债和人身惩罚转变为以国家暴力强制收债并以刑法惩治欠债不还的债务人。

随着人类文明的进步,人们逐渐意识到,对无力清偿的债权人不加区分地施加惩罚在道德上并不一定是完全正确的。商业经营本来就是一种充满风险的行当,意外、灾难和决策错误都可能造成商人巨额亏损。对于那些诚实而不幸的商人,社会应予以同情,只有那些通过欺诈手段逃避债务的人才应予以惩罚。在此观念的影响下,1570年修订的《伊丽莎白破产法案》使用了“破产行为”(the act of bankrupt)这一概念,即“打算或者目的在于欺诈或者损害……债权人……逃避对债权人的公正债务或义务的行为”。破产法惩罚的对象便是那些做出了破产行为的商人。② 在此后历次对破产刑法的修改中,作为惩罚对象的破产行为,都具有欺诈债权人特征,在道德上具有可谴责性。对此,有学者认为:“在早期的英国法中,破产并不是一个衡量资不抵债状态的数学标准,而是一种社会标准和行为类型。”“早期英国法确实将债务人的经济状态作为破产的一个必要条件,但并不是充分条件……这些条文在适用时还要顾及欺诈准则,尽管这种顾及是采取

---

① See Robert Weisberg, *Commercial Morality, the Merchant Character, and the History of the Voidable Preference*, 39 Stanford Law Review 3(1986).

② 在1570年修订的伊丽莎白破产法案(Statute of Elizabeth)中,将破产行为规定为:(1)逃离国境;(2)闭门不出会或者缺席;(3)逃往庇护所;(4)通过虚假的告诉使自己被判决执行;(5)故意犯罪使自己被监禁;(6)逃离自己的住所;等所有打算或者目的在于欺诈或者损害……债权人……逃避对债权人的公正债务或义务的行为。参见Garrard Glenn, *The Diversities of the Preferential Transfer: A Study in Bankruptcy History*, Cornell Law Quarterly, Vol. 15: 4, p. 521(1930)。

一种极为宽泛的形式。”①

将诚实而不幸的债务人予以同情和宽宥的道德观念充分体现出来的现代破产法标志有两个：一个是余债免除制度出现，另一个则是允许债务人自愿申请破产。这两个制度的出现不仅使诚实而不幸的债务人免于惩罚，而且会从中获得收益。使诚实而不幸的债务人免于惩罚，阻止了债权人对那些值得同情的债务人施加报复，在道德上具有无可指责的正确性；但余债免除制度让债务人不但不再受到惩罚，而且还可以自己提出破产申请免除债务，这与欠债还钱的基本道德准则发生严重冲突。因此，两个制度的出现不但在社会上存在较大争议，而且导致在破产法制度设计上不同国家也存在着较大的差异。

最早提出债务人余债免除思想的是 17 世纪至 18 世纪的英国作家笛福。笛福认为，英国的破产法不加区分地对债务人施加惩罚失去了英国法律应有的仁慈，其过分的严厉和僵化造成宽严失当。贫穷的债务人也是联邦国民，也应该得到国家的关怀。破产法应该将道德败坏的债务人与诚实的债务人区分开来。对于违背社会道德的债务人，破产法应予以严惩；而对于诚实而不幸的债务人，破产法应该给予关怀，债务人只要能够证明是因为经营失败或发生巨额亏损导致其无力偿债，其财产应可以获得部分小额豁免并免除余债。②

但是这一思想落实到立法上却经历了漫长的时期。最早在破产法中作出债务人余债免除规定的是 1705 年的《英国破产法》，但这种余债免除规定的目的并不是出于对债务人的同情，而是为了说服破产债务人在破产程序中予以合作；债务人不得自愿提出申请通过破产获得余债免除，而必须是债权人申请，而且余债免除必须获得 4/5 债权人、破产委员会以及大法官的同意。这种余债免除制度的控制权完全掌握在债权人手中，对于债务人的意义并不大。直至 1824 年，英国

① 这种认识，在债务人被监禁的情况下是否适用破产法表现地尤其突出。债务人被监禁在客观上可能会使债务人拖延债务或者减少对其个人财产的执行，对于这种情况是否适用破产法的惩罚，英国 1604 年、1623 年破产法引入了积极(constructive)和消极(passive)的概念，如果一个人蓄意策划自己被羁押，如通过一个朋友以虚构的债务声请对自己进行民事羁押，就构成破产行为；反之，如果一个人因为不能支付真实的债务被民事羁押，则是被动行为，并不构成破产行为；因为资不抵债仅仅是破产行为的一个条件，并不具有破产行为所要求的反社会性。参见 Robert Weisberg, *Commercial Morality, the Merchant Character, and the History of the Voidable Preference*, Stanford Law Review, Vol. 39:3, p. 3 – 138(1986)。

② See Robert Weisberg, *Commercial Morality, the Merchant Character, and the History of the Voidable Preference*, 39 Stanford Law Review 3 (1986).

才允许商人通过破产寻求余债免除;1842 年英国废除了余债免除必须经债权人同意的规定,将免责问题交给法院决定。①

美国第一部联邦破产法 1800 年《破产法》大部分承袭了英国破产法的内容。19 世纪初期,美国最高法院认为,州法不能对债务人的剩余债务进行免责,否则将与宪法相悖。1841 年《美国联邦破产法》曾允许债务人通过破产申请获得债务余债免除,但因大量债务人获得免责并造成债权人获得极少的分配,该法在 1 年后废止。美国正式稳定地确立债务人余债免除制度的联邦破产法是《1898 年破产法》。在立法过程中,美国社会对债务人余债免除制度曾存在着非常激烈的争议。反对余债免除的人认为,破产法只是债权人获得公平清偿的一种纯技术程序,并不肩负除此之外的道德任务。商场上一个无可争议的准则便是欠债还钱,没有任何道德准则证明免除债务人用未来的收入偿债是公正合理的。债权人之所以给予债务人信用,依据的不仅仅是债务人当前的财产,还包括债务人未来的收入,破产法的余债免除制度不但破坏了欠债还钱这一准则,还摧毁了债权人对债务人的信任基础。此观点也承认对贫困债务人的救济是破产法一个非常好的目标,但认为破产法发挥这种作用只是在短暂的经济危机时期,在常态化的经济稳定时期,就应该回归到古老的原始原则,即对所有诚实的债务应该给予清偿。②

我国破产法的发展历史与其他国家不同。虽然清末和民国的破产法都未将自然人排除在外,③但并未对《企业破产法》产生任何影响。《企业破产法》并非如西方国家那样起步于自然人而是起步于法人,因此在破产法制度设计上主要考虑的是经济效率,道德问题不是也不需要成为破产法制度设计的考虑因素。《市场主体退出制度改革方案》将个人破产作为完善破产法的一项重要工作,虽然在总体目标上只提及了建立各类市场主体便利、高效、有序退出制度的经济目

① 参见[英]费奥娜·托米:《英国公司和个人破产法》,汤维建、刘静译,北京大学出版社 2010 年版,第 8 ~9 页。

② See Robert Weisberg, *Commercial Morality, the Merchant Character, and the History of the Voidable Preference*, 39 Stanford Law Review 3 (1986).

③ 我国清末立法的《大清破产律》聘请日本专家为顾问,因此《大清破产律》仿日本破产法,将适用范围限于商人;但在第 8 条规定:"凡虽非商人,有因债务牵累自愿破产者,亦可呈明地方官请照本律办理。"其后,北洋政府起草的《破产法草案》和南京国民政府颁行的《中华民国破产法》都采取了一般破产主义,即对破产法适用范围不作限制,适用所有的主体。

标,但为诚实而不幸的债务人提供“重生”的机会显然应该是本次个人破产立法的一个目标。诚如一位英国学者指出:“当破产是个人时,显而易见,债务人的重振必定是破产法的目标之一。”[①]而使债务人得以重振的主要制度是余债免除。在余债免除与欠债还钱这种长期被社会认可的道德准则相冲突时,我国破产法的立法者第一次面临着对一个制度的道德考量问题。有一些学者认为,我国有“欠债还钱”“父债子还”的传统观念,如果个人破产确立余债免除制度,公众可能难以接受;[②]而有的学者认为,建立个人破产制度可以帮助社会树立破产免责理念,重新理顺社会日常债务关系,重新构筑新的“债务观”,对社会债务清偿文化进行引导。[③] 对于我国“欠债还钱”“父债子还”的传统,可以从我国古代、近代立法中找到论据,但这种观念在当代中国社会存在的情况以及是否因此而影响到社会公众对余债免除个人破产制度的接受度只是学者进行的推测,并没有大规模的社会调查作为依据。有学者对这些问题进行了问卷调查工作,调查的结果是大部分被访者认可“社会应接受诚实而不幸的债务人不能清偿到期债务时,可以利用个人破产程序解决债务问题”;从被访者回馈情况看,“欠债还钱,天经地义”以及“父债子偿”等传统观念,在受访者群体中并没有获得广泛认可,反而大部分的受访者对诚实而不幸的债务人抱以同情、宽和的态度。[④]学者的这一调查虽然在一定程度上反映出社会在债务人重生与欠债还钱的观念发生冲突时可能的态度,但因样本较少(571 份问卷),尚不能依此得出确切结论。[⑤] 我国司法实践中的一些经验也许能够在一定程度上说明问题,如最高人民法院民二庭课题组对江苏省苏州市吴江区人民法院债务清理案件进行了考察,经过与债权人沟通,收集社会公众意见,邀请代表委员见证,发现在吴江区人民法院审理的多起个人债务清理案件中,免除债务并非公众抵制自然人破产的核心原因,债权人

---

① 参见[英]费奥娜·托米:《英国公司和个人破产法》,汤维建、刘静译,北京大学出版社 2010 年版,第 44 页。

② 参见张善斌、钱宁:《个人破产热点的冷思考——以立法条件的考量为中心》,载《法学家》2021 年第 6 期。

③ 参见刘冰:《论我国个人破产制度的构建》,载《中国法学》2019 年第 4 期。

④ 参见汤维建、胡守鑫:《个人破产制度构建中的理论分歧、共识与反思——基于 571 份调查问卷的实证研究》,载《中国应用法学》2021 年第 5 期。

⑤ 该学者也认为,社会大众是否仍秉持着“欠债还钱,天经地义”等传统观念有待论证,而这关乎个人破产制度能否被我国大众所接受的问题。

抵制自然人破产的主因是担忧自然人破产会引发逃废债、个别清偿。①

2. 余债免除的社会道德价值

对于个人破产法的社会道德收益，笔者认为，主要的衡量点在于为诚实而不幸的债务人提供重振机会，具体而言便是债务人的余债免除制度。我国有学者认为，破产是破产，免责是免责，免债对于破产来说，属于一种具有调整意义的次生工具，二者并不必然捆绑在一起，不应将我国当前的个人破产法仅仅作为免责法来讨论。这种认识虽然有一定道理，但笔者认为，债务免除之所以成为个人破产法讨论的热点，是因为债务免除是个人破产制度与法人破产制度的唯一区别。对于以债权人公平受偿为目标的破产程序，个人破产与法人破产并无多大区别，破产主体是自然人还是法人对这种程序的适用并不会产生实质性的影响。以法人破产为对象的破产法在我国已实施多年，尽管仍存在很多需要完善的地方，但社会公众对此已经过了几十年的适应过程；而且，对这种债权人集体偿债程序的设计更多是基于经济效率的考量，较少涉及道德评价。如果个人破产不考虑债务人重生问题而只考虑债权人公平受偿问题，将个人破产制度纳入现行破产法在制度上并不需要作出实质性改变；而且，我国的民事执行程序已有债权人参与分配制度，因此也就不会引起如此广泛的争议。

但是，如果在个人破产的制度目标中加入了为债务人重生提供机会，情况就会发生变化。为达到使债务人重生的目的，个人破产法需要为无力偿债的债务人保留维持重生的财产，对债务人无法清偿的债务给予一定程度的免除是个人破产法必然采取的措施，这实际上是法律强制改变了因债权人与债务人自治形成的利益格局。当事人自治是私法构建社会秩序最重要的伦理基础，无论是财产权利的取得、让渡，还是契约的缔结，尊重当事人的意思都是其中的基本原则，在这种原则下形成的利益分配格局也因此获得了社会伦理上的认可。如果法律罔顾当事人的意思而强制改变当事人自治形成的利益分配格局，在道义上予以说明成为必然。

对诚实且不幸的债务人给予同情和帮助在社会道德观念上不难达成共识。每一个善良而高尚的人对不幸之人都会怀有一颗同情之心；个人破产法将债务

① 参见最高人民法院民二庭课题组等：《司法实践视野下自然人破产免责制度的构建》，载《法律适用》2022 年第 2 期。

人重生作为目标就彰显了这种善良的道德情怀,无疑会在道德上获得社会收益。个人破产法给予重生的对象仅仅是“诚实且不幸”的债务人。“诚实”意味着陷入财务困境的债务人在道德上不具有可谴责性,即债务人陷入财务困境并不是因欺诈、违法犯罪或者追求享乐等社会道德不予认可的行为造成的;因此,给予这些债务人帮助不会造成社会道德的反感。“不幸”则意味着导致债务陷入人财务困境的因由是债务人无法控制的。社会生活中的每个人面临着各种不期而至的风险,这些风险超出了人们控制能力,重大疾病、意外事故、突发事件、社会环境突变乃至经营决策失误都可能使一个人陷入一生都无法摆脱的财务困境。对于这些人给予帮助,使他们摆脱沉重债务获得重生,在社会上能够获得“共情”。

引起争议的是这种社会道德收益的成本负担问题。保护弱者的立法是现代社会常见的现象,如《劳动法》《消费者权益保护法》等。这些法律的出现并不是因为“强者”在财产或信息等方面相较对方占有优势,而是因为“强者”利用这些优势“欺凌”弱者造成了不公平的后果。因此,这些法律并没有去削弱“强者”的优势,而是对强者“欺凌”弱者的行为作出限制以改变利益分配不公的结局。在道德层面上,具有财产、信息等优势本身并不具有可谴责性,具有可谴责性的是“恃强凌弱”的行为。因此,这些法律对“恃强凌弱”行为的限制在“正义”的道德感情上会获得社会认同。个人破产法将债务人重生作为目标之一,也可以理解为将债务人作为弱者给予保护。但是,以余债免除作为实现目标的手段却会在道德评价上引起争议。

首先,余债免除相当于强制债权人对债务人作出捐助,而强制捐助行为在道德上难以获得社会习惯的认同。对处于困境的债务人给予照顾来自人们对债务人的同情,而同情这种道德感在激励人们采取行动上力量较弱。按社会习惯,恰当的同情激励行为是对不幸者自愿给予帮助,即捐助,典型的行为便是慈善捐助行为。即便同情是一种社会美德,社会习惯也不会强制要求每个人或某类人对弱者给予帮助。

其次,债权人对债务人生活状况恶化不具有任何道德上的可谴责性。在保护弱者的其他法律中,强者“恃强凌弱”的行为具有道德上的可谴责性;但债权人对债务人因陷入财务困境导致的生存状态恶化并没有任何不当行为。一个债权人以自己的财产为债务人提供信用,增加了债务人的可用财产,这只会改善债务人的生存状态而不会恶化债务人的生存状态。

再次,为社会集体道德收益强行压缩了债权人个体利益可能造成社会道德的不适感。债务人负债来自债权人的财产,而债权人的财产也是通过自己的辛苦努力获得的,对诚实且不幸的债务人免除债务,实际上是强迫债权人用自己的财产为这一制度所获得的社会道德收益买单。对个人财产权的尊重是社会普遍认同的道德法则,“欠债还钱”“父债子还”生动地表达了对这种道德准则的认同感。余债免除通过强制剥夺债权人财产的方式实现社会道德收益,不但债权人可能感到心绪难平,社会公众对此的道德认同度也可能不高。

最后,强制的余债免除剥夺了债权人的道德收益。如果债权人怀有一颗悲悯之心,对于生活困苦的债务人可能会免除其债务。虽然免除债务会给债权人带来财产损失,但社会对债权人的赞誉、债务人对债权人的感激会使债权人获得一种道德上的满足感。如果立法强制债权人免除债务人债务,社会的赞誉和债务人的感激便会因此消失,而为此付出成本的债权人却没有获得任何个人收益。

(七)余债免除的司法成本和行政成本

余债免除实际是债权人和债务人按破产法规定达成的一个债务免责契约。债务人需要按破产法的要求诚实地履行申报财产、报告自己在免责考验期的收入等义务,债权人只有在债务人履行义务达到要求时才会给予债务人余债免除的让步。这一契约的履行需要第三方监督,监督履行的第三方为法院、行政机构和破产管理人。这种余债免除的监督也会花费成本,如果制度执行的成本过大,这一制度在执行过程中就会发生扭曲,人们期许的社会收益不但不能实现,甚至还可能产生预料不到的负效应。

1. 余债免除制度的司法成本

在司法成本来的计算上,个人破产法的余债免除制度与破产清算制度完全不同。个人破产法的清算程序不但不会增加司法成本,反而会减少司法成本。如果将陷入财务困境的个人债务人的债务清偿全部纳入破产程序,当前通过民事执行程序对债权人逐一清偿的司法费用就不会发生。如果破产清算程序花费的司法资源少于普通民事执行程序,将陷入财务困境自然人通过普通民事执行程序的个别清偿转换为通过破产清算程序的集体清偿就会产生节约成本的效果。但余债免除制度却与此不同。我国的民事执行程序中并无与余债免除相似的制度,余债免除制度的设立并不会产生破产清算程序节约成本的替代效应。

余债免除是一个新增的制度，由此带来司法工作量和费用支出是一种净增加的成本，而且，司法人员熟悉新制度需要额外付出的精力和时间也是一种成本。

2. 余债免除制度的行政成本

我国当前的破产法并没有设置破产事务的行政管理部门，与破产有关的事务全部归法院管理。《深圳破产条例》打破了这一格局。该条例设置了一个破产事务行政管理机构，其职责包括管理破产管理人事务（确定管理人资质，建立管理人名册，按规定提出管理人人选，管理、监督管理人履行职责）、提供破产事务咨询和援助服务、协助调查破产欺诈和相关违法行为、实施破产信息登记和信息公开制度、建立完善政府各相关部门办理破产事务的协调机制等。① 该部分成本对于个人破产来说是净增加的成本。破产事务管理应该由法院负责还是由行政部门负责，对破产法整体来说是一个政策选择问题。如果将当前法院管理的部分破产事务划归到某一行政部门管理，也可能会产生制度替代的节约成本效果，这取决于法院管理这些破产事务所花费的成本和行政部门管理这些破产事务所花费的破产成本之间的比较。但是，对于个人破产来说，因原来的民事执行程序并不需要这些事务管理，因此，无论如何这都是一种新增的净成本。

3. 破产管理人成本

设置破产管理人管理破产事务是一种通行的做法。破产管理人的社会成本主要体现在破产管理人为管理破产事务付出的精力和劳动对社会财富的影响上。破产管理人在个人破产中付出精力和劳动意味着这些精力和劳动未能在其他方面创造财富可能造成的损失。同样，这也是一个人破产法新增的净成本，而民事执行制度没有这方面的成本。

（八）余债免除制度的绩效评估与立法选择

立法绩效评估是对立法实施后可能带来的社会总收益的评价。如果一项立法可能带来的社会总收益是正的，那么该项立法便是有效率的；反之则是无效率的。从前文分析可以看出，余债免除制度所带来的社会经济收益和成本损失都是不确定的，因此很难对由此产生的社会经济总收益进行准确评估。对于非经济性收益，余债免除制度的社会道德收益是确定的，而因此带来的社会道德成本

---

① 参见《深圳破产条例》第155条。

却是不确定的。因此,对社会道德总收益的评估也面临困难。

但是,从20世纪后期开始很多经济发达国家把余债免除制度纳入了个人破产法。美国经济学家诺思认为,制度变迁不能仅由相对价格的变化而得到全部解释,在其中起重要作用的乃是一种观念。“制度,通过降低我们为我们的观念付出的代价,而使观念、教义、时尚以及意识形态等成为制度变迁的重要来源。”① 笔者认为,引起这种制度变迁的动力是人们观念的改变,即对诚实而不幸债务人的同情在与“有债必还”的道德准则冲突中占了上风。对于我国个人破产立法来说,债权人对诚实而不幸的债务人作出一定的让步已具有一定的社会道德基础,学术界大部分观点也认为我国个人破产立法需要设立债务余债免除制度,但债权人在何种条件下对债务人作出让步、让步的程度如何等问题仍是制度设计中需要考量的问题。

另外,我国人口众多,自然人数量之庞大非其他主体可比。虽然陷入财务困境的自然人只占极少部分,但即便是极少部分,在总数上也会远超陷入财务困境的企业法人。余债免除制度是一种新的制度,由此带来的司法、行政和管理人的大量工作和费用是新增的社会成本。如果马上推出这一制度,我国现有的司法资源、行政资源和管理人队伍能否支撑如此庞大的成本支出也是需要考虑的问题。

基于上述考虑,笔者对个人破产法的适用范围和进程得出以下结论:

首先,在破产法的适用范围上应采取一般破产主义。自然人无论是因经营负债还是因其他情况负债,都应有资格适用破产清算程序和余债免除程序等破产法提供的财务清理机会。在英国历史上曾经存在过破产程序仅仅适用于商人的时期,理由是只有商人才会出现因不幸而遭遇财务困境的情况。在现代社会,这种理由已不能成立。给予债务人有尊严的生活并使债务人获得重振的机会在当今社会已被上升到了基本人权高度,这种基本人权不能因债务人职业、居住地的不同而异。农村居民确实在收入、财产结构、产权性质等方面具有特殊性,但是,这种特殊性并不能说明农村居民对个人破产免责没有需求,也不能以此为由将农村居民排除在个人破产法之外。有的国家考虑农业经营中土地等因素的特

① [美]道格拉斯·C. 诺思:《制度、制度变迁与经济绩效》,杭行译,格致出版社、上海三联书店、上海人民出版社2014年版,第101页。

殊性，对农场主的破产作出了特殊处理，如《美国联邦破产法》第 12 章。笔者认为，对于农村居民的这种特殊性可以在个人破产法的制度设计上予以特殊考虑。当前，我国农村土地制度正在进行改革，土地权属状态和流转方式等正处于不稳定时期。因此，对于将农村集体成员的破产纳入个人破产法，从目前的情况看，尚不具备条件，需要等农村产权制度稳定之后，再根据情况单独为农民集体成员中的个人设计具体的个人破产制度。而且，我国当前人口流动较大，有很多农村户口的人员已在城镇购房生活多年，以户籍作为城镇人口和农村人口的划分标准与现实状况会存在较大差异，在个人破产法中区分城镇居民和农村居民在实际操作层面上也面临困难。

其次，关于立法进程，我国对个人破产立法已作了一定的准备，从 2019 年开始的个人债务清理试点到深圳经济特区个人破产法的出台，都体现出对我国个人破产逐渐推进的过程。目前面临的问题是，这些试点的准备工作是否充分反映出我国个人破产立法制度设计中需要解决的问题，我国当前的司法机构、行政机构和破产管理人机构是否对此作好了准备。根据《法治日报》报道，《深圳破产条例》从实施到 2022 年 2 月 28 日共收到个人破产申请 1031 件，面谈辅导申请人 594 人，启动个人破产申请审查 74 件，听证调查 59 人，启动破产程序 25 件，总计审结 72 件。[①] 从这些数字可以看出，个人破产申请人的数量是非常大的。由于处于摸索阶段，深圳中院对案件的审查较为谨慎，1031 件破产申请只有 74 件进入了破产程序。如果通过破产法修订将个人破产制度在全国范围内实施，法院将面临巨大的压力。个人破产制度，尤其是自由财产豁免制度和余债免除制度，各个国家根据不同国情有着不同的设计，《深圳破产条例》的实施对建立适合我国国情的个人破产制度非常有意义。但笔者认为，深圳个人破产条例 1 年的实践尚不足以反映我国破产立法需要解决的很多问题，我国法院对个人破产在全国范围实施无论是在知识储备上还是在人员配备上还需要进一步作好准备。当前较为合适的选择是在深圳经济特区之外再选择几个具有代表性的城市进行类似的个人破产试点，经过两到三年经验的总结之后，再以立法的形式构建全国适用的个人破产制度。

---

① 参见唐荣、李文茜：《为“诚实而不幸”的创业者兜底》，载《法治日报》2022 年 3 月 11 日，第 4 版。

二、余债免除制度

余债免除制度是自然人破产与其他主体破产最重要的区别。民事主体分为自然人和组织两大类。对于组织主体而言,一旦按破产程序分配完剩余的财产(如果有),债权债务问题便可随着主体注销而终结;但自然人不同,自然人的生命并不与财产挂钩,即便以破产清算程序分配完现有的财产,主体仍在,债权债务问题仍会在未来缠绕着债权人和债务人。余债免除制度实际是在自然人陷入财务危机时的一种特殊债务处理制度。通过这种特殊债务处理制度,债务人可以免除剩余的债务,从而摆脱财务困境获得重生。

余债免除为那些诚实而不幸的债务人提供了通过破产程序摆脱债务压力重获经济自由的机会,目的是使这些债务人不再因沉重的债务压力而痛苦和消沉,进而重新恢复创造财富的活力。该制度的设计需要考量以下因素:

首先,"诚实且不幸"债务人的标准。余债免除的对象只是那些"诚实且不幸"的债务人,"诚实且不幸"是该制度确立的道德基础。因此,该制度会对申请余债免除的债务人进行甄别,将那些不符合"诚实且不幸"标准的债务人过滤出去。但甄别的标准如何,不同的国家有不同的立法政策。

其次,债权人对债务人让步的程度。余债免除制度是强制债权人为实现债务人重振的目标对债务人作出的让步,但这种让步会产生对"有债必还"这种被各国法律文化普遍认可的契约文化的冲击,债权人对债务人让步到何种程度会受不同国家法律文化的影响。

再次,余债免除的制度成本。制度成本是指为实施该制度付出的社会总成本,包括司法成本、行政成本和中介机构成本。这些成本如何控制、如何分担,也是制度设计需要考量的因素。

最后,免责的范围。有些债权债务关系除了经济价值外,还具有其他价值。当经济价值以外的其他价值因债务人免责而受到冲击时,余债免除制度需要在债务人重振与这些价值之间进行衡量,有些价值会被优先考量并排除于余债免除的范围之外。

余债免除是在同情"诚实且不幸"的债务人这种道德感情和给予债务人"重振"机会这种经济目标之下,强制债权人对债务人给予让步的一种制度。因这种让步与“有债必还”的契约精神存在冲突,设置免责条件的目的是在追求破产免责制度目标的同时尽可能在债权人和债务人之间寻求一种可接受的平衡。债权人对债务人让步到何种程度会受到不同国家法律文化的影响。在更注重对债务人同情和给予债务人重振机会的国家,余债免除的条件往往较为宽松,即余债免除制度属于“债务人友好型”;反之,在注重“有债必还”的契约精神的国家,往往会设置更严格的余债免除条件,以缓冲余债免除制度对“有债必还”的契约精神的冲击,即余债免除制度属于“债权人友好型”。但无论是“债务人友好型”还是“债权人友好型”,余债免除的制度在追求债务人获得重生目标的同时,都会在一定程度上考虑债权人利益,并防止未来具有一定偿债能力的债务人利用该制度逃避债务的道德风险。

(一)余债免除的程序模式

1. 咨询程序

咨询程序是一种破产程序前置程序。自然人债务人不但数量庞大,而且对破产法的知识缺乏了解。如果试图获得余债免除的自然人债务人直接向法院申请破产,可能会因法律知识的缺乏对进入破产程序带来的后果缺乏认识能力;法院也会因此负担非常繁重的审查工作。为了自然人能够合理运用破产免责制度,同时减轻法院压力,节约司法成本,有些国家的破产法要求自然人向法院正式提出破产申请之前,必须经过咨询程序。

咨询程序是为了让打算申请破产的个人更好地了解破产政策,从而判断申请破产是否符合其最佳利益,最后对是否申请破产作出明智的选择。《美国联邦破产法》第 109 条(h)规定,提交破产申请的个人债务人须在破产申请提交日前 180 日内接受经认可的、非营利性预算和信用咨询机构提供的信用咨询,否则不得申请任何类型的破产救济。法国则要求申请破产的个人首先向行政机构——个人过度负债委员会(commission de surendettement,CSUR)提交申请,CSUR 会从两个方面判断是否受理其破产申请:其一,根据当前的财产和收入状况,申请人是否在偿债方面陷入严重的困难;其二,债务人是否为善意。对于受理的个人破产申请,CSUR 会根据债务人的收入、债权结构、偿债情况、债务状况等因素决定进入债务重整程序或者清算免责程序。

我国人口众多,个人破产免责制度对大部分人来说又是一个“新生事物”。

深圳中院在《深圳破产条例》实施1年的时间里，共审查个人破产申请1031件，只有74件案件进入破产申请审查程序，而真正启动破产程序的只有25件。为减轻司法机关的压力，并让债务人了解个人破产免责的条件和后果，建议我国在个人破产立法中设立一个行政咨询程序作为前置程序。《深圳破产条例》设立了一个行政部门——破产事务管理部门作为个人破产的行政辅助部门。该部门有一项职权，即“提供破产事务咨询和援助服务”，我国破产立法可以规定债务人向人民法院提起破产申请前须向破产事务管理部门进行咨询并由该部门进行初步调解。在调解失败之后，该行政部门可以给出咨询意见，但该咨询意见仅仅作为债务人决定是否向法院提起破产申请和法院决定是否受理的参考。如果债务人仍向法院提起破产申请，法院可参考咨询意见进行审查。这种前置程序不但可以帮助债务人更好地理解个人破产免责制度，而且可以减轻法院的压力。

2. 余债免责的审查与筛选分流

从各国立法的情况来看，余债免除制度可分为两种类型：一种类型是以美国和法国为代表的筛选分流型立法模式；另一种是以德国为代表的普通固定期限偿债立法模式。

美国早期的很多移民是为了逃避宗教、政治迫害或逃避债务。因此，民间舆论对侧重保护债权人利益的破产法有着天生的厌恶。“在这种平民占多数、工商业者占少数的民主政体下制定的破产法，其最终的价值取向是显见的——必然是更倾向于保护债务人。”①1978年的《美国联邦破产法》个人破产免责并没有设置门槛。为防止由此带来的道德风险，《美国联邦破产法》特设第十三章作为个人消费债务重整程序，债务人可以根据该章的规定与债权人达成在未来3~5年内债务清偿协议，以避免进入第七章清算程序带来的个人破产的结局。但是该程序并不是强制程序，是否进入该程序完全在于债务人选择，美国国会认为债务人可能更愿意选择此程序来避免破产清算带来的耻辱。但实践表明，美国国会过高估计了国民的道德水平。与选择按第十三章个人债务重整还债程序相比，债务人更愿意选择通过第七章破产清算程序直接获得债务免除。② 由此导致个人破产数量激增，到2002年个人破产数量已经超过150万人，成为巨大的社会问

① 许德凤：《论个人破产免责制度》，载《中外法学》2011年第4期。

② 参见［美］查尔斯·J. 泰步：《美国破产法新论》，韩长印等译，中国政法大学出版社2017年版，第1323页。

题。[①] 2005 年美国不得不通过《破产滥用防止及消费者保护法》为进入第七章破产起算程序设置门槛。根据该法规定,债务人按《美国联邦破产法》第七章申请破产清算免责后,法院首先会对申请人按法定的方法进行收入测评审查。如果债务人的收入高于所在州的中值且每月超额收入能够向债权人清偿一定数额,则推定为破产滥用,法院会驳回债务人通过第七章破产清算程序免责的申请,除非债务人同意转换至第十三章债务重整程序。

法国则为个人破产提供了两个程序:一个是债务重整程序(plan de redressement),另一个是清算免责程序(procedure de rétablissement personnel, PRP)。CSUR 会根据债务人家庭规模、生活费用、医疗和教育费用等计算出一个标准的偿债水平,然后根据该偿债水平作出债务人应进入债务重整程序还是进入破产清算免责程序的裁定。对于未来收入有可能继续清偿债务人债务人,只能进入债务重整程序;债务人可按一定的偿债水平制定一个在固定期限内偿债的计划。如果债务人与债权人不能就偿债计划达成合意,法院可以强制推出一个偿债计划,在该计划中,法官可以强制规定债务人在最多两年内不必清偿债务或者延长债务清偿期限,也可以对债务给予一定豁免(这种偿债计划最长时间可达 10 年)。如果根据财务状况和未来收入能力,债务人财产很少,而且根据其未来收入能力很难对剩余的债务继续清偿,则债务人可以向法院申请破产清算免责。法院需要根据债务人授权,对债务人作出可否通过进入 PRP 清算程序获得债额免除进行裁定;如果法官通过对债务人未来收入能力的审查确定债务人未来收入和财产已无法清偿剩余债务,而且债务人是诚实善意的,法官会裁定其进入 PRP 清算程序免责程序。[②]

上述两个国家的制度设计虽有不同,但其共同点是根据债务人的未来偿债能力对陷入财务困境的债务人进行了筛选分流,为偿债能力不同的债务人设计了不同的债务减免程序。对于未来具有一定偿债能力的债务人,虽然当前陷入财务困境,但并不能直接通过申请破产清算获得债务余额的免除,而是需要制定一个偿债计划继续以未来的收入清偿债务,只有在偿债计划结束之后才能获得余债免除。而对于未来已无偿债能力的债务人,则可以直接通过破产清算获得

---

① 参见许德风:《论个人破产免责制度》,载《中外法学》2011 年第 4 期。

② See Régis Blazy et al., *Personal Bankruptcy Law, Fresh Starts, and Judicial Practice*, SSRN, 18 Mar 2011, http://ssrn.com/abstract=1784703.

余债免除的效果。这种方法可以在实现债务人重生这一制度目标的同时,最大限度实现免责债务人与债权人之间的利益平衡。对于那些收入仅能够维持基本生活水平甚至无法维持基本生活水平的债务人来说,为其制定一个在未来固定期限偿债的计划对债权人已无意义,允许债务人进入破产清算程序免除其债务余额,可以使债务人尽快摆脱沉重的债务压迫获得重生。但是,对于收入能够维持较好的生活水平,仅仅是因为过度负债造成财务困境的债务人,允许债务人直接借助于破产清算程序免除余债,对债权人则不公平,也容易造成债务人利用余债免除逃避债务的后果。余债免除是给予那些真正不幸的债务人获得重生的机会,因此,为破产清算免责设立门槛,将那些未来具有偿债能力的债务人挡在直接破产免责程序之外,让其进入重整偿债程序更符合政策目标。但是,这种方法也存在问题,即如何判断债务人未来的偿债能力。美国采取的方法是收入测评,如果其家庭总收入高于所在州相同人口数目的家庭总收入中值,且其收入按确定的计算方法计算后高于一个确定的数额,则会被法院推定为"滥用"而被驳回。这种方法的优点在于尽可能缩小了法官自由裁量的空间;但计算过程非常复杂,而且收入标准需要根据情况不断变化,这种方法社会成本很高。法国则由一个行政机关根据具体情况来判断债务人是否具有未来的偿债能力,这对该行政机关的判断能力是一个非常大的考验。

另一种立法模式是以德国为代表的普通固定期限偿债模式。德国的个人破产立法并没有以未来偿债能力对债务人进行区分,而是允许债务人统一进入破产清算免责程序。但是,德国很重视促成债务人与债权人达成和解,即立法政策是尽可能不进入破产偿债免责程序,而是首先通过调解促使债权人和债务人达成协议。非从事独立经济活动的自然人在提出破产申请的同时,需要提交在提出破产申请6个月内未能与债权人就债务清理达成合意的证明,该证明由适格的人员或机构(包括消费者中心、债务人咨询处或调节处、社保局、律师、公证人、经济师、税务咨询师、法院执行官和调解人等)出具。这意味着,债务人在提出破产申请前6个月在上述适格的人员或机构主持下与债权人进行债权债务协商是提出破产申请的必备前置程序。在庭外清理计划未能成功的情况下,债务人可以向法院提出破产申请,在破产申请中需要说明庭外和解失败的原因,并提交一个债务清理计划,法院会将债务人的债务清理计划和财产清单送达债权人,并督促债权人在1个月内对此表明态度。如果一半以上的债权人同意,而且所代表的债权在一半以上，则法院会作出通过的决定，债务人可按债务清理计划清偿债务；如果债务清理计划未获债权人通过，则法院会作出启动破产程序的裁定，债务人除了保留豁免财产外，其余财产将被扣押偿债。债务人在申请破产时便要提交余债免除申请，同时提交将破产启动后6年内的所得劳动收入让与托管人的声明；根据该声明，债务人需要将破产启动后6年内的财产收入转让给托管人，只有固定偿债期结束后，法院才会根据债务人履行义务的情况作出债务余债免除的裁决。①

与美国相比，欧洲大陆法系大部分国家较为保守。在接受破产免责这一制度的过程中，各国更顾忌的是对“有债必还”这种契约道德的冲击，2007年欧洲委员会在为解决过度负债问题作出的报告中认为：“欧洲解决过度负债方法的基石一直是而且仍然是债务人应该尽可能地全部偿还债务，从合法债务中豁免是一种特权，这种特权很容易被滥用，因此应该是一个需要谨慎小心使用的最后方法。”②在这种法律文化氛围下，虽然在20世纪末到21世纪初欧洲大部分国家在破产法中设立了债务人余债免除制度，但一些国家设置了严格的条件。有些国家在债务人提出破产申请时便会对债务人资格进行严格审查，如丹麦1984年《破产法》。该法要求在债务人提出破产申请后，法官要在两方面对债务人资格进行审查：一方面，对债务人财务状况是否符合破产要求进行审查，债务人在维持基本生活水平和加倍努力工作的情况下在未来确实无法清偿所有债务；另一方面，债务人需要有良好的行为，如债务人一直努力偿还债务，不存在违法犯罪、虚构债务和不负责任的负债(如赌博、奢侈消费)等不当行为。如果债务人不符合这些条件，法院便会直接驳回债务人的申请。

我国《深圳破产条例》采取的模式与上述国家有所不同。该条例的余债免除制度在程序上没有像美国和法国那样，按债务人未来的偿债能力对债务人进行筛选和区分，也没有像德国那样将和解或重整程序作为一种前置程序。该条例设置了重整程序和和解程序，但这两个程序是债务人自愿选择的程序而不是前置程序。笔者认为，在我国未来个人破产立法中，可以在以下几个方面进行

---

① 参见[德]乌尔里希·福尔斯特：《德国破产法》，张宇晖译，中国法制出版社2020年版，第287~188页。

② Jason J. Kilborn, *Expert Recommendations and the Evolution of European Best Practices for the Treatment of Overindebtedness, 1984 - 2010*, SSRN, 22 Aug 2010, https://ssrn.com/abstract=1663108.

改进：

首先，对于未来收入确实无法清偿剩余债务的债务人，可以不再设置固定期限的清偿期（考验期），允许其直接通过破产清算程序获得债务余债免除。有些债务人因身体疾病或创伤，实际已完全丧失或部分丧失劳动能力，对于这些债务人确定一个在固定期限偿债的计划，对债权人已无意义。《深圳破产条例》第97条列举了不得免除的债务，该条第2款规定："前款规定的债务，因债务人丧失或者部分丧失劳动能力，不予免除将导致债务人及其所扶养人生活长期极其困难的，债务人或者管理人可以向人民法院申请部分或者全部免除。"也就是说，《深圳破产条例》只是将"债务人丧失或者部分丧失劳动能力，不予免除将导致债务人及其所扶养人生活长期极其困难"作为不得免除债务的一种例外情形。对此，笔者认为，我国未来的个人破产立法可以将"债务人丧失或者部分丧失劳动能力，不予免除将导致债务人及其所扶养人生活长期极其困难"作为债务人直接进入破产清算免责程序一个条件，即这类债务人在破产财产分配结束之后即可获得剩余债务免责的效果，而不再要求其按法律确定的固定期限继续清偿债务余额，即不再适用考验期的规定。

其次，将债权人、债务人和解程序作为一种前置程序。立法应尽可能为债权人和债务人达成和解提供机会，并积极促成债权人和债务人和解。对于未来几乎丧失偿债能力的债务人来说，债权人坚持通过破产清算偿债已无太大意义；经过法院居中调解，债权人和债务人具有达成和解的可能性。而且，我国当前在各个法院进行的债务清理试点已为法院通过调解促成债权人和债务人达成和解提供了有益的经验。将和解程序作为进入破产程序之前的前置程序，可以避免一些债务人进入破产清算程序，对债权人、债务人和法院都会产生节约成本的效果。因此，笔者认为，在法院受理破产申请之后、宣告破产之前，将和解程序作为一个前置程序，即经过法院调解债权人和债务人无法达成和解的，再由法院宣告破产。

3. 自动免责和许可免责

有学者将余债免除分为自动免责（当然免责）立法模式与许可免责立法模式。自动免责的立法模式是指债务人获得债务余债免除不需要债务人提出申请，破产清算程序结束后债务人即可自动获得余债免除的效果。这种立法模式的典型代表为美国和英国。根据《美国联邦破产法》，自然人破产只能在第十三章个人债务整理和第七章破产清算两个程序中作出选择。而一旦进入破产清算程序，在异议期（自债权人会议预定日程首日之后60日）内，如果管理人、债权人没有提出异议，或者异议被法院驳回，债务人的债务余额便会在异议期届满后自动免除，不需要法官依职权进行审查。《英国1976年破产法》确立了自动免责模式。根据《英国1986年破产法》的规定，自法院发出破产令后，债务人进入破产清算程序，清算程序为破产令发出之后2年（简易程序）或3年。该期间届满之后，债务人的剩余债务便会自动免除，既不需要债务人申请，也不需要法官进行审查。

许可免责的立法模式是指如果债务人打算获得余债免除的效果，需要提出申请，法官经审查后作出是否给予余债免除的裁定。许可免责往往会出现在法律文化对余债免责不够友好的国家。因担心余债免除被债务人滥用，这些国家的法官通过自由裁量权可以从政策上更好地把握余债免除制度适用的尺度，如北欧的一些国家对个人破产设置了两道法官审查关口：一道为对破产申请的审查，另一道为余债免除的审查，两道关口将大量个人破产审查挡在了破产免责之外。①

自动免除是将债务人是否符合余债免除条件的审查交给了管理人、债权人，管理人、债权人如果认为债务人不符合余债免除条件，可以向法院提出异议，法院仅审查管理人或者债权人提出的异议申请是否成立；而许可免责是将对债务人是否符合余债免除条件的审查权分配给了法官。前者因法官不能依职权主动审查债务人是否符合余债免除条件，因此法官对余债免除的控制力较弱；后者因法官会依职权逐一审查债务人履行义务的情况，然后作出是否允许余债免除的裁决，法官自由裁量权空间较大，对余债免除的控制力较强。自动免责与许可免责的界分并不是绝对的。如德国破产法规定，债务人提出破产申请的同时需要提交债务余债免除申请。法官对债务人是否符合余债免除条件会分为两个阶段来审查：第一个阶段是在破产结算日，法院会根据破产管理人的申请会对债务人

① 如丹麦，2002年，欧登塞、罗斯基勒、哥本哈根地方法院法官裁定受理的案件分别占提出申请案件的66%、39%、25%，而在进入破产免责程序的案件中，法官裁定符合免责条件而结案的比例也较低，如奥尔堡（Ålborg）、兰纳斯（Randers）、哥本哈根（Copenhagen）地方法院以法院裁定免责结案的案件分别占进入破产程序案件的19%、15%和13%。See Jason J. Kilborn, *The Rise and Fall of Fear of Abuse in Consumer Bankruptcy: Most Recent Comparative Evidence from Europe and Beyond*, SSRN, 13 Feb 2018, https://ssrn.com/abstract=3116253.

在破产清算日之前的表现进行审查,然后作出是否给予余债免除的裁决;第二个阶段是在破产结算日之后的按计划偿债期间,德国学者称其为“良好表现期”,在此期间,法院可随时根据债务人履行义务的情况驳回余债免除申请,直至良好表现期结束。[①] 但是,法官并不具有主动审查债务人是否符合余债免除资格的职权,只有管理人或债权人提出驳回债务人余债免除申请,法院才会对债务人是否符合余债免除资格进行审查,这种做法其实与美国和英国的做法并无实质差别。

《深圳破产条例》采取的是许可免责模式,即债务人需要提出免责申请,然后经法院审查之后作出是否给予余债免除的裁决。该模式与美国、英国和德国的模式有所不同。《深圳破产条例》采取的余债免除模式虽然与德国更为相似,却没有像德国那样将程序分为破产清算期和“良好表现期”两部分,而是将二者统一为破产清算阶段,统称为考察期。因此,在考察期结束之前并没有设定一个中间的司法审查环节。根据该条例规定,在考察期届满后,债务人需向法院提出免除其未清偿债务的申请,同时管理人需向法院提交调查报告,人民法院根据债务人申请和管理人报告,裁定是否免除债务人未清偿债务;如果在清算过程中债务人存在不予免责情形,管理人可否提出不予免责申请以及法院如何审查,该条例没有明确规定。对此,笔者建议,在债务人被扣押的破产财产被分配完毕后,增加一个管理人、债务人和债权人听证程序,管理人和债权人在该程序中可提出不予余债免除的申请,法院可以在该程序中听取管理人和债权人的意见,然后根据审查结果作出是否进入下一阶段偿债程序的裁决;如果法院裁定不予余债免除,则破产程序可以提前终结;如果管理人或债权人没有提出不予余债免除申请,或者申请不符合不予余债免除的法定条件,法院可驳回申请并作出进入下一阶段偿债程序的裁定。

(二)清偿期

为了均衡债权人和债务人的利益,也为了减缓余债免除对“有债必偿”这种契约观念的冲击,立法会为申请免责的债务人设置一个较长的固定还债期间。在欧洲大陆,有一种观念认为,债务人只有做出一定的付出才能获得余债免除的

---

① 参见[德]乌尔里希·福尔斯特:《德国破产法》,张宇晖译,中国法制出版社2020年版,第299页。

回报(quid pro quo)。[①] 在债务人被宣布破产之后,债务人的剩余债务并不会自动获得免责,而是需要在法定期间内仍以自己的收入清偿债务以换取余债的免除。各个国家对偿债期间的设置有所不同,截至2010年,一些欧洲大陆法系国家规定的偿债时间分别为:法国8年;奥地利和卢森堡7年;德国6年;挪威、丹麦、瑞典、波兰、捷克共和国、爱沙尼亚、葡萄牙为5年;比利时3年至5年;斯洛文尼亚2至5年;希腊4年;拉脱维亚3.5年;荷兰、斯洛伐克为3年。[②]

对未来具有一定偿债能力的债务人设置固定偿债期间,其时间长短对债务人和债权人的利益会产生很大的影响,时间长短的选择实际是一个国家在债务人重生的社会价值与"有债必偿"的契约精神之间的衡量的结果。该期限设置得越长,债权人获得清偿的可能性就越大,对"有债必偿"契约精神的冲击就越小;但较长的还债期限使债务人摆脱债务重负获得重生的机会更渺茫,会在一定程度上阻碍债务人重振目标的实现。"非常肯定的是,现有的证据表明,较长的还款期限会抑制寻求和获得救济以实现该制度目标的债务人的数量。许多现行制度的经验表明,一旦债务人发现延期的、多年清偿方案的要求和严峻考验,有些人会因为担心无法承受牺牲而放弃这一过程,很多人会因为执行方案实际失败而被迫退出。"[③]有欧洲激进学者对欧洲各国为债务人设置偿债期限的普遍做法进行了批评,他们认为,欧洲的普遍做法是债务人完成一个长期的强制还债计划才能在经济上重新开始,这种做法显然更重视是对清偿文化的道德维护而不是在经济上考虑债权人的利益。在大部分案例中,债权人从清偿计划中获得的清偿很少,有些研究表明债权人从中获得清偿仅占债务总额的15%,但却要花费大量的行政、司法资源制定计划、监督实施;从经济理性来看,这种计划的合理性是

---

① See Jason J. Kilborn, *Expert Recommendations and the Evolution of European Best Practices for the Treatment of Overindebtedness, 1984 – 2010*, SSRN, 22 Aug 2010, https://ssrn.com/abstract=1663108.

② See Jason J. Kilborn, *Expert Recommendations and the Evolution of European Best Practices for the Treatment of Overindebtedness, 1984 – 2010*, SSRN, 22 Aug 2010, https://ssrn.com/abstract=1663108.

③ 自然人破产处理工作小组起草:《世界银行自然人破产问题处理报告》,殷慧芬、张达译,中国政法大学出版社2016年版,第104页。

值得怀疑的,它是一种零和博弈。① 从发展情况看,欧洲各国为债务人设置的固定偿债期限有逐渐缩短的趋势,如德国原来是7年,后来改为6年;拉脱维亚原来规定为7年,2010年改为3.5年;奥地利在2017年将债务人偿债期间从7年改为5年。

在固定偿债期限内,因债务人的全部收入都会用来偿债,债务人创造财富的积极性也可能受到影响。为了激励债务人创造财富的积极性,很多国家对债务人的固定偿债期限作出了灵活规定。如根据《德国破产法》第300条规定,如果债务人在3年内已清偿了35%的债权即可获得免责裁决。

我国《深圳破产条例》设置的偿债期(该条例的考验期)为自破产宣告之后3年。笔者认为,根据目前我国的情况,对于未来有偿债能力的债务人设置3年的考验期还是短了一些。一方面,我国观念上欠债还钱的法律文化根深蒂固;另一方面,契约精神和诚信文化尚未在我国形成。对于未来具有一定偿还能力的债务人,通过3年的偿债期间即可换取剩余债务的全部免除,对我国契约精神和诚信文化的培养都会产生冲击。因此,笔者建议在未来我国个人破产立法中将考验期的最长时间规定为5年。《深圳破产条例》对考验期也采用了比例缩减的灵活方式,即在三种情况下可视为考察期届满:(1)债务人清偿剩余债务或者债权人免除债务人全部清偿责任的;(2)债务人清偿剩余债务达到2/3以上,且考察期经过1年的;(3)债务人清偿剩余债务达到1/3以上不足2/3,且考察期经过2年的。我国未来个人破产立法可以采取这种方法,按清偿比例缩减考察期以鼓励有清偿能力的债务人在考察期内努力偿债。

(三)不予免责的情形

余债免除的目的是给予诚实而不幸的债务人以重振的机会。因此,作为该制度适用对象的债务人应该是诚实的,不诚实的债务人不能获得余债免除的救济。对于债务人诚实与否的考察主要体现在以下几个方面:

首先,债务人不能存在欺诈行为,如果存在欺诈行为,则法院会驳回其余债免除申请。如《德国破产法》第290条规定的驳回余债免除申请的情形便包括:

---

① See Jason J. Kilborn, *Expert Recommendations and the Evolution of European Best Practices for the Treatment of Overindebtedness, 1984 - 2010*, SSRN, 22 Aug 2010, https://ssrn.com/abstract=1663108.

债务人在破产程序启动前最后5年内因破产犯罪行为受到有效判决；债务人在启动申请前的最后3年里或者在申请后阶段期日前，通过不正确或不完整的书面陈述欺骗贷款或公共服务。《美国联邦破产法》则在727(a)(2)规定，在破产案件启动之前1年内或在破产之中实施了欺诈转让的债务人不得给予免责；727(a)(4)则规定了会导致破产免责被剥夺的4种犯罪行为。

其次，债务人需要依法积极配合破产程序。如根据《德国破产法》第290条，在破产程序中违反告知义务和参与义务的债务人、在个人破产程序中作出过不正确或不完整陈述的债务人会被驳回余债免除申请。而根据《美国联邦破产法》第727(a)条规定，无正当理由未能保存足以让债权人及管理人确定债务人真实财产状况以及交易历史的簿册与记录、债务人无法圆满解释造成财产困境的原因、债务人在破产程序中拒绝作证或拒不遵守法院命令等对法院、管理人不予配合的债务人会丧失余债免除的机会。

最后，债务人品行良好。品行良好表现反映在两个方面，一方面是债务人不存在不合理的过度负债行为，如为奢侈生活而负债、为过度投机而负债等；另一方面是债务人需要积极就业，不能存在因懒惰而不予偿债的情形。是否将这些品行作为债务人余债免除的考虑因素，也会因各国法律文化的不同而有所不同。如美国国会认为，债务人强制清偿计划会引发强制奴役问题，债务人是否努力工作根本就不在是否对债务人余债免除的考虑范围之内。[①] 但大陆法系的很多国家将债务人不合理负债、不努力工作作为不予余债免除的情形。如根据《德国破产法》第290条规定，债务人在破产启动前的最后3年里过度负债或者浪费财产而损害其债权人或者债务人违反就业义务而导致破产的，都将被法院驳回余债免除申请。其他大陆法系国家如丹麦、法国、波兰等国都会对故意或者疏忽大意地过度负债的债务人驳回余债免除申请。

《深圳破产条例》在第98条对不予免责的情形作出了规定。根据该条规定，债务人存在以下情况将不得免除未清偿的责任：(1)违反条例对债务人消费行为和任职行为的限制；(2)不按条例要求申报财产，不按条例要求配合破产程序工作；(3)因奢侈消费、赌博等行为承担重大债务或者引起财产显著减少；(4)隐

① 参见[美]查尔斯·J.泰步：《美国破产法新论》，韩长印等译，中国政法大学出版社2017年版，第1324页。

匿、毁弃、伪造或者变造财务凭证、印章、信函文书、电子文档等资料物件;(5)隐匿、转移、毁损财产,不当处分财产权益或者不当减少财产价值;(6)法律规定不得免除的其他情形。

《深圳破产条例》对余债免除的规定可能存在以下不足:

1. 债务人在进入破产程序之前的欺诈行为是否构成不予免责的情形

债务人在进入破产程序之前可能存在某些欺诈行为,如《德国破产法》第290条规定的通过不正确或不完整的书面陈述欺骗贷款或公共服务,《美国联邦破产法》第727(a)(2)规定的欺诈转让行为。两个国家都将在进入破产程序之前一定期间内发生的债务人某些欺诈行为作为不予免除债务余额的情形。在《深圳破产条例》第98条第1款所列事项中,第5项"隐匿、转移、毁损财产,不当处分财产权益或者不当减少财产价值"似有这种意思,但该项规定并没有明确这些行为发生的时间是否局限于进入破产程序之后。如果债务人在进入破产程序之前存在对债权人或公共服务的欺诈行为,如骗取贷款、社会福利等,是否需要明确将这些债权人排除于余债免除之列,这是我国在制定个人破产法时需要进一步考虑的问题。

2. 债务人积极就业是否作为余债免除的条件

《深圳破产条例》并未将债务人积极就业作为余债免除的考察条件。从各国的立法例看,欧洲大陆的有些国家将债务人积极就业作为余债免除的一个条件。余债免除是为"诚实而不幸"的债务人提供重振的机会。从"不幸"的角度来看,如果债务人在自身条件允许的情况下不去努力工作创造财富,债务人困难的财务处境可能不值得同情;另外,为债务人设置一个偿债期间,其目的也是希望债务人在该期间能够努力创造财富,尽可能清偿债务以减少余债免除给债权人造成的损失。在偿债期间,因债务人所有收入都会用于偿债,可能造成债务人消极怠工的情况出现,从而造成固定偿债期间的制度设计达不到预想的效果。基于此,笔者认为,我国立法应对申请余债免除的债务人提出积极就业的要求,即在进入破产程序后,具有劳动能力的债务人应积极寻求就业机会。当然,这种要求在实际操作层面可能存在一定困难,对于如何判断债务人是否积极就业,需要立法作出较为科学的设计。

3. 破产申请的受理与余债免除

债务人通过破产程序获得余债免除,首先需要进入破产程序。而进入破产程序需要法院对债务人的破产申请进行审查。如果将破产程序作为对失去偿债能力债务人的债权人集体偿债程序,则无论是对债权人提出的破产申请还是对债务人提出的破产申请,法院审查的重点应是债务人的财产状况是否符合破产条件,即债务人是否处于资不抵债或者无力清偿的状态,至于债务人是否诚实并不是受理破产申请的审查范围。

实际上,《深圳破产条例》除了第98条之外,在第14条规定的人民法院驳回申请的4种情形中,除了第1种情形之外,另外3种情形都是对债务人是否诚实的审查,包括申请人基于转移财产、恶意逃避债务、损害他人信誉等不正当目的申请破产,申请人有虚假陈述、提供虚假证据等妨害破产程序行为,债务人依照本条例免除未清偿债务未超过8年。

如果将破产程序作为对债权人集体偿债的清算程序,法院对破产申请是否受理应该只针对债务人是否符合破产条件进行审查。根据《深圳破产条例》第2条,因生产经营、生活消费导致丧失清偿债务能力或者资产不足以清偿全部债务的,可以依照《深圳破产条例》进行破产清算、重整或者和解,即《深圳破产条例》规定的破产条件是债务人丧失清偿债务能力或者资产不足以清偿全部债务。因此,人民法院对债务人提出的破产申请应只对债务人是否符合破产条件进行审查,只要符合破产条件,法院即应受理并进入破产程序。至于债务人可否通过破产程序获得债务余债免除,则需按余债免除的制度目标,对债务人是否诚实进行审查,因此,《深圳破产条例》第14条第1款的第2项、第3项、第4项不应作为人民法院是否受理债务人破产的考察因素,而应该作为债务人可否获得债务余债免除的考察条件。

(四)不能免除的债务

余债免除是法律强制债权人让步来实现债务人重振的目标。但对于有些债权,法律强制债权人让步可能损及其他社会价值的实现,因此,当余债免除与这些社会价值发生冲突时,立法会在制度设计时对二者之间进行价值衡量,然后作出政策选择。一般来说,在债权涉及公共利益、社会伦理和家庭伦理时,余债免除制度可能会优先考量这些价值的实现,将这些债权排除于余债免除之外。但是在具体债务类型上,各国的立法政策会存在不同的考量,如《美国联邦破产法》第523条(a)列举的免责除外条款截至2013年已多达21项,而《德国破产法》第

302条仅列举了5项免责除外情况。

1.涉及公共利益的债权

涉及公共利益的债权首先是税收。很多国家的破产法规定,个人破产的余债免除不包括政府税收,如《美国联邦破产法》第523条(a)(1),《德国破产法》第302条,其主要的考量是对政府税收的免除可能危及公共财政目标,而且纳税是每个公民应该承担的基本义务,这种义务不应通过破产程序来免除。[①] 但是,这种对政府税收免责除外的做法也受到了质疑。首先,余债免除作为鼓励债务人重振的一种公共政策,因私人债权人对此做出了让步,国家也同样应该对此做出让步;其次,税收债权在破产清偿程序中一般处于优先清偿的顺位,即便是不将其排除于可以免除的债权,税收债权也可以在破产财产的分配上优先获得清偿。[②]

其次是教育贷款。教育贷款免责在美国是非常突出的问题。《美国联邦破产法》第523条(a)(8)规定,学生贷款债务不属于免责的范围,除非债务人能够证明其生活过分艰难。根据美国国会的解释,这一规定是为了防止学生滥用破产免责制度逃避教育贷款的清偿。"若教育贷款成为破产申请的主要原因且法律对此熟视无睹,则其可能会对其他学生贷款人清偿贷款带来负面激励。"[③]在美国,学费昂贵的专业也意味着毕业后从事的职业能够有很好的收入。因此,有理论认为,学生贷款是对债务人个人能力培养的贷款,债务人利用贷款增加其人力资本;如果对其免责,债权人就无法从增加的人力资本中受偿,对债权人来说有失公平。因此,2005年美国对第523条(a)(8)进行了修订,不再将不可免责的教育贷款局限于政府机构。教育贷款免责除外的规定在美国争议一直不断,该规定虽然将"生活过分艰难"作为一种例外情况,但因举证证明非常困难,需要耗费大量成本,造成大量需要借助于破产免责制度救济的债务人被挡在破产程序之外。[④]

---

① 参见[美]查尔斯·J.泰步:《美国破产法新论》,韩长印等译,中国政法大学出版社2017年版,第1063页。

② 参见自然人破产处理工作小组起草:《世界银行自然人破产问题处理报告》,殷慧芬、张达译,中国政法大学出版社2016年版,第147页。

③ 自然人破产处理工作小组起草:《世界银行自然人破产问题处理报告》,殷慧芬、张达译,中国政法大学出版社2016年版,第148页。

④ See Rafael I. Pardo, *Taking Bankruptcy Rights Seriously*, 3 Washington Law Review 1115, (2016).

2. 违法、犯罪行为产生的罚款和罚金

违法、犯罪行为产生的罚款和罚金是对行为人破坏法律维护的社会秩序施加的惩罚。这种惩罚的目的是通过罚款或罚金的震慑作用使行为人遵守法律确定的社会秩序。为了对违法行为人起到足够的震慑作用，有时这种罚款或罚金会造成违法行为人巨额的财产负担，使其处于财务困境之中。如《中华人民共和国证券法》对操纵证券市场、内幕交易、虚假陈述等扰乱证券市场秩序行为都处以巨额罚款，其目的就是足以戒惧那些试图通过扰乱证券市场秩序行为获利的行为人。如果因违法、犯罪产生的罚款和罚金可以通过个人破产程序得以免除，会造成上述无法实现。

3. 侵权行为产生的债务

侵权产生的债务也可能造成侵权人担负巨额债务。对于因侵权造成的债务其债权人是该侵权行为的受害人，如果将这种债务给予免除，无疑会造成受害人获得赔偿的减少。同时，侵权责任除了具有赔偿受害人的功能之外，还对侵权人具有惩罚功能，如果对侵权债务予以免除，也会弱化这种惩罚功能。对于侵权责任产生的债务可否通过破产程序免除，各国根据侵权行为的过失情况作出了不同选择。一般来说，大部分国家会将故意和重大过失侵权产生的债务排除于破产免责之外；除此之外，有些国家也将人身损害赔偿纳入不得破产免责的情况（如比利时），也有国家将因犯罪产生的对受害人损害赔偿责任作为不得破产免责的情形（如法国）。①

4. 基于人伦价值不得免除的债务

与其他民事主体不同，自然人承担的有些义务是法律基于人伦价值作出的规定，这些义务主要是基于伦理身份关系而产生的义务，如对父母的赡养费、对子女的抚养费，或者对配偶的扶养费。这些义务是法律根据社会伦理价值对民事主体规定的强制义务，一般不允许通过破产程序来免除。

我国《深圳破产条例》在第97条集中规定了不得免除的债务，包括以下7项：

（1）因故意或者重大过失侵犯他人身体权或者生命权产生的损害赔偿金；

（2）基于法定身份关系产生的赡养费、抚养费和扶养费等；

① See Jason J. Kilborn, *Expert Recommendations and the Evolution of European Best Practices for the Treatment of Overindebtedness, 1984 - 2010*, SSRN, 22 Aug 2010, https://ssrn.com/abstract=1663108.

(3)基于雇佣关系产生的报酬请求权和预付金返还请求权;

(4)债务人知悉而未记载于债权债务清册的债务,但债权人明知人民法院裁定宣告债务人破产的除外;

(5)恶意侵权行为产生的财产损害赔偿金;

(6)债务人所欠税款;

(7)因违法或者犯罪行为所欠的罚金类款项。

其中第(1)项、第(5)项是对侵权责任的规定。从这两项规定来看,《深圳破产条例》对人身侵害的侵权责任与对财产侵害的侵权责任作出了不同规定。对于人身侵权责任,只有故意或重大过失侵犯他人身体权或者生命权产生的损害赔偿金不属于破产免责的范围,也就是说轻过失侵害他人身体权和生命权产生的赔偿金可以通过破产获得免责;而对于财产侵权,只有“恶意侵权行为”产生的损害赔偿才被排除于破产免责之外。两项规定显然是将侵权人的过失水平作为是否给予破产免责的考量因素,但对于什么是重大过失侵权、什么是恶意侵权,在我国《民法典》并没有具体的标准,在法律适用中可否参考刑法上的标准则是一个需要考虑的问题。笔者认为,法律对身体权和生命权的保护要高于财产权的保护,侵权人为对他人身体或生命造成的损害承担赔偿责任是对自然人人格的基本尊重,无论这种侵权行为是故意还是过失,侵权人对因此产生的债务都不能免责。因此,笔者建议我国在制定个人破产法时,将侵犯他人身体权或者生命权产生的损害赔偿债务一律纳入不可免责范围,而不必将其局限于故意和重大过失侵权。对于财产权,“恶意侵权行为”不是一个民法上的规范用语,将其改为“故意侵害他人财产权”更为恰当。

该条第6项将债务人所欠税款纳入不予破产免责的范围。笔者认为,对于债务人无力缴纳的税款,我国在制定个人破产法时,可不将其作为不予免责的债务。《深圳破产条例》第89条已将债务人所欠税款作为优先于普通债权清偿的债权,在3年考验期内,债务人仍需对所欠税款优先清偿,国家税收债权已获得足够的清偿条件。在考验期结束后,仍要求债务人对欠缴的税款继续清偿,不利于债务人重振目标的实现。但对于那些偷税、逃税的债务人所欠税款、滞纳金以及因此应缴纳的罚款或罚金,不应在破产免责范围之内。

专题十一：关联企业合并破产的制度构建*

一、问题与思路

2022年4月，海航集团宣布海航集团相关破产重整案的4个重整计划已经全部执行完毕并获得法院的裁定。至此，迄今为止中国最大的关联企业合并破产案成功了结，海航集团涅槃重生。该案系因海南省高级人民法院裁定受理海航集团有限公司、大新华航空有限公司、海航航空集团有限公司、海航基础控股集团有限公司、海航商业控股有限公司、海航实业集团有限公司、海航资本集团有限公司共7家公司重整案而启动，并由法院裁定将除海航集团有限公司以外的其他6家公司以及其他314家公司纳入海航集团有限公司重整案进行实质合并而形成。

企业集团内数家关联企业都陷入困境需要破产时，选择各成员企业分别破产还是所有企业合并破产是破产法必须面对的一个难题，因各企业人格混同导致的复杂利益关系以及资产与债务清理的高成本，使债权人公平

---

* 作者简介：曹兴权，西南政法大学民商法学院教授，博士生导师；陈唤忠，重庆破产法庭副庭长；上官俊峰，重庆破产法庭法官；胡彬，重庆破产法庭法官助理。

清偿利益保护面临难题,也存在破产风险从单个成员扩散到整个集团从而影响社会整体安定的可能。为此,法院一直努力探索关联企业合并破产的特殊机制。最高人民法院在2002年《关于审理企业破产案件若干问题的规定》中采用分别破产为原则、合并破产为例外的立场;在2018年发布的《全国法院破产审判工作会议纪要》(以下简称《破产审判会议纪要》)中引入协调审理与实质合并两种机制,并于2021年发布涉及3件实质合并破产的第29批指导案例。与此同时,各地法院也发布一系列典型案例,多地法院各自还出台了指导关联企业合并破产的司法文件。

关联企业破产需要解决形式独立的数家企业的多类债权人如何在一个破产程序中得以公平、有效保护的复杂问题,涉及法人人格否认、不当关联交易限制等公司法规则的大量运用。将实质合并破产作为例外的选项已经成为基本共识。但是,还有系列问题有待探讨:对关联企业合并破产应采取宽松还是严格立场,在什么情况下启动实质合并破产,是否应建立针对实质合并破产的替代机制,实质合并破产是否需要特别程序,以及如何有效防止合并破产给特定债权人债权带来不利。

上述问题涉及关联企业合并破产制度的功能定位、特殊程序机制、特殊实体规则等内容。下文将在梳理相关案例、司法解释文件的基础上,将公司法法人人格否认及不当关联交易治理制度嵌入破产法,探讨关联企业合并破产的制度供给问题。

二、关联企业合并破产制度中的利益冲突及调适逻辑

(一)关联企业合并破产制度中的利益冲突

1. 关联企业破产的现实难题

关联企业,是多个形式独立但具有关联关系的企业联合体。根据《公司法》第216条的规定,关联关系是指公司控股股东、实际控制人、董事、监事、高级管理人员与其直接或者间接控制的企业之间的关系以及可能导致公司利益转移的其他关系。基于资本形成的表决权,基于协议的特定经营安排或者特定人事安排,数个在形式上独立的企业结合成一个事实性整体。该整体内部各个成员企业基于控制企业的控制性安排按照特定分工进行交易。此种交易安排在内部通

过管理替代市场从而降低交易成本,实现成员之间的资源共享;在外部基于资源协同效应而获得竞争优势。不过,具有控制地位的企业可能滥用控制,在内部通过关联交易甚至直接通过非交易手段将各成员企业的资源在成员之间进行不公平调配,最终损害被控制企业股东及债权人的利益。

关联交易的普遍性将给关联企业破产带来挑战。首先,特定企业破产原因审查确认的难题。关联企业内部复杂的组织结构及隐蔽的交易关系导致申请人、法院难以获得特定成员企业准确的资产与负债信息;由于存在关联关系滥用风险,对于关联企业内部成员之间的债务不能够简单地进行形式审查,特定成员对因关联关系滥用甚至法人人格否认而承担债务的风险较难确定。其次,破产企业资产与债权清理成本高企。管理制度不规范导致资产与债权债务的信息不完备,资产与债务清理本身很难;面对大量的关联交易,在破产中不得不大量运用破产法中的破产欺诈制度、《中华人民共和国民法典》(以下简称《民法典》)中的合同效力审查制度与债权保全制度以及公司法中的法人人格否认及关联关系滥用禁止规则,诉讼风险与成本高企。再次,关联企业之间信用风险的联动性影响破产程序的启动与推进。关联企业内部各成员之间相互负债特别是相互担保的情况相当普遍,某特定成员的信用风险无疑将牵连其他企业,处理不当则可能演化为特定地区或者行业的整体风险。是否受理针对该企业的破产申请以及受理后如何推进将给法院及其他公共管理者的决策带来严峻挑战。最后是不同破产案件之间的衔接难题。关联企业内部不同成员之间资产、债务上的高度牵连性意味着不同成员破产程序的推动及衍生案件的审理之间具有高度牵连性。如何在程序乃至审理政策上进行有效衔接,无疑是法院必须面临的又一挑战。

2. 关联企业破产中复杂的利益关系

法律是调整利益冲突关系的主要机制,关联企业破产制度的理性构建也以特定利益冲突关系为起点并且围绕调整这些冲突的适宜路径展开。在企业的一般破产中,利益冲突包括个体之间以及个体与社会整体之间两类。个体之间利益的冲突包括债务人与债权人之间以及其中内在的债务人投资者与债权人之间、债务人管理者与债权人之间等多类;个体与社会整体之间的利益冲突,包括债务人利益保护与破产内在的优胜劣汰制度利益之间、债权人保护与基于破产企业人格维护而确保社会经济秩序持续的社会整体利益之间等多类。在关联企业破产中,利益冲突更为复杂。

(1)关联企业不同成员债权人之间的利益冲突

关联企业内部各成员之间的很多交易是基于最终控制者的统一安排而推动的。基于集团资源调配政策,某成员的资产因关联交易而被不当减少而其他成员因此而不当获益。若对关联企业各成员单独进行破产,在确认该特定成员的资产与债务时,关联企业不同成员债权人之间的利益冲突将特别突出。此刻,需要大量适用公司法、《民法典》规定的既有实体性规则。但因适用结果的不确定性,关联企业不同成员债权人之间的利益冲突可能难以仅依靠这些实体规则就得到公平解决。

(2)关联企业内部债权人与外部债权人之间的利益冲突

关联企业整体的内部与外部实质是不同的市场机制。基于内部机制,关联企业的对外资源需求可通过安排某特定成员企业对外实施,再将该资源在内部进行调配的方式获得满足。该对外发生的债权债务关系虽然实质上是以关联企业整体的名义发生的,但形式上是以关联企业特定成员的名义而发生的。外部债权人在维权时只能够向与其发生交易的特定成员追索,但该特定成员的资产之上还存在大量基于内部交易关系形成的内部债权。将这些外部债权与内部债权根据内部控制关系滥用情形的存在与否而作不同处理似乎更为合理。但问题在于如何认定该内部控制关系滥用情形之存在以及确认之后又如何选择救济路径呢。

(3)关联关系利用人与债权人之间的利益冲突

与前两种利益冲突相关,还存在关联关系利用人与债权人之间的利益冲突。无论是关联企业内部交易还是外部交易,无论是针对关联企业的某一成员还是针对关联企业整体,基于是否利用关联企业内部的特殊控制关系而发生交易这一事实,债权人事实上分为利用特殊控制关系的债权人与一般债权人两类。针对某特定成员的债权,若内部债权不是基于特殊控制关系而产生,在本质上与外部债权同样处于不利地位。鉴于此类利益冲突客观存在的事实,是否应在关联企业破产中引入利用特殊控制关系形成的债权一般劣后于其他债权的机制,是破产法应关注的特殊问题。

(4)债权人与社会整体之间的利益冲突

关联企业内部各个成员之间资产、债务以及风险等方面的联动性意味着各成员企业的破产程序可能引发关联企业整体破产,而针对成员企业资产与债务的逐笔清理也将耗费大量司法资源。因此,关联企业特定债权人利益与社会整体利益发生冲突。问题在于:一方面,为了实现债权人利益的公平及有效保护是否可以置关联企业整体经营稳定乃至社会稳定的合理需求而不顾。只要特定成员陷入偿付能力危机则可启动破产程序,那么该破产将导致其他关联企业被迫破产的情况该如何处理,是否可以将一些事实上尚未陷入偿付能力危机的企业纳入破产程序之中。另一方面,如果债权人利益的公平及有效保护是破产程序最终目的,如何考虑破产程序本身的效率价值。

(二)关联企业合并破产中利益冲突的调适逻辑

1. 关联企业破产制度的价值选择

关联企业不同成员债权人之间的利益冲突、关联企业内部债权人与外部债权人之间的利益冲突以及关联关系利用人与一般债权人之间的利益冲突实质是个体利益之间的冲突。根据私法逻辑,个体之间利益冲突发生于民事主体之间利益分配的过程,而调整民事主体之间利益关系的法律制度应以公平为基本目标。债权人与社会整体之间的利益冲突实是个体利益与社会整体利益的冲突。基于社会整体利益优先于个体利益的私法原理,私法应优先实现体现社会整体利益的价值;当然,个体利益的某些内容在特定条件下能够转化为社会整体利益,如不特定多数债权人的公平清偿利益。

私法上的公平涉及民事主体之间权益的分配,是调整个体之间利益冲突的基础价值目标。民事主体虽然有自主安排自己行为的自由,但在社会交往中也应尽一个理性主体应尽的一定注意义务来安排自己的行为,以便有效防范自己的行为风险。就此而言,债权人的交易自由以及在交易中的基本理性决策是维系私法公平的基本保障,只要满足这些条件债权人即可获得公平保护。如果个体之间利益之分配并非源于交易安排,或者在交易安排中交易自由或者交易理性决策的前提条件难以获得满足,法律则应强制介入该分配以维护实质公平。即便如此,法律对民事主体之间利益分配过程的强制介入也应区分过程介入与结果介入:在前者,法律关注那些可能影响债权人理性决策能力的个体主观因素以及可能限制交易主体在交易中理性决策的外在因素,并且以适当消除这些因素不利影响为目的而展开强制介入;在后者,法律在非交易领域直接调整利益关系,在交易领域则直接确定交易关系的内容与结果。为贯彻私法自治原则,对交易内容与交易结果的强制介入应相当谨慎,除非所涉及的非交易情形或者交易情形中的利益分配结果不公平的程度严重到社会难以容忍的地步。同理,在关联企业合并破产中,涉及债权人保护的公平价值应以形式公平为基础,除非涉及非交易情形(侵权债权)、限制交易主体在交易中理性决策的因素相当复杂或者出现利益分配不公平严重到社会难以容忍的程度。如前所述,关联关系人利用关联关系特别是滥用关联关系是诱发关联企业合并破产中各类债权人之间利益冲突的根本原因。在破产程序中对不同债权人之间利益关系的强制性矫正也应围绕该情形而展开。

关于社会经济安定,具有关联关系的企业群中任何一个企业的破产都可能导致关联关系企业整体的破产,而关联企业整体的破产对社会经济的负面冲击可能难以预测、难以控制。就此而言,关联企业破产的制度构建也应体现企业维持这一商法基本原则,应当尽量避免关联企业整体破产,尽量避免关联企业整体中的某个企业破产,尽量进行重整,甚至可能基于促进整体重整的目的将尚未出现破产原因的特定关联企业纳入合并破产。为此,可能要限制企业或者债权人的破产程序启动自由,而不论该自由之限制是否影响关联企业特定债权人的利益。按照该逻辑,关联企业破产中社会经济整体安定的价值高于债权人保护的公平价值。此种价值位阶安排的底层逻辑在于,社会经济整体安定属于社会公共利益的范畴,由《民法典》的公序良俗原则涵摄。鉴于社会公共利益高于个体利益、公序良俗原则高于公平原则,为追求作为终极价值目标的社会经济整体安定目标,适当限制债权人的程序启动自由权甚至实体性债权也是必需的。当然,此种社会经济整体安定价值的认定并非绝对,需要根据关联企业经营之于特定社会的影响、关联企业的规模等外在因素加以裁量。因此,即便认可关联企业合并破产的社会经济整体安定价值高于债权保护公平价值与债权人选择自由的价值位阶安排,该立场也并非绝对。

法学理论中的效率价值,存在单向与双向两个维度。单向度的效率,指投入与收获的比例:投入越少,收获越多,效率就越高。此种判断仅以特定主体的自身感受作为衡量标准。社会各界对破产程序多种效率的评判就是基于此种效率观。比如,破产案件从立案到最终结案所花时间越少,该案破产程序的效率就越高;为了此种效率,债权债务关系较为简单的案件可以选择简易程序,适当减少程序性要求;在破产债权人会议决策机制中,并不要求一致同意规则,2/3 多数决即可,甚至在各组表决没有达到法定最低标准时由法院强制裁定重整计划以推动重整;相对于清算程序的清算价值,通过重整而实现的破产企业营运价值要高得多;在一个特定破产程序中,债权获得清偿的比率提高就是破产效率最直接体现。但是,特定个人行为的效率必然影响其他主体,破产程序的效率评价应坚持双向度的效率观。福利经济学帕累托最优关于资源分配时一方受益而另一方不至于受损的效率,制度经济学卡多尔—希克斯公式关于从结果中获得的收益完全可以对所受到的损失进行补偿的效率就是双向度的效率观。显然,双向度效率观实质内含着效率与公平之间的冲突关系以及解决该冲突时必须维系基本公平的价值选择立场。破产程序的效率也应当坚持不损害特定主体利益的底线,将公平作为效率的内在要求。该要求意味着,破产程序的时间短、费效比高并不当然构成公共管理者强制介入破产中各种主体私法关系的正当理由,除非该效率价值转化成为公共利益。在关联企业破产中,成员企业之间复杂的控制与被控制关系以及普遍性的关联交易导致对单个企业资产债务的清理相当困难,各个企业单独破产实则不利于提升破产制度的效率。若不会对特定债权人造成不利损害,推动合并破产则有助于实现坚持公平底线的效率。只有关联企业整体经营稳定乃至社会稳定的合理需求转化成为社会公共利益时,才可以容忍破产程序效率价值对特定债权人利益的可能损害。

2. 关联企业破产制度的适应性改进

破产程序是借助于司法机制来有效解决债权债务纠纷,调整平等主体之间的私法关系。因此,关联企业合并破产制度依然应遵循私法自治与强制的配置逻辑。在破产原因、资产与债务清理、清偿顺序等实体规则以及破产程序的启动、审查、推动等程序规则之上,公共管理者能否强制介入以改变当事人自治,应根据利益冲突的类型、结合特定社会政策而理性选择。

为有效协调关联企业破产中公平与效率、公平与社会安定之间的价值,法院一直在努力对破产制度进行适应性改进。最高人民法院《关于审理企业破产案件若干问题的规定》第 76 条规定:“债务人设立的分支机构和没有法人资格的全资机构的财产,应当一并纳入破产程序进行清理。”第 79 条规定:“债务人开办的全资企业,以及由其参股、控股的企业不能清偿到期债务,需要进行破产还债的,应当另行提出破产申请。”2018 年发布的《破产审判会议纪要》第 32 条规定:“关联企业实质合并破产的审慎适用。人民法院在审理企业破产案件时,应当尊重企业法人人格的独立性,以对关联企业成员的破产原因进行单独判断并适用单个破产程序为基本原则。当关联企业成员之间存在法人人格高度混同、区分各关联企业成员财产的成本过高、严重损害债权人公平清偿利益时,可例外适用关联企业实质合并破产方式进行审理。”对于关联企业合并破产,最高人民法院的态度前后有实质性变化。在2001年坚持独立法人单独破产原则;在2018年引入了实质合并破产但坚持慎用的原则。在2018年以前,最高人民法院还通过其他方式认可了关联企业实质合并破产。比如,最高人民法院民事审判第二庭于2012年10月曾讨论《关于适用实体合并规则审理关联企业破产清算案件的若干规定》(征求意见稿)(以下简称《实质合并破产清算规定》),《实质合并破产清算规定》草稿拟规定:“关联企业不当利用企业控股股东、实际控制人、董事、监事、高级管理人员及其直接或者间接控制的企业之间的关系,以及可能导致企业利益转移的其他关系,造成关联企业成员之间法人人格高度混同,损害债权人利益的,人民法院可以适用关联企业实体合并破产规则审理案件。”

2018年《破产审判会议纪要》对关联企业破产所作的制度改进包括以下方面:第一,引入了例外适用的实质合并破产制度,坚持以对关联企业成员的破产原因进行单独判断并适用单个破产程序为基本原则。但是如果存在关联企业成员之间法人人格高度混同、区分各关联企业成员财产的成本过高、严重损害债权人公平清偿利益的情形时,可例外地进行关联企业实质合并。第二,引入协调审理与集中管辖机制。不符合实质合并条件的,可根据相关主体的申请对多个破产程序进行协调审理;若有必要,由共同的上级法院确定一家法院集中管辖。在实质合并破产程序中,法院可将所有关联企业作为一个整体处理,统一清理资产、债务,有效降低各种费用,压缩案件审理时间,提高重整成功率;也可以基于利益衡量原则对关联企业的所有债权进行实质审查,以有效处理各类债权人之间的利益冲突,实现债权人权益的公平保护。在协调审理与集中管辖机制中,法院之间协调甚至集中管理所节约的成本是显而易见的,对债权债务清理的相同立场也能够避免债权人之间可能的不公平。上述两个改进涉及诸多特殊破产问题:启动实质合并破产的标准是什么,启动实质合并破产之后,是否需要以及需要哪些特别程序。

3. 关联企业破产的特殊实体法需求

滥用法人人格及关联关系导致关联企业内部名义上独立的成员企业实质不

独立,很多债权人的债权难以得到公平保护是合并破产的根本原因。在合并破产特别是实质合并破产中,如何有效运用法人人格否认以及关联关系滥用禁止的实体法规则,是调适社会安定与公平、效率与公平之间冲突的又一难题。具体问题包括:(1)法人人格否认适用条件的宽松选择;(2)关联交易可撤销或无效制度适用条件的宽松选择;(3)关联人债权劣后原则的适用与否;(4)破产原因判断立场的宽松选择。

法人人格否认实质是对股东有限责任的否定,原因在于股东没有尊重关于公司独立这一股东资产与公司债务之间隔离的法定条件。鉴于股东有限责任是公司制度生命力基础所系,否定公司独立人格、否定股东有限责任理应是例外。虽然在关联企业之间容易出现业务混同、人员混同、机构混同、财务混同的情况,但关联企业合并破产也应当坚持该例外适用法人人格否认的基本原则。破产程序对法人人格否认的适用,存在关联企业实质合并破产中将各个关联企业一体化处理以及在单个企业独立破产中认定特定企业债务两种情形。在实质合并破产中,法人人格否认事实上转化为否定无数成员企业独立人格,选择实质合并破产还是单个企业独立破产的选择问题。就此而言,不应存在为推动实质合并破产而降低法人人格否认适用条件的必要。在单个企业破产时,也不宜对因法人人格否认保护个别债权人的价值有过高期待。

根据民事法律行为效力的基本原理,关联人滥用关联关系损害公司利益时该关联交易无效或可被撤销。对此,《最高人民法院关于适用〈中华人民共和国公司法〉若干问题的规定(五)》也有明确规定。结合《民法典》的相关规则,存在恶意串通损害他人利益、掩盖真实意思表示的虚假行为、严重违反法律或者行政法规的行为以及背离公序良俗的情形时,关联交易应无效。依据出资人不得抽逃出资、公司不得违法分配利润、管理者不得违反忠实义务等公司法强制规则,除非公司人员恶意串通损害公司利益而进行这些相关交易,难以认定关联交易无效。恢复原状、承担缔约过失责任是关联交易无效认定之后的救济措施,而实施这些措施的效果本身会被实质合并破产所替代。因此,无论基于不得随意认定合同无效的民法一般逻辑还是基于实质合并破产利益关系公平处理的特殊逻辑,不能因实质合并破产的有效推动而降低关联交易无效认定的门槛。根据《民法典》,债权人可就影响交易公平的情形直接行使撤销权撤销该交易。破产欺诈撤销权规则是基于民法一般原理结合破产需要所作的特别规定。破产欺诈撤销规则已经对民事法律行为可撤销制度在破产程序中运行的特殊逻辑有充分表达,而行使撤销权目的几乎被实质合并破产所替代。因此,在实质合并破产中不适宜改变破产法的既有规定。在非实质合并破产中,虽然关联企业之间滥用关联关系进行不当交易的现象较为普遍,但考虑到成员债权人与外部债权人之间平等的基本逻辑,也不存在降低破产撤销规则适用门槛的正当理由。

关联债权劣后于普通债权,在公司法理论中有自动居次与衡平居次之分。自动居次,指关联人债权自动劣后于其他普通债权;衡平居次,指关联人基于不公平关联关系而对公司的债权应劣后于其他债权。衡平居次原则是美国破产法院基于衡平法原理而发展出来的一项制度,并被1978年《美国破产法》第510条(c)款成文化。根据该款,法院在通知和听证后可以在破产分配中:(1)基于衡平居次原则而将一项经确认的债权、权益的全部或者部分劣后于另一项经确认的债权、权益的全部或者部分清偿;或者(2)将拟处理为居次债权的担保物归入破产财产。衡平居次原则适用于产生债权的不公平行为,大致包括权利人违反特别信义义务、债务人资本显著不足或者权利人与债务人人格混同。2018年《破产审判会议纪要》的第39条正式确立了关联企业之间不当债权的劣后清偿规则。根据该条,关联企业成员之间不当利用关联关系形成的债权应劣后于其他普通债权清偿,并且该劣后债权人不得就其他关联企业成员提供的特定财产优先清偿。在合并破产中引入衡平居次原则,在实质合并与协调审理中公平地保护外部债权人,也有助通过减少纠纷而提高破产程序的效率。当然,被居次处理的关联债权应是未进行实质合并破产程序的特殊关联债权或者实质合并破产中未被相互抵消的特殊关联债权。

以协调审理甚至集中管辖的方式处理关联企业破产,在本质上依然是企业单个破产模式,此刻应要求关联企业各个成员均存在破产原因。在实质合并破产中则有不同。由于存在大量法人人格否认、实质处理不当关联交易的问题,单个成员企业是否存在破产原因尚不能根据初步证据予以确认,实质合并破产模式并不要求关联企业各成员均已存在破产原因。对此,2018年《破产审判会议纪要》第32条"以对关联企业成员的破产原因进行单独判断并适用单个破产程序为基本原则"以及"可例外适用关联企业实质合并破产方式进行审理"的表述意味着,实质合并破产时特定成员企业是否存在破产原因不是关键。在实质合并破产中将个别并不存在破产原因的成员企业纳入破产程序,有助于公平保护债权人,维护社会稳定。

三、实质合并破产的标准

(一)关于实质合并破产标准的探索与争议

1. 实质合并破产标准的司法探索

(1)最高人民法院

2012年《实质合并破产清算规定》(征求意见稿)对于实质合并破产标准有所涉及。根据《实质合并破产清算规定》,法院可以适用关联企业实体合并破产的条件包括,关联企业不当利用关联关系以及可能导致企业利益转移的其他关系造成关联企业成员之间法人人格高度混同,损害债权人利益的。根据该规定,如要实质合并破产,关联企业成员之间法人人格高度混同是核心标准,不当利用关联关系是导致人格混同的外在原因,而损害债权人利益则是法人人格混同程度的判决标准。

2018年《破产审判会议纪要》有较为完备的规定。根据《破产审判会议纪要》第32条,法院例外适用关联企业实质合并破产方式进行审理的条件在于:关联企业成员之间存在法人人格高度混同、区分各关联企业成员财产的成本过高、严重损害债权人公平清偿利益。显然,《破产会议纪要》确立了实质合并破产的三元标准,即法人人格高度混同是讨论的初步证据,必须进一步关注财产区分成本是否过高、是否严重损害债权人公平清偿利益。其实,严重损害债权人公平清偿利益既可被用于判断法人人格高度混同的严重程度,也可认为是财产区分成本过高的后果。同时,《破产审判会议纪要》第33条还规定了允许法院进行综合考虑的其他自由裁量因素,诸如关联企业之间资产的混同程序及其持续时间、各企业之间的利益关系、债权人整体清偿利益、增加企业重整的可能性等。

2021年9月最高人民法院发布了涉及实质合并破产的第29批指导性案例,包括163号《江苏省纺织工业(集团)进出口有限公司及其五家子公司实质合并破产重整案》、164号《江苏苏醇酒业有限公司及关联公司实质合并破产重整案》、165号《重庆金江印染有限公司、重庆川江针纺有限公司破产管理人申请实质合并破产清算案》。在这3件指导案例中,最高人民法院均表达了关联企业之间存在法人人格高度混同、区分各关联企业财产的成本过高、严重损害债权人公平清偿利益的实质合并标准。该立场与2018年《破产审判会议纪要》一脉相承。

(2)各地法院

各地法院对实质合并破产标准的探索以2018年《破产审判会议纪要》为标志前后有明显不同。在2018年之前,各地法院在个案审理中的立场主要表现为两种:一种是法人人格混同单一标准;另一种为法人人格混同要件加其他要件的混合标准。关于法人人格混同的单一标准,如2008年福建省福州市中级人民法院审理的闽发证券等5家关联企业实质合并案是最早由《最高人民法院公报》发布的案例。在该案中,法院首先确认了关联企业之间存在人格混同的事实,然后以4家关联成员企业不具备独立意志和独立财产为理由将其与闽发证券进行实质合并破产清算;①在2009年浙江省绍兴市中级人民法院审理的纵横集团等6家关联企业实质合并重整案中,法院以该6家公司受同一公司控制,各关联企业因为财务、管理人员、资产、决策上高度混同并且关联公司资本显著不足,各公司之间相互担保情况严重为理由,将6家公司实质合并重整;②在2015年山西省吕梁市中级人民法院审理的山西联盛能源等32家关联企业实质合并破产案中,法院以这些公司之间具有关联关系为前提,以在人员、资产、经营管理方面高度混同为理由,裁定采用实质合并模式审理。③ 关于法人人格混同加其他要素的混合标准,其中的附加要素首先是资产难以区分。如在2008年上海特毅等3家关联企业实质合并清算案中,上海市金山区人民法院基于3家企业人格严重混同资产难以区分的理由而选择实质合并;④在2013年审理的中江系30家关联企业实质合并重整案中,浙江省杭州市中级人民法院认为,30家企业之间人格高度混同,这些企业之间存在大量以虚假交易进行的利益分配以至于各自财产难以区分,在此情况下若单独破产将背离破产法公平清偿债务的立法主旨。显然,法院关注的不仅包括人格高度混同的事实,还包括是否达到财产难以区分的程度。

---

① 参见福州市中级人民法院,闽发证券有限责任公司与北京辰达科技投资有限公司、上海元盛投资管理有限公司、上海全盛投资发展有限公司、深圳市大纪和源实业发展有限公司合并破产清算案,载《最高人民法院公报》2013年第11期。

② 参见史和新、张帆:《纵横集团"1+5"公司合并破产重整案——关联公司合并破产重整法律问题》,载最高人民法院中国应用法学研究所编:《人民法院案例选》2013年第4辑,人民法院出版社2014年版。

③ 参见山西省吕梁市中级人民法院民事裁定书,(2015)吕破字第1-23、25-31号。

④ 参见上海市金山区人民法院民事裁定书,(2008)金民二(商)破字第1、2、3号。

2017 年的重庆康年食品有限公司等 3 家关联企业实质合并重整案也坚持了这个混业标准。审理此案的重庆市北碚区人民法院在认定 3 家关联企业存在人格混同的事实后,特别强调审计机构投入 7 名审计人员、历时 8 个月仍然无法区分 3 家公司财产的情节,鉴于分别破产时难以审核债权、区分财产,裁定对 3 家公司进行实质合并重整。① 在 2018 年之后,各地法院在个案中采用实质合并破产时更为谨慎,除附加资产区分困难的标准外,有时还特别强调债权人利益保护。比如,在 2019 年圣光集团等 23 家关联企业实质合并重整案中,河南省平顶山市人民法院在认定各企业高度混同后特别强调,通过行使撤销权、主张清偿行为无效等方式区分各关联企业的财产成本过高,实质合并重整可节约大量的成本,大幅度提高重整效率,切实保障债权人公平清偿利益,为此裁定实质合并重整。② 在 2020 年北大方正集团有限公司等 5 家企业实质合并重整案中,北京市第一中级人民法院强调,因不当关联交易大量存在,单独重整会导致部分债权人公平清偿利益受损,实质合并破产有利于实质公平,保护关联企业债权人的整体清偿利益。③

各地法院还通过发布司法文件的方式来探索实质合并破产的标准。由于多发布于 2018 年《破产审判会议纪要》之后,这些文件强调了《破产会议纪要》坚持的三标准说。与《破产审判会议纪要》一致,很多法院强调慎用原则,也强调了自由裁量及所涉及的具体要素。比如,2021 年《山东省青岛市中级人民法院关联企业实质合并破产工作操作指引(试行)》规定,应同时考虑人格混同程度及其持续时间、各企业之间的利益关系、债权人整体清偿利益、增加企业重整的可能性等因素;2018 年《上海市高级人民法院破产审判工作规范指引(试行)》强调,应避免不当采用实质合并审理方式损害相关利益主体的合法权益;2020 年《南京市中级人民法院关于规范重整程序适用提升企业挽救效能的审判指引》(以下简称《南京重整指引》)、2021 年《河南省高级人民法院审理企业重整案件的工作指引》、2021 年《贵州省高级人民法院破产审判工作实务操作指引(试行)》均强调还应综合考虑人格混同程度及其持续时间、关联企业成员之间的利益关系、债权人整体清偿利益以及企业重整可能性提升等因素;而 2019 年《深圳市中级人民

---

① 参见重庆市北碚区人民法院民事裁定书,(2017)渝 0109 破字 3 之三。

② 参见河南省平顶山市中级人民法院决定书,(2017)豫 04 破 1 号,(2018)豫 04 破 1 号、6 号、7 号、8 号、9 号、10 号、11 号、16 号、17 号、18 号、19 号、22 号、23 号、24 号。

③ 参见北京市第一中级人民法院民事裁定书,(2020)京 01 破申 530 号。

法院审理企业重整案件的工作指引（试行）》（以下简称《深圳重整指引》）则特别强调，应审查法人人格高度混同是否对债权人公平受偿造成严重损害。

2. 实质合并破产标准的理论争议

理论界对实质合并破产标准的看法既有共识，也有争议。有学者主张，应将标准区分类别性标准与行为性标准，其中类别性标准包括法人人格混同、欺诈、债权人受益、重整需要，同时这些标准应保持开放性以应对新情况。[①] 有学者认为，应以法人人格混同为基础，附加资产分离困难、破产收益以及债权人期待等要素。[②] 有学者认为，首要标准是人格混同，提高破产程序的便利性以及保障债权人权益只是个辅助标准。[③] 有学者主张，在财务混同达到无法区分或者区分成本过高以至于严重损害债权人利益、而债权人将关联企业视为一体时则可适用实质合并破产，但仅为便利处理破产、仅对部分债权人有利或者仅存在法人人格混同时，并不足以适用。[④] 有学者认为，实质合并破产的适用标准主要包括法人人格混同与债权人利益保护；其中人格混同是首要标准，其他标准是基于人格混同前提，为防止实质合并之滥用而进行的其他判断；区分成本过高的资产分离困难只是认定人格混同的次级标准；债权人权益保护应指向整体处置带来的正向收益提升、整体价值提高以及资产耗散地避免上。[⑤]

关联企业实质合并破产标准涉及适用该程序的基本态度。综上可以发现，虽然理论和实务界对2018年《破产审判纪要》所提仅在例外情况下、适用审慎原则达成共识，但对于在何种情况下才构成例外、坚持何种审慎等核心问题还存在不同理解。

（二）实质合并破产标准的构建

1. 关联企业实质合并破产标准的构建逻辑

（1）审慎适用原则

关联企业实质合并破产适用得当则能够有效矫正各关联企业成员之间因不

---

① 参见王欣新：《关联企业实质合并破产标准研究》，载《法律适用（司法案例）》2017年第8期。

② 参见贺丹：《企业集团破产：问题、规则与选择》，中国法制出版社2019年版，第135页。

③ 参见徐阳光：《论关联企业实质合并破产》，载《中外法学》2017年第3期。

④ 参见郭丁铭：《美国实质合并破产原则述评及启示》，载吴志攀主编：《经济法学家》第10卷，北京大学出版社2014年版。

⑤ 参见王静：《实质合并破产法律制度构造研究》，法律出版社2021年版，第179页。

当控制关系或利益输送行为而造成的利益失衡现象;适用不当则违背法人独立责任原则、损害关联企业成员及其债权人合法权益[①],也可能减损尊重当事人纠纷管辖约定、便利当事人参与等民事程序法的基本价值,并造成新的不公平。关联企业实质合并破产虽然有法人人格否认、关联关系禁止滥用等公司法实体法基础,但只能够作为一种例外的救济机制审慎适用。此种例外只能是出现在迫不得已的情形。一方面,如果不进行实质合并破产,关联企业不同成员债权人之间的利益冲突、关联企业内部债权人与外部债权人之间的利益冲突、关联关系利用人与一般债权人之间的利益冲突,仅仅通过法人人格否认机制、不当关联交易的救济机制难以得到有效解决,难以实现对债权人进行公平清偿的破产法基本价值目标;另一方面,如果不进行实质合并破产,对债权人公平清偿价值的破坏、无数资源的低成本耗散以及关联企业被迫走进清算而破坏社会安定等风险将严重到难以容忍的程度。因此,实质合并破产不能够为了合并而合并,必须严格限制适用条件,优先选择其他救济方式。[②] 简化程序、减少工作量的目的不能够成为适用实质破产的正当理由。[③] 不仅不能够仅以企业人格混同作为适用标准,程序效率的提高、清偿比例的提升也不能够成为进行实质合并破产的理由。

2018 年《破产审判会议纪要》对实质合并破产审慎适用原则的强调不仅直接地表现在该原则的表述上,而且也体现在适用标准、债权人异议程序等具体内容中。各地法院对《破产审判会议纪要》适用标准的发展性探索也很好地诠释了该理念。

(2)契合逐步限制的裁判推理逻辑

破产申请人提出实质合并破产的申请,利害关系人进行异议,法院根据事实和法律进行审查以确定是否接受该申请是民事主体以及法院处理实质合并破产事务时展现出的思维过程。在该思维过程中,法院根据基础事实得到确定性意见,再根据审慎思维结合法定要件以及自由裁量因素对其进行排除,在排除不成功时则最终认可实质合并破产。实质合并破产的标准应体现该思维逻辑,并体现为法定要件与自由裁量因素两个方面,而各个法定要件之间也应体现为逐步限制的逻辑关系。

---

① 参见郁琳:《关联企业破产制度的规范与完善》,载《人民法院报》2018 年 4 月 11 日,第 7 版。
② 参见王欣新、周薇:《关联企业的合并破产重整启动研究》,载《政法论坛》2011 年第 6 期。
③ 参见郁琳:《关联企业破产整体重整的规制》,载《人民司法(应用)》2016 年第 28 期。

大量不当关联交易以及由此导致可以适用法人人格否认、关联关系人债权劣后规则是提出实质合并破产主张的基础事实。对于实质合并破产,支持适用的当然理由并不是关联交易大量存在的表面事实,而是顶层企业与下一层企业之间以及实际控制人与其控制企业之间的法人人格否认、关联交易的非正当性以及由此导致后果的严重性。但是,由于可以通过不当关联交易救济机制而在个别企业破产程序中保护债权人,构成适用法人人格否认的人格混同只是适用实质合并破产的必要条件但并非充分条件。区分各关联企业成员财产是有效清偿债权的前提,但如果区分成本过高则会适得其反。当然,区分成本高低会影响清偿比例,但清偿比例并不一定转化为不能够被社会容忍的负面效应。因此,有必要对人格混同增加区分各关联企业成员财产成本过高的限制,并在此基础上分别设定严重损害债权人公平清偿利益这一基于破产法基本主旨的限制。《破产审判会议纪要》所提的三个要件体现了这一思维逻辑。其中,人格混同是启动实质合并破产的基础性条件;但关联企业人格混同并不一定导致实质合并破产,资产区分成本过高、严重损害债权人公平清偿利益则成为两个逐步递进的衡量要件。

实质合并破产与否终究是利益衡量的结果,不应僵化对待这三个要件。法官在裁判中应基于有效协调个体利益冲突、个体利益与社会整体利益冲突的目的,考虑个案的实际情况进行综合判断。因此,实质合并破产标准还持一定开放性,必须纳入相关自由裁量因素。

(3)内容确定的法技术逻辑

应当确定实质合并破产标准,否则难以形成裁判指引。对该标准的理论争议,在很大程度上源于论者对各个标准本身的内涵未达成共识。比如有学者主张,法人人格混同在实质合并破产与法人人格否认之间应有差异;①有学者则关注人格混同要件的认定,认为应重点关注成员企业之间的业务混同与财务混同,至于高级管理人员交叉任职等人员混同无须作过多考虑。② 从表象看的确如此。法人人格否认中的人格混同指向公司人格与股东人格,并指向人格混同程度相当严重的状态;而实质合并破产中人格混同不仅包括公司与公司股东之间的混

① 参见王静:《实质合并破产法律制度构造研究》,法律出版社2021年版,第162页。

② 参见曾思:《资产分割理论下的企业财产独立性—经济功能与法律限制》,载《中外法学》2019年第5期。

同,还包括姐妹公司之间、实际控制人与被控制公司之间的混同,并且并不一定要求混同程度的严重性。考虑人格混同并不必然导致实质合并破产,认可该差异是必要的。但是如果辅以其他标准并基于裁判结果进行衡量,则会发现该差异的实际意义并不大。以至于有学者主张,财产混同严重与区分成本过高其实是实质合并中的人格混同认定标准。① 再如,有学者强调实质合并破产标准中应强调债权人利益保护,并且从整体处置收益提升、整体重整价值提升、避免资产耗费等方面认定。此种债权人利益保护显然是单向度效率意义的保护,事实上包括了区分成本过高的意义,但并不能涵盖债权人公平清偿意义上的债权人保护主旨。提升清偿价值、重整价值的效率是否能够成为国家强制介入私法关系的理由尚待探讨;无视公平清偿价值追求的立场无疑是不理性的。

《破产审判会议纪要》所提的三个要件就字面表述而言含义是确定的。关于人格高度混同与区分资产成本过高的要件,司法实践已经发展出一整套认定标准;严重损害债权人公平清偿利益的标准因特别强调清偿的公平性而高度契合破产法的立法主旨。可以认为,《破产审判会议纪要》所提三个法定要件标准是适宜的。

2. 关联企业成员的破产原因

在确定关联企业中除控制企业之外的其他成员企业是否存在破产原因时,须在对该企业资产与债务进行系统清理的基础上加以判断。由于在清理过程中涉及对法人人格否认、不当关联交易无效或撤销,在未进行实质合并破产时此种确定相当困难。因此,虽然有学者主张实质合并破产的标准应包括关联成员原则上均达到破产界限②,但司法实践并未支持该主张。

根据 2018 年《破产审判会议纪要》第 32 条,适用单个破产程序时对关联企业成员的破产原因进行单独判断,适用实质合并破产程序实则并非如此;第 38 条关于多个关联企业成员均存在破产原因但不符合实质合并条件时进行协调审理甚至集中管辖的规定,再一次印证了该立场。《贸易法委员会破产法立法指南》第三部分“破产企业集团对待办法”也指出,在某些情况下也可以允许将实质合并破产的范围延伸至表面上未破产的成员。

---

① 参见王静:《实质合并破产法律制度构造研究》,法律出版社 2021 年版,第 179 页。

② 参见曹文兵:《供给侧改革背景下实质合并破产制度的构建与完善——以 16 件关联企业实质合并破产案件为分析样本》,载《理论月刊》2019 年第 7 期。

司法实践中出现过经营状况良好的成员企业因上级公司实质合并破产而被纳入破产的情况，如海南航空集团整体重整案中的西部航空。判断此种处理是否有损西部航空外部债权人的公平清偿权，关键在于西部航空等海南航空集团下属独立企业在关联企业整体经营中是否因不当关联交易而获益以至于出现人格混同、不得不合并破产的情况。因此，实质合并破产的标准因不包含成员企业存在破产原因可能导致的弊端，应通过其他标准的理性识别来消解。

3. 关联企业法人人格高度混同

将关联企业人格混同作为实质合并破产的基础标准，是司法和理论的基本共识。

公司法中的人格混同事实上包括两类：其一，根据《公司法》第 20 条，法人人格否认制度指股东与公司之间的人格混同；其二，根据最高人民法院指导案例 15 号裁判主旨，被同一股东或者实际控制人控制的关联企业之间的人格混同。鉴于实质合并破产程序的合并最终表现为处于顶端控制地位的企业的破产程序吸收其他企业的破产程序，在决定是否选择该程序时应关注处于顶端控制地位的企业与其他被控制企业之间的人格混同，而同受控制企业控制的企业之间人格混同则被放在第二类混同中考察。

企业维系独立地位的首要目的在于保护债权人，但在有充足的独立资产时该企业在运作中是否独立对该债权的之实现并不重要。因此是否独立享有资产、独立处分资产是确认法人是否实质独立的基础要件。企业资产独立需要以独立意志与独立财务制度为支撑，独立表达意志、独立处理财务又是独立经营的基础，并建立在完备公司机构以及有效运行基础之上。因此，对于企业是否独立可以从财务、资本、资产、人员、经营、场所等要素展开分析。关于人格高度混同的分析思路与认定标准，在实质破产合并与法人人格否认之上差异并不多。对此，最高人民法院指导案例 15 号、163 号以及 165 号提供了清晰思路，各地法院也探索出了行之有效的识别要素。在最高人民法院指导案例 163 号中，法院以 6 家关联企业之间存在任职高度交叉及未形成完整独立的组织架构、共用财务及审批人员而导致缺乏独立的财务核算体系、业务高度交叉混同导致形成高度混同的经营体为理由，认定构成人格高度混同。在指导案例 165 号中，在控股股东、实际控制人为同一主体的情况下，法院以各企业的生产经营场所混同、管理人员及员工的工作安排及管理人员未作区分、主营业务混同、两公司对经营性财产如流动资金的安排使用上混同、公司资产与控制人个人账户未作严格区分为理由,认定关联企业之间人格高度混同。《深圳重整指引》第46条规定,关联企业成员之间存在难以区分的主要经营性财产,混同使用财务凭证或者账户以致难以区分,难以明确区分生产经营场所,主营业务相同并且交易行为、交易方式及交易价格等受控制企业支配,存在相互担保或交叉持股,主要管理者交叉任职,人事任免或经营管理等重大决策事项受到同一控制人不履行必要程序的控制导致关联企业成员丧失财产独立性且无法体现独立意志的情况,且上述情况持续、普遍存在,则认定关联企业成员之间人格高度混同。《陕西省高级人民法院破产案件审理规程(试行)》(以下简称《陕西破产审理规程》)第242条明确规定,债务人与其关联企业成员之间在人员、业务、财务、管理、营业场所等方面发生实质混同以至于使得企业的法人人格形骸化,则认定存在法人人格高度混同。当然,认定关联企业人格是否独立的考察因素很多,但财产独立性、独立意志独立性是两个关键因素,人员交叉、业务交叉、营业场所相同等方面的混同只是辅助因素。在指导案例165号中,法院特别关注两家关联企业共用原材料库房、营业成本分担和经营利润分配无明确约定并往往根据实际利润及税务处理需求进行调整、对外借款相互担保的事实。

在司法实践中,建议重点审查以下因素:第一,各个关联企业的会计账簿、资产登记资料是否齐备;第二,是否存在资金、资产统一调拨制度以及合理的调拨价格、决策机制和利益补偿机制;第三,银行账户是否独立;第四,是否存在主要资产、大额现金的不合理流动以及无偿担保。如果存在这些问题,但问题并不是广泛的、普遍的、经常性的,即使关联企业集团在业务及人员方面有交叉、场所上有混同,也不构成人格高度混同。

4. 区分各关联企业成员财产的成本过高

区分各关联企业成员财产的成本指在破产程序中对各个企业的资产与债务进行清理和确认的成本,具体包括管理人进行财务和法务调查、财产接管、债权审核、资产权属确认、资产追收等活动而发生的物力支出、人力支出及时间耗费。

区分各关联企业成员财产的成本过高,往往是由关联企业之间在资产、财务等方面的高度混同造成的。在最高人民法院指导案例163号中,法院认为关联企业因业务高度混同而形成高度混同的经营主体,以至于在客观上导致6家公司收益难以正当区分;各公司之间存在大量关联债务与担保导致各公司的债权债务清理极为困难。在最高人民法院指导案例165号中,法院认为两公司在管理成本、债权债务等方面无法完全区分,其真实性亦无法确认。在2017年重庆康年食品有限公司等3家关联企业实质合并重整案中,法院则以审计机构投入7名审计人员、历时8个月仍然无法区分3家公司财产、无法出具审计意见为理由,认定区分财产成本过高。《陕西破产审理规程》第242条规定也指明了认定该标准的思路,即区分成本过高是指对上述企业的各自财产作出区分会产生不符合司法程序价值的过高成本,对此应考察债务人与其关联企业成员之间是否存在着复杂的股权控制关系、关联交易关系、债权债务关系、资金往来关系。

需要注意的是,区分各关联企业成员财产的成本过高并不等于无法区分。如果愿意付出更多的成本、进行更多的实质审查,还是能够对资产进行分出,只不过此种区分的结果不是那么经济、债权清偿不那么高效。因此,区分各关联企业成员财产的成本过高在事实上有两方面价值:一方面将某些人格混同关联企业排除于实质合并破产之外;另一方面在一定程度上肯定了提高清偿效率之于强制推行实质合并破产的正当性。

5.严重损害债权人公平清偿利益

在破产程序所涉不同主体利益位阶中,债权人利益在事实上具有优先性。虽然关联企业实质合并破产在一定程度上有抑制关联企业进入清算程序、保护其他利益主体之效果,但对关联企业实质合并破产的正当性评判还是应当以有效保护债权人清偿利益为基本出发点。正如学者所言,兼顾各关联企业债权人利益是处理关联企业合并破产的难点所在。① 实现破产程序中的债权人利益保护目标存在尽可能提升清偿率与确保所有债权得到公平清偿的两个不同指向。鉴于并非法律强制介入私法活动的正当性基础,对将提高破产制度效率、提升债权清偿效率作为实质合并破产证成性标准的则应持高度警惕立场。并不能够仅因区分各关联企业成员财产的成本过高就在关联企业人格高度混同的情况下直接进行实质合并破产;理性的做法应是适当增加其他排除性标准进行论证。债权人权益保护涉及公平价值,这理应成为破产制度效率目标追求的内在前提;只有在制度效率以及社会安定转化为社会整体利益时才可能抑制个体债权人的利益诉求。尽可能提升清偿率的目标与确保所有债权得到公平清偿的目标相比

---

① 参见郁琳:《关联企业破产制度的规范与完善》,载《人民法院报》2018年4月11日,第7版。

较，后者涉及效率价值的底线以及社会整体利益，理应成为对区分各关联企业成员财产的成本过高这一标准的另一种限制。也就是说，只有在出现区分各关联企业成员财产的成本过高导致对债权人公平清偿利益造成严重损害时，才有必要进行实质合并。

关于债权人公平清偿利益，存在帕累托改进标准与社会财富最大化标准两种理解。根据帕累托改进标准，只有使所有债权人获益或者不会发生因部分债权人获益而部分债权人受损的情况时才能够进行实质合并破产；根据社会财富最大化标准，即使会出现因部分债权人获益而部分债权人受损的，只要整体利益减损小于利益增加则可进行实质合并破产。显然，这两种解读标准的最大区别在于，前者坚守个体公平之底线而后者则非。鉴于公平保护债权人是破产制度的主旨，坚守公平底线是当然选择。债权人公平清偿利益标准应解读为债权人保护与债权人公平保护两个层面，并且后者应是底线。实践中所谓只要能够提升整体清偿率、提高重整可能性就进行实质合并破产的主张，实质上是选择了社会财富最大化标准而忽视了公平清偿的公平底线，应不予支持。

基于债权人公平清偿利益的逻辑，在审查时应聚焦关联企业合并破产与否对特定类型债权人利益的影响。具体而言，在关联企业不同成员债权人之间关注被控制企业外部债权人；在关联企业内部债权人与外部债权人之间关注外部债权人；在关联关系利用人与一般债权人之间关注一般债权人。需要注意的是，严重损害公平清偿利益既可能发生于拟被纳入实质合并破产的关联企业外部债权人，也可能发生于最初破产申请指向的控制企业外部一般债权人。在是否进行实质合并的利益衡量时，聚焦于前者更为正当。总之，在理解适用严重损害债权人公平清偿利益的标准时，应更多聚焦被控制企业外部债权人进行判断。

严重损害债权人公平清偿利益的适用有正反两个不同面向。从正面来说，不纳入实质合并破产将严重损害债权人公平清偿，该法定标准被用于证成实质合并破产；从反面来说，如果被纳入实质合并破产将严重损害债权人公平清偿利益或者导致特定外部债权人的不公平清偿，该法定标准被用于否定实质合并破产。基于一般自由、例外允许的私法逻辑以及审慎而例外适用实质合并破产的破产法原理，反面适用较正面适用更为合理。

当然，正面适用的情形也可能存在，比如在难以借助于法人人格否认、不当关联交易无效或者可撤销以及关联债权劣后等替代机制实现对外部债权公平清偿利益的场合。此时,这些替代机制适用的高成本其实是区分各关联企业成员财产高成本的重要部分。在反面适用该标准时则会发现,区分各关联企业成员财产的成本是否过高其实并不重要,即便关联企业之间的人格高度混同,只要会导致严重损害被控制企业特定外部债权人公平清偿利益就应排除实质合并破产。显然,在正面与反面的不同角度适用严重损害债权人公平清偿利益这一要件时,区分各关联企业成员财产的成本过高标准的实际价值完全不同。正是基于该特殊性,2019 年《深圳重整指引》才特别强调,将是否严重损害债权人公平受偿利益作为认定法人人格高度混同是否构成的重要审查因素。

6. 关联企业实质合并破产标准的自由裁量因素

理性界定关联企业之间的人格高度混同、区分各关联企业成员财产的成本过高、严重损害债权人公平清偿利益等要件各自的内涵以及三者之间的逻辑关系,是适用实质合并破产标准的前提。虽然理论界和实务界对这两个方面有初步共识,但由于三要件本身相当抽象,关联企业破产中的利益关系复杂,特定社会环境对破产制度还抱有特定政策期望,法院在审查实质合并破产的申请与异议时应灵活解读三要件的内涵,同时综合考虑其他相关因素。

《破产审判会议纪要》第 33 条关于授权法院"可以综合考虑"一些特定因素的表述也强调了该精神。根据该规定,应关注关联企业之间资产的混同程序及其持续时间、各个关联企业之间的利益关系、债权人整体清偿利益、增加企业重整的可能性等因素。其中,关联企业之间资产的混同程度及其持续时间以及各个关联企业之间的利益关系主要关注关联企业内部控制与被控制的程度、滥用关联关系的严重程度。学界主张的债权人期待标准、欺诈标准可以被内化在这些因素中予以考虑。债权人期待标准是指根据债权人与关联企业进行交易时是基于对单个关联企业成员的独立信用还是对关联企业整体信用的信赖而决定是否适用实质合并。① 从交易常识来看,债权人对关联企业整体信用而非对单个成员企业信用产生合理信赖一般发生在各个企业人格混同程度较高的场合。② 欺

① 参见王静:《实质合并破产法律制度构造研究》,法律出版社 2021 年版,第 175 页。

② 当然,各地法院对于是否将合理信赖作为衡量要素的立场并不统一。截至目前,只有《深圳市中级人民法院审理企业重整案件的工作指引(试行)》以证明责任分配的方式引入了该标准。根据该文件第 48 条,债权人申请合并重整时应当提供能够证明存在合理理由信赖其交易对象并非单个关联企业成员、单独破产损害其公平受偿利益的证据。

诈标准是指如果法院确信企业集团成员从事欺诈或者根本没有正当交易目的,创建并控制其他关联企业的目的就在于保全自己的非法利益;此时,根据该欺诈的事实本身即可进行关联企业实质合并破产。[①] 其实,从行为学角度观察,欺诈目的系不当控制、混同企业之间人格的主观动机,而基于欺诈目的而从事欺诈行为最终表现为滥用法人人格、进行不当关联交易还会造成不同企业之间人格混同的客观后果。就此而言,实质合并破产的所谓欺诈标准可以被人格混同程度这一要件所涵盖。当然,基于抑制甚至惩罚欺诈的法治目的,对于存在欺诈的应更倾向进行实质合并破产。债权人整体清偿利益、增加企业重整的可能性涉及破产程序的效率价值。这些效率目标的实现对于债权人个体利益与社会整体利益的提升均有价值,因而有必要在是否进行实质合并破产的衡量中予以关注。

四、实质合并破产的特别程序

(一)申请主体

我国《企业破产法》第 7 条规定,债务人、债权人可以向人民法院提出重整或者破产清算申请,债务人可提出和解申请,企业法人已解散的清算义务人可提出破产清算申请;第 70 条规定,出资额占债务人注册资本 1/10 以上的出资人也可以向人民法院申请重整。按照解释规则,鉴于申请实质合并破产与申请单个企业破产之间有显著区别,不能认定上述规定是对何种主体有权提出合并破产申请的明确规定。

截至目前,最高人民法院尚未发布针对该问题的司法文件,各地法院涉及该问题司法文件的立场并不一致。广东省高级人民法院在《全省部分法院破产审判业务座谈会纪要》中提出,债权人、债务人或者管理人等利害关系人均可提出实质合并破产申请;《北京市高级人民法院企业破产案件审理流程》中规定,债权人、关联企业成员、清算义务人、管理人均可提出该申请;河北省高级人民法院在《破产案件审理规程(试行)》中规定,管理人可直接向法院提出实质合并破产申请,债权人、关联企业成员、清算责任人、出资额占债务人注册资本 1/10 以上的出资人以及均可以向管理人提出该请求;《深圳重整指引》规定,债权人、关联企

---

① 参见王欣新:《关联企业实质合并破产标准研究》,载《法律适用(司法案例)》2017 年第 8 期。

业成员、清算责任人、出资额占债务人注册资本1/10以上的出资人以及管理人均可直接向提出实质合并破产申请;《南京重整指引》规定,可以申请对多家关联企业进行合并重整的主体包括各关联企业、债权人、关联企业中出资额占债务人注册资本1/10以上出资人、已经进入破产程序的关联企业的管理人;同时,这些主体还可以申请将关联企业并入重整程序。

一般破产与实质合并破产之间在制度目的上没有本质区别,但在运行逻辑以及启动的意愿与能力上有一定差异,但是该差异并不影响实质合并破产申请的一般主体。因此,《企业破产法》关于债权人、关联企业成员、清算责任人、出资额占债务人注册资本1/10以上的出资人有权提出破产申请的规则应适用于实质合并申请。不过,应考虑关联企业破产中管理人的特殊角色定位。作为破产程序的主要推动者,管理人是履行法定职责的主体,是最熟悉债务人情况的主体;管理人对于是否存在人格混同、区分各自财产的成本是否高以及存在哪些类型的债权人利益冲突最为清楚。因此,虽然根据《企业破产法》无权申请启动破产程序,但管理人应被赋予实质合并破产的申请启动权。

(二)启动模式

1. 先分别申请再实质合并

在该模式中,关联企业集团中的各个成员企业在具备破产原因的情况下各自进行破产程序,有权申请主体特别是破产管理人申请将这些关联企业纳入破产实质合并破产程序。

在此模式中,不具备破产原因的关联企业成员不会被强行纳入破产程序。但是问题在于,在单独审查成员企业是否具备破产原因时是否因其具备关联企业成员身份的事实而降低该审查标准。为尽量避免企业进入破产程序,坚持严格审查原则是必要的。在需要将某些表面上不存在破产原因的成员企业,特别是某些处于被控制地位的成员企业纳入合并破产的情形时,可基于有权主体单独申请纳入、法院利用实质合并破产标准对所涉企业单独审查的方式推动,不必在尚未进行实质合并时针对个别成员企业直接降低企业破产原因审查标准。

2. 一并申请再实质合并

此种模式一般发生在经过了债权债务全面清理、预重整等法庭外程序的情形。通过这些庭外程序,相关主体已经全面了解关联企业各个成员的资产、债务、业务、管理等方面的关系和信息,对是否符合实质合并标准、是否有必要启动实质合并程序有清晰的认识。

在该模式中,在关联企业实质合并破产程序启动前,申请人根据已知信息可以确定关联企业符合实质破产标准并就此直接提出该申请。

3. 个别申请再一并纳入

在该模式中,关联企业的个别成员先进行破产程序,其他成员企业在审理过程中由法院依据职权裁定而被纳入实质合并破产程序。

此种模式的目的在于解决特定关联企业的破产启动难题,适用于有权申请主体均未针对其他成员企业提出破产申请的情形。虽然破产管理人有权提出实质破产申请,但并无权利启动针对特定企业的破产申请。在海航集团实质合并破产重整案中,就曾出现数家尚未进行破产程序的其他成员企业因法院直接裁定而被纳入实质合并破产重整的情况。此时,法院主动介入特定企业的破产申请,并且为管理人提出实质破产合并破产申请提供便利。

该处理似乎有一定合理性,但存在违背破产自愿、法院不得主动介入等破产法基本原理的明显弊端,应明确禁止。同理,即使特定关联企业已经进入破产程序、满足实质合并破产标准但申请人没有提出进入实质合并破产的申请时,法院也不应基于便利破产程序推进的目的而直接裁定该企业进入实质合并破产。执行转破产机制有一定现实必要性,但在关联企业的某个或者全部成员企业因执行转破产机制而分别进入破产程序的情况下,法院也不得以便利审理为理由直接裁定这些关联企业进行合并破产。较为可行的处理方式是,法院通过释明程序提示有权提出实质合并破产的主体特别是破产管理人提出申请,在这些主体提出实质合并破产申请后再行审查和裁定。

(三)审查

1. 法院审查职权

与有权审查破产申请一致,法院应有权审查申请人所提实质合并破产申请。法院的严格审查是确保实质合并破产审慎适用的基本保障。

是否进行实质合并破产当然是关乎债权人利益的重大事项。有疑问的是,债权人会议是否对该事项有审查权以及有审查权时该审查意见的法律意义何在。或者说,实质合并是否属于《企业破产法》第 61 条第 1 款第 11 项所规定的

“人民法院认为应当由债权人会议行使的其他职权”。鉴于实质合并破产涉及特别程序的启动,在本质上系衡平救济机制,此类事项应系债权人会议的审议事项而非表决事项。即使债权人会议有权表决,但该表决结果不作为法院审查和裁定的前提条件。否则,债权人会议的否决决议将成为实质合并破产申请人自由行使申请权的实质障碍。当然,债权人会议的肯定性决议也不得成为法院支持实质合并破产的当然理由,否则将减损法院在维护破产制度正义中的应尽职责。

2. 利害关系人权利保障程序

(1)听证

江苏省高级人民法院于 2016 年发布的《关于充分发挥破产审判职能作用服务保障供给侧结构性改革去产能的意见》明确规定,在必要时可以召开听证会。2018 最高人民法院《破产审判会议纪要》以及多地法院均明确规定,法院采取听证方式进行审查。《破产审判会议纪要》第 33 条规定,人民法院收到实质合并申请后,应当及时通知相关利害关系人并组织听证,听证时间不计入审查时间。在最高人民法院发布《破产审判会议纪要》后,各地法院发布的有关破产案件审理司法文件均强调通过召集利害关系人召开听证会进行审查的程序。

(2)利害关系人的知情权、参与权和表达权

在审查过程特别是在听证程序中,应依法保障债权人、债务人等利害关系人的知情权、参与权和表达权。关于这些权利保障程序的具体规定,可适用法院其他相关听证规则,没有必要单独规定。当然,关于破产管理人的介入、破产案件信息公告的特别要求可能对该听证中利害关系人的权益保障产生一些影响,在运用相关规则时宜适当变通。

(3)利害关系人的异议权

在法院针对实质合并破产申请作出肯定或者否定裁定时,利益管理人均应有相应的救济权。鉴于破产申请与实质合并破产申请有实质性差异,法院针对实质合并破产申请所作否定性裁定应不属于《企业破产法》第 12 条所列可以上诉的裁定。因此,对于法院针对实质合并破产申请所作裁定,申请人均不得上诉。为有效保护利害关系人的权益,应赋予这些主体以复议权。

《破产审判会议纪要》第 34 条规定,若对受理法院作出的实质合并审理裁定不服,相关利害关系人可以自裁定书送达之日起 15 日内向受理法院的上一级人民法院申请复议。至于复议机制,可参照针对其他事项复议的规定。

(四) 司法管辖

因关联企业不同成员所在地当地法院均有权管辖,但实质合并破产或者非实质合并破产而集中管辖时只能由一个法院审理,关联企业合并破产案件管辖的特殊问题由此产生。该问题在不同企业分别申请破产再实质合并的情形因涉及案件管辖地移送而特别突出。如果再加上跨境的因素,关联企业合并破产案件的管辖问题将更加复杂。

关联企业合并破产案件的管辖可按照便利审判的实用主义逻辑确定。一般而言,由关联企业中核心控制企业住所地法院管辖或者主要财产所在地法院管辖都符合该逻辑。《破产审判会议纪要》第35条规定,关联企业破产案件采用实质合并方式审理的,由关联企业中的核心控制企业住所地人民法院管辖;核心控制企业不明确的,应由关联企业主要财产所在地人民法院管辖。

当然,该原则无法涵盖某些情形。比如,部分非核心成员先进入破产程序,再向案件受理地法院提出实质合并破产申请时该由哪个法院审查该申请。在此种情况下,即使核心企业已经进入破产程序,要将非核心企业破产案件移交到核心企业破产案件受理法院可能存在各种诸多法律之外的障碍。为此,上级法院在确定管辖地时,认为有必要让非核心企业所在地法院审理的,也可指定该法院审理实质合并破产案。

在申请跨地域关联企业破产时,可能存在管辖权争议。此时可参照民事诉讼法关于管辖权争议解决的规定,由共同上级法院指定管辖。对此《破产审判会议纪要》第35条有明确规定。

(五) 实质合并破产的法律效果

1. 关联企业资产与债权人债权的合并处理

关联企业实质合并破产实质是企业法人人格否定,将其他所有成员均归集到核心企业或者某主要企业中,被归集成员企业的人格在破产程序中将不存在。因此,将关联企业纳入实质合并破产程序后,其他所有成员企业的资产均被归集到一个企业而被作为该企业的破产财产,所有成员企业的对外债务被归集到一个企业而被作为该企业的债务,各关联企业的债权人按照统一的清偿比例就被归集的资产进行清偿。在此归集过程中,关联企业之间相互的债权债务抵消,基于关联企业成员之间内部债务关系而对特定财产设定的担保关系消灭。

采用实质合并方式进行重整的,虽然重整后各成员企业继续存在,但基于资产与债权归集原理,在重整计划草案中应当制定统一的债权分类、债权调整和债权受偿方案。

2. 管理人的选任

按照法院指定管理人的模式,在启动实质合并破产的同时法院可依法指定实质合并破产案件的管理人。在各关联企业先进入破产程序再发生实质合并破产时,由于各个企业的破产程序均各自指定了破产管理人,则需要协调处理不同案件的管理人。具体而言,既可由核心企业破产案件的管理人继续担任实质合并破产案件的管理人,也可由各关联企业破产案件的管理人联合作为实质合并破产案件的管理人。不过,此种协调系操作层面的问题,无须立法单独作出规定。

与此相关的另一个问题是,实质合并破产案件中计算管理费的资产基础是资产与债务归集后的额度还是各关联企业资产的加总额度。基于公平逻辑,以归集后的资产额度为基础相对合理。

3. 实质合并破产后成员企业的存续

《破产审判会议纪要》第37条规定,采用实质合并破产制度进行破产清算的,破产程序终结后各关联企业成员均应予以注销。适用实质合并规则进行和解或重整的,各关联企业原则上应合并为一个企业;但是,如果按和解协议或重整计划规定确有需要保持个别企业独立的,则按企业分立的有关规则单独处理。

五、结　束　语

因关联交易涉及法人人格否认制度、不当关联交易效力审查制度以及关联人债权劣后机制的大量适用,涉及多类不同债权人之间以及特定债权人与社会整体之间的多种利益冲突,关联企业合并破产制度有其特殊的价值导向,也有特殊的实体与程序制度需求。基于公司人格独立、私法自治与合同相对性的私法原理,各个企业单独申请破产依然是处理关联企业破产的基本原则。即使受到关照企业之间关联关系的特殊影响,也应主要选择适用协调审理与集中管辖原则并在其中嵌入不当关联债权劣后清偿的规则,只有在迫不得已的、极其特殊的情形下才应选择实质合并破产程序。总之,应坚持审慎适用原则,将关联企业实质合并破产适用于极其例外的场合。为此,破产法应聚焦关联企业实质合并破产的标准,同时引入不当关联债权劣后清偿规则,针对申请主体、审查程序、管辖以及适用后果等方面的特殊性供给特殊程序规则。